# セレブの誕生

「著名人」の出現と近代社会

Figures publiques: l'invention de la célébrité 1750-1850

アントワーヌ・リルティ 著
松村博史+井上櫻子+齋藤山人 訳

名古屋大学出版会

# セレブの誕生——目　次

# 凡例

一、本書は、Antoine Lilti, *Figures publiques : l'invention de la célébrité 1750–1850*, Fayard, 2014 の全訳である。

一、［ ］は、訳者による補足を示す。

一、傍点は、原文における強調を示す。

# 序章　著名性《セレブリテ》と近代性《モデルニテ》

「マリー・アントワネットはダイアナ妃だ！」。娘のソフィアによるフランス王妃を主題とする映画［ソフィア・コッポラ監督による二〇〇六年の映画『マリー・アントワネット』］の撮影に立ち会ったフランシス・フォード・コッポラは、二人の女性の運命があまりにも酷似していることに感銘を受けてこう言った。(1) だがそうした比較は、この映画が意識的にアナクロニズム的な視点を取っていることに強く示唆されたものにちがいない。ソフィア・コッポラはマリー・アントワネットを、王族の地位につきまとう制約と自由への渇望との間で揺れる今日的な若い女性として描いているからである。映画音楽もまた、バロック音楽と一九八〇年代のグループ・ロック、最新のエレクトロニック・サウンドを混ぜ合わせたものであって、そうした解釈を意図的に強調している。『ヴァージン・スーサイズ』や『ロスト・イン・トランスレーション』［それぞれ一九九九年と二〇〇三年のソフィア・コッポラ監督の映画］に描かれた得体の知れぬメランコリックな若い娘たちと同じように、マリー・アントワネットは、とりわけ時代に左右されない若い女性像を体現する新たな存在として登場する。さらにそこにはセレブたちの生活という、ソフィア・コッポラがのちの映画ではっきりと取り上げることになる別のテーマが浮上する。彼女の映画『SOMEWHERE』［二〇一〇年の同監督の映画］に登場する主人公の歌手——高級ホテルに閉じこもって死ぬほど退屈しつつもそんな生活をやめようとは決して思わない——のように、マリー・アントワネットは公的人物という立場に由来するさまざまな義務を強要される。欲しいものは何でも手に入るが、宮廷社会の約束ごとから逃れたいという、おそらくは彼女の真の望みだけは決して叶えられることはないのである。この映画のある場面では、ヴェルサイユに暮らし始めたばかりの若き王太子妃の驚きと戸惑いが映し出されている。ある朝、目を覚ましてみると、セレブたちの私生活を探ろうとする現代のパパラッチよろしく、宮廷人たちのまなざしが一斉に彼女に注がれているのである。ソフィア・コッポラは、王妃マリー・アントワネットを断罪するか、再評価するかという二者択一の立場をあえて拒みつつ、いつまでも続く豪華な祝宴に出続けることだけがその歴史的役割であるような、一人の軽薄な若い女性を主人公にしている。マリー・アントワネットのヴェルサイユでの生活を、まるでハリウッド・スターの気晴らしでもあるかのように撮ることによって、王家の生活も映画界や歌謡界のスターの生活と何ら変わらないような世界をこの女性映画監督は垣間見せるのである。

　歴史家は一般的にアナクロニズムをあまり好まない。だが、今日的な意味での「ピープル（有名人）」としてのマリー・アントワネットというイメージを考慮に入れてみる価値はあるだろう。いつも他人の視線にさらされて生きなければならず、私生活も完全に奪われて、同時代の人々と純粋な意思疎通を図ろうとしてもつねに妨げられる王妃というイメージである。こうした比較は確かに、ある本質的な要素を見逃している。宮廷の儀礼はなるほど君主たちをつねに宮廷人たちの視線にさらすものではあったが、それは近代的な著名性《セレブリテ》のメカニズムとは異なるからである。それは著名な人々に対する広範な大衆の好奇心が生み出したものではなく、王の表象という原理から導き出される政治的機能を果たすものにすぎない。著名性の文化が公私の差異化および逆転（私生活がマスコミによって公衆の面前にさらされる）に基づいているのに対し、君主制の表象は公私の同一化を前提としている。ルイ十四世時代の王の起床は私的な一個人のそれではなく、国家を体現する完全に公的な人物の行為なのである。君主制の表象における政治的儀礼と、著名性のメディア的で商業的な装置との間には、前者を時代遅れのものとし、後者を可能にするような根底的な変化が存在した。すなわち、私生活と公共性が相まって発明されたのである。

だがソフィア・コッポラが王妃の生活条件に向ける視線には、何かしら不思議と当を得たところがある。十八世紀末のヴェルサイユはもはや、君主制の表象が支配する閉じられた場所ではなくなっていた。この時代以降、宮廷もまたパリが描く軌道の支配下にあり、公共圏の変動、新聞やイメージの増加、流行の発明、スペクタクル、娯楽の商業化に深く影響されないわけにはいかなかったのである。かつてルイ十四世治下の礼儀作法は王によって完全に掌握されていた。つまり、君主の全存在を公衆の視線にさらし、それによって偉大なる君主と残りの臣民との間の根本的な差異を明白に示していた。だがそれは十八世紀の間に次第に意味を失っていく。宮廷人たちは首都パリでの気晴らしの方を好んで、ヴェルサイユにおける滞在は必要最小限にとどめるようになった。また君主たちも、もはや自分さえも信じることのできない演技に打ち込むのをやめ、礼儀作法のしきたりから距離を置いて私的な生活を営むようになったが、ついにはこの私生活さえもが探りを入れられ、告発されるに至る。ルイ十四世の場合には政策が批判されたのに対し、ルイ十六世とマリー・アントワネットにあっては二人の性生活が、その真偽のほどはともかく、非難の的になったのであった。

ソフィア・コッポラは、自分好みのテーマを、またおそらく個人的体験の一部を投影しているのであって、歴史家として作品を作ろうとしているのではないのは当然だが、彼女の映画は、当時生み出されつつあった著名性の文化の影響下で、宮廷生活や君主の地位を脅かしつつあった変動を明らかにしている。十八世紀の間に何かが起きたのであり、それが何かを解明しなければならない。そこでようやく歴史家が本領を発揮することになる。

だが、まずはその歴史家としての役目を果たす必要がある。著名性は今日われわれの社会の際立った特徴の一つであるが、歴史家はそこに関心を向けるのをためらう。専門紙でも、一般紙でも、映画のスクリーンでも、テレビやラジオでも、インターネットにおいても、スターの姿はどこにでも見られる。メディアや大衆文化の専門家たちはスターたちの観客や聴衆について、また彼らの運命や、彼らが引き起こす熱狂の意味合いについて数多くの研究を捧げてきた。著名性の意味論や社会学、またより最近では著名性の経済学も存在する。それらもこのテーマが正当性を獲得し始めていることの徴候であろう。[2] しかし、歴史家たちはこの現象の起源にほとんど関心を向けてこなかった。映画・テレビやわれわれの想像世界を独占しているスターたちは、どこからやって来たのだろうか。

著名性についての真の歴史的研究が存在しない中で、対立する二つの解釈が紋切り型的な考え方の領域を二分している。第一の解釈は、著名性が普遍的な現象であり、どの社会にも、いつの時代にも見られるとするものである。レオ・ブラウディ［アメリカの歴史家、映画研究家（一九四一-）］は大部の研究書『名声への熱狂』の中で、アレクサンドロス大王から現代にいたるまでの著名性の歴史、名声への欲望の歴史をたどり、この解釈による魅力的な説明を行っている。[3] こうした企画を目の当たりにしてよく感じることだが、確かにすべてを統合しようとする努力といくつかの分析の正しさには称賛の念を覚えるものの、その結果については懐疑的にならざるをえない。そこでは、著名性という一つの語のもとにローマ皇帝の栄光から現代のセレブな女優たちにいたるまでの雑多な現象が寄せ集められているが、この概念をここまで拡大することに何の意味があるのだろうか。またこれとは逆に、著名性についての第二の解釈とは、それが非常に最近の大衆文化の躍進や、ショービジネスの世界や、音声映像メディアの遍在性に結びついたごく近年の現象だとするものである。[4] この解釈によると、著名性は最も顕著な形で表出した場合によってしか定義されない。すなわち、ファンのヒステリックな熱狂や、著名人たちのイメージの果てしない拡散、スターたちの天井知らずの収入、スターの実生活を映し出すテレビ放送、あるいはまた「ピープル」欄的なジャーナリズムの成功などである。これら二種類の解釈は、奇妙なことに両立可能であるらしい。それらが互いに接近するとともに、保守的で今や非常に打算的なものとなった批評的言説が生まれてくる。それはおおむね次のように言い表すことができよう。すなわち、いつの時代にも非常に有名な人々は存在したのであり、過去にはそうした名声は彼らの手柄や才能、業績によるものであったが、今日ではある人々が有名になるのはメディアによく登場するからであって、ほかにその有名さを正当化するような理由があるわけではない、と。そうなれば著名性とは栄光の堕落した形にすぎず、メディアを介した同語反復的な現象でしかないことになる。すなわち、アメリカ人の歴史家ダニエル・ブーアスティン［一九一四–二〇〇四。著書に『過剰化社会』（一九六四）など］が定式化したように、著名人とは「有名であるがゆえに有名」な人々を指すのであり、テレビに出ていることだけを唯一の美点とする、何の才能も業績も持たない個人にすぎないとされるのだ(5)。

だが、これら二つの解釈はどちらも満足のいくものではない。ともに著名性の定義をあまりに拡大しすぎるか、あるいは単純化しすぎており、そこからは著名性の由来も意味合いも理解することができない。著名性をあらゆる形の名声に広げようとすると、現象の今日的なメカニズムの特殊性を考えることができなくなる。また逆に著名性をスター・システムの目下の過熱ぶりに限定すると、著名性という現象が近代性のまさに中心、すなわちのちに見るように、啓蒙の世紀に登場した公衆による認識の形態に根を下ろしているという事実を無視することになるだろう。それゆえに、現代における著名性を扱った研究が混乱を免れないことは何ら驚くに当たらない。著名性はときには可視性という資本を付与され、さまざまな特権を有する新しいエリートとして、またときには有名人を絶大な力を持つ大衆の欲望に引き回される存在とする疎外のメカニズムとして扱われる。また、それを宗教的・神話的信仰の代用品とみなす作者たちもいる。「スター崇拝」は人類学的に見れば聖人・英雄崇拝の一形態であり、近代的な偶像崇拝だというわけだ。「スターたちは単なる称賛の対象以上のものである。彼らは英雄化され、神格化されて、崇拝される存在となっている。スターの周囲には宗教の萌芽が認められるのである」。映画スターについての最初の論考の一つにおいて、エドガール・モラン［フランスの哲学者、社会学者（一九二一–）。著書に『時代精神』（一九六二）など］は早くも一九五七年にこう書いていた(6)。この仮説は当時は斬新な理論としてもてはやされたが、今日ではもはや常識となってしまった。またそれとは反対に、著名性はショービジネスの経済あるいは文化産業の完全に世俗的な結果であり、いくばくかの個人に声望や収入が集中するようになるのは論理的必然だとする論者たちもいる。すなわち著名性は、威光をはぎ取られればもはや単なるマーケティングの問題にすぎなくなるのである。

時には二〇〇一年にアメリカで出版されたクリス・ロジェク［イギリスの社会学者（一九五四–）］の『セレブリティ』に

おけるように、これらすべての要素が融合されて何とも面喰らうような集合体になっていることもある。この著作はしばしば引用され、二〇〇三年にはフランス語にも翻訳されて、ごていねいにもフレデリック・ベグベデ［現代フランスの小説家（一九六五－）］によるあとがきまでついている。[7] セレブの文化の当事者でもあり観察者でもあるベグベデは、そういう意味ではこの話題を取り上げるのには適任者であり、一見矛盾するあらゆる紋切り型を二ページのうちに押し込めてしまうという離れ業をやってのけている。ベグベデによると、セレブとは裕福で傲慢な特権的カーストであり、レストランで最高の食事を楽しみ、宮殿のような家に住みつつも、熱狂的な称賛の犠牲となり、つねに監視の目にさらされてまともな生活ができない人々なのだそうである。こうした矛盾は、商品経済の絶対権力という予想通りの結論に落ち着く。当たり障りのない批評のいわば魔法の言葉――すなわち「セレブとは、広告と同じように、「売る」ということにのみ奉仕する一つの夢なのである」。率直に言うならば、これらの矛盾にはそれ自体、長い歴史があり、そこからわれわれは困難な問題へと導かれることになる。なぜ著名性というのはこれほどまでに現実として両義的であり、価値として疑問視されるのだろうか。

　私は、単に非常に有名であるという事実だけにとどまらない著名人の定義を提案しようと思う。著名人であることには、あまりにも多様な存在の仕方がある。この概念に社会学的・歴史学的観点から分析するための一定の有効性を付与しようとするならば、著名性を栄光や評判という他の有名性の形態と区別しなければならない。栄光とは、ある人が達成した偉業が人並みはずれていると判断された場合に獲得される有名性のことをさす。それは勇敢な行為のこともあれば、芸術あるいは文学作品のこともあるだろう。栄光は本質的に死後に与えられるものであり、集合的記憶の中で英雄が回想されることを通して開花していくものである。一方、評判は、あるグループなり共同体なりのメンバーたちが、彼らの中の一人に対して向けるものである。それは良き夫であったり、有能さや誠実さを讃えられる良き市民であったりするかもしれない。評判はいわば会話や噂によって広まる個人的意見の社会化であり、完全に非公式なこともあれば、より公式的なこともあるだろう。栄光が並外れた人物とみなされる幾人かの個人に限定されるものであるのに対して、いかなる個人であっても、社会に生きているというだけで他人の判断の対象となり、したがって評判を得ることはあるし、その評判は基準となる場所やグループによって変化する。

栄光（gloire）と評判（réputation）という二種類の有名性の対立は、ヨーロッパ史において長く続いてきた特徴であり、こうした現象を言い表すのに使用できる語彙が非常に多様であるために、ときには覆い隠されてきた特徴でもある。フランス語ではそこに、名うて（renom）、名望（renommée）、定評（estime）、認知（reconnaissance）などの語彙が加わるであろう。明らかにそれぞれの言語が多数の用語を有している。英語では、のちに見るように声望（fame）という語が多様な意味を持っており、そこから評判（reputation）や栄光（glory）などの語が派生する。私が栄光なり評判なりの概念を使用する方法は、何よりもまず分析的である。この使用法によって、お互いに異なる社会的・文化的様態を区別することが可能になるのだ。栄光は、英雄や聖人や傑出した人物など、彼らを称揚することが西洋文化において大きな役割を果たしてきたようなすべての人物たちに関係しており、啓蒙主義哲学者たちにとってお馴染みの「偉人（grand homme）」がその近代における姿である。一方、評判は、噂（fama）や名誉のような社会的判断の局所的なメカニズムに帰属している。この二種類の有名性を区別できなかったために、ほとんどの歴史家たちが語彙の不正確さの罠にはまって、二つを混同することになった。だが、これらは非常に異なる社会的メカニズムに基づいているのである。今日でさえも、二つの有名性は差別化されて現れる。一方では、偉大な国家元首や芸術家、学者、おまけにスポーツのチャンピオンたちの栄光が見られる。たとえばシャルル・ド・ゴールやパブロ・ピカソ、マルセル・プルースト、マリー・キュリー、ペレといった人々がそうだ。他方では、個人としての各人の評判があり、その個人的あるいは職業的な美点はその人を知り、よく会っている人によって判定される。ある都市で評判の医者や仲間うちでよく知られた学者であっても、栄光に近づく意図がないことは十分にありうる。また死後の栄光があまりにも大きいフィンセント・ファン・ゴッホが、生前には何人かの人にしか知られていなかったことを知らない者があるだろうか。

だが近代社会の特殊な点は、「著名性《セレブリテ》（célébrité）」という第三の有名性の形態が出現したことにある。一見したところ、それは評判が非常に拡大したものとして言い表されるように思われる。著名な個人とは、家族や同僚、近所の人々、仲間うち、顧客によって知られるばかりではない。じかに接点を持たない、会ったこともなければこれからも会わないであろう広範な人々の集まりによって知られているのである。これらの人々は彼の公的な人物像、すなわち彼の名前に結びつけられた一連のイメージや言説に絶えず向き合わされることになる。(8) 別の言い方をすれば、著名な人物とは、彼個人について意見を持つべき何の理由も持たず、彼の人格や能力について直接的な利害関係を持たない人々によって知られる人物のことをいうのである。ある歌手の著名性の始まりは、彼の歌を聞かない人々によっても名前や顔を知られるところにあり、サッカー選手のそれは、サッカーの試合を見たことがない人でも顔を見ればその人だとわかるところにある。著名性という枠組みにおいては、著名な人物はもはや同僚や、彼を称賛する人々や、顧客や、近所の人ではなく、公衆と関わりを持つことになるのである。

それは栄光に近づくことになるのだろうか。著名性というのは、より広範な有名性という連続体の一つの段階にすぎないのだろうか。（局所的な）評判から、（拡大された）著名性を経て、（普遍的な）栄光へと至るというように？　この仮説は同心円状になった「認知のサークル」という形で提示される。それはたとえば、文化の諸領域でいうならば、その判断が仲間うちから、愛好家や批評家に至り、さらにそれが広範囲な公衆へと及ぶとするものである。(9) 栄光は本質的に死後の領域に属する。すなわち、それは後世に関わるものである。だが、著名性はその人物と公衆との同時代性に基づいている。著名性とは回想されるものではなく、時勢の速いリズムに結びつけられるものなのだ。栄光が、模範的とされる人物や、知性・身体・道徳の面で何らかの美点を体現した英雄に対して、共同体が抱く満場一致の称賛を指すのに対し、著名性の原動力はそれとは異なる。その原動力とは、ある特殊な人格が同時代人の間に惹き起こす好奇心なのである。この好奇心は必ずしも称賛とは限らないし、満場一致であることもめったにない。著名な犯罪者もいれば、スキャンダラスであったり、賛否が分かれる著名人もいるだろう。

また他方において、著名性は見かけとは違い、単に評判の拡大したものではない。公共性のメカニズムは、認知のサークルを極端にまで押し広げるとともに、特殊な現実に向けて開かれる。まず第一に、著名性は評判を支配していたさまざまな基準から自立している。作家や俳優、悪党が著名人になるとき、こうした人物たちが惹き起こす好奇心は、もはや彼らの本来の活動に固有の基準という物差しで測られることはない。著名人たちはいわば公的人物となったのであり、もはや彼らの本来の有能さのみならず、大衆の好奇心を捉え続ける能力により判断されるだろう。非常に異なる活動領域から出てきた人々の地位が対等のものになるという著名性の際立った特徴は、このようにして説明がつく。彼らが有名である間の、時には短い期間においては、俳優、政治家、作家、日常的な事件の当事者たちが、メディアが演出するショーのスターとして同一次元で扱われるのである。

著名性と評判を区別する特徴がもう一つある。それは、著名性が惹き起こす好奇心は、注目の的となった著名人の私生活に対してとりわけ激しくかき立てられるということだ。有名性が近親者や仲間うちの範囲を超えて拡大するとき、これまで信じられてきたように、関係が疎遠になり、より緩慢になるとは限らない。それは逆に、ファンのイメージに体現されるように、ときには非常に強力な情動的愛着を伴うことがある。この愛着は親密な個人的つながりと切り離すことはできないが、それは多くの場合、距離を置いた内面性、幻想的で一方的な内面性であり、その原動力を理解する必要があるだろう。評判と著名性の区別は、栄光と著名性のそれと同様に単に量的なものではなく、ある人物を知る人の数から導き出せるものでもないのである。

だからと言って、評判、著名性、栄光がお互いに重なることがないと言い張るのも理屈に合わないだろう。本質的なことはむしろ問題の全体像を見極めることである。どうしてある特定の人々——それは俳優でも、作家でも、政治家でも、「今をときめく有名人」でも、われ知らず社会面の当事者になってしまった人でもよい——が、個人の美点なり行動なりとはある意味関係なく、これほどまでに好奇心をかき立てるのか。またこうした好奇心は、文化界や政界のような特定の領域において確立された認知の形式をどのように作り変えてしまうのだろうか。なぜ著名人に対する好奇心は、それを貪欲に求める人々の間でさえも、つねに疑いと軽蔑をもって扱われてきたのだろうか。著名性についてのいかなる調査も、次の問いかけから始めなければならない。すなわち、出会ったこともないある種の同時代人の生活にわれわれが関心を抱くという、この好奇心の正体とはいかなるものなのだろうか。

　それに答えようとすれば、まずこの好奇心の最初の顕れというべきものを理解しなければならない。著名性は、最初期における公共圏の根本的変容とレジャーの商業化という文脈の中で、十八世紀に登場した。著名性の文化はそれ以来、メディア空間の拡大に伴って著しい発展を見たのである。だがそれを特徴づける主要なメカニズムは、十八世紀末においてすでに完全な形で特定できる。何人かの作者たちが著名人というこの新しい社会的人物像を理解しようとして、このメカニズムを正確に描写している。彼らは著名人というものが、この時代に偉人《グラントム》あるいは天才という形で再生しつつあった英雄や、あるいは卓越した評判を享受していた紳士《オネットム》、同業者の間で有名な芸術家などのような、それまで知られたいかなる存在にも還元できないことをよく理解していたのである。著名性に特有のメカニズムの発達はしたがって、いわば著名性のトピック（論点）を伴ってきた。私がこの言葉で言い表そうとしているのは、多くの人々が思考を重ねてきたことを示す言説、逸話、あるいは物語の総体である。それらは整合性のある知識の形をとらずとも、社会の中で個人の生き方を方向づけるための物語的・言語的な手段を提供してきた。現在と同じ意味で使われる著名人《セレブリテ》という言葉それ自体が十八世紀に登場したのみならず、この言葉が指し示す実際の行為が、それをうまく説明し、それに意味を与えることを狙いとする大量の論評を生み出すことになった。

　著名性をいわばその誕生の瞬間において研究すること、著名性の萌芽が一連の文化制度（雑誌、テレビ放送、ファンクラブなど）によって定着する以前の状態において研究することは、それを特徴づけている両義性をより明瞭に浮かび上がらせることを可能にする。社会的成功のシンボルであり、それにまつわると思われている利益のゆえに切望される著名性は、これまで一度も本当の意味で正当性を与えられたことはなかった。つねにはかなく、表面的で、しかも不当なものとして疑われ、あらゆる批判や皮肉の的になってきたのである。近代に特徴的な社会的威光の形式として求められつつも、メディアが作り上げた偽物として貶められるという、この著名性のパラドックスは、民主主義社会において集団的意見がもつ価値の両義性そのものに対応しているのではないだろうか。それを理解するには、この著名性の文化を形作っている実践や行動を描き出すと同時に、それらを飽くことなく取り上げようとする言説についても明らかにしなければならない。

　またそれと引き換えに、啓蒙主義時代の公共圏のイメージそのものも変化することになるだろう。ユルゲン・ハーバーマス〔ドイツの哲学者、社会学者（一九二九―）。著書に『公共性の構造転換』（一九六二）など〕の業績以来、公共圏は私的個人が理性の公的使用を行う批判的・合理的議論の場として考えられてきた。ハーバーマスによれば、啓蒙された自由主義的なブルジョワの公共圏は十八世紀に成立したものであり、それは、旧体制下における表象による公的領域――各個人が社会的地位によって定義され、権力者から臣民へという形でのみ政治的コミュニケーションが展開された――の廃墟の上に築き上げられたのであった。しかし、啓蒙主義時代の遺産と同一化されたこの公共圏は、社会の商業化とマスメディアの相乗効果のもとで、政治的プロパガンダ、文化産業、マーケティングからなる公共圏に場を譲り、十九世紀の間に危機に陥ったのち、二十世紀には消滅したとされる。世論はそれ以来、もはや解放の理想を担う批判的法廷としての役割を終え、言論操作の受動的な対象でしかなくなった。公共性の原則自体が完全に覆されてしまったのである。それはもはや、権力者の秘密を集団による批判的議論にかけようとする要請に対応するものではなくなり、「広告」の別名にすぎなくなった。つまり、商品や政治家に好意的な方向へと人々を条件付けるための企てでしかなくなってしまったのである。[10]ハーバーマスの論証に賛同するかどうかは別にして、多くの論者たちが公共圏の黄金時代という考え方を共有している。確かにこの考えは、舞台芸術と商業、政治的ストーリーテリングと束の間のスター濫造という、現代の低俗さあるいは空しさとされるものの論証に見事なほど当てはまる。ところで理性の批判的使用と考えられる公共性《ピュブリシテ》と、メディア的・商業的操作と理解される広告《ピュブリシテ》との対立は、歴史的なものではなく、むしろ規範的なものである。それは公衆による熟議という政治的理想に全面的に基づいており、それが啓蒙主義の黄金時代に投影されて、現代世界においてその理想から離れるすべてのものがさらなる批判にさらされるのだ[11]。この考え方は十八世紀を理想化するが、とりわけ、より深刻なことには、公衆とは何かをわれわれが理解する妨げとなるのである。

これに対して、著名性のメカニズムの研究が明らかにするのは、公衆とは文学的・芸術的・政治的判断の決定機関であるばかりでなく、むしろ同じ本を読み、(十八世紀においてはますます)同じ新聞を読んでいることを共通点とする無名の読者の全体を指すということである。公衆は合理的な議論を交わすことによって成立するのではなく、同じ好奇心と信条を共有することによって、つまり同時に同じことに興味を持ち、この同時性を意識することによって作り出されるのだ。公衆という概念の曖昧さはそこから生じる。公衆は政治的論争にも著名人の私生活にも興味を示すものであり、政治哲学者やモラリストたちの彼らに対する期待に応えることはまずないのである。のみならず、本書で取り上げる作者たちの大部分はそのことを確信していた。公衆についてのカント的な定義のハーバーマスによる再解釈が成功を収めたことによって、重要な事実が覆い隠されることになった。それはこの時代の全体を通じて、ほかにも多くの公衆の定義が日の目を見ていたのであり、それらはしばしば公衆の概念の曖昧さを一層強く意識したものであったということである。多くの点において、十八世紀後半以来、公衆に関する問いかけは、つねに問題として提起されており、世論の問題はその一例にすぎない。ところで公衆の問題は、社会的模倣の理論を唱えた社会学者ガブリエル・タルド〔フランスの社会学者(一八四三―一九〇四)。著書に『模倣の法則』(一八九〇)、『世論と群集』(一九〇一)など〕がエマニュエル・カントから一世紀のちに理解したように、コミュニケーション理論と切っても切り離せない関係にある。「今日性の感覚」——同時代の人々と同じものに興味を示しているという意識と喜び——こそが公衆の一体感を強める力となるのであり、そのとき公衆は「物理的には離散していても、精神的には結びついている個人」[12]として考えられる。とりわけ定期刊行物によって、また流行現象や文学的成功によってももたらされるこの結びつきは、集団的模倣の影響の上に成り立っている。個人は、公衆を形成しているという意識、すなわち同じときに同じ事柄に関心を示しているという意識によって、離れていながら影響を及ぼし合うのである。

もし公共性という言葉を、印刷物その他のメディアの力を借りて流布される言説やイメージによって、たえずさまざまな形の公衆が生み出されるという事実として理解するならば、それはすぐさま両義的なものとなることがわかる。それは秘密主義や、小集団による情報コントロールに対立するという意味において、本質的に民主主義的なものに見え、したがって政治的議論や文化的作品のより広範で平等な普及に適しているように思われるだろう。しかし、エリートたちの目からすれば、公共性はしばしば通俗性によって汚されているとされる。というのも、それは文化的洗練による差異化を図る彼らの戦略や、政治的熟練を手にしているのは自分たちだという確信と正面からぶつかるものだからである。公共性は、一見非合理的に見える、突然で、時にはすぐに消滅する集団的熱狂（ベストセラーの成功、世評によってのみ維持される人気、有名人崇拝など）を伴うが、それはまさに距離を置いた模倣や集団的自己暗示のメカニズムに起因しており、公衆の本質に属するものである。また、公衆は言説の決定機関であるばかりでなく、情動にも支配されている。だからこそ公共性は同時に、批判の集団的行使の条件にも、商業資本主義の道具にも、マスカルチャーの原動力にもなりうるのである。ハーバーマスの理論とは異なるこの複数的な公共性の概念によるならば、現代文化が道を誤ったのだというあまりにも安易な批評の通説を回避し、それとは反対に、実践としての公共性が積極的な両義性を有するという主張を提起することが可能になるだろう。

著名性を公共性の角度から考えることによって、しばしば説明がなされず矛盾して見える著名性の最も重要な特徴が解明できるようになる。たとえば著名人への愛着がそうである。それは非常に多くの同時代人と共有されているだけに、なおいっそう個人的で主観的なものとして経験される。スターが著名であればあるほど、ファンたちはスターと親密でかけがえのない関係を結んでいると容易に確信するものである。この不思議さは、公共性が個人化のメカニズムと取り結んでいる関係によって説明がつく。公共性は個人化を促すと同時に否定するものなのであり、個人が際立った存在となるのは、彼が公衆の間で認められることによってなのだ。これがマスカルチャーの逆説的な原動力である。しかしまた、マスカルチャーは著名性の文化がもたらす、私的なものと公的なものとの逆転にも由来する。著名人が所有する最も私的で、最も内密なものが公衆の好奇心にさらされるのだ。著名性そのものの力学が、最初にその人物を有名にした要因から彼を解き放ち、特異で過ちを犯すこともある脆弱な個人として彼を人前にさらすことになる。それがスターたちが惹き起こす好奇心の、そしてまた彼らがかき立てる共感の、奥深い原動力となるものなのだ。公的人物とは、著名であることによって偉大な存在であると同時に、弱さや人物の小ささによって世間一般の人々にも似通った存在となる。

この好奇心と共感との混合は、十八世紀においては小説という急速に拡大した文学ジャンルによって、とりわけ誕生しつつあった著名性の文化と結びついて成功した感傷小説によって担われていた。読者たちは『パミラ』〔イギリスの小説家リチャードソンの書簡体小説（一七四〇）〕や『新エロイーズ』〔ルソーの書簡体小説（一七六一）〕のような小説によって、自分に似た登場人物たちに熱狂することを学んだ。それらの小説では、登場人物たちの日常生活や恋愛にまつわる波乱などが詳細に語られていた。それと並行して、その時々に最も有名であった人々はまさに公的人物となり、彼らの生活が連載小説のように語られるようになったのである。称賛されるにせよ、憐れみを受けるにせよ、それらの伝統的な感情は好奇心と同情とに取って代わられた。この二つは、人々の社会的身分が互いに十分に近いものとなり、誰もが多かれ少なかれ他人に同一化できるようになった時代における、根底的な同一化の原動力なのである。近代的自我は好奇心にあふれ、感情にもろい。それは社会的な距離をものともせず、他人の中に自分に似た存在を認める。十八世紀における著名性の飛躍はまた、公共性の発達と新しい自我の概念の成立という二つの現象とも結びついている。これら二つの展開はお互いに対立するどころか、近代性の二つの側面を形作っているのだ。

近代性という概念は、現代においてもなお真面目に取り上げることができるのだろうか。それは、二十世紀の社会科学において中心となる役割を果たしたのち、今日ではははなはだ疑いの目で見られている。近代性の概念は、完全に現在へと向けられた歴史の目的論的な見方を担うものとして、また西洋的な歴史観を推進するものとして、無邪気に進歩主義的な、または皮肉にも多義的なものとして、あるいは漠然とした規範的な内容しか持たないものとして、こうした理由をまぜこぜにして非難されてきた。要するにそれは、歴史家や社会学者が自身がそうである近代人と、伝統や信仰にどっぷり浸かった古代人や中世人や原始人など、他のすべての時代の人々とを対比することが許されると信じていた、かつての時代の遺産にすぎないというわけである。それでも、この近代性の概念をなしですませるのはまことに困難なことである。とはいえ、まずはその用法を正確に定義しておくのが適当だろう。近代性という言葉は、二つのことを意味している。第一に、それは速度や方式にばらつきはあるものの、ヨーロッパ社会に影響を与えた一連の根本的な構造変換のことであり、少なくとも西ヨーロッパにとっては、その中心は十八世紀半ばと二十世紀初頭の間に位置している。その主要な特徴は既知の事柄であり、各人がそれを思うままに序列化すればよい。それらの特徴とはすなわち、都市化と工業化、社会的分業、政治への合法的な参加者の拡大、法的不平等の解消——とはいえ、それは他の形の不平等を新たに生み出したのだが——、道具的理性の肯定、そして「世界の脱呪術化」［ドイツの社会学者マックス・ウェーバーの概念］などである。これらの展開はしばしば、民主化、産業革命、身分制社会の終焉、世俗化などの名を持つ大きな物語の対象となってきた。これらについては望むだけ議論し、さまざまな含みを持たせればよいだろうが、いずれも完全に論駁するのは困難である。本書では、言及されることの少ない二つの要素に重点的に注意を向けることにしたい。それは、印刷物からラジオ、テレビに至るまでの距離を隔てたコミュニケーション技術の発達と、ロマン主義を絶頂期とする個人の真実性という理想である。「メディアを介したコミュニケーション」の発達は、伝統社会における対面的な状況とはまったく異なる新しい形の社会的相互作用を促し、商品化した文化的財のかつてない流通を生み出すことによって、深刻な社会的・文化的影響をもたらした(13)。二十世紀の遠隔コミュニケーションがのちにこの変化を速めたとしても、その起源は印刷物の発明と十八世紀におけるその拡大にさかのぼることができる。情報、物語、イメージはしだいに範囲を広げつつ、不特定の、潜在的には無限大の公衆に向けて流布されることになり、一人の個人が同時代人によって知られる方法を根底から変えてしまった。個人の公的人格を形作るあらゆる社会的表象に対置される真の自我という理想は、のちにジャン＝ジャック・ルソーの例で見るように、こうした新しいメディア状況に対する反動であった。

だが、近代はまた時間との関係であり、近代人が自らについて語る物語なのである。それは自らの特殊性を肯定することであり、過去とすでに決別したという確信であり、自己省察への絶えず増大しつつある関心である。過去二世紀にわたって知られてきた歴史編纂の方法は、この時間に対する近代的関係に完全に依存してきた。そのことにより、あるいは過去との距離を保つために、もしくは過去に負うところのものを確かめ、そこから関心事を取り出すために、知識の対象として過去を現在の立場から把握することができたのである。私自身としては、過去を驚くべき住民が暮らす奇妙で違和感を感じさせる世界として思い描くつもりはない。たとえそうすることで、過去があらゆる意味においてわれわれ近代人から遠いものであると主張することが可能になるにしても。そこにはたとえ現在とは形式が異なっていようと、われわれになじみ深い習慣や心情などが発見されるであろうし、今でも議論の種になり続けている矛盾が生じた点も見出されるだろう。距離を広げていく民族誌学的な原則よりも、私は系統学的原則の方を好む。それは信頼できる起源を見出したり、直線的な連続性を跡づけたりするためではなく、むしろ近代性が内包する問題点を、正確にそれが生じた瞬間において把握するためである。

したがって本書の主張は次のようなものとなる。すなわち、著名性は、公共文化あるいは公共圏の衰退、さらには近代が約束するとされた解放が忘れ去られたことを証明するようなものとして現代に新しく生じたのではなく、まさに近代社会の際立った特徴であり、ほとんど不可能なまでに巨大化し、つねにその正当性を脅やかされる危険をはらんだ近代社会に見合った偉大さの形式なのだということである。そのことを証明するために、私は著名性の最初の時代を描写することに専念したい。その兆しがパリとロンドンで十八世紀中頃に出現し、この世紀の間に明確な形を取るに至り、西ヨーロッパとアメリカで十九世紀前半に隆盛を見ることになる。このように啓蒙時代とロマン主義時代を一括する時代区分は、歴史家にとってはなじみの薄いものだろう。というのも、それはフランス革命という神聖不可侵の障壁を軽々とまたいでしまうからである。だがそれは、西ヨーロッパ社会の緩慢で一貫性のある変貌に対応している。階級社会の危機、文化の商業化の始まり、印刷物とくに定期刊行物の大規模な飛躍、少なくとも理論上ではあるが人民主権の確立などといった近代性の主な特徴がここに登場しているのである。著名性の歴史にとってとりわけ重要な意味を持つのは、現実そして原理としての世論と、個人の純粋性を要求する自我の新しい理想とが連動して登場したことである。このような歴史は明らかに厳密な日付の枠組みに収まるものではないだろう。それでも、一七五一年のジャン＝ジャック・ルソーの公の舞台への登場、そして一八四四年頃にパリからベルリンまで真のリストマニアを引き起こしたフランツ・リストの華々しいツアーはわかりやすい目安となる。それらの両端を結び、互いに交差する糸の数は、普通に考えられているよりも多いのである。(14)

ルソーはまさに本書において重要な位置を占める。そもそも彼こそが本書を書きたいという欲求の始まりであった。いくつかの点において、この『セレブの誕生』は当初、ルソーの作品におけるいくつかの矛盾を解決するための長い迂回路として構想されたものであった。これらの矛盾は、著名性をまともに歴史の対象として扱い、その厚みと曖昧さを復元する覚悟がない限り、解決不可能なものに思われたのである。ルソーこそはヨーロッパにおける最初の真の著名人であると同時に、とりわけ著名性の経験を重荷として、また一種の疎外として描写した最初の人物でもあった。ルソーにはまるまる一章を割いて分析する予定である。だがその前に、著名性のメカニズムの核心に踏み込んでおかねばならない。そこでは、現代のハイパーメディア社会の特徴の多くが十八世紀に出現していたことが解明されるだろう。幾人かのスターに収入が集まる現象や、広告のメカニズム、著名人の肖像画ビジネス、スキャンダルを専門とするマスコミ、ファンたちの通信欄などがそうである。この行程を、一七七八年のヴォルテールのパリにおける最後の栄冠という、多分に象徴的な意味合いをもつ出来事から始めることにしたい。この出来事がはらむ問題点は歴史家が通常語っている以上に曖昧なのである。この儀式は偉人の至上の栄誉を称えるにはほど遠く、同時代の人々の目にも著名性が持つ両義性を明らかにするものであった（第1章）。こうして一義的な解釈に対する警戒心を固めた上で、スペクタクルの世界の発見へと旅立とう。俳優や歌手、踊り手などの最初の著名人たちはそこから出てきたのである（第2章）。次に、イメージの増加や伝記の新たな使用法、それにスキャンダルの役割といった著名性の主要なベクトルを観察することにしよう。そこでは、公衆という問題が分析の中心にくることになる（第3章）。また、これらの新しいメカニズムがいかに描写され、解説され、公共性の新たな形についての真の問いかけを喚起してきたかを理解することが必要になるだろう（第4章）。

ルソーについて論じた章（第5章）のあとで、公共領域での新たな著名性の文化の影響に立ち戻ることにする。そこでは再びマリー・アントワネットを取り上げるが、それとともに、いかにして新たな民主主義的政治家のジョージ・ワシントンやミラボー［フランス革命の指導者の一人（一七四九－九一）］らが人気の要請と折り合いをつけねばならなかったか、そしていかにナポレオンの意向が伝統的な栄光のメカニズムと新たな著名性のメカニズムとを融合させたかを見ていくことにする。もしも今日言われるような政治の「ピープル（有名人）化」が、現代の脱政治化や通俗性の支配の徴候であるどころか、当初から近代性に対するカリスマの譲歩の産物であったとしたらどうだろうか（第6章）。最後の章では、バイロン卿の人物像に体現される、ロマン主義時代における著名性のメカニズムの隆盛を見ることにする。今日ではあまり知られていないが、大成功を博したアメリカツアーを敢行したオペラ歌手ジェニー・リンド［スウェーデン出身の歌手（一八二〇－八七）］もまたそれを代表する人物である（第7章）。こうした旅路の果てに、われわれは著名性の歴史の新たな局面へと導かれることになる。すなわち、写真や映画やマスコミに特徴づけられ、イメージの大量生産の道具がますます重要な役割を果たすようになる時代である。[15]

# 第1章　パリのヴォルテール

一七七八年二月、当時八十五歳のヴォルテールは、三十年ぶりにパリに赴くことを決意した。この滞在に際して、大々的な歓迎行事が行われた。パリじゅうの作家たちが我先にとフェルネーの長老〔ヴォルテールのこと。一七六〇年以降、スイスとの国境に近いフェルネーに居を構えたため、このように呼ばれる〕を歓迎し、エリートたちはその名がヨーロッパじゅうに知れ渡っている人物を一目見ようと競い合った。ヴォルテールが滞在していたヴィレット侯爵〔フランスの作家、政治家（一七三六-九三）〕邸を訪れる客は増え、アカデミー・フランセーズは彼を盛大にもてなし、ベンジャミン・フランクリンは孫息子を祝別してほしいと正式に申し入れた。こうしたオマージュは、ヴォルテールが悲劇『イレーヌ』〔ヴォルテール最後の劇作品。一七七八年五月十六日初演〕の上演に立ち会った際、コメディー＝フランセーズで行われた即興の式典で最高潮に達した。興奮のるつぼと化した観客が見守る中、舞台上でヴォルテールの胸像に冠がかぶせられ、女優が彼をたたえて詩を朗唱したのである。このエピソードは、一般に「作家の聖別」を象徴的に演出したものとされている。つまり、啓蒙思想家が昔ながらの権力から脱却してそれまでになかったような社会的・文化的威信を得て、こののちロマン主義とともに確立される世俗の精神的権力を具現する瞬間ということである[1]。かくして、ヴォルテールの胸像の戴冠は、のちの一七九一年に、彼のパンテオン〔パリにある国家的な功労者や偉人を祀る霊廟〕移送に伴って行われることとなる公の儀式——この偉人にオマージュを捧げる最初の式典——を予示しているように映る。そしてだからこそ、文学史の専門家たちはこのエピソードを「勝利」、「神格化」とみなしているのである。[2]

しかしそれほど明白なことだろうか。先に示した光景はあまりにも見事で真実味に欠ける。実のところ、二世紀半にわたって繰り返され、正典《カノン》のようにみなされているこの話は、主にこのエピソードを美化しようとするヴォルテールの信奉者によって執筆された著作から着想を得たものなのである。[3]とはいえ、遠慮会釈なく皮肉る人々もいた。アンチ・フィロゾーフ［啓蒙思想に敵対する人々］たちは年老いた敵の成功をひどく恨み、憤慨の念をあらわにしたし、[4]宗教的あるいは政治的動機をもたない文化界の立役者たちの中にも、懐疑的姿勢を示したり、揶揄したり、さらには敵対心をあからさまにしたりする人々もいた。演劇界通のルイ・セバスチャン・メルシエ［フランスの作家、ジャーナリスト（一七四〇－一八一四）］は、『タブロー・ド・パリ』にこう記している。「かの有名な戴冠は、良識を備えた人々には茶番としか映らなかった」[5]。メルシエは、その光景《スペクタクル》＝見世物に感銘を受けるどころか、それを「悪ふざけ」だと感じた。つまり、熱狂した弟子たちによって大々的に繰り広げられているとはいえ、ヴォルテールを衆目にさらし、彼の威信を傷つけるものとしかみなさなかったのだ。「好奇心が伝染し、人々は躍起になって彼の顔をよく見ようとした。あたかも、作家の魂はその著作だけでなく顔にも宿っているとでもいうかのように」。メルシエはこれを神格化や勝利ではなく、大作家が熱狂的な拍手と無作法な親愛の表現を浴びせられるさまを示した、いささかグロテスクな笑劇としかみなさなかったのである。メルシエが気に入らなかったのは、ヴォルテールに捧げられたオマージュそのものではなく、その形、すなわち、『オイディプス王』［ヴォルテールが手がけた最初の悲劇。一七一八年十一月十八日初演。この成功をもってヴォルテールは一躍文壇の寵児となった］の作者を衆人の好奇の対象にし、一人の役者として真の尊敬の念というより興奮の念をもって称えられる存在にしてしまったことなのである。

なるほど、舞台は神格化には両義的な場と映ったのかもしれない。舞台はヴォルテールが何十年にもわたって巨匠としての揺るぎない地位を守った悲劇というジャンルにおいては、特に英雄の栄光が示される場である一方で、公衆の判断、巧みな陰謀や、口笛の野次による嘲弄にさらされつつ、作家と役者の名声が築かれたり、突き崩されたりする場でもあった。また、舞台はエリートにとっての社交の場であると同時に、庶民にとってはお祭り騒ぎの場であり、公衆の秩序を守るために警察が苦労する場でもあった。最後に舞台は、著名性が新たに育まれる主要な場であった。そして、俳優や女優たちは、その社会的地位は確立されていなかったにもかかわらず、主要登場人物として名声の産出に関わったのである。一七七八年五月三十日の上演は、公式の厳かな式典というよりもむしろ仮面舞踏会に近いような陽気なお祭りであって、ヴォルテールが喜んだのかどうかはわからない。ただ、このような状況が滑稽でありうることには気づいていたようである。というのも、拍手喝采を浴びたにもかかわらず、彼はヴィレット侯爵によって頭の上に置かれた月桂冠をすぐさま外してしまったからである。(6) 果たして、生前からこのように称揚されるべきものなのだろうか。

この月桂冠は、十八世紀の人々の念頭にもあったはずの、文学史上のある有名なエピソードを思い起こさせる。それは一三四一年、ペトラルカがローマの元老院から桂冠詩人の称号を与えられたというエピソードである。(7) しかし、ペトラルカに月桂冠を授けたのは、当時最も有力な文芸庇護者の一人であったナポリ王ロベルトの代理人であり、しかも正式の儀式に際してのことだった。君主制ヨーロッパ全域で、ルイ十四世の時代に至るまであれほど有名であった君主の栄光と詩人の名声との同盟関係は、今や危機に陥っており、ヴォルテールはそれを誰よりもよく知っていたのである。それでもコメディー＝フランセーズの熱狂した観客は、君主の代わりとなりえたというのだろうか。むしろ反対に、作家の権威を失わせることにならなかったか。そして、こうした見せかけの戴冠は、偉大な詩人の聖別というよりも、女優と女性歌手に対する賛辞を想起させるものではなかったか。

当時問題となっていたのは、ヴォルテールという人物の中で、『アンリアード』［ヴォルテールがアンリ四世を称えて執筆した叙事詩（一七二三）］や『オイディプス王』の作者としての名声と、その言動がヨーロッパじゅうに知られているフェルネーの亡命者という著名性、そして、彼の信奉者が考えていたような偉人としての栄光、のちに称されるような古典的作家としての栄光がなかなか結びつけられないことであった。われわれ現代人からすると、ヴォルテールは啓蒙時代の大作家であり、パンテオンへの埋葬を許された最初の作家であるから、先のエピソードを彼が死後に獲得する栄光への第一歩としか捉えない。しかしヴォルテールの同時代人、そして彼自身にとって、問題はより複雑だった。ヴォルテールという人物への極端な好奇心の集中を、のちの彼の栄光を予示するものとみなすことは可能だっただろうか。こうした操作は「帰納的に」想像されるほど容易ではなかった。というのもそれは、個人が生前享受しうるような名声と、後世の人々がとどめるであろうイメージ――これだけが永遠の栄光を保証する――との連続性という厄介な問題が解決されていることを前提としているからである。

## 「ヨーロッパで最も有名な人」

一七七八年におけるヴォルテールの著名性は疑いの余地がないものだった。それは、文学界の狭い枠組み、つまり同業者や批評家から認められているというような狭い枠組みを超えていた。彼の著作を読んだことがない人々でさえ、彼の名を耳にしたことはあった。複数の新聞が彼の言動を報じており、文化界で大ヒットした年代記『文芸共和国の秘密の回想録』には、彼の名が絶えず現れた。ヴォルテールは文学論争や政治論争によって、また機知に富んだ言葉や人目を惹く行為によって、ほかの誰よりも時事的問題に関わる力を持った人物であった。すでにかなり前から作家として称賛されるだけでなく、人々の好奇心をかき立てる公人となっていたのである。駆け出しの作家やあまり世間に知られていない作家はヴォルテールの著名性を利用しようとしていた。早くも一七五九年には、アイルランドの若手小説家オリヴァー・ゴールドスミスが、公衆の好奇心を利用して作家としてのキャリアを始めるべく、多少は真実に基づいた話とでっちあげたエピソードを組み合わせて、偽の「ヴォルテール氏の回想録」を公刊していた[8]。弁護士のジャン゠アンリ・マルシャンは、ふざけて三十年以上にもわたり『V＊＊＊氏の政治的遺言』（一七七〇）や『ド・ヴォルテール氏の公開告白』（一七七一）といったパロディを発表し続けた[9]。

ヴォルテールは知名度を上げるのに誰の力も必要としていなかった。彼がフェルネーに亡命してからというもの、旅行者はみな、わざわざこの地に立ち寄らなくてはならなくなった。彼の作品を読むだけでは不十分で、当時のヨーロッパの著名人本人に会わなくてはならなかったのである。こうした訪問はヴォルテールにとって大きな楽しみの一つで、大喜びで演劇と祝宴を催し、ささやかな式典を行い、そのかわりに訪問客たちに大作家の生活について生き生きとした逸話を広めるようにと促した[10]。一方で、このような訪問はつねに面倒の種であり、時間と労力の無駄でもあったから、煩わしい客や、ただ好奇心だけで訪ねて来て、彼自身にとっては何の得にもならないような客はすぐさま追い返した。チャールズ・バーニー［イギリスの音楽史家（一七二六―一八一四）］はイギリス人の訪問客がひどい扱いを受けたことを伝えている。彼らはヴォルテールに怒った調子でこんなふうに命じられたのである。「さてみなさん、もう私を見たのだから、私が見世物にするのにぴったりな野獣や怪物のような様子をしているか言ってごらんなさい[11]」。有名人と縁日の見世物用の動物にはそれほど違いはない。このような比喩はこれ以降、他の人々の著作でもしばしば見受けられるものとなり、ついには月並みな表現となってしまうのだが、ここでは公衆の好奇心の両義性を浮き彫りにするものと言える。著名性を生む主たる原動力である好奇心は、その手段であると同時に、また脅威でもある。というのも、好奇心はいつでも有名人を単なる見世物に変えてしまう可能性があるからだ。

この好奇心はエリートの世界や新聞の読者に限られたものではなかった。ヴォルテールの名は本屋がのどから手が出るほど欲しがる広告の手段だったので、海賊版が造られることとなった。ヴォルテールもそのことをよく知っていたから、出版界と複雑かつ狡猾な駆け引きをし、書店の力を利用しながらもその「海賊版」を告発した。「著名性の不幸」の結果を進んで引き合いに出し、たとえば、自分の名のもとに「不当に捏造された」偽の書簡集が刊行されたと訴えたりしたのである。「それでもやはり今後もこの書簡集が何部か出まわることになるでしょう。一体どうしろというのですか。これは有名であることの不幸に対して私が納めなければならない税金ですが、こんなものは無名で静かに暮らすことと交換したほうがずっと心安らかにいられます」[12]。なるほど、自ら偉大な広告業者として積極的に維持している著名性に対して、ヴォルテールが見せているこうした軽蔑の念には多少の媚びも含まれているかもしれない。それでもこのテーマは重要であり、彼の文通相手もまた彼に調子を合わせていたのは確かである。フランソワ・マランがヴォルテールに私信を一冊の本にまとめ、彼の名を冠するあらゆるものを出版するオランダの「呪われた書店」に不意打ちを食らわせてはどうかと提言したとき、ヴォルテールはあたかも決まり文句であるかのようにすぐさまこう付け加えた。「著名性にともなう不幸の一つはこの点にあります」[13]。著名性は単なる評判の問題ではなく、隷属状態を伴う社会的条件であって、そこには観察者の好奇心、印刷業者の関心、さらに良心の呵責というものをほとんど持ち合わせない出版業者の術策から逃れられないことも含まれる。一七五三年、ヴォルテールはいまだコメディー＝フランセーズから認められた文学界の長老というわけではなかったものの、すでにフリードリヒ二世との複雑な関係が噂の種になるほど当時最も有名な作家となっていたため、姪のドゥニ夫人はジョージ・キースに次のように書き送っている。「全ヨーロッパに知られることなしに逃げ出すこともできないのは、著名性にまつわる叔父の不幸です。叔父は世間を避け、徹底的な隠遁生活を送ると決めたので、おそらく平穏に生涯を終えることでしょう」[14]。著名性は、栄誉であると同時に隷属状態でもある。というのも、有名人を公的人物にしてしまうからである。かくして名声は、有名人に義務――とりわけ人々の模範となることと彼らからの正当化――を課すこととなる。ジャン・ロベール・トロンシャンによると、ヴォルテールは無信仰者であるとの非難に対しては、特に手堅く自己弁護しなくてはならなかったとされる。「人は名声を得れば得るほど、このように痛いところを突かれた場合には細心の注意を払わなくてはなりません」[15]。

ヴォルテールはただ名声を得ていただけではない。そしておそらくはこの点こそ、それまでの大作家とヴォルテールとを区別するものだったと言える。つまり、ヴォルテールは「顔」でもあったのだ。彼の肖像画、胸像、彫刻が数多く作られ、一七六〇年代以降はさらに増加した。[16] とりわけヴォルテールの肖像を専門とする画家が一人いた。それは、ジャン・ユベールという画家で、「切り抜き」、すなわち布地を切ってシルエットや顔を描き出す技術の名人であった。[17] ヴォルテールの肖像画をいくつも手がけ、さらにさまざまな切り抜きで彼を描いたのち、一七七二年、ジャン・ユベールはこの哲学者の私生活――コーヒーを飲んでいる様子、チェスをしている様子、フェルネー界隈を散歩している様子など――を描いた小さな絵のシリーズを制作した。『文芸通信』は、「ヨーロッパで最も有名な人物の家庭生活のさまざまなシーンを描いた」この絵の成功に触れつつも、風刺に走りすぎているとしてヴォルテールがユベールを非難したことも伝えている。[18] 起床したばかりのヴォルテールがアクロバティックに急いでズボンをはきながら、秘書に口述筆記させている絵（図1）が、複製されて版画となり、パリやロンドンのあらゆる版画商のもとで売られるようになったとき、ヴォルテールは激怒した。しかし、ユベールは巧みにこう反論した。あなたが著名人であるために、人々の関心をかき立てるべく「少しばかり滑稽な要素」を入れ、公のイメージをもてあそんだかもしれないが、だからといってあなたの威信を傷つけてはいません、と。「うまく描こうとそうでなかろうと、人々の熱狂のせいでたえずあなたを不愉快にさせてしまいます。私は自分の絵であなたの肖像に対する人々の崇拝の念を失わせまいとしているので

**図1**　ジャン・ユベール『ヴォルテールの起床』（油彩画，1772年）は，フェルネーの長老をいらだたせた一方で，数多くの版画による複製が誕生するきっかけを作るとともに，人々に熱狂的に受け入れられた。

す。私のヴォルテール主義は治しようがないのです」[19]。

これは貴重な指摘だ。というのも、視覚文化の変容にとりわけ敏感な画家のものだからである。有名人の版画は、きわめてありきたりなものも含めてその日常生活の私的な側面に対する公衆の好奇心に応えるものであり、栄光に満ちた君主や威厳に満ちた大作家の格式張った肖像とは一線を画していた。ここでヴォルテールは、作家として知的活動の象徴とともに描かれているわけではなかった。つまり、伝統的な作家の肖像画のように、書斎に身を置き、本、紙、ペン、そしてインクに囲まれてはいなかったのである。そこに描かれているのは「家庭の光景」であり、その魅力は、絵を見る者が執筆活動をしていない時のヴォルテール、他の人と変わらない個人としてのヴォルテールの生活がどのようなものか見てみたいという欲望を持っていることを前提としている。その原動力となっているのは、感嘆の念から生じる距離感ではなく、遠くからでも親近感を持ちたいという欲望であり、その著名性によって他の人とは異なっていながら同時に他の人々と似てもいる、特異な個人としての有名人に対する好奇心なのである。ちょっとした滑稽さは、傷になるどころか、公的人物を人間味のある存在、より身近な存在にするのである。

フェルネーで日常生活を送っているヴォルテールを描いた絵に対して、「人々が夢中になった」というのは、この絵のシリーズが当初エカチェリーナ二世の出資を受けたものだっただけに、一層驚くべきことである。しかし人々の熱中ぶりがあまりにも激しかったので、版画商人たちは思わぬ利益が得られると考え、これらの絵を版画にした。ユベールによって描かれた他のシーンもほとんどが複製された。とりわけ『チェスをするヴォルテール』、『訪問を受けるヴォルテール』、『反抗する馬を矯正するヴォルテール』は、フェルネーの長老の骨と皮ばかりの顔を微笑みやしかめ面で描き出し、親しみやすい表情に仕上げるのに成功している[20]。古典的な肖像画でもなければ、正真正銘の風刺画でもないユベールのシリーズは、公衆がヴォルテールに対して抱いていたであろう逆説的な親近感を育むことになった。ヴォルテールは、その威信や年齢、そして亡命の身であるという事実からすれば遠い存在であるが、また同時に身近な存在でもあった。なぜなら、彼が起床したり、服を着たり、食事をしたり、散歩したりといった日常の営みを行う様子を目にすることができたからである。『起床するヴォルテール』の成功は、それがあたかも版画を見る者が一瞬こっそりと大作家の真実に忍び込むことができるかのように、不意打ちでその現場を捉えたようなクロッキーであったことに負うところが大きい。

有名人の私生活を描いた絵は、好奇心旺盛で、熱狂的な公衆――その肖像画に対する崇拝は、覗き趣味と大差なかった――向けに、良心などおよそ持ち合わせぬ版画商人によって盗作され、複製された。あえてこうした現象について解説を加え、いまだ手仕事の時代の手法に、今日のわれわれにはおなじみの仕組みを見出す必要もないだろう。ヴォルテールの怒りもユベールの反応も、二人がこうした版画の与える影響を気にしていたことを表している。このような版画が出回ると、フェルネーの哲学者の声望に有利に働くのだろうか。それともその名声を傷つけることになるのだろうか、と。有名な版画『起床するヴォルテール』のうちの二枚――一枚はフランスで、もう一枚はイギリスで制作されたものだった――には風刺画という解釈に基づいて、皮肉を交えた韻文が添えられていた。[21] 同じ版画が、ヴォルテールを崇拝する人々からも彼を馬鹿にしようとしている人々からも求められた。彼らの関心は何よりもまず、こうした版画によって哲学者の私生活に入り込み、その実物そっくりの肖像画を眺めることができるという幻想に基づくものであった。ユベールはこうした需要をうまく利用しようとして、イギリスの特約店にその版画を「考えられるあらゆる観点から言って、真の意味でのヴォルテールの似姿を手にする唯一の手段」[22]だと宣伝するように促した。公衆はもはや型通りで交換可能なイメージではなく、特異な個人に近づくことのできる本物そっくりの肖像画を求めるようになっていたのである。

## ヴォルテールとジャノ

ヴォルテールがパリを訪問した時に明らかになったのは、好奇心と称賛の念とに基づく二面性を備えた著名性だった。彼はパリに着くやいなや、その市境のところで誰だか見破られてしまった。見張りの一人はこう叫んだと伝えられている。「なんてこったい！　ド・ヴォルテールさんじゃないか」[23]。ひとたび彼がパリにやってきたと知られると、センセーションが巻き起こった。全面的にヴォルテールを支持していた『文芸通信』には、次のように記された。「いや、幽霊の出現、預言者の出現、使徒の出現ですら、ド・ヴォルテール氏の到着ほど人々の驚きと感嘆の念を引き起こしはしなかっただろう。この新たな天才のせいで、しばしの間、他のいかなるものにも関心が向けられなくなってしまったのだ[24]」。前年に創刊されたフランス最大の日刊紙『ジュルナル・ド・パリ』は、ヴォルテールの首都到来によって巻き起こった「センセーション」について読者に詳述している。「カフェでも、劇場でも、社交界でも、彼の話でもちきりである。彼の姿を見たか。彼の話を聞いたか、と」。地方の新聞は、ヴォルテールのパリ滞在の詳細とその機知に富んだ言葉について羨望の念をもって伝えた[25]。このように皆が好奇心を寄せていることを認めた上で、フランソワ・ド・ヌーシャトー［フランスの作家、政治家、農学者（一七五〇―一八二八）］は、ヴォルテールとすばらしい一時間を過ごしたことを公然と自慢しつつも、慎みの要請――この要請が破られることはあまりにも多い――という名のもとにおいて、その秘密を明かすことは控えている。彼は『ジュルナル・ド・パリ』の編集者に対してとがめるような様子でふるまい、「著名性にはとりわけ、有名人をめぐって、その行動、発言、考えに関する一種のスパイ行為を生じさせるという問題がある[26]」と述べている。ここからは著名性という問題がすでに検討すべき対象となっていたことがわかる。もっと嫌味なデュ・デファン夫人は「パルナッソス山の詩人たちは、ぬかるみの中にいる者から頂に立つ者までみなこぞって」ヴォルテールのもとへと馳せ参じた、と皮肉を込めて書き記している。[27] しかしその彼女自身、彼に再び会いたいという欲望に打ち勝つことはできなかったのである。

このように、ヴォルテールはありとあらゆる人々の好奇心をかき立てていた。もっとも、その好奇心は一義的ではなかったが。とはいえ、コメディー＝フランセーズでの戴冠の催しは、偉人の栄光という別のモデルに属するものであった。式典は全員一致で彼の死後イメージを事前につくることを目指していた。あたかも同時代人が後世の眼差しで彼を見守っているかのように。そしてこう言ってしまってよければ、あたかも彼がすでに亡き者であるかのように。こうした機会にヴォルテールは「彼らは私を殺したがっているんだ」[28]と述べたとされる。この両義的な言い回しは、幸福と称賛の極みを表現しつつ、同時に死後の栄光に危うくも接近していることをも示している。翌一七七九年、ヴォルテールの占めていた席を埋めるべくアカデミー・フランセーズに迎え入れられたとき［定員は四十人と決まっており、会員が亡くなると、その席を補充すべく新たに選出される］、ジャン＝フランソワ・デュシス［フランスの劇作家、詩人（一七三三―一八一六）］は入会演説でこれとまったく同じことを、もう少しもったいぶった調子で述べている。「彼はいわば、生きながらにしてその不滅の名声を目の当たりにしたのです。彼の時代は、のちの何世紀もの時代の負債を前もって返済したのです」[29]。これはまた、ある観点からすれば、この数年前にピガールが制作したヴォルテールの裸体像が意味していたこととも言える。人々の偏見のせいでスキャンダルが巻き起こっていたが、裸体像は明らかにあるメッセージを示していた。作家の骨と皮ばかりの体は彼の死を予示し、古代の英雄のようなイメージを作ることを許したのである。ヴォルテールはすでに偉人であり、後世の人々が彼に送ることになる称賛をやや先取りして享受することができたのである。

これに対して、コメディー＝フランセーズの一夜はより両義的で、荘厳というよりもむしろおおはしゃぎといった感じだった。それは『文芸通信』に掲載されたもののように最も好意的な報告においても垣間見られる。ここでは、人々が興奮し、混乱状態に陥り、大騒ぎしているさまが強調されている。「劇場全体が、興奮した群衆の波がかき立てるほこりで薄暗くなっていた。こうした興奮状態、いわば一種の万人の錯乱状態は二十分以上も続き、役者たちが芝居を始めるのはたやすいことではなかった」[30]。いわんや、より批判的な目撃者はこのいわゆる神格化が無秩序で、芝居がかっていることを皮肉った。この戴冠がまさしく劇場の舞台で、小間使いに扮した女優が主役を演じる形で行われたという事実は、このイベントのややパロディ的な性格を強めるばかりだった。そして、その数週間後、ヴォルテールの埋葬がなかば秘密裏に行われたという事実は、彼の死を正式に認める時はいまだ訪れておらず、著名性はすぐに栄光へと導くものではないことを示している。メルシエは悪意を持って「生前彼に送られたぶしつけな名誉は、死の名誉を彼から奪ったのだ」と記している。

もう少しメルシエの偶像崇拝的な解釈をたよりに進んでみよう。失礼な「悪ふざけ」に対して攻撃を仕掛けたあとで、メルシエは人々を迷いから覚醒させるような対比を示してみせた。つまり、彼はヴォルテールの成功を、ヴァリエテ＝アミュザント座というできたばかりのブールヴァール劇団の喜劇役者ヴォランジュの成功――こちらのほうがはるかに大きな成功であった――と比較してみせたのである。実際、ヴォルテールのパリ訪問の評判は、ヴォランジュ、そして彼が演じた民衆笑劇の登場人物で人々の盲目的崇拝の対象となったジャノの大成功のせいで翳りを見せることになった。この『ジャノあるいは敗者は罰金』という作品は、ヴォルテールの悲劇とは大幅にかけ離れたものだった。象徴的な場面で、ジャノは溲瓶の中身を頭からかぶって、この液体はなんなのかと尋ねるのである。「これって、アレですかい？　ちがうんですかい？」このせりふは何ヶ月ものあいだパリ中の人を笑わせ、あらゆる会話の中で繰り返された。芝居は何百回と上演され、主役は時の人となった。「彼は舞台だけでなく、社交界でも人々を楽しませた。彼が呼ばれず、愛されていないところですてきなパーティーなどなかった。つい最近彼は少し風邪をひいた。翌日、その家の戸口は複数の四輪馬車のせいで通れなくなってしまった。貴婦人たちは彼の具合を聞きに使者を遣わせ、最も高貴な家柄の貴人たちですら様子を尋ねようと自らやって来た。こうした狂乱状態が一体いつまで続くことやらわからない」[31]。『秘密の回想録』の執筆者はこうした万人の熱狂ぶりに困惑しつつ、このように記している。『文芸通信』もまた、またたく間に「国民的スター」となったジャノの芝居の「驚異的な人気」について触れ、これに苦言を呈すべく、人々の熱狂ぶりと戴冠「事件」のわずか数週間後におけるヴォルテールの悲劇からの客離れを対置している。「『敗者は罰金』の第一一二回公演にかくも多くの観客が押し寄せていたのとまさに同じ頃、ド・ヴォルテール氏の『救われたローマ』初演には予約の入った桟敷は二つとなく、三回目の公演時には、劇場はがらがらだった[32]」。公衆の注目を浴びるというのはめったにないことで、ある著名性が別の著名性を追い払ってしまうのである。メルシエはまさに著名性の物質文化の中でさらに比較を推し進めている。「ついに人々はヴォルテールと同じようにジャノの磁器像を作るようになった。今ではどこの家のマントルピースにも大道芸人の像が置かれているのだ[33]」。

こうした醒めきった指摘は重要な点をついている。著名性の力は大作家と大衆喜劇役者、悲劇とブールヴァール劇を同列に置いてしまうということだ。人気という点では、万人がその才能を認める大作家と滑稽なせりふで人々を熱狂させる道化役者、その作品が後世まで称賛される人物と一時の人気しか得られないような人物とをどのように区別すればよいというのか。メルシエの皮肉は辛辣である。他と比べ物にならないほどの栄誉を怪しいものにしてしまう「最新の流行」への過度の好みを揶揄しつつ、メルシエの皮肉は、公衆の軽率さに関する驚くほど近代的な政治的解釈に向けられている。「生者を攻撃する必要はない。いわんや死者をや、である。ヴォルテールという人物が登場すると、ジャノという人物が登場し、ヴォルテールと対比されるのである」。問題となっているのは、実際に耳を傾けられるべき民衆の声の力そのものなのだ。それは、ヴォルテールの著名性はただその悲劇作品によるものではなく、とりわけ四半世紀にわたって宗教的狂信や偏見に対して彼が攻撃文書や論争を通して展開してきた絶えざる闘い――そのおかげで彼はヨーロッパの人々に対し、戦闘的かつ批判的な啓蒙の新思想を体現するようになった――に基づくものだからである。こうした公共空間の占拠は思想的な戦略であり、真実への闘いであり、精神と習俗を変容させようという意志なのである[34]。公衆の声がスペクタクルになり、哲学者が容易に大道芸人によって取って代わられるような公衆のエンターテイナーにすぎないというのは、一体どういうことか。

こうした観点から見直すと、ヴォルテールの戴冠という事件は、別の意味、しかも、これまで古くから付与されてきたよりも複雑な意味を帯びてくる。この事件は必然的にフェルネーからパンテオンへと通じる一本道の第一歩なのではなく、ヴォルテールの著名性を華々しく、しかし両義的に示したものなのである。この著名性には大いに異論の余地がある。彼の信奉者と彼の闘いを支持するあらゆる人々が信じ込ませたいと思っているように、ヴォルテールが天才であることの証なのだろうか。あるいは、彼の敵が主張するように、単なる流行の影響、習俗の退廃の証なのだろうか。それとも、メルシエが示唆するように、公衆の気まぐれな欲望が勝利し、「伝染病のように広まる好奇心」が最も偉大な作家を、その作品や社会参加といった功績を犠牲にして単なる見世物や気晴らしの対象に変えてしまったことを示すものなのだろうか。この事態を見守ったもう一人の人物であり、元弁護士でジャーナリスト兼風刺パンフレット作家のシモン・ランゲも同様のことを述べており、一人の作家を「舞台上の英雄」に変えてしまった公衆を非難している。彼の言葉によれば、戴冠の式典はまさしく笑劇、「一団をなして参加しているときに我が身を振り返ってみたとすれば、恥ずかしくて赤面したであろう幼稚なパントマイムだ。あんなものは、ブールヴァール劇で下層市民向けに演じられるのよりももっとひどい人形芝居ではないか[35]」。公衆から下層市民への横すべりは注目に値する。現代と同じように十八世紀においても著名性の表れがかくも容易に批判にさらされるのは、公衆そのものが問題含みな存在であり、その判断がとかく信用されていないからである。

歴史家たちは「公衆」および「世論」が重視されるようになったのは十八世紀のことだと強調してきたし、またそれはもっともなことでもある。確かに一つの劇作品の価値を評価する場合であれ、政治的不正を糾弾する場合であれ、公衆が持ち出されるようになったのは十八世紀以降のことだ。とはいえ、公衆はいまだ完全に合理的権威となったわけではなかった。公衆はたやすく操作されたり、特にこれといった理由もなく移ろいやすい主義主張に夢中になったり、理性ではなく好みで判断したり、好奇心に負け、易きに流れたりした。ヴォルテールへの公衆の熱狂ぶりを糾弾した新聞は、これに後世の公平な判断を対置している。「われわれの間で大変な陰謀が起こった。大衆を誘惑し、無数の愚か者たちに畏敬の念を抱かせ、その目的を達成するのに彼らが思いつかぬ方法などない。（中略）彼［ヴォルテール］が帰るべき場所に彼を位置づけてくれるのは、あらゆる利害関係、あらゆる情熱、あらゆる党派心から解放された後世だけだ[36]」。ここで対置されているのは二つの時間、二つの社会学である。著名性に固有の同時代性は党派心や「無数の愚か者たち」に有利に働くが、一方の栄光は「趣味人」や文化機関によって体現される後世の人々の判断によってしか生じえないのである。

したがって、文芸共和国における作家の評判と偉人の後世の栄光との間にあって、著名性は単なる一つの段階ではない。それは、新たな実践と言説の空間を開いた。この空間は、無遠慮に秘密を漏らしてしまう新聞、イメージ流通の増加、公衆の好奇心によって支えられ、興味をそそられた同時代人はそこで問題になっていることを理解しようと努めた。ヴォルテールとヴォランジュ＝ジャノ、大作家と人気役者の（われわれからすると）意表をつく対比は、著名性はただ文人や芸術家だけに関わるものではないことを示している。演劇とスペクタクルの世界は、著名性の中心的な場となり、この著名性という新たな文化の中心地となったのである。われわれの探究はここから始めなくてはならない。

# 第2章　スペクタクルの社会

アンシャン・レジーム期の都市社会は、表象化の要求によって支配されていた。権力の行使は、国王の入市式から宮廷の祝祭に至るまで、スペクタクル、儀式、複雑な演出を必要とした。いまだ覇権的な貴族文化によれば、個人の価値はその公の地位と不可分と前提されていた。というのも、宮廷人のようなオネットム［礼節をわきまえ、穏やかで情の厚い人。十七世紀後半以降用いられるようになった用語］は一つの役柄を演じ、一つの地位を体現しているという意識を持っており、より真実に近い、あるいはより本当の内面の姿を公的な外見に対置しようなどと考えるものは誰一人いなかった。「世界劇場《テアトルム・ムンディ》」という古くからの隠喩は、こうした社会的演技という捉え方をよく表している。つまり、人生は演劇、永遠に続くスペクタクルで、そこでは一人一人が与えられた地位に従って演技せねばならないということだ。十八世紀における都市の成長、パリやロンドン、さらにはナポリやヴェネツィアのように人口密度が高く、人々が絶えず知らない人と交流せざるをえないような大都市の出現は、当初はこうした変化を推し進めるばかりであった。社会的人間とは、何よりもまず観客に与える効果のことしか頭にない役者であるという理論が復活した。「世界劇場」はもはや遠くからみそなわす神のもとで演じられる作品ではなく、人間が互いに演じるスペクタクルとなったのである[1]。

皆が役者であるとしても、他の人たちよりその度合いが強い人もいる。つまり、役者を生業としている人々のことだ。演劇はもはや宗教的祝祭に際し、教会前の広場で信者が演じる受難劇に限られたものでなければ、君主を囲むエリートの宮廷人だけが楽しむものでもなくなった。演劇は典型的な都市の娯楽となったのである。十七世紀半ば以降、あらゆるヨーロッパの首都で、そして次第に地方の大都市においても常設劇場の数が増えた。オペラ、喜劇、オペラ＝コミック［十八世紀初頭、フランスで誕生したオペラの下位ジャンル］、さらには縁日の見世物ですら大勢の観客を集め、その中には貴族、ブルジョワ、そして庶民さえも含まれることがあった。パリでコメディー＝フランセーズの平土間に押し寄せたのは、こうした人々だった。十八世紀のヨーロッパでは、演劇はすでに都市文化の主要な特徴となっていたのである。

このような演劇の普及への反動として、二つの批判があがった。一つ目の批判は、各人が役割を演じている社会生活がうわべだけのものであり、正当性に欠けるという点を問題にしていた。二つ目の批判は、演劇の成功によって生じた道徳的退廃を糾弾するものであった。この二つの批判は別々の対象に向けられたものであるとはいえ、大都会の悪影響を糾弾している点において一致していた。感受性と誠実さに基づく個人の真情という新たな理想のおかげで、都市の演劇では、自分が感じてもいない感情を演じることで報酬を得ているプロの役者と、ありそうな筋書きに魅了される受け身の観客とを対峙させる分離の原則［アリストテレスの『詩学』に展開されている原則］を攻撃することが可能になった。こうした演劇に対する最も雄弁な批判者、ジャン＝ジャック・ルソーは、すべての人が積極的に真情を吐露し合う村の祝祭という模範と都市の演劇とを対置させている(2)。

周知の通り、真情を理想とするがゆえの演劇・スペクタクル批判は長く後世まで引き継がれることとなった。同様の批判はロマン主義の時代にも見出されるし、二十世紀には視聴覚メディアの発達によって、観客とその前に示されるイメージとの間の分離の原則をさらに強調しつつ、演劇・スペクタクル批判があらためて活発に展開されるようになった。最も急進的な表明は、ネオ・マルクス主義と陰鬱なロマン主義の驚くべき混成物たるギィ・ドゥボールの著作［『スペクタクルの社会』（一九六七）のこと。本章のタイトルも同書を意識したもの］とともに認められるようになった。多くの場合、十七世紀のモラリストのパロディのようでありながら、時折ルソーのような調子を帯びる幾分クラシカルな散文において、「スペクタクルの社会」批判は、商品を偶像視することへのマルクス主義的批判をメディアイメージに当てはめて再利用している。著名性はスペクタクルの近代的メカニズムの中においては、その典型的な特徴を成している。「スター」は、「生身の人間のスペクタクル的表象」、まさしく個人の否定である。スターは、貧しく不完全な生活を送らざるをえない疎外された観客にはまさに手が届かないものとなってしまった生活スタイル、個性のタイプ、人間的開花の形を体現しているのである(3)。

今日、著名性の文化が重要性を帯びる中で、スペクタクルの社会に対するこうした批判は、たいていの場合その反資本主義的な基盤から外され、ただのスローガンとなり、かなりお粗末な常套句となっている。とはいえ、この決まり文句にも利点がある。それは、公共空間に有名人を登場させるメディア・エコノミーの起源が、最初のスターが登場した十八世紀の舞台芸術の世界に求められるというのを思い起こさせてくれることだ。役者、歌手、ダンサーは常に公衆の面前に現れ、そのパフォーマンスから社会的生命を得ていた。最も衆目にさらされる機会の多い人々が、劇場以外においても真の著名人となった。彼らの名は人々に知られ、その肖像が複製され、私生活が好奇心の対象となるのである。このような「スター」誕生を可能にした社会と文化の変容を捉えるのが本章の目的である。

## スター誕生——著名性のエコノミー

「スター(vedette)」という用語そのものは、劇場においてこの語が[「主役」という意味で]用いられるようになって少し後に現れたものであるが、スペクタクルのエコノミーの変容をはっきりと示している。軍事用語としては、この語は少し高い位置にいる歩哨を指すものであったが、十八世紀にはさらにポスターに大きな文字で印刷される見出しを指すものでもあった。十九世紀初頭には、その名が「大きな文字で（en vedette）」出る芝居の主役を指すために換喩的に用いられた。こうした用法は、劇団を集団として捉える伝統的慣例に反して次第に広く認められるようになった。一見したところささいなものに映るこうした変化は、実際には大きな変化を明るみに出している。十八世紀初頭以降ロンドンで、続いて十八世紀半ば以降パリで、やや遅れてナポリ、ウィーン、ベルリン、そしてその他ヨーロッパの大都市で、演劇のエコノミーは、都市の公衆と新たな商業的慣行の出現によって大変革を遂げた。演劇、さらに音楽、舞踊は宮廷スペクタクルや権力によって完全に管理された特別な演劇という枠組みを超え、社交界のエリートから新興中流階級に至るまで多様な観客が通う都市のスペクタクルになったのである。いくつかの大都市の中心部では、文化はもはや君主や支配者の周りに集まるエリート司祭たちの間で共有されるものではなく、消費の対象となった。ロンドンのドルリー・レーン劇場は二三六〇人を収容可能であったが、一七九二年の拡張工事後はその数は三千人を超えた。そのライヴァルであるコヴェント・ガーデンについてもほぼ同様であった。新たな都市のスペクタクルは、個人の企業家のエネルギーと資本を結集させた。そして、企業家たちは投資利益を上げるために、数々の広告テクニックに頼ったのである。(4)

劇場の支配人は人気のある俳優を前面に押し出す必要が大いにあった。商業的戦略以外に、娯楽の商業化に関わる新たなメカニズムがあり、著名性の文化、とりわけスペクタクルと文化案内に特化した定期刊行物の急速な発達、役者や歌手の肖像画の販売、劇場であると同時に娯楽と商業の空間でもあるような場所――一七三〇年代に創られ、踊ったり、食事をしたり、コンサートや芝居を観たり、散歩したりできたロンドンのヴォクソール地区をモデルにしていた――の登場を促した。数年後の一七四二年、チェルシー地区に開園したランラー・ガーデンズはすぐに人気スポットとなった。(5) パリでは、制度上、宮廷管轄の特権的劇場（コメディー＝フランセーズ、オペラ座）の役割は依然として重要であったが、特に一七五〇年代に整備され、散歩と娯楽の場となったグラン・ブールヴァール〔パリのマドレーヌ寺院から現在のレピュブリック広場にまで伸びる大通りで、当時の繁華街〕で私設劇場が発達した。パリ市民はここで、人形芝居や動物の調教師たち、ジャン＝バティスト・ニコレ座――サン＝ローランの縁日〔中世以降、サン＝ジェルマン＝デ＝プレ教会周辺で復活祭前後に行われていた縁日〕由来の軽業師一団で、その人気はフランス革命期まで衰えることがなかった――を観ることができた。ニコラ・オディノ〔フランスの俳優、劇作家（一七三二―一八〇一）〕が一七六九年にアンビギュ＝コミック座を設立したのも、ルイ・レクリューズが一七七八年、のちにヴォランジュが『ジャノ』もので成功を収めることとなるヴァリエテ＝アミュザント座を創設したのも、ここグラン・ブールヴァールだった。(6)

このようなスペクタクルのエコノミーの変容は、劇団の中でのヒエラルキーを際立たせるようになった。普通の役者と、観客および劇団の座長が余人をもって替えがたいとみなす役者との間の収入格差はきわめて大きくなった。こうした役者は他の役者より有利な収入条件を得たのみならず、かなりの特権を享受していた。十八世紀初頭、ロンドンでは「ベネフィット・ナイト」と称される慣習が出現した。これは、観客を集めるのに十分名の通った俳優一人あるいは女優一人に興行収入すべてを支払うというものである。一七〇八年、この恩恵を受けた最初の女優がエリザベス・バリーだった。十八世紀末、偉大な悲劇女優サラ・シドンズ〔一七五五―一八三一。シェイクスピアの『マクベス』でマクベス夫人を演じて有名になった〕が結んだ契約は、一シーズンにつき二回の「ベネフィット・ナイト」を彼女に約束し、相当な収入を保証するものだった。十八世紀半ばのイギリスの舞台で間違いなく大スターであったデイヴィッド・ギャリックは、巨万の富を築くのに成功し、彼の死亡時にはその額は十万リーヴルに上っていたと推定されている。(7)フランスでは、ブールヴァール劇の商業的成功は、繰り返し題材に取り上げられる登場人物の力を借りて観客を惹きつけるスター俳優の才能に依拠していた。十八世紀半ばにニコレ座で活躍したトゥーサン・ガスパール・タコネや、ヴォランジュはその例である。ヴォランジュがジャノ役で成功を収めた後、この登場人物に魅惑された劇作家たち（ドルヴィニーやボーノワール）はヴォランジュのためにぴったりの作品を執筆した。その中にはジャノもの（『しみ抜き屋でのジャノ』、『そうじゃありません』、『ジャノの結婚』）だけでなく、ポワンチュもの（『ジェローム・ポワンチュ』、『ボニファス・ポワンチュ』、『善良な人々』）も含まれていた。町人《ブルジョワ》の家庭を舞台にかけたこうした作品のおかげで、ヴォランジュはその変装の才能を存分に発揮することができた。彼は、スター俳優のパフォーマンスに魅了された観客を一層喜ばせるために、いくつもの登場人物を演じることもしばしばであった。(8)

コメディー＝フランセーズでは、団員は集団の一人として、建前上は平等であった。にもかかわらず、新たな著名性のメカニズムによって格差が際立つようになった。男性俳優のトップスターの一人だったルカンは、地方巡業を行うことでその著名性が衰えぬように保持し、そこから経済的利益を得ていた。(9) 悲劇女優の中では、一七六〇年代初頭、イポリット・クレロンが大ブームを巻き起こし、彼女が出演するだけで劇場が満席になった。「クレロン嬢はいつもヒロインだ。彼女が出演するという予告が出ると必ず、満場御礼となった。彼女が登場するやいなや、われんばかりの拍手に包まれた。彼女のファンはこのような状況をかつて目にしたことがなかったし、これからもないだろう(10)」。十八世紀の間に、真の意味での役者のヨーロッパ市場、さらには歌手とダンサーのヨーロッパ市場が確立された。最も評判の高い役者の流通はまず、最良の役者を手元に置きたいと思うヨーロッパの宮廷および貴族の熾烈な戦いから生じた。イタリアの音楽家はヨーロッパ各地で求められ、フランスの最も優れた役者は、しばしば国外でその才能を発揮するようにと懇願され、フランス王室を困らせるようになった。(11) そして次第に、ロンドンの劇団は王室の庇護から解放され、増加の一途にある一般の観客を呼ぶことに腐心するようになり、他のヨーロッパ各国に密使を送って、自分たちのもとに引き抜きたいと思う俳優に有利な契約を提示するようになった。

オーギュスト・ヴェストリスは、そのような人物の一人だった。父ガエタノは、当時最も評判の高いダンサーの一人で、「ダンスの神」を自称し、ヨーロッパのさまざまな宮廷でその才能を発揮していた。息子の世代になると、この職業をめぐる状況が変わり始め、ロンドンの劇団が宮廷スペクタクルあるいはパリの劇団に取って代わった。ヴェストリスは、一七七九年、ちょうど二十歳の時にパリ・オペラ座に雇われたが、ほどなくしてロンドンのキングズ・シアターと六ヶ月の契約を結び、そこで真の成功を収めたのである。ロンドンは、歴史家ジュディット・ミルーズの言葉を借りれば「ヴェストリス＝マニア」で溢れかえった。ミルーズによれば、これがそれまで演劇とオペラの陰に隠れたままであった舞踏に対するイギリス人の熱狂の始まりとされる。[12] こうした熱狂は、ヴェストリスとその父が使者となったバレエ・ダクション［十八世紀に誕生した演劇的な筋書きを持つバレエ］という形式の新しさよりも、むしろ才能に溢れ、若くて美しく、ロンドンの観衆を夢中にさせた息子のダンサーその人に負うところが大きい。[13] バレエのこととなると簡潔に済ませてしまう新聞も、ヴェストリスの滞在にまつわる逸話についてはとどまることを知らず報じ続け、彼がどれほど女性を虜にしているかという点についての噂話を吹聴してまわった。ヴェストリスが到着するやいなや、その報酬が定期刊行物に明かされ、論争の的となった。芝居のスターがこれほど給与をもらってもよいものだろうか。どうして軽業師がたった一晩で、実直な農夫が一生かかって稼ぐのよりたくさん稼げるというのか。[14] それでも、観客はヴェストリスにとっての「ベネフィット・ナイト」に駆けつけた。ホレス・ウォルポールによると、ヴェストリスはこの一晩で一六〇〇リーヴルという高額の収入を得たが、劇場には文字通りあまりにも多くの群衆が一気に押し寄せ、最後には暴動となり、当局はヘイマーケット地区への立ち入りを禁止せざるをえなくなった。

ヴェストリスの収入をめぐる論争は、明らかに著名性のエコノミー、このエコノミーが可能にする巨額の報酬、そしてこのエコノミーが推奨する収益との間に時として生じる大きな格差に関する長い論争の端緒でしかなかった。今日でも、サッカー選手の移籍金や映画俳優の収入は定期的に「スターの給与」に関する論争を助長している。経済学および社会学の専門家たちはその理由について検討した結果、才能の違いは時として不確かで、往々にして客観的判断が難しいのに、これほどの収入格差を生むのは、有名度と認知度双方のメカニズム、さらにまたショービジネスの文字通りの商業的な論理によると説明づけている。[15] このような議論の起源は、十八世紀、演劇の最新情報に特化した新聞が新たに出現し、さまざまなパフォーマンスの収入を比較して、劇団の金庫を満たす能力をもとに役者の影響力を判断しようとし始めた――それは払いすぎと思われる報酬を批判することともなった――頃に求められるのだ。

こうした状況への反駁として夜の慈善公演が発達した。これは、最も有名な役者が自分の利益のためではなく、貧困や老齢により困っている役者を助ける役割を担う「劇場財団」のために演じるというものだった。ギャリックのような評判の高いスターは、公衆に対する自分の人気に気を配りつつ、同時に、イギリス演劇の庇護者として立ち回り、その無私無欲ぶりを顕示することができた。こうした慈善的姿勢のおかげで、ギャリックは、演劇界において拡大しつつあった不平等を修正しつつ、自分が優位に立っていることを再確認できた。というのも、こうした興行の成功を保証したのはほかならぬ彼の著名性だったからである。実に皮肉なことに、慈善としての気前の良さは数年のうちに道徳的義務となり、スターたちはリスクを冒さずして、こうした義務から免れることはできなくなった。サラ・シドンズは最初の成功ののち、こうした興行の何回かを怠ったため、ケチだという確固たる評判を得てしまった。この評判は長いあいだ彼女に付きまとい、もう少しでそのキャリアを危機にさらすところであった[16]。

このように新たに出現した役者、歌手、ダンサーの著名性には矛盾がないわけではなかった。著名性によって、スターたちは特権、とりわけ経済面での特権を得たが、アンシャン・レジーム期の社会において名誉ある地位が保証されることは決してなかった。作家の場合以上に、その著名性がどれほど社会秩序と矛盾しうるものかということが確認されるのである。この緊張関係がことのほか強かったのがフランスである。なかには大変な人気を誇る者もいたにもかかわらず、この国では役者は原則として不名誉な地位に追いやられていた。イギリスではこれほどまでに役者がひどい侮辱をうけていなかったが、それでも、女優の著名性は依然として両義的であった。それは女優の才能の証であるが、また同時に彼女たちを公衆の欲望の対象に変えるものでもあった。女優が高級娼婦のイメージと似通っているのは明らかであり、すでに十七世紀末には、一部の女優の著名性は、浮気な女と推測される彼女たちへの公衆のいかがわしい好奇心に基づくものとなっていた。ここでの著名性は、栄光の根底にある称賛の念とは程遠いもので、私生活が噂や陰口の種となるようなふしだらな女優のエロティックな魅惑に左右される部分もあった。女優は「公的な女性」〔原語は femme publique。娼婦の意味で用いられる〕として男性の観衆の目には、高級娼婦あるいは単なる娼婦と同じように映ったのである。同様にフランスでは、オペラ座のダンサーはみな裕福な愛人に囲われていて、自堕落な生活を送っているという噂があった。「かの有名なギマール」として当時の定期刊行物や中傷文書に必ず登場するマリー＝マドレーヌ・ギマールは、その典型例だった。人々は、彼女の舞台での活躍ぶりよりも、その愛人や庇護者について長々と解説した。彼女の公の身分は怪しげなものだった。なるほど、彼女の最初の成功は、ダンサーとしての資質によるものだった。しかし彼女が瞬く間に社会でのしあがっていったのは、とりわけ高級娼婦としての才能と徴税請負人ラボルドおよびスービーズ公の献身、そして彼女が企画したみだらな祝宴――その噂はゆがめられ、そしておそらくは想像も加わって、彼女の醜聞に油を注いだ――のおかげだったのである(17)。

近年の歴史学では、時として過度なほどにこうした点が強調されてきた(18)。実際、有名な女優を観客の欲望の投影にしてしまわないように気をつけなくてはならない。著名性というこの新たな文化はまた、そのキャリアを管理し、公衆の好奇心をかき立て、名声を得るための行動の手腕を俳優に対してと同様、女優にも与えたのである。これは特に、新聞に称賛の記事を掲載してくれるよう依頼する――これをイギリス人は「パフィング（puffing）」と呼んだ――女優にあてはまることだった。こうした両義的状況のおかげで、女優たちはめざましい社会的昇進を遂げた。イギリスでは、高級娼婦となった女優の典型例は、早くも王政復古の時期、チャールズ二世の寵妃となり、王との間に二児を設けたネル・グウィンによって体現されている(19)。これほど華々しくはないとはいえ、続く十八世紀にも、この手の女優は幾度となく現れた。フランセス・アビントンは、花売りおよび辻歌手として出発したのち、とりわけ一七五九年から六五年にかけてのダブリン滞在時に舞台で大成功を収め、この地方のスターとなった。ロンドンに戻ると、彼女はドルリー・レーン劇場でいくつもの役柄を演じて当たりを取った。ジョシュア・レノルズ［ロココ期に活躍したイギリスの画家（一七二三‐九二）］は、彼女の肖像画をいくつも手がけている。なかでも有名なのは、プルー嬢を演じている彼女を描いたものであるが、この肖像画は、そこにひそむエロチシズムのためにスキャンダルとなった。「パフィング」の勘所を完璧に心得ていることで名高かった彼女は、また同時に数多くの情事、特にのちに首相となるシェルバーン卿との情事でも広く世に知られた。

舞台における成功はただ、貴族のエリートたちの寝室へと誘うだけではない。キティー・クライヴのように他のルートも考えられた。彼女は当時最も優れた喜劇女優とみなされ、十八世紀を通して最も成功した舞台作品の一つであるジョン・ゲイの『ベガーズ・オペラ（乞食オペラ）』のポリー役で歌手として成功したが、次第にそのレパートリーを広げ（彼女は通俗的なバラードからヘンデルのアリアまで歌った）、同時に活動の範囲も広げた。彼女はギャリックとともにドルリー・レーン劇場を創設し、喜劇を書き、サミュエル・ジョンソンやウォルポールと関係を持ち、晩年にはロンドンの上流社会にすっかり溶け込んだかのようであった。メアリー・ロビンソンのようにより複雑な経歴をたどった女優もいる。一七七〇年代末にパーディタ［シェイクスピアの『冬物語』の登場人物］の役で大当たりを取った――この役は彼女のはまり役となった――のち、豪勢な暮らしをし、放蕩ぶりが新聞に数々の話題を提供したプリンス・オブ・ウェールズ、のちのジョージ四世の寵妃となった。[20] 舞台で成功を収めると同時に多くの愛人を作ったことで劇場や社交界の噂になった後、王位継承者から受け取った恋文を公開しないという誓約を結んだことで年金を得ると、メアリー・ロビンソンは引退して第二の人生を文学に捧げ、小説や詩を発表した。いくつもの伝記が、著名性を渇望し、あらゆる手段を用いて有名になろうとする野心的な女性の姿を彼女のうちに見出そうとしている。[21] しかし実際は、成功と公衆からの認知のメカニズムにごく若い頃から飲み込まれていたため、メアリー・ロビンソンはそのメカニズムをきわめて両義的に捉えており、これにまつわる望ましい効果のみならず、リスクも意識していた。[22] 彼女は『回想録』の中で、自分の最初の小説『ヴァンチェンツァ』が「人気を得たのは、作者の名が有名だからだ[23]」と認めている。しかし、他の作品の中で彼女が取っている立場はより複雑で、狂ったように著名性を追求するのを批判している。彼女は街で自分が誰か知られてしまうこと、そして野次馬の好奇心のせいで迷惑することに対してはっきりと不満を述べた最初の女優の一人である。彼女が買い物に出かけ、お店に入ろうとすると必ずそこは彼女を一目見ようとする大勢の人々に囲まれてしまい、彼女の馬車が近づけなくなってしまうというのだ。[24]にもかかわらず、『回想録』からは、彼女が絶えず外見に細心の注意を払っていたことがわかる。というのも何十年も後でもなお、彼女はさまざまな機会に着ていた服のことを思い出すことができたからである。

俳優そして女優の著名性は、彼らのパーソナリティそのものと彼らが舞台で演じる登場人物との混同に基づくものである。メアリー・ロビンソンは、彼女を有名にした役柄のせいで終生「パーディタ」というあだ名を保持し続けることになった。俳優や女優がその象徴的な役柄の名で呼ばれることはよくあった。[25]上流社会では、一部の役者の著名性は、人々が彼らを追い求める要因となっているものの、彼らが個人として認知されることにはつながらなかった。ここに今日でも映画俳優たちに指摘される現象――彼らは満足と不満が入り混じったような調子で、観客は自分たちが演じている登場人物と彼らを混同していると指摘する――が認められるのである。このような状況が十八世紀には未知のものだったということはない。実際、ヴォランジュはこういったことが原因で苦い経験をしているのだ。彼が演じたジャノという登場人物が人気を得たおかげで、ヴォランジュは上流社会に招かれるための魔法の鍵を得、例の滑稽なセリフを聞いた聴衆たちを楽しませたにもかかわらず、自分のレパートリーを広げ、著名性を得るきっかけとなった登場人物から解放されようと頭を悩ませた。ブランカ侯爵邸に招かれた彼は「ジャノ」と呼ばれたので、それを訂正してもよいと考えた。「これからはヴォランジュです」。この発言には、手厳しい返答が帰ってきた。「よろしい。ただし、われわれはジャノにしか来て欲しくないので、ヴォランジュ氏にはお引き取り願いたい」。この逸話を伝えた『文芸共和国の秘密の回想録』が横柄だとしているのは、ブランカの無作法さではなく、上流階級の邸宅に上流階級の人間としてもてなされようとする尊大かつ傲慢な「大根役者」ヴォランジュ

なのである。(26)

こういった事例は、上流階級の人々からすれば少なくとも、役者の著名性が完全に登場人物の著名性に飲み込まれてしまっている極端な例である。彼らは下層庶民と混じって縁日芝居を見るとはいえ、大道芸人を上流階級の人間と認めようとはしないからだ。一般に、役者と登場人物の関係はこれより複雑であった。人々の役者に対するイメージは、役者が演じる登場人物と混同されているとはいえ、役者の私生活に対する公衆の関心は増大していった。実際の人格から独立した公の人物像と私生活を隠し通すことができない私人とのこうした乖離は、著名性のメカニズムの中にあるものだ。このような乖離は俳優の心の中でますます大きくなるばかりである。というのも、演劇の観客は、登場人物とそれを演じる男優あるいは女優との間に生じうるコントラストが面白いと思っているからである。かくして、ロークール嬢のデビューは、彼女があらゆる愛人関係を結ぶことを拒否しつつも情念の高揚を見事に演じたのに驚いた観客から称賛を得ただけに、公衆の好奇の対象となった。後年、ロークール嬢は、数々の悲劇の大役を演じて名を挙げた後、借金や素行、その性的嗜好のせいで醜聞の種をまいた。彼女は、その女性に対する好み——当時、「トリバディスム（tribadisme）」［古く女性の同性愛を指す語として用いられた］と呼ばれた——のせいでさまざまな風刺の対象になり、彼女を評価していたマリー・アントワネットが公に擁護せざるをえなくなった。女王がこのように介入したというのはゆゆしきことであった。というのも、悲劇女優にとって、舞台で演じる女王と自分たちとの間にある栄光という面での大きな隔たりこそ、彼女たちの公のイメージの重要かつ両義的な要素となっているからである。では、その才能で観客を惹きつけ、公然と偉人の役を演じることができるのに、本人自身は社会的に卑俗な身分しか得られないこうした女優たちの名声とは、正確にはどのようなものなのか。

三つの事例が、十八世紀にヨーロッパ中の演劇界を変容させた著名性のメカニズムをよりよく理解することを可能にしてくれる。それらは、それぞれ性格の異なる三つの事例である。一つ目は、ロンドンで名を挙げると同時にスキャンダルとなったイタリアのカストラート、二つ目は真の意味で崇拝の対象となったイギリスの悲劇女優、三つ目はその著名性が革命の文脈で政治的性格を帯びることとなったフランスの俳優である。

## オペラにおけるスキャンダル

十八世紀、国際的にカストラートが成功を収めたのは、その歌手としてのパフォーマンスが並外れて素晴らしかったということもあるが、また同時に彼らの身体的特異性から生まれる魅惑によるものでもあった。去勢は、イタリアでは秘密裏に行われていたが、ヨーロッパ全域で公式に禁じられていただけにその魅惑は一層大きかったのだ。[27] 最も優れたイタリアのカストラートは、ヨーロッパの宮廷やロンドンの興行師から引っ張りだこで、興行師たちは有望な才能の持ち主を雇おうと、密使をロンドンに送った。その中で、よく知られているのはファリネッリの驚くべき経歴である。彼は一七二〇年代初頭、ナポリで最初のコンサートを開いた頃に早くも話題になり、ついでボローニャ、ミラノ、ヴェネツィアで歌って、イギリスからの旅行者たちを熱狂させた。[28] 旅行者たちはイギリスに戻ると、早速この天才を呼び、ファリネッリは、一七三四年にロンドンで大成功を収め、ついで三シーズンにわたって人気を博し続けた。彼が「ベネフィット・ナイト」を受ける権利を得、それが複数の新聞広告（『ザ・デイリー・アドヴァタイザー』、『ザ・ロンドン・デイリー・ポスト』や『ザ・ゼネラル・アドヴァタイザー』）で宣伝されると、ロンドンの上流階級の人々はこぞって観劇に出かけ、その結果ファリネッリは数千リーヴルの収入を手にしたのである。

しかしながら、ファリネッリのロンドンでの成功には、スキャンダルの香りがし、それが公衆の好奇心をかき立てたものの、同時に彼は多くの称賛とともに侮辱も受けることとなった。しばしば「野蛮」と称される行為［去勢手術］の結果として生まれた他に類を見ない声への観客の熱狂ぶりは、多くの批評家にとって、行き過ぎかつ危険であり、社会、道徳、性的秩序を脅かすものと映った。まずは、教皇庁との断絶が重要なアイデンティティの要素となっているイギリスに、イタリアのオペラと歌手たちが存在することに対して異議が申し立てられた。しかし、スキャンダルの種となったのはむしろカストラートの性的両義性だった。モラリストや風刺作家によれば、カストラートはイギリス人の趣味を腐敗させ、性的アイデンティティを混乱させ、男性の観客の間にも女性の観客の間にも、強烈な性的コノテーションに対して思いがけない反応を引き起こすとされた。皆に注目されるようになった代わりに、ファリネッリに対する攻撃文書が増えた。これらの文書は、彼がロンドンの最も有名な高級娼婦と関係を持っているとして、自然に反する誘惑を行っていることを強調し、若者を腐敗させる人間だと糾弾している。ある風刺詩は、彼が「名家を破滅させ」、「国民の半分を寝とった」と非難している。[29]

こうした代償がともなうとすると、著名性の魅力はそれほど甘美なものとは映らなかったはずだ。おそらく自分に絶えず襲いかかってくる批判にうんざりし、またおそらくは人々の熱狂は一時的なものにすぎないとわかっていたために、ファリネッリは三年後にはロンドンを去り、ひと夏をパリで過ごしたのち、マドリッドの宮廷でその腕前を発揮すべく出発した。マドリッドではごく普通の宮廷音楽家としてのキャリアを築き、フェリペ五世のお気に入りとなった。王はファリネッリの才能を独占し、自らの私室に直接入ることを許す特権を与えた。[30] こうしてファリネッリは、自らの著名性を利用し、ロンドンの公衆の期待からも、そして衆目に晒される生活にともなうさまざまな要求からも解放されて、より安心かつ安定し、しかも重要な地位を確保したのである。[31] 彼は君主の邸宅で仕えるに際して与えられるクラシックな形の名誉を選んだ。公衆の目にさらされるという、より両義的な特権よりも望ましかったからである。一七五九年、王が亡くなると、ファリネッリはイタリアに戻り、ボローニャに居を構えた。音楽愛好家の間での彼の評判は依然として相当なものだったが――チャールズ・バーニーは、一七七〇年に彼を訪問した時のことを興奮の念をもって語りつつ、そのことを証言している――、ファリネッリは随分前から公の場からは身を引いていた。[32] 彼の名声は、その後数年ほどしか続かなかった。

続く世代に、市場の誘惑が快適な宮廷生活を完全にしのいだことからは、文化生活が大きく変容したのがわかる。これ以降、何人ものカストラートが著名性に備わる原動力とリスクを巧みに操りつつ、キャリアを築いた。最も有名なのは、ジュスト・フェルナンド・テンドゥッチである。彼は一七五八年、ロンドンに到着すると、瞬く間に大成功を収めた。数年のうちにロンドンの舞台で最も人気のある、そして最も収入の多い歌手の一人となった。彼は定期的に四つの主要劇場（ヘイマーケット、コヴェント・ガーデン、ドルリー・レーン、キングズ・シアター）に出演しただけでなく、ランラー・ガーデンズでも歌い、イギリスの大衆歌謡のリサイタルを行って、大変な成功を収めた。これらの歌は、続いてリブレットの形で低価格で売り出され、『ザ・ロンドン・マガジン』に再録された。テンドゥッチはまた、さまざまな調子で巧みに演じることができた。彼は社交界のエリートたちに愛されたイタリアオペラの見事な歌い手であったが、また同時にイギリスの歌曲のおかげで、新たな聴衆――ランラー・ガーデンズに足しげく通うさまざまな社会階層の聴衆――の間で大変な人気を博した。この国際的音楽家は、飛躍的発展を遂げつつあったイギリスの愛国主義的文化と結びつけられる歌手としてのイメージも併せ持つようになったのだ。その名声の絶頂期には、テンドゥッチは、同時代の複数の小説に登場することとなった。たとえば、トバイアス・スモレット［イギリスの小説家（一七二一–七一）］の『ハンフリー・クリンカー』では、ヒロインはランラー・ガーデンズでテンドゥッチが歌うのを聞いた後、この歌手に恋してしまったと言っている。(33)

ファリネッリ同様、テンドゥッチも熱狂的な称賛と手厳しい風刺を受けた。成功と著名性は、万人一致の賛同としてではなく、熱狂と糾弾とが入り混じった形で現れるものである。この歌手は聴衆の間に熱狂的反響を巻き起こしたが、この反響は決して音楽マニアが彼に表明するような称賛の念だけではなかった。こうした音楽的かつ性的魅惑は、不審に思ったり懸念を抱いたりした人々の疑念の対象となった。テンドゥッチの経歴は、たびたび論争の的となり、それが逆に彼の公の場への露出度を高めることになったのである。彼は早くもデビューしたての頃、上流階級のご婦人が彼に一連の恋文を送ったことが判明したとき、イギリス人の習俗と趣味を退廃させるとのかどで非難された。その数年後、彼は若いアイルランド人の女性と愛の逃避行を敢行し、彼女と結婚して、その家族の名誉を著しく傷つけた。これは、純然たるスキャンダルだった。一族の利益を侵害する許されざる結婚である点、カストラートが妻と一体どのような関係を結びうるのかという点、さらに歌手が公衆に与える魅惑は両義的で、社会的・道徳的混乱を引き起こす要因となっているのではないかという点が問題となった。テンドゥッチは逮捕され、裁判にかけられ、そして釈放された。最終的に夫婦はロンドンに戻り、公然と結婚生活を送ったが、それを皮肉るコメントがあらゆるヨーロッパの新聞に掲載された(34)。子供が誕生した時には、ロンドンの上流社会でも、庶民の間でも、旅慣れた旅行者の間でも冷やかしとパロディがどっとわき起こった(35)。カサノヴァ——たぶらかす相手としては注目に値する大物だ——に会ったとき、テンドゥッチは去勢から逃れた三つ目の睾丸があったのだという奇妙な話を語って聞かせた。すっかり面食らったヴェネツィアの人カサノヴァはすぐさまその『回想録』にこの話を書きつけた(36)。テンドゥッチの生殖能力の謎は公知の問題となり、最終的に彼の妻が起こした婚姻取り消し訴訟に際して、公然と議論された。

有名人の私生活を最も私的なことも含めて公衆の好奇心の対象にしてしまう著名性のダイナミズムで、これほど驚くべき事例は他にほとんど類を見ない。ここでは法的訴訟は補助的なものにすぎなかった。それはテンドゥッチの性的能力をめぐる論争に「事件」という特徴を与え、この論争をめぐる出版物の刊行を促進した(37)。ここで思い浮かぶのは有名な訴訟である。こうした場合には、それまで人に知られなかった個人の夫婦生活が、世論を沸かせる訴訟という理由で、公の場で議論されることがあった。しかし、ここでは事情は異なっている。というのも、テンドゥッチの私生活はすでに何年も前から議論と論争の対象となり、またそれが彼の公のイメージの一要素となっていたからである。すでに見てきたように、演劇界の著名人の性生活がこれほど人々を夢中にさせるのは、カストラートに限ったことではない。しかし、彼らの性生活は謎に満ちていて、興味をそそるものだけに、一層魅惑的だったのである。彼らの特異性は欠陥なのか切り札なのか、障害なのか魅力なのか、ハンディキャップなのか能力なのか。こうした両義的性格は弱点を強みにしてしまうものであり、著名人がかき立てる好奇心の典型的な特徴だと言える。英雄や偉人の場合とは異なり、著名人に対する称賛の念は決して純粋で一義的ということはなく、たいていの場合、哀れみの情、あるいは逆に軽蔑や嫌悪感が入り混じってもいる。このように、著名性は、スキャンダルと部分的に結びつけられることが多く、スキャンダルは著名になる、あるいは著名であり続けるのにきわめて有用な道具であると同時に、ほとんど著名性に内在する結果と説明づけられるのである。現代と同様、十八世紀においても、名声を求める一部の役者や演奏家などが広くプロモーションを展開するための効果的な道具として、挑発的行動やスキャンダルを利用することがあった。しかし、著名性とスキャンダルの関係性をこのような戦略的利用に還元するのは控えるべきだ。というのも、双方の関係性はより本質的なものだからである。

文化人類学者が随分前から指摘しているように、スキャンダルは、共有されている社会的規範や価値観を再確認させ、たいていの場合、問題を起こした人を排除することによって、スキャンダルの生じた共同体を再結束させる限りにおいて、ほとんど格差のない地域社会の中で重要な役割を果たすものである[38]。近代社会の公的人物に関するスキャンダルの場合は、その影響はより複雑である。テンドゥッチの性生活をめぐって起こった大規模な論争が、男性性の再定義に直面した十八世紀後半のロンドン社会における習俗の変化への保守派のいら立ちを示しているのは、ほぼ間違いないだろう。しかし本書において重要なのは、別の問題である。スキャンダルはその性質上、公の出来事であり、そのダイナミズムは公衆の地位と関連づけられる。スキャンダルの社会学に関心を持った最初期の研究者の一人は、次のように述べている。「公衆なしに、またスキャンダラスな事件がその事件によって形成された公衆の間に広まることなくして、つまり『マス・コミュニケーション』なくして、スキャンダルは存在しない[39]」。つまり、スキャンダルは、公衆の規模に左右されるのみならず、それ自体、公衆の形成に参与しているのである。魅力的でありかつスキャンダラスな人物をめぐる議論を通して、公衆は自分たち自身を審判——すでに使い古されたメタファーによれば——としてだけでなく、好奇心旺盛な観客の総体として意識したのである。この観客たちは、興奮するかと思えば気分を害し、熱狂するかと思えば非難し、納得するかと思えば疑り深くなる。しかしいずれにせよみな、自分たちの同時代人の一人について多くのことを知ろうと関心を寄せていた。一般に罪人を制裁し、そして時には追放してしまうような局地的なスキャンダルとは異なり、メディアのスキャンダルはその標的となっている人物の著名性を高める。したがって、その人物が完全にスキャンダルから脱する時には、名誉を傷つけられていると同時に、より偉大になっているのだ。[40] テンドゥッチの例が示しているように、こうした類のスキャンダルは公衆がスターと結ぶ関係性に集中する傾向がある。不健全な好奇心の影響を断罪しつつも、そうした好奇心をたきつけ、保持するメディアの嵐の逆説的性格はここから生じる。本当の意味でスキャンダルなのは、カストラートの性生活ではなく、彼の著名性そのものなのである。

テンドゥッチがどれほど意識的にその性生活および家庭生活のスキャンダラスな側面を保持したのか、あるいは私生活を公開されたのを著名性にともなう不可避の代償とみなしているのかを知るのは困難である。ともかくも、確かなのは、彼のキャリアがまったく醜聞の被害を被らなかったということだ。彼が衆目にさらされたのは、公衆の好奇心と関心をかき立てたという点で有利に働いたとさえ考えられる。婚姻関係解消をめぐる訴訟を経た彼の晩年は輝かしいものであった。ヨーロッパ中から存命中の最も偉大な歌手の一人とみなされたテンドゥッチは、ロンドンでのリサイタルを続けたが、同時にますますさまざまな場所へ旅するようになった。たとえばパリ滞在時には、モーツァルトが彼のために作曲した。彼の知名度はあまりにも高かったので、自分に関する記事が気に入らなかった時には、訂正版を出版させることもはばからなかった。一七八〇年代に入ってその声が衰え始め、以前と同じような見事な力を発揮できなくなった時には、その著名性をうまく利用して、ロンドンの上流社会で音楽のレッスンを行った。そのとき彼は、とりわけ『パブリック・アドヴァタイザー』に広告を出して、自分の名前とそのキャリアを支えた広告の力を利用したのである。[41]

まさにこの一七八〇年代、テンドゥッチの栄光がかげり始めた頃、一人の若い女優がロンドンの舞台で最初の成功を収めた。サラ・シドンズが、数年間地方の劇団で脇役を演じた後、ドルリー・レーン劇場でギャリックの『運命の結婚』のイザベラ役を演じて大当たりを取ったのである。その三年後にはマクベス夫人で成功を収め、その後、終生繰り返しこの役を演じることになった。彼女は特に、マクベス夫人が夢遊病者となって、血のついた手を死に物狂いで洗おうとする例のシーンで観客を魅了したようである。[42] シドンズは当時三十歳だった。そしてその後三十年にわたってイギリスの演劇界に君臨することになるのである。

## 「偶像崇拝的な熱狂」

テンドゥッチがその才能にもかかわらず、奇妙で異国風で、危険でスキャンダラスなスターと映ったのに対し、サラ・シドンズはイギリス文化のきわめて正統派の大物だった。早くから悲劇の役柄、とりわけシェイクスピアの大役を得意とするようになった彼女は、しばしば女王――とりわけ『ヘンリー八世』のキャサリン妃――の役を演じ、平和な家庭生活を送り、正式な夫の子を何度も身ごもり、役者として成功した。のみならず、彼女の肖像画が数多く描かれて十八世紀末のイギリス人が鑑賞することができるようになったおかげで、瞬く間に文化的イコンの地位に就いたのである。最初に大役――イザベラ役――を演じた時から、彼女はウィリアム・ハミルトンのモデルとなり、その絵を一目見るために何台もの馬車がこの画家のアトリエの前に列をなした。[43] 一七八〇年から九七年までの間に、十八枚の彼女の肖像画が王立アカデミーに展示された。なかでも最も有名なのが、一七八三年、レノルズが彼女を悲劇の女神として描いた肖像画である。これはあまりによく描けていたので、レノルズはそれを手元に置いて、複製の制作を望んだほどであった。シドンズが朗読する時には、あたかもこの肖像画が真の彼女の姿を描ききっており、それに合わせなくてはならないかのように、しばしば絵のメランコリックなポーズを取った。こうした多くのイメージのせいで、サラ・シドンズは密かにとはいえジョージ三世妃［シャーロット王妃のこと］になぞらえられた。早くも一七八九年には、トーマス・ローレンスがレノルズによるシドンズの肖像画に着想を得て、シャーロット王妃の肖像画を描いたとされる。時とともに、この二人の女性が比較されるようになったことで、シドンズの著名性は一層高まり、イギリス王室が隠遁生活を選び、公の場にはほとんど姿を現さなくなってからは、彼女がいわば王妃の代理となったのである。王妃の名声と同様、シドンズの名声は社会階級を超えて浸透していた。王妃は公演ごとに押しかけるロンドンの庶民階級の間でとりわけ絶大な人気を誇ったが、同時にエリート階級にも人気があった。ギャリック、バーク、ジョンソン、レノルズの友として、シドンズは首都ロンドンの文化生活を支配する社交界に完全に溶け込んだのである。

シドンズに関する言説の中で驚くべきなのは、こうしたなかば王家の人物のような彼女のイメージ以上に、とりわけそのキャリアの晩年に彼女がかき立てた熱狂に関する考察である。最も熱狂的な崇拝者の一人で、偉大な文芸批評家であったウィリアム・ヘイズリットは一八一六年、彼女に関する長い記事を執筆し、その中でシドンズ信仰を一種の偶像崇拝に喩えている。しばしば引き合いに出される以下の一節は、一読の価値があるだろう。

> 彼女が受けた称賛は、女王が受ける称賛よりも大きかった。彼女がかき立てる熱狂は、偶像崇拝的な熱狂のようだった。人々は彼女を称賛の念というより驚嘆の念をもって眺めた。それはあたかも、至高の存在が別世界から降りてきて、その威厳に満ちた出現で人々を驚かせようとしているかのようだった。彼女は悲劇を天上まで高めた。あるいは天上の悲劇を地上まで引き降ろしたのである。それは自然を超えたものであった。これよりも偉大なものを想像することはできない。彼女はわれわれの想像力の中で神話を、古代の英雄と神々の物語を体現していた。彼女はまさしく女神、神々に霊感を受けた預言者だったのである。(44)

このような仰々しい文章は多くの場合、誤解されるものだが、読み解くにあたっては必ずその執筆時期を考慮に入れるべきである。ヘイズリットがこの文章を書いた時には、その四年前に演劇界から完全に去っていたサラ・シドンズが、イギリス王妃の公式の命により、再び舞台にのぼろうと意を決したところだった。しかしヘイズリットは、非合理と思われた彼女の決断に異を唱え、数ヶ月後、シドンズが十八番のマクベス夫人を演じた際の評論の中でも再び批判を展開したのである。(45) 彼はシドンズがもはやその才能の絶頂期にはないのに、最初の決断を守らなかったのを批判している。シドンズの最高の演技の記憶が公衆の心の中にとどめられることを望んでいたのだろう。彼自身、二十年前にシドンズがマクベス夫人を演じた時のことを覚えており、彼女の新たな演技はそれほど印象的ではないと思われた。のみならず、その演技は最初の演技の記憶を弱めてしまい、彼が保持し続けてきた理想的なイメージを壊してしまいかねなかったのである。この二つの記事でヘイズリットはシドンズの「評判(reputation)」や「栄光(glory)」について触れているが、「名声(fame や celebrity)」という言葉は用いていない。ヘイズリットは公衆の噂にあまりにも強く結びついた著名性をほとんど評価しておらず、それよりも古典的な栄光の力を選んだのである。サラ・シドンズについて彼が非難しているのは、彼女が今や過去の栄光のおかげで公衆に忘れられずにいるのに、その栄光に甘んじることがなかったという点である。ここでの「公衆」とは、先のテクストが執筆された時期の公衆——彼女の舞台復帰に際し、コヴェント・ガーデンで歓呼して迎えようとしたものの、その半分も劇場に入れなかったという「大群衆」——ではなく、彼女が絶頂期に「悲劇の権化」としてその姿を示した「公衆」のことである。シドンズの勝利を迎え入れた偶像崇拝的な熱狂について触れたヘイズリットの文章における彼女の過去への言及については、以上のように説明づけられる。このような信仰の対象となっていたのは、もはや引退した大女優でしかない私人としてのシドンズ自身ではなく、過去に彼女が登場することで観客の心に与えた忘れがたい印象なのだとはっきりさせる必要がある。「シドンズを見たことがあるというのは、各人の人生において大事件だった。彼女はわれわれが彼女のことを忘れてしまったとでも思っているのだろうか」(46)。ヘイズリットはさらに、シドンズを偶像のように崇拝したのは、群をなす観客たちだけではなく、「孤独な労働者」もまた彼女を崇拝し、あの審美的感動の記憶をその内面生活の糧としたとはっきり述べている。

結局のところ、ヘイズリットは演劇における著名性に特有の性質、そしてとりわけイギリスの公衆のシドンズに対する大変な熱中ぶりに特有の性質をよく理解していた。それは、彼女の演技を一度でも実際に観る機会に恵まれた人々が集団で、あるいは個人的に覚える感動である。シドンズは、その伝説的偉業が人々の語り草になるような英雄でもなければ、その模範的生活で徳を教える過去の名婦というわけでもない。彼女は、彼女の姿を舞台で見た人々の生活を変えてしまうような同時代の人物であった。しかし、ヘイズリットは、こうした人々の熱中ぶりは依然、純粋でほとんど具体性を持たず、当初の感動の記憶の中にとらわれたままのもので、個人としてのシドンズにではなく、役者の技芸の権化としてのシドンズに向けられていると考えていたようである。そのためには、シドンズは不滅の生命を与えられ、浮き沈みの影響を受けず、つねに同じパフォーマンスを繰り返すことができるか、あるいはその死後の栄光が彼女の生前に広まること、つまり現在の彼女はかつて彼女がそうであったような女優の亡霊にすぎないのを人々に隠すことを受け入れるかしなければならなかっただろう。「役者は不滅でなくてはならないが（中略）実際はそうではない。役者たちも他の人間と同様、死せる運命にあるし、他の人間と同様に若さを失い、命はあっても、もはやかつての彼ら自身ではなくなってしまうのだ[47]」。

しかしながら、耽美主義的メランコリーがみなぎったこうした見解は、まさしく著名性の特質をなすものを見逃している。つまり、女優の才能への称賛の念は、その人物——女優としての公の生活と同時にその私生活——への強い好奇心につながるということである。シドンズ以降、スペクタクルと演劇の歴史、ついで映画の歴史、さらにはスポーツの歴史においてさえも、かつてのスターが第一線に戻ろうと数々の試みを行ったことが確認される。ここから、公に成功を収めた人々は、地味な隠遁生活に甘んじることは不可能で、相変わらず現役で人々に求められていると確かめる必要があることがわかる。しかし、こうした「カムバック」が文化産業によってこれほど積極的に企画されるのは、公衆がそれを強く望んでいるからであり、また公衆がスターの「カムバック」に際して喜ぶのは、喪失感よりもむしろ好奇心からなのである。ヘイズリットとは異なり、公衆はかつての姿と変わらないスターを求めているのではなく、むしろスターの今の姿を見たいと思っているのである。あらゆる「カムバック」の試みにともなう私生活と芸術面での（あるいはスポーツ面での）試練は、こうした試みがかき立てる幻惑的で時に不健全な魅力の根源に存するものである。時の重みに加えて公私が混同されてしまったこと、かつての女優のシドンズと、現在の私人としてのシドンズ、彼女自身もはや甘んじることのできなくなった現在のシドンズが混同されてしまったこと、ヘイズリットにとってはほとんど冒瀆と映ったことがみな、まさしく復帰した彼女を観ようと群衆がコヴェント・ガーデンに押し寄せた理由なのである。

こうしたことをヘイズリットは漠然としか理解していなかった。もっとも、われわれとは異なり、人々の執着の両義的原動力が何であるのか突き止めるための二世紀にわたる輝かしい著名性の文化史を、彼は有していなかったわけだが。長期にわたりシドンズの過去の成功を偶像や女神への信仰になぞらえながらも、ヘイズリットはその後の多くのエッセイストのように、スター信仰を近代の世俗的宗教感情の一形態とみなそうとはしなかった。彼はそれとは反対に、驚異や栄光に起因し、一部の例外的な芸術家が手にすることができる英雄や女神に固有の威光と、スポットライトや広告やスペクタクルのあまりにも強烈な光のもとにどんな栄光も霞ませてしまう著名人の生涯の浮き沈みに対する民衆の情熱とを、対置させているのである。

## 全ヨーロッパにおよんだ著名性

フランソワ＝ジョゼフ・タルマのキャリアはシドンズのそれと興味深い対照をなしている。タルマは、一七八九年八月、マリー＝ジョゼフ・シェニエの『シャルル九世』に出演して最初の大当たりを取った。当時彼は二十六歳の若さで、わずか数ヶ月前にコメディー＝フランセーズに入ったばかりだった。『シャルル九世』の台本は、革命前に受理されていたものの、上演はされておらず、演劇界のみならず政治界での大事件となった。というのも、この作品は絶対君主政と宗教的不寛容を断罪するものとみなされたからである。この輝かしい功績の後、タルマは革命期の演劇を体現する者となった。

ほどなくして彼の人気は劇団の集団論理と対立するようになった。早くも一七九〇年には、俳優たちはタルマの個人主義的な態度と集団規律を守らないことを非難し、その出演を停止させた。これに反論すべく、タルマは自らの革命的熱意や公衆への配慮の念を強調し、さらにミラボーのような一流の政治家と親しいことを最大限利用し、国王の権威に訴えるアンシャン・レジーム期の集団のように振る舞う俳優たちを批判した。おそらく彼が期待した通り、この論争はたちまち公のものとなり、タルマを擁護する数々の出版物、ついで陳情書が刊行された(48)。それ以来、彼は公衆との間に確立された政治的かつ商業的関係性を意識するヨーロッパで最も有名な役者の一人となった。「私の名が宣伝されると、人々は私を見たいと思い、私の声を聞くべきだ、いや聞きたいと思うのだった(49)」。

タルマの著名性は、統領政府期および帝政期に絶頂に達したが、これは人々の目には彼とボナパルトの間にきわめて親密な関係が築かれているように映ったためである。舞台では、タルマの演じる英雄はたいていの場合、まずは統領、ついで皇帝［ナポレオンを指す］を想起させた。執政期、『アウリスのイフィゲニア』上演時にナポレオンの勝利が伝えられ、ついで「アキレウスは戦い、走りながら勝利する」という詩句とともに、タルマが舞台に登場した際には、劇場全体が熱狂した(50)。ナポレオンは、折あらば必ずタルマに対して抱いている尊敬の念を表明した。この二人の関係は、ともに高い人気を誇っているという以外は謎に満ちていて、同時代の人々、ついで歴史家たちの関心の的となった。一部の人は、タルマが皇帝に朗読法や作法のレッスンをしていたのではないかと想像したが、ナポレオン自身はセント＝ヘレナ島からこうした嬉しくない解釈を打ち消そうと努めた。

タルマの著名性は、こうした政治的側面にとどまるものではなく、帝政期後も続いた。一八二二年、彼の引退の知らせは大変な論争を巻き起こした。政府は、タルマが演じ続けるという約束を取り付けるためにあらゆる手を尽くさなかったと非難された。『演劇通信』は、どのような条件であれ、彼を引き止めるのにできる限りのことをすべきだと主張した。最初に出た記事がこの俳優の国際的名声を伝えている。「その名をヨーロッパ中に知られるほどの名声を博し、他に比肩するものがないほどの傑出した功績を上げたタルマは、これまでに演じてきた役柄で今なお輝き続けることができる」。その翌日、第二の記事が経済的側面について強調した。偉大な俳優の著名性は、ヨーロッパ中から旅行者を集め、それだけでコメディー＝フランセーズの収入となるというのだ。最近の演技や政治参加についてどのように考えようと、「これほど知名度の高い役者の有用性」[51]については疑いの余地がなかった。

彼の著名性はフランスにとどまらず、国際的な広がりを見せた。コメディー＝フランセーズの中心人物であり、ラシーヌやコルネイユからヴォルテールに至るまで古典悲劇の大役を演じきる役者であり、公衆の心の中ではナポレオンに結びつけられる人物であったタルマは、フランスの文化、および政治生活に深く関わっていた。もっとも、彼のキャリアの絶頂期はフランス演劇がヨーロッパ中に急速に広まった時期に訪れたので、必然的に他国にもその影響を及ぼした。彼はイギリスで幼少期を過ごしたため、イギリス演劇を愛しており、その称賛の念を友人であり相棒であった作家のデュシス——フランスにシェイクスピアを紹介した主要人物——と共有していた。デュシスはいくつものシェイクスピア劇をフランス語に翻案し、タルマはその主役を演じた。したがって、十九世紀初頭のヨーロッパの人々から見ると、タルマはさまざまなヨーロッパの影響に開かれ、凝り固まった古典主義の伝統から距離を置くのに成功したフランス演劇の権化と映ったのである。このようなイメージは彼がドイツやイギリスで威信を得る原動力の一つとなった。かくして、フンボルトがゲーテに宛てて書いた手紙は、この役者の国際的評判を確立させるのに貢献したのである。スタール夫人は、『ドイツ論』の中でタルマが引き起こした強い反響について述べ、彼を天才俳優の典型であるだけでなく、その朗唱法でラシーヌとシェイクスピアを結びつけることのできるヨーロッパ演劇の改革者と呼んだ[52]。スタンダールは、タルマをよく思っていなかったので、悪意を込めて次のように述べている。「この雄弁な女性は、愚か者たちにどのような言葉でタルマについて語るべきか教える役割を担ってくれた。そこには誇張があると考えられる。タルマの名はヨーロッパ中に広まったのだ」(53)。

彼はイギリスでは、早い時期に著名性を獲得していたので、フランス革命に対するイギリス人の反感に悩まされることはなかったようである。ロンドンに住んでいたタルマの父は、息子フランソワ＝ジョゼフに宛てた手紙の中で、彼からの手紙よりもイギリスの新聞からのほうが彼の情報を得られるとしばしば不平を言った。息子の結婚の知らせですら、新聞で知ったのだから。一七九六年、父タルマは戦争中であるにもかかわらず、「イギリスの新聞」は、相変わらず息子のことを話題にし、彼を誉めそやしていると記している。このように父タルマは、人々の息子に対する眼差し、そして一般人と著名人を隔てる無限の距離を、身をもって知ったのである。「演劇をなさっているご親族はいるのですかとよく尋ねられるのですが、あれは私の息子ですと言うと、皆とても驚くのです」(54)。ナポレオンの失墜後、タルマは特に王政復古直後の数年にかけて何度もイギリス巡業を企て、さらに一八二四年にも再び試みている。彼のイギリスにおける成功は、その国際的規模の著名性と文化的愛国心の諸形態との間の緊張関係を明らかにしている。一八一七年にロンドンに戻ると、タルマは報道陣に対し、複数の新聞から「公然と彼に向けられた」非難は濡れ衣であると弁明せざるをえなくなった(55)。論争の焦点となったのは、イギリスの大俳優ジョン・ケンブル〔サラ・シドンズの弟にあたる（一七五七―一八二三）〕の引退に際して開かれた祝宴の際、タルマがイギリス演劇に対して贈った称賛の言葉であった。新聞は、タルマの演説に政治的な側面があるとして報じたが、タルマは自らの愛国心を主張せざるをえなくなった。彼は「タルマとフランス演劇」への祝杯に応えただけだと主張し、自己弁護したのである。

イギリスの方では、一八二四年、タルマの二度目の巡業の時に、状況がさらにもう一歩進んだ。あるイギリスの新聞記事が、タルマとボナパルトが親しかったことを引き合いに出しながらも、誤ってこの役者がロンドン生まれであると述べ、またその見事な英語の発音を称賛しつつ、彼をイギリス人にしようとしたのである。「ケンブル氏にコヴェント・ガーデンで十二回公演を行うよう勧められたこの偉大な悲劇役者がイギリス人だということは、皆まったく知らない」[56]。この時、彼の国籍はすっかりどっちつかずになってしまった。タルマのキャリアはフランス革命期に強く結びつけられ、舞台上でボナパルトの分身とみなされるほどだったのに、いわば国籍を奪われてしまったような格好になったのだ。国籍がはっきりしているにもかかわらず、そこから解放され、著名人たちが国境を越え広くそのイメージを広められるようになったのは、著名性と評判を分け隔てる世評とメディアのネットワークが飛躍的に拡大した結果だった。そして、死後の栄光はしばしば、こうした著名人たちに再び国籍を与えることになったのである。

したがって一八二六年十月十九日のタルマの死は、当然のことながら文化的・政治的大事件となったが、それは彼が亡くなる前に彼のもとを訪れたパリ大司教の努力にもかかわらず、この役者が宗教上の儀式なしに埋葬されることを望んだだけになおさらであった。これより半世紀前、ヴォルテールの友人たちは彼をパリに埋葬するのを諦めなければならなかった。一方、タルマの埋葬は、八万人の人々が彼の家から墓地までの葬列に参加し、まさしく一大イベントとなった。もちろんこの埋葬は、王政復古期に特徴的な葬儀の極度の政治化という文脈の中に置き直さなければなるまい[57]。しかし、このような熱狂を生んだのはほかならぬタルマの著名性なのである。『メルキュール・ド・ロンドン』は「喪に服す」とし、三ヶ月の間、黒枠の紙面で刊行された。文学や演劇関連のニュースに特化した新聞は、この役者の死を一面で報じたり、一号全体をこのニュースに充てたりした。たとえば、『ラ・パンドール――演劇、文学、芸術、習俗、流行についての新聞』は、一号分まるまるこの事件に捧げた。第一面は黒枠でふちどられ、大文字で「タルマ死す」という見出しが添えられた[58]。一般紙も遅れを取りはしなかった。『クーリエ・ド・パリ』は、長い記事を連載し、悲劇俳優の病と死について報じた。十月十八日の記事からすでに、「自分たちの手から離れて行ってしまいそうな大俳優の病を、人々がいたたまれぬ思いをしながらも関心をもって」見守っていることが確認される[59]。その二日後の十月二十日にはこう記されている。「タルマが逝ってしまった!!! 最も偉大な美徳も最も称賛すべき才能も死の武器を取り上げることはできず、死は、ロスキウス〔古代ローマの名優（前一二六‐前六二）〕がかつてローマ人たちを驚嘆させた天才的才能をわれわれの目の前で再現して見せた偉大な俳優を、齢六十にして襲ったのだ」。ついで、十月二十二日には新聞のほぼ半分を埋め尽くす長大な記事が葬儀の詳細について報じた。葬儀に際して行われた演説の権威が強調されているせいで、俳優の死という出来事には明らかに政治的な性格が加わり、この非宗教的葬儀は「公衆の理性と寛容の発展を示す偉大な例」となった。しかし、この新聞はまた、正真正銘の神格化、すなわち俳優の死と民衆の葬儀への参列を通して著名性から栄光に至るまでのプロセスを物語っているのである。「かくも輝かしい成功に包まれたタルマの人生は、今や、民衆が偉大な著名人に与えうる最大の勝利を獲得したのである(60)」。

『ジュルナル・デ・デバ』と『ジュルナル・ド・パリ』も第一面でタルマの死を報じ、こうした動向に同調した。当時フランス第一の日刊紙であり、手堅い自由主義の新聞であった『ル・コンスティテュショネル』は、この役者のために長い死亡記事を準備し、その著名性がヨーロッパ全体におよぶもの、いやむしろ世界的なものであると明言している。「タルマの名声はヨーロッパ中を駆け巡った。その名声は海を渡った。彼は当時最大の著名人の一人となったのだ(61)」。

## ファンの創出

無数のパリ市民がタルマの葬列に参加し、ヨーロッパ中の読者が新聞でこの俳優の最期についての話とそのキャリアの回顧文を読むというのは、いったいどうしたことだろうか。こうした人々の大多数はタルマの姿を舞台で目にしたことは一度もないが、その名や生涯について断片的に知っており、その死が一大事件となったことを特に新聞を通して知っていた。この死についても、どれほど人々に影響を与えたのかを計り知るのは難しいが、とにかく話題になっていた。タルマの死に関心を持ち、葬列に参加したり、あるいは単にそれを見守ったりすることで、人々は集団、公衆に属していると主張したのである。著名性は、同じ時期に同じ新聞で同じニュースを知り、同じ事件に関心を持ち、同じ本を読んで同じ感動を覚える読者あるいは観客集団の存在と不可分である。しかしこの著名性は、作品や演技を超えて、作家や芸術家、この場合は役者を直接ターゲットとする点において、単なる成功とは性格を異にするものである。公衆はテンドゥッチの声、あるいはシドンズやタルマの演技を楽しむだけでは満足せず、彼らの生活、そして最もプライベートな問題も含めて彼らの人生の詳細や特異性に関心を持つのである。このような関心は、新聞の読者のいささか表層的な好奇心から、スターを一目見、その肖像画を手に入れ、そしておそらくは彼らに会いたいと思うような、より熱心な崇拝者の熱狂に至るまでさまざまな形をとる。著名人の生活への公衆の関心はたいていの場合、両義的なものである。そこにはあえて多少の遊びや軽薄さが織り込まれているし、さらには親密になりたい、共感したいという強い欲望が含まれてもいる。

著名性の顕れが時として皮相的なものであることは、すでに十八世紀に認められ、非難されていたが、一部の公衆と著名人との感情的な結びつき――これは遠くからでもそのプライベートを知りたいという欲望、あるいは知っているという確信に基づいている――を隠しはしなかった。(62) 赤の他人が著名人を想像上の友人、あるいは家族の一員とみなしてしまうこうした親密性への欲望は、いわばその極端な形として疑似恋愛に発展することもある。このような欲望は、潜在的なもの、想像上のもの、身近な人々と共有されるものにとどまる場合がほとんどであるが、時としてその著名人に直接手紙を書いたり、その著名人を訪ねたりすることにもつながった。また、極端な好奇心、著名人についてすべてを知りたいという欲望が生じた場合、この欲望にはより一層いかがわしさが備わることもあった。そのような場合、現実との乖離がどのような方向に機能するのか見定めるのは時として難しくなる。ファンは、著名人についてメディアから与えられた幻想の犠牲者で、偽りのイメージに惑わされ、狂気にも転じうるような想像上の絆のせいで理性を奪われているのだろうか。あるいは、著名人は無遠慮な称賛者からの執拗な攻撃の犠牲者で、メディア化された欲望の対象でしかないのだろうか。

このような親密さへの欲望は、著名性の近代的メカニズムの中にある矛盾を暴露している。つまり、遠くからの親密性という幻想を最も強くかき立てるのが、最も大衆的なメディア現象なのである。現代のマス・カルチャーの専門家にはおなじみのこの現象は、二つの要因に基づいている。一つは、地理的、社会的に非常に離れた位置にある個人の間の距離を想像上はなくしてしまう力である。この力は現代メディア、とりわけテレビの到来とともに顕著になってきた。というのも、こうしたメディアはスターの姿や声を一般人の家庭生活の中にまで浸透させるからである。ところでこうした力は、十八世紀の新聞が作家や役者、社交界の著名人の私生活に関する逸話を報じ始め、彼らの肖像画を数スーで購入できるようになったとき、わずかながらすでに認められたものだ。実際、直接出会うことのない個人の間に、時として非常に緊密な「半相互作用」と一部の論者が呼ぶようなものを可能にするのがメディアコミュニケーションの特質なのである[63]。第二の要因は、マス・カルチャーのかなり驚くべき特質、つまり、広く普及している一部の文化消費財が、それを消費する人々の間にきわめて個人的な反応を生み、この反応は無数の他の読者や観客と共有されているにもかかわらず、特異な主観化のプロセスを助長するという特質である。これもまた、文化社会学者におなじみの現象であるが、やはり十八世紀にすでに認められたものである。ここでは十八世紀の最もよく売れ、最もよく読まれた小説のうち、多くの読者の間に感受性の発達の上できわめて主観的な経験を与えた二つのベストセラーに言及すれば十分だろう。すなわち、『新エロイーズ』と『若きウェルテルの悩み』である[64]。

この二つのメカニズムを結合させると、著名性は、程度の次元では評判と違いはないということのみならず、この語が、「有名であること」が単に人々に知られているだけにとどまらなくなった瞬間を指していることもわかる。役者、作家、あるいは音楽家が多くの人々に知られれば知られるほど、このように無数の好奇心に駆られた人々と称賛者との間に強い情緒的反応をかき立てた。こうした役者、作家、音楽家と面識のない人々が彼らと特別なつながりを持っていると確信し、その意味で「ファン」になった。「ファン」という言葉は明らかにアナクロニズムかもしれない。というのも、この語はもともとスポーツのサポーター（熱狂的愛好家 *fanatique*）を指すべく、ようやく二十世紀後半になって登場したものだからである。十八世紀にはその体制や風俗からしてそれほど著しい、そして時として驚くほどのファン文化の発展は見られなかった。(65) とはいえ、称賛の念を述べ、好奇の念を示すに飽き足らず、著名人と感情的つながりを育み、そこから自分自身を知り、自らの位置づけを確かめようとする読者や観客の証言が数多く認められるのである。

ファンを特徴づける古くからの慣習の一つに手紙がある。ファンからの手紙は二十世紀の著名人にまつわるおなじみの現象である。多くの場合、歴史家たちはその起源はルソーに送られた手紙にあるとし、十九世紀前半に広まったと強調している。歴史家たちはこれをロマン主義時代の特徴であると同時に、フィクションの力、読者に作家とのやりとりのうちに社会的表象を構築させるような「文学の可能性」への独特な反応とみなしている。(66) こうした分析は、文学の特性を買いかぶるがあまり、著名性のメカニズムを軽視しすぎている。早くも十八世紀半ばから、ルソーやベルナルダン・ド・サン＝ピエールといった作家だけでなく、ギャリックやシドンズのような男優・女優もおびただしい数の手紙を受け取っていた。匿名の書き手は、著名人の作品や生活についてコメントするためであれ、継続的な友人関係を結ぶためであれ、援助金やアドバイスを求めるためであれ、さらには熱い思いを伝えるためであれ、こうした著名人に手紙を書くことを許されている、いやそのように促されていると感じていた。ある匿名のギャリックの崇拝者など、彼がリア王を演じるのを見ようとロンドンにやって来て、入場券を求めて彼に手紙をしたためている。(67)

著名人に手紙を書くこと、著名人からやりとりを許されたと感じることは、ファンにとって相互関係を取り戻す一つの方法であった。会話のような面と向かってのコミュニケーションとは異なり、著名性に基づくメディアコミュニケーションは一方的なものである。それは不特定の公衆に対して展開されるもので、応答を期待するものではない。にもかかわらず、この公衆は受け身ではなく、それぞれの読者がテクストやイメージを自分のものにし、解釈する大作業を行い、かくしてこの公衆の注目の的となっている人について自分だけのイメージを作り上げ、その人と想像上の関係を結ぶのである。この作業は必ずしも孤独なものではなく、たいていの場合、友人やその他の崇拝者との議論において社会化されている。スターに宛てて手紙を書くことは、新たなステップを踏み出すこと、相互性を築き、直接的なコミュニケーションに入ろうと試みることである。メディア化されたコミュニケーションに潜在的に含まれるこうした返答は、著名人への訪問をもって頂点に達することがある。こうなると、ファンの好奇心はもはやまったく受け身のものではなくなってしまう。

タルマのケースに戻ろう。コメディー＝フランセーズの文書館には、この悲劇役者が受け取った一連の手紙が保存されている。その中には、崇拝者がタルマに送った折ふしの詩や賛辞——たいていの場合、仰々しいものだ——も含まれている。タルマはそれらを保存し、時には写しもしており、ここからこうした証言が彼にとって大切であったことがわかる。十四歳のあるうら若きイギリス人女性は、彼に「ささやかな称賛の貢物と言葉」を送り、寛大な取り計らいを求めた(68)。また別の崇拝者は、タルマが演じたすべての役柄のリストを詩に吟じた(69)。一部の文通相手はその称賛の念を不器用な形で示すだけでは満足しなかった。彼らは短い物語を作ったが、それは、タルマの関心を惹き、そして自ら積極的な役割を演じるためのものであった。ある地方の崇拝者は、批評家ジョフロワの記事のせいでタルマに対して否定的な偏見を持っていた友人の一人に、この俳優が『ブリタニキュス』を演じるのを見せに連れて行った。この詳細を極めた物語は改心の物語となり称賛の念がここでもまた「渇望」、あっと驚くような魅惑、ほとんど一目惚れに変わるのであった。「「なんという顔立ち！　なんという才能！　なんという声！」感嘆のあまりすっかり興奮した彼は一瞬ごとにこう叫んだ。口をぽかんと開け、いわば貪るようにタルマを見つめ、一言でも聴き漏らすのを恐れていた」。この最後の言葉は新たに改心した者の言葉であり、有名俳優と公衆との関係が情念に基づくものであると定義づけているように聞こえる。「ひとたびタルマを観ると、最初に願うのは、再び彼を観ること、いつまでも彼を観ることになってしまう。というのも、決して彼を見飽きることなどないからだ[70]」。

名高い俳優に手紙を書くこの称賛者は、自らのタルマ熱を周囲の人々に共有させようとする改宗者として立ち現れている。他の称賛者はむしろ、対話の関係を築こうとした。一七九九年から一八〇二年の間に、タルマは「平土間の無名の人」と称する人物から大量の手紙を受け取った――結局タルマはこの人物と一度も会うことはなく、後になってそれが誰であったか（ド・シャルモワ氏）知ることになるのだが。この人物は、長い手紙をしたため、タルマの舞台でのパフォーマンスについてコメントした。賛辞がほぼ大半を占めていたが、そこには時折批判も現れた。「平土間の無名の人」は、思慮深い愛好家で、その演劇への情熱はタルマに注がれていた。彼は公衆のスポークスマンとなり、たとえば、一八〇〇年六月には「あなた［タルマ］が舞台に上がったとき、迎え入れた観客の満場の興奮[71]」について触れている。

「平土間の無名の人」が好んでタルマの活躍ぶりについて議論し、コメントしたのに対し、他の人々はまずその称賛の念、愛着の念を手紙に書き綴った。たとえば、ある人物は、『アタリー』における「尊敬」という語のタルマの発音をめぐって友人と交わした議論を口実に、この役者の演技と彼がかき立てる情熱への絶賛にあふれた熱狂的な手紙を送った。手紙は、匿名という制約と個人的関係を持ちたいという欲望をうまく利用していた。「大勢のあなたの称賛者たち」の中で匿名であり続けたいと断言しながらも、「この匿名性を破りたいという強い欲望」に触れ、返事が欲しいと述べるのである（彼は友人の住所を教えているが、おそらくは自分の住所と思われる）。「拝啓、あるいはタルマ様（Monsieur ou Talma）」という宛名がすでに、社会慣習によれば一度も会ったことのない二人の人間を分け隔てる客観的距離と、皆に名前で呼ばれる有名悲劇俳優と公衆とを結ぶ個人的な絆との間のへだたり、尊敬の念と親愛の念との間のへだたりを巧みに操っている。手紙の後半は、演劇愛好家としての称賛の念とファンの感性を最優先させるより感情的な調子との間で揺れている。「あなたがかくも頻繁に私の心に与える深い感動を少しでもお伝えしなくてはなりません」。この感動は才能の評価や誇張を交えた称賛の域を超え、手紙の書き手とタルマの間に感性レベルでの絆を作り上げる。そして、綴られた手紙はこの絆を表現し、さらに可能であればそれを実際の人間関係に変える役割を持っているのである。[72]

さらに他の書き手はタルマを大俳優というよりむしろ、直接に優遇措置や一般的には補助金を依頼できそうな著名人とみなして手紙を送った。こうした要求は演劇と関わるものもあった。リモージュのボーヴァルという人物は、悲劇作家の甥を推薦し、「パリ在住の有名俳優にして国王陛下からの年金受給者たるタルマ氏」に手紙を書き送っている。自称「文人」のブルテ＝ダランクールは、「援助を求める緊急の必要性についての考察」と称する文書を印刷させ、タルマに送っている。また、グルノーブルのドゥロルムという名の人物は、タルマの家に赴き、嘆かわしい訴訟事件に巻き込まれていることを説明して助けを求めた。そして次々と手紙を書いて約束を守るように迫った。さらに、ラガッシュという人物はオワーズ県のクレルモンからタルマに手紙を送り、数学的計算に基づいた「ルーレットゲームの方法」を提案し、関心があるとの返事をいただければ、パリまで喜んで「飛んでいく」と断言している。[73]タルマの著名性はもはやここでは感情的・個人的な関係を結ぶ要因ではなく、人々から裕福で権力を持つと思われ、フランス各地からあらゆる類の陳情者を惹きつける公的人物としての条件となっているのである。たいていの場合、少なくともこうした書簡のレトリックにおいては、例の二つの要素が結び合わさっている。ボルドーで文体の教師を務めていたウヴラールは、タルマにパリに移り住むための手助けを求めた。パリでなら、四人の子供を犠牲にすることなく、美術への情熱に身を捧げることができるだろうというのである。「フランス国民が生前から讃え、助けを求めて無駄に終わることはなかったという演劇の神に懇願の手を伸べるのが可能であるとするなら、彼の子供たちはなんと幸運なことか[74]」。

著名人に手紙を書くのも一大事だが、著名人に会うのはより一層魅力的なステップである。タルマについては直接の証言はほとんど現存しないものの、一連の書簡の中には、著名人と会いたいという欲望を観光上そして儀礼上の義務としたきわめて意義深い手紙が一通含まれている。ルーアンのある女性の書き手は、タルマに手紙を送り、パリに滞在し、有名俳優に出会うことを夢見ている友人たちのツアーが行われると伝えている。彼女の要望は、誇張を恐れることなく、このように始められている。「いいですか、パリに行ってタルマに会わないのは、ローマに行って教皇に会わないよりもなおひどいことなのです[75]」。

もちろん、残念ながらこうした訪問が行われたという痕跡はまったくない。そもそも、タルマが自分に会いたいというこうした願望を伝えられて嬉しかったのか、迷惑な訪問があるかもしれないと想像して困惑したのかもわからない。これに対して、サラ・シドンズは無遠慮な自分の崇拝者たちについての証言を残している。死期が近いと知って執筆した回想録の中で、シドンズは自ら望んで名声を求めたと認めている。しかし、この回想録の中では、著名性はそれほど輝かしいものとして語られてはいない。いくつもの社会的義務を果たさねばならず、またつねに請願が届いて、女優業や家庭生活のための時間がほとんどなくなってしまうからである。果ては役者としての彼女の野心も精神のバランスも、どんな新たな著名人も見世物として追い求めようとする「貪欲さ」に脅かされるほどだった。十二人ほどしかいないとの約束を信じて出席を承諾したある夜会の時など、まさしく「罠」にはめられてしまったと言える。というのも、何十人もの招待客に夜明けまで取り囲まれ、しかも彼らは隣の席の客の肩越しに彼女の顔をじっくり眺めるため、椅子の上にも登らんばかりだったからである[76]。夜会を開いた女主人は、その光景がより一層面白いものになるようにと、シドンズに子供同伴で来て欲しいとまで言ったが、女優はそれが「その美しい目が見たいからというよりも効果を狙って」のことだったと苦々しい思いで述べている。

若い女優が大勢の知らない人々に囲まれ、しかもその人々は彼女とその子供を見るために椅子の上によじ登っているという光景は衝撃的である。シドンズはさらに一層驚くべき光景を描き加えてもいる。彼女は好奇心だけで寄ってくる見知らぬ人々には門戸を閉ざすのが常だったのだが、なかには無理矢理入ってこようとする人々がいたというのだ。シドンズはある日、非常に高い身分の人の訪問を受けたが、それは知らない人で、しかも招かれもしないのに彼女の家に入り込んできたと語っている。

> それは非常に高い身分の方でした。しかしながら、その好奇心は高い教養に打ち勝ったのです。「まったく見知らぬ人がプライベートな空間にこんなふうに入り込んでくるのはおかしいと思っていることでしょう。でも、私はとても体が弱いので、お医者様が劇場にあなたの姿を見に行くのを許してくれないのです。ですからここであなたの姿を拝見しようとやって来たのです」。こうして「その方」は私を見るために、「私」は見られるために腰をかけました。その方が立ち上がり、詫びを言うまでのしばしの間でしたが、苦痛に満ちた時間でした。(77)

この逸話は、実話であるにしろ、一部フィクションが織り交ぜられているにしろ、著名人を自分の眼の前にとどめたいという欲望によって、そのプライベートまで奪ってしまいかねないほどの公衆の暴力性の隠喩として機能している。この見知らぬ人は、有名女優をどうしても自分の目で見たいといういわば観察衝動に駆られている。しかし、こうした事態をどのように解釈すればよいだろうか。著名性を新たな形態の社会的威信とみなすなら、ここに社会的地位の逆転が起こっていると強調するのも可能だろう。非常に身分の高い人がその社会的条件、とりわけその教養にともなう振る舞いを忘れ、すっかり魅了されてただ静かに不動の悲劇女優を眺めるだけの、無言の称賛者になってしまっているのだから。しかし、シドンズはこのような闖入が苦痛で、なかば攻撃的であると力説している。彼女は、女優が公に演技する演劇の場および時間とそれ以外の社会生活――ここでは、サラ・シドンズは生活、家族と子供たちを有している――とを区別することができない観客の欲望の対象でしかなくなっているのである。先ほどの場面と同様、劇場の外ではシドンズは彼女自身の意思を奪われ、他人の眼差しの法則に従うことを余儀なくされている。一人の大貴族が公衆を擬人化した姿となっているのは注目に値する。シドンズの知らない無名のこの大貴族は、特段の個性を持たない、無遠慮な崇拝者の純然たる象徴なのである。しかし、その社会的資格は、貴族の役者に対する社会的・象徴的支配――これは、たとえ貴族が役者を称賛し、庇護していても行われる――が、完全にその意味を変えずに公衆に伝えられたことを示唆している。著名性は、役者の社会的解放につながるどころか、反対に、役者を別の、しかもそれまでと同じくらい強力な束縛に付すことになるのである。

ファンは、偉人との人間関係として古くから存在する二つの古典的形態、すなわち、崇拝者や弟子とは性格を異とし、著名性の両義的性格を象徴する二つの側面を示している。こうした公的人物にファンが傾ける情熱的な関心は、もともとは芸術的ないし知的称賛の念によってかき立てられた純然たる親密さへの欲望、さらには定期刊行物に報じられる個人（犯罪者や作家）の不幸への強い共感によるものである。しかし、この関心は同時に、ほとんどマニアックな好奇心や覗き趣味、彼らに公の生活以外に独立した生活があることを完全に否定し、彼らを所有しようとする欲望にもつながりかねない。ファンは、公衆が著名人と結ぶ関係性の極端な形であり、ある信仰の司祭でもなければ、単なる観客でもなく、その動機は何なのかと気を揉ませ、不安をかき立てる存在である。名声の条件を大幅に変え、有名人――役者であれ、芸術家であれ、作家であれ――を公的人物にする新たな形態の公共性を考慮に入れなければ、ファンという存在に備わる意味はわからないだろう。

# 第3章　最初のメディア革命

タルマが受け取った郵便物の中には、一枚のギャリックの肖像画が添えられた匿名の書き手からの手紙があった。この手紙は、その肖像画の出来栄えを褒め称え、この偉大な役者が活躍していた時期におびただしく出回った他の凡庸なギャリックの肖像画と比較していた。「人々はギャリックの肖像画を大量に描きました。アカデミー［王立絵画彫刻アカデミーを指していると考えられる］のもっとも絵の下手な画学生でさえも、イギリスのロスキウス［ギャリック］の支持者になろうとしたほどです」[1]。このような記述に誇張はない。というのもギャリックは生前からとりわけイギリスで、そしてまたフランスでまさしく民衆のイコンになっていたからである。彼の肖像は絵画と版画を合わせて二五〇以上を数え、それらは大量複製されることもあった（図2）。ギャリックはお気に入りの役を演じているところを描かれることもあれば、劇団長として、社交界の人として描かれることもあり、また友人と親しげに会話をしている様子や妻と差し向かいの様子を描かれることもあった。あらゆる趣味、あらゆる予算にあわせたギャリック像があり、このような図像による集中攻勢を見れば、この役者がいかに自分の公のイメージを重視していたかがわかる。ギャリックは、「最初のメディア化された人物」[2]とされてきた。それほど彼は公的人物として世に知られ、すぐに誰かわかってもらえるようになった。そしてこの視覚戦略を、役者としての野心と人々に認められたいという強い欲望のために利用したのである。かくしてギャリックはヨーロッパ中で人々の心に強い影響

**図 2**　トマス・ゲインズバラ『デイヴィッド・ギャリック』(1770 年)。18 世紀イギリス最大のスター俳優を描いた数多の肖像画の一つで，ギャリックは自身の公的イメージを巧みに演出する力を持っていた。

を与えた。ドニ・ディドロはギャリックの演技をほとんど観たことがなかったのに、『俳優に関する逆説』を執筆したとき、念頭に置いたのは彼のことなのである。一方、タルマも生涯を通して多くの肖像画に描かれ、その絵は広く出回った。有名俳優の肖像がしばしば複製されるというのは、ありふれたことと思われるかもしれない。しかし実際それは、十八世紀の都市生活において演劇が占めた地位を示す新たな現象なのである。この現象はまた、より広範にわたった視覚文化の変容の中に組み込まれたものでもあった。

近代の著名性は、二十世紀に特徴的なイメージの大量再生産と関連づけられるものだとしばしば考えられている。写真の登場以降、そしてとりわけ映画やテレビとともに、人間の顔を生産、再生産する新たな技術が著名性の歴史を変容させ、「可視性」を名声の支配的形態にした(3)。こうした技術がメディアの世界とわれわれのイメージとの関係を大きく変えたのは間違いない。今日、スターの肖像はあふれており、画像もあれば動画もあり、クローズアップしたものもあれば、遠くから撮影したものもある。にもかかわらず、視覚文化の変容はすでに十八世紀に始まっていたのである。これは、ビュラン彫り版画やエッチングのような新技術に基づくものであった。というのもこうした技術のおかげで、かつての木版には不可能であった大量印刷が可能になり、さらにより実物に近い肖像画を制作できるようになったからである。しかし、こうした変容はとりわけ社会的・文化的な性格を帯びていた。大都市の中心部では、アカデミーのサロン（官展）で展示される肖像画から、商店の陳列棚に並べられた多くの売り物の版画、そして当時流行の贈り物となっていた陶器の小さな像に至るまで、あらゆる形の肖像画が次第に数多く見られるようになった。

著名性は、可視性と、肖像の存在に限られたものではなかった。それはまた、今日でもきわめて饒舌な大衆紙に示されるように、人々の話や演説、文書によって培われるものでもあった。ところで、印刷物の世界でも十八世紀に決定的な変化が起こった。民衆の識字率が著しく上がり、書物や読書との関係が大きく変わったのである。それ以前の時代においては知識人の営為であった読書の地位は変わった。それは、十七世紀末からヨーロッパ中で増加した小説、安価な印刷物、そしてとりわけ新聞が人気を集めたことから確認できる。文芸新聞や政治関連の雑誌はとりわけ歴史家たちの関心を集めてきた。前者は、初期の文芸共和国を形成するのに貢献した私的な書簡とならんで、学者間での知的コミュニケーションを可能にした。後者は政治ニュースの新たな時代を始動させた。政治ニュースはもはやただ手書きの書簡や噂話によってのみならず、新聞というメディアを介して広まるようになったのである。[4] 公共空間の専門家によれば、新聞を通して、そして集団で新聞を読み、コメントするための社交の場においてこそ、啓蒙の世紀における理性の公的使用の準備が整えられたのだとされる。カントが『啓蒙とは何か』の中で、「啓蒙」とは「読書する公衆」の前で各人が理性を使用することによる個人ないし集団の解放のプロセスだと定義したとき、彼は明らかに新聞・雑誌の読者のことを指していたのである。そもそも、この有名な文章は、一七八四年、宗教的結婚をめぐる論争の枠組みの中で、月刊誌『ベルリーニッシェ・モーナッツシュリフト』〔「月刊ベルリン」の意味〕に発表されたものであった。その数年後、ヘーゲルは、朝刊を読むことは近代人にとって日々の祈りのようなものになったとさえ述べている。

しかしながら、学術的な新聞や政治新聞が、外交・政治関連のニュースを伝えたり、学問や文学関連の新刊書の書評を載せたり、知的議論を展開したりする一方で、十八世紀には、ほかにも数多くの新聞があり、より広い意味での社交界や文化面の最新ニュースを取り上げていた。それらの新聞は演劇や文学関連の新刊書、主要な文学、政治関連事件のニュースを読者に提供するのみならず、最もめぼしい三面記事的事件や著名人の公的生活、私生活にまつわるエピソードも次第に数多く取り上げるようになった。こうした定期刊行物はこれまであまり歴史家に注目されることはなかったが、十八世紀の読者は大変関心を寄せ、公衆を構成する都市の中流階級の意識形成に決定的な貢献をした。報じられるニュースは、三面記事的事件やスキャンダルから条約や戦争の話題にまで及んだ。

こうした一連の変化は、新たなメディア時代へ突入したことを示している。ある歴史家はこの時代を冗談めかしてプリント二・〇の時代と呼び、それが印刷物とその使用や影響力の歴史の上で、まさしく転換期であったと主張している。(5) 不特定の、そして潜在的に無限の公衆に向けて文章やイメージを伝えるメディアを通したコミュニケーションは、社会コミュニケーションのごくありふれた条件となり、口承、共存関係、相互性に基づく伝統的なスタイルと競合するようになった。それにともない、著名性の条件自体も大きく変わった。評判の連鎖は一層広がり、一度も出会わないであろう人物の名前やイメージと直面する機会がますます多くなったのである。一部の有名人の名声は、その人が誰であるかという情報の流れている伝統的な交際範囲（宮廷、サロン、演劇の観客、アカデミー、学者のネットワーク）を超え、読者、消費者、野次馬や崇拝者から成る不特定かつ匿名の公衆向けの一連の表象――文章やイメージによる表象――を公共空間に投影する。こうした表象の潜在的に無限で制御不可能な流通こそが、有名人を公的人物にするのである。

## 著名性の視覚文化

十八世紀以前、存命中の人々の肖像画はどこに認められただろうか。貨幣には君主の顔が刻まれ、宮廷では、廷臣たちが王の肖像画を鑑賞でき、貴族の邸宅では、主人が自分の肖像画を描かせ、先祖たちの肖像が並ぶ広間に飾った。肖像画は何よりもまず、政治的あるいは社会的権力の表象だった。国王の肖像画は、それが権力を表し、いわば権力そのものとなるのに適した力を有するという意味において、支配力と威信の双方における権力の似姿だった。それは貴族の肖像から発せられる社会的・政治的権力についても同様であった。[6]

十七世紀にも、コルネイユやモリエールのような一部の作家については肖像画があるではないか、との反論があるかもしれない。しかしその一方で、ラブレーの生前の肖像画は一枚もないとも言えよう。[7] ルイ十四世の治世には、王立絵画彫刻アカデミーが創設されて肖像画家が受け入れられ、さらにピエール・ミニャールとイアサント・リゴーが成功を収めたのにともなって、すでに肖像画がめざましい発展を遂げていた。しかしながら肖像画は依然として、主に宮廷や上流貴族の世界に結びつけられ、政治的・感情的機能を果たしており、それらの複製を作るのは困難であった。[8] 十八世紀初頭まで、肖像画の存在は、とりわけアカデミックな制度の枠組みの中で、幾人かの類い稀なる文化界の大物が例を見ないほど高い社会的地位についたことを表していた。こうした肖像画はごく限られた空間の中でしか流通せず、ほぼ決まって個人間の人間関係の中に組み込まれていた。ある人の肖像画を有することは、肖像画のモデルの高い地位のみならず、その人と直接親密な関係、友好関係を結んでいるのを顕示できるという点で名誉だった。トマス・ホッブズを称賛し、ヨーロッパ中に彼の作品が流布するのに大いに貢献したサミュエル・ソルビエールがこの哲学者の肖像画を手に入れたいと思ったとき、トマ・ド・マルテルの所有する既存の肖像画の複製を作る許可を個人的に哲学者から得なければならなかった。「どうかお願いですから、私の願いを聞き入れ、失礼をお許しください[9]」と。一六五八年、ソルビエールはさらにホッブズに手紙を書き送り、この哲学者とその作品について友人たちと語らい、「私のコレクションの中にあるその肖像画」を見るのが大きな喜びだと述べている。肖像画はその場にいない友の代わりをし、親愛・愛情・称賛をめぐるこの時代の制度に組み込まれていた。肖像画の存在はソルビエールにとって名誉であった。というのも、それはモデルと直接の友愛関係で結ばれていることを示していたからである。一六六一年、ホッブズは友人ジョン・オーブリーにサミュエル・クーパーのアトリエで肖像画のモデルとなるのを承諾し、チャールズ二世の寵愛を得られるよう取り計らってくれたオーブリーに謝意を示そうとした。オーブリーはそれを非常にありがたく思い、この行為を「大いなる名誉」と称した。

その数年後、アイザック・ニュートンもまた、知人の忠義に対する感謝のしるしとして、自分の肖像画を用いた。彼と付き合いのあったフランスの数学者ピエール・ヴァリニョンは数年前からその肖像画を求めていた。ニュートンがそれに応じたのは、ようやくその晩年、『光学』の豪華版刊行のための交渉に際して、ヴァリニョンの助けを望むようになってからのことだった。同様にヴァリニョンがニュートンの肖像画が欲しいというヨハン・ベルヌーイの希望を伝えたとき、ベルヌーイをライプニッツの支持者と考えたニュートンは、条件として微分計算については自分の研究の方が先行するものであると公に認めるよう彼に求めた。(10)

また、著作の巻頭に作者の肖像画が添えられることもあったが、こうした肖像画はその人物の特異性を示すというより作者が誰であるかを示すものであった。(11) そもそも十六世紀までは、本人と似ているかどうかよりも、ステレオタイプな絵の制作を目指していたのである。

したがって肖像画はどちらかというと珍しいもの、めったに公にされないものであった。サン＝シモンの語るあるエピソードから、他人の肖像画を手に入れるのは容易でないことがわかる。なるほど、この事例は特別なものである。というのも、問題となっているのはトラピスト会（原律シトー会）のかの有名な創設者ランセ修道院長だからである。サン＝シモンは彼を心から称賛し、その肖像画を欲しいと思っていた。ランセが謙遜して自分の肖像画を描いてもらうのを拒むだろうとわかっていたサン＝シモンは、ある作戦を考えた。それは、画家イヤサント・リゴーを自分の親戚の一人ということにして一緒にランセのもとを訪ね、画家が修道院長を観察し、後で記憶をもとにその肖像画を描くというものだった。この肖像画は非常によく描けていたので、リゴーはそれを誇らないわけにはいかなかった。それ以来、何人もの人がこの肖像画の複製を求めたので、複製の作成はこの画家のビジネスになり、サン＝シモンの秘密は暴露されてしまった。「社交界で流れている噂には非常に憤慨していますが、これほどお慕いする偉大な方の似姿をずっと手元に置き、かくも偉大かつ非の打ちどころがなく、有名な方の肖像画を後世に伝えられるということで自分を慰めています。私がこっそり肖像画を描いてもらったと修道院長に打ち明けることはできませんでしたが、あの方の物語をトラピスト修道会から始めて一部始終、ある手紙に書き綴り、その中で許しを求めました。あの方は大変悲しみ、感動し、そして悩まれていました」[12]。このエピソードは十八世紀初頭における肖像画の社会的利用について多くを物語っている。同時代の偉人の肖像画を描かせ、それを所有し、後世に残したいという欲望は、イメージを流通させないという当時の取り決めに背くものであるため、サン＝シモンは策略と嘘を用いなくてはならなくなった。しかし当時、画家に肖像画の複製や版画を作らせ、そのイメージを公のものとしてしまうような需要はすでに存在していた。ランセ修道院長のように人知れず隠遁生活を送る人物でさえ、サン＝シモンの述べるとおり、あまりに「著名」になっていたため、称賛者たちはあらゆる手段を用いてその肖像を手に入れようとしたのである。

十八世紀には、著名人の肖像画の数は増え、ジャンルとして独立していった。まず第一に、肖像画が普及した——それまでと比べて頻繁に見かけられるようになり、そして何より公の場に飾られるようになった。パリ（一六九九年以降）そしてロンドン（一七六一年以降）では、絵画彫刻アカデミーの芸術家たちによる作品の年次展覧会が重要なイベントとなり、多くの観客を集めた。パリでは観客数は増え続け、一七八七年のサロン（官展）は六万人を集めた一方で、アカデミーの独占を回避させるべく、競合イベントも発達した[13]。ロンドンでは、展覧会はスプリング・ガーデンズの大会議場、続いて一七六九年からはペル・メル、そして一七八九年からはサマセット・ハウスの大ホールで開かれ、何万人もの人々が訪れた。これと並行して、ヴォクソールのような都市の娯楽施設では有料の展覧会が行われた[14]。こうした展覧会はいずれも——アカデミーの展覧会は特に——重要な公共イベントとなり、多くの異論の的となったアカデミーの規範による管理下にあったフランスでも、より商業文化が発達していたイギリスでも、芸術の世界を大きく変えたのである[15]。

それらの展覧会で肖像画は支配的な地位を占めていた。フランスでは、批評家の間で、そして国王の肖像という規範の影響下にあったアカデミーにおいて歴史画の理想がいまだに強かったため、こうした私的な肖像画の流布は批判され、その調子は時として激しいものとなることもあった。肖像画家はモデルに似せることにあまりにも心を砕きすぎ、想像の力と現実の理想化をないがしろにしすぎているという、すでにルネサンス期に形成された古典的批判に、肖像画の民主化に対する政治的批判が加わった。一七四七年および五三年のサロンの報告において、エティエンヌ・ラ・フォン・ド・サン＝ティエンヌ［フランスの美術批評家（一六八八－一七七一）］は、肖像画が「無名の人」を取り上げ、「公衆にはどうでもよいようなもの」になっていると痛烈に批判した。彼は「こうしたあまたの無名で、才能も名声も美しい容貌も持たない人々、ただ生きているということくらいしか取り柄のない人々、（中略）自分たち自身にとっては巨人であっても一般の人々には原子くらいの大きさでしかない人々」を非難し、こうした人々と、著名人を含め、絵に描かれるに値する人々とを対置している。「優れた市民、大作家、あるいはその業績によって有名な人物の顔立ちを見たいと熱望しない人はいない」[16]。この批評家にとって、また公衆の関心という観点からすると、政治面での功績、文才、著名性こそ、肖像画を正当化する三つの要素だったのである。さらに、著名性は、「業績」によって正当化されなければならなかった。つまり、アカデミーの伝える政治的・道徳的理想に対応していなければならなかったのである。この二十年後、『秘密の回想録』の筆者は、展示されている作品の三分の一以上を占め、「至る所で目に入ってくる無数の肖像画」に触れつつ、同じような皮肉を用いている。筆者は「サロンは気づかぬうちに、いつしかただの肖像画のギャラリーになってしまうだろう」と嘆いた後で、次のように述べている。「その身分あるいは著名性によって重要な人物、少なくとも美しい女性、あるいは毅然とした人の見事な風貌を描くだけならまだしも、ゲノン・ド・ポヌイユ夫人、ジュルニュ夫人（母）、ダシー氏、ル・ノルマン・デュ・クードレー氏などといった人物を知ったところで何になろう」[17]。社会的影響力のある階層の人々が肖像に描かれるのを許すような肖像画の民主化に対するこうした批判は、逆の見方をすれば、この筆者には正当と思われる三つの原則に基づいている。つまり、社会＝政治的原則（「その身分によって重要な人物」）、審美的原則（美しい女性や勲章を掲げた人物）、そして「著名性」の原則である。名声は「業績」からは独立していることがわかる。

ロンドンでは、肖像画の人気はさらに一層はっきりしており、それほど異論を呼ぶことはなかった。肖像画の人気は著名性の新たな文化を培うのに貢献したのである。[18] こうした状況を見事に利用したのが、この時代の最も重要な画家であるジョシュア・レノルズである。彼は文学界および社交界の著名人の肖像画を数多く展示し、こうしたモデルの名声と自身の画家としての評判とを結びつけた。というのも、こうした肖像画の大部分はその後、彼のアトリエに展示されたため、そのアトリエはイギリスの首都の中でも芸術性あふれる場所の一つとなったからである。レノルズはモデルの著名性と定期刊行物によって広まっているモデルに関する逸話をきわめて意識的に利用し、公衆の好奇心をかき立て、人気画家としての自身の著名性を築こうとした。[19] この問題はまた商業的性格も帯びていた。というのも、こうした作品には非常に高い値がついたので、それにともなう噂がさらに新しい顧客を引き寄せたからである。

レノルズが展示した肖像画はその時々のアクチュアリティに関連することが多かった。一七六一年、彼はローレンス・スターンの肖像を描いた。『トリストラム・シャンディ』が刊行され、大反響を得たところだったのだ。その前年にはスターンはまだ無名で、ロンドンとは縁のない地方の牧師だった。彼の作品は複数のロンドンの出版社から拒否されたので、ヨークで自費出版し、ロンドンに数部送ったところ、ある女優に助けてもらったおかげでギャリックの支持を得ることができた。この本はすぐに成功を収めたので、数週間後にはスターン自ら首都に赴き、有利な契約書にサインし、自己プロモーションに確かな才能を発揮しつつ不遜にも次のように公言した。「私は生活の糧を得るために書くのではない。有名になるために書くのだ」。それから八回にわたって、肖像画のモデルとしてレノルズの前でポーズをとり、絵ができるやいなや、それを版画家のもとに携えていった。彼は版画家に次のように書き送っている。「私は私を流行らせ、私の頭脳の中身も外見も売りに出したいのです[20]」。

レノルズは流行作家の肖像画（サミュエル・ジョンソン、オリヴァー・ゴールドスミス）だけでなく公的人物、つまり公衆の関心を惹きそうな上流階級の重要人物、役者や若い女性などの肖像画も展示した。その翌年、一七六二年には、ギャリックの肖像画だけでなく――彼とは付き合いがあり、すでに何度もその肖像画を描いたことがあった――、有名な高級娼婦ネリー・オブライエンの肖像画も展示した。彼女はその数ヶ月前、ボリングブルック卿の新たな愛人として、『セント・ジェイムズ・クロニクル』紙に公表されたところだった。同じ壁面に作家、政治家、大貴族、そして高級娼婦の肖像画が並べられているとは、ゆゆしき事態である。というのも、社会階級がこれほど異なる人々の肖像画が公衆の前に等価なものとして示されるのだから。しかも、レノルズは高級娼婦の絵を好んだことから、放蕩の世界、性的でややスキャンダラスな社交界の著名性の世界と関わるのを受け入れ、自分自身のプロモーションに役立てただけになおさらだった。[21] それでも彼は特に一七八〇年代以降は並行して、貴族、そしてさらには王家の肖像画家を務めたのである。サミュエル・ジョンソンであれ、フランセス・アビントンであれ、デヴォンシャー公爵夫人ジョージアナ・キャヴェンディッシュであれ、彼が描くのはもっぱら著名人の肖像画であった。[22]

レノルズが一七八五年のサロンに、若き王位継承者、プリンス・オブ・ウェールズの肖像画を展示したとき――この肖像画のせいで、この年の冬じゅうずっと彼の波乱万丈の生涯、愛人関係、その購買熱と女好きな性格の話でもちきりになった――、その向かいの壁にかけられたのは「スミス夫人」ことレティシア・ダービーの肖像画であった。彼女は名高い高級娼婦で、とくにプリンス・オブ・ウェールズの大親友、レイド卿の愛人として知られていた。ところが展覧会開催の数日前、『モーニング・ポスト』紙は、プリンス・オブ・ウェールズが、レイド卿自身の馬車の中でスミス夫人と性的関係をもったらしいという噂を報じた。[23] 二人の肖像画を対置させた視覚上の仕掛けが観客の好奇心をかき立て、多くの解釈を生んだのは察しがつくだろう。

## ミニチュアの公的人物

展覧会の会期は数週間であったが、版画で作品が複製されたおかげで、著名人の肖像画が大量に流布し、公共空間に彼らのイメージがつねに存在するようになった。一七六二年にレノルズがアカデミーに展示したギャリックの肖像画は、まず、レノルズの作品に魅了された版画家の一人、エドワード・フィッシャーによって版画にされ、ついで他の版画家によって十三度にわたり複製された。この版画はイギリス国内で広く出回ったのみならず、大陸でも流通した。技術発達のおかげで、版画はモデルの姿を忠実に写し取るのみならず、大量印刷が可能になったことで販売価格も抑えられ、その価格は質やサイズで異なった。十×十四プース［メートル法導入前に使用されていた長さの単位。一プースは二七・〇七ミリ］の大きさで「ポスチュア・サイズ」と呼ばれる肖像版画は一シリングで売られた。[24] 肖像版画は、オリジナルの絵の出来栄えに心惹かれてであれ、そこに描かれる著名人に関心があるからであれ、崇拝者も好奇心にかられた人々もきわめて容易に手に入れられる流通消費財となったのである。こうした版画市場のめざましい発達によって、肖像（版）画が増加し、手に入れやすくなったのみならず、こうした肖像（版）画を広告に用いる事例も増えた。ギャリックの名声は、抜け目のない商人、タバコ商人や書籍商人に利用され、彼の肖像画は、こうした商人たちのショップカードを飾るのに用いられたのである。[25]

フランスでもまた、著名人の肖像画は大衆の消費対象となり始めていた。版画はすでに十七世紀以来、印刷物から独立していたが、先例を見ない商業発展にともない版画が正真正銘の消費対象となったのは、ようやく十八世紀になってからのことである。[26] あらゆる社会階層を含めたパリ市民の死後財産目録の六〇%において、版画に関する言及が見受けられる。ルイ・セバスチャン・メルシエのような一部の作家はこのような版画の大量生産に対して、版画の大衆化と、それらの過度の複製を予見するかのような言葉で抗議した。「今日では滑稽なほどに版画を濫用する。（中略）このようにあらゆる絵、あらゆる顔がたえず惨めな形で示されると、家々はうんざりするほど千篇一律な調子で満たされてしまう。というのも、ある家で見た絵を他の家でもまた見ることになるからだ[27]」。

新聞・雑誌はたえず新作の版画について報じていた。一七六四年から八二年にかけて、およそ一年につき七十二点の版画が制作され、一般的に一点につき千部ほど刷られた。アンシャン・レジーム末期には、毎年百点以上の新作が発表された。こうした版画の中で、肖像版画は風俗画［庶民の日常生活を描いた絵画］についで第二の地位を占めていた。ビュラン彫り、二つ折りサイズの華やかな肖像版画は消滅し、エッチングのメダルサイズの小さな肖像版画にその座をゆずる傾向にあった。特筆すべきは、直接絵画を複製したものではなく、素描をもとに、完全に版画市場向けに制作された版画が増加したことである。実際、こうした市場は自由競争原理に基づいているという利点があった。版画の販売を行っていたのは、版画家自身や自分の店舗を持つ印刷業者兼商人、あるいはセーヌ河畔に版画を並べて売る「エタルール（étaleurs）」［陳列台に商品を並べて売るいわゆる露天商］と称される仲買人であった。こうした版画の価格はそれほど高くなかったが、巨匠の絵をもとに評判の版画家が制作した美しい版画——これらは十六リーヴルに達することもあった——と普通の版画——一リーヴルから四リーヴル、時にはそれよりも安価の場合もあった——との間には、価格に大きな開きがあった[28]。

版画の需要は非常に高かったので、版画商人の中には、一般大衆向けの安くて小さい肖像版画の制作と販売に特化する者も現れた。ジャック・エノーとミシェル・ラピイは、こうした小さな肖像版画を専門とする商人として世に知られた。ノルマンディー出身の二人は、一七六八年「エタルール」として商売を始め、セーヌ河畔で商品を売っていたが、一七七〇年、サン＝ジャック通りにラ・ヴィル・ド・クータンスという屋号で店を構え、著名人の小さい肖像版画を数多く制作し、十二スーで販売し始めた。一七九〇年に作成された営業財産目録には、「このジャンルの最も有名な版画家の手がけた小さい肖像版画」が一五一五点含まれていた。そこには王家の人々、教皇、そしてヨーロッパの君主（神聖ローマ皇帝ヨーゼフ二世や、ロシアのエカチェリーナ二世）以外に、過去の稀有な作家たち（モンテーニュ、モリエール、ボシュエ）、そしてボーマルシェ、ビュフォン、ダランベール、ランゲ、ルソー、ヴォルテール、ネッケル、さらにシュヴァリエ・デオン〔フランスの外交官、スパイ（一七二八—一八一〇）〕、オペラ座のスターであったド・サン＝テュベルティ夫人、そして彼女のライヴァルで、パリで最も有名な高級娼婦の一人となったロザリー・デュテなど、啓蒙の世紀の文化界・政治界の有名人が数多く含まれていた。外国人も例外ではなく、その中には特に、七年戦争のイギリスの英雄「名高いケッペル提督」、キャプテン・クック、さらにジョージ・ワシントンのような軍人、政治家、探検家が含まれていた。[29]

こうした肖像版画市場の急成長は、人々の欲望をかき立て、ほとんど規制されてない市場でのあやしい商取引が助長されることとなった。エノーとラピイは、彼らのライヴァル同様、出来の差こそあれモデルに似せて肖像版画を制作する版画家に依頼することもあったが、同時に許可なく少し細部を変えるだけで既存の肖像版画を複製することもあった。こうした模造品は、パリの商人と版画家が争う訴訟に際して、複雑な法的問題を提起することとなった。誰が、著名人の顔の所有者は自分だと言えただろう。肖像（版）画がその芸術的クオリティが問われる以上に主に商業的文脈で議論されるものとなった以上、どのようにこうした絵の知的所有権を保証すればよいというのか、またどのようにその模倣を禁じればよいというのか。[30]

一七六四年から八八年にかけて『ジュルナル・ド・ラ・リブレリー（出版情報）』に広告が出された三八〇点の肖像画の中で、八四％が当時の動向に関わる同時代人を描いたものだった。その中には、君主や宮廷人のみならず、多くの作家、学者、芸術家（二五％）、役者（九％）、そしてメスメル〔ドイツの医者（一七三四—一八一五）。動物磁気の提唱者として知られる〕、モンゴルフィエ兄弟〔ジョゼフ＝ミシェル（一七四〇—一八一〇）とジャック＝エティエンヌ（一七四五—九九）の兄弟。熱気球の発明で知られる〕、カリオストロ〔イタリア人の詐欺師（一七四三—九五）〕、ベルガス〔フランスの法律家、思想家、政治家（一七五〇—一八三二）。メスメリスムの普及に努めた〕といった何人かの時の人が含まれていた。[31]「J・ルリエ」という人物——一三〇歳で亡くなったために、公衆の注目を集めた——のように、ごくわずかな間だけ著名人となった人物も含まれていた。残念なことに、こうした肖像画がどのように使われたのか、そして誰が買ったのかということさえ突き止めるのは難しい。しかしながら、版画商人ヴァレーの一七八七―八八年にかけての販売台帳が残っており、それによれば、二一六名の顧客のうち、九七名については商人ではないと確認できる。顧客層は多様で、その中には貴族、第三身分のエリート、医者、芸術家、さらには雑多な階層の人々も含まれていた。ヴァレーの販売していた肖像画には、一七八六年に発表されたブノワ・ルイ・アンリケによるルイ十四世の肖像や、つねに需要のあるヴォルテールやルソーの肖像、そしてその時々の政治家、たとえばコルヌマン訴訟［夫に虐待を受けていたコルヌマン夫人を救おうとしたボーマルシェが、逆に弁護士ベルガスの奸計により中傷の対象となったことで起こった訴訟］のせいで一躍有名になり、再び絵に描かれるようになったベルガスや、ネッケル、あるいはオルレアン公の肖像画が含まれていた。ベルガスの肖像版画は一七八八年十二月に売りに出され、ワイン商人と指物師が購入した。ネッケルの肖像版画は時計職人、書籍商、司教、建具屋、新聞記者が購入した(32)。

十八世紀の末には、男女の肖像は版画以外にも、伝統的な彫刻から、メダイヨン、小像、カップといった新しい物質文化の製品に至るまで、あらゆるものに描かれるようになった。それまで彫刻の対象となるのはもっぱら君主のみであったのに対し、何人もの彫刻家が胸像制作を専門とするようになった。オーギュスタン・パジューやジャン゠バティスト・ルモワーヌなどがその例であるが、特にジャン゠アントワーヌ・ウードンは、当時の文化界・政治界での著名人の彫像に本格的に取り組んだ彫刻家であった。しかし、その駆け出しは多難であった。一七四一年生まれの彼は、ダンジヴィレ［一七三〇―一八〇九。王室の美術品管理を請け負っていた］のせいで、一七七〇年代には王室からの大口の注文を受けることができなかった。ダンジヴィレはウードンを快く思っておらず、偉人の彫刻製作計画のうちの一つも彼に注文しなかったのである。また彼は、すでに定評を得ていたパジューやジャン゠バティスト・ピガールや、ライヴァルとして彼に敵対心を持っていたジャン゠ジャック・カフィエリともうまく折り合いをつけなければならなかった。そのためウードンは、こうした問題を避けるための作戦として商業的成功に賭けた。そして毎年サロンに有名人（ソフィー・アルノー、ヴォルテール、フランクリン）の胸像を送り、一年中、アトリエに自分の作品を展示し、留守中は守衛にアトリエを案内させた。こうした態度はライヴァルの反感を買ったが、また同時に愛好家の関心を惹き、多くの私的な注文が入った。そして、執政期にそのキャリアの絶頂を迎えた頃には、ウードンのアトリエはそれ自体、ボワイー〔肖像画を中心に描いたフランスの画家（一七六一－一八四五）〕の絵によって不滅のものとなった。この絵の中のウードンは仕事中で、何十体もの文化界・政治界の著名人の胸像に囲まれているが、その中にはヴォルテール、ソフィー・アルノー、ビュフォン、フランクリン、ワシントン、グルック、カリオストロ、ジェファーソン、ルソー、ラ・ファイエット、ミラボーらの姿を容易に認めることができた[33]。

ウードンは、大理石製やテラコッタ製の彫像の複製を成形機で大量生産するのにまつわる商業的問題を完全にわかっており、この複製権を自分のアトリエだけのものにしようとした。ウードンは一七七五年、グルック（同年、ウードンはこの作曲家についても胸像を展示している）の二つのオペラ『オルフェオとエウリディーチェ』、および『アウリスのイフィゲニア』で大成功を収めた直後で絶頂期にあったソフィー・アルノーの大理石製の胸像を展示した。その前年、王太子妃マリー・アントワネット自身からも拍手喝采を受けていたソフィー・アルノーは、ディアナ女神のリボンを頭に巻き、髪に花を散らしたイフィゲニア役の姿をしていた。ウードンは、女優を絵に描く際、多くの場合に守られるべきとされていた寓意上の制約に従いはしなかった。何より、その胸像は表情に富んでいて、歌手の顔立ちを忠実に写し取っていたが、また同時に、数ヶ月前観客を熱狂させた彼女の役柄の面影を観る者に思い起こさせるものでもあった。つまり問題なのは、偉大な歌手の記憶をそのままの形でとどめ、彼女を通して音楽の偉大さを表現するのではなく、時代の動向に密着し、当時最も有名であった女性歌手——彼女はロラゲ公爵との色恋沙汰や機知に富んだ言葉で噂になった後、当然得てしかるべき成功を手にしたところであった——の顔を公衆に見せることであった[34]。そしてさらに、ソフィー・アルノーが多くの求婚者の間でその名声をうまく有効利用できること、そしてまたウードンも彼女の成功に協力できることも重要であった。ウードンは、契約により、この女性歌手の崇拝者に三百体から五百体の石膏の複製を販売すると約束した。[35]

この三年後、ヴォルテールのパリ滞在中に、ウードンは帽子をかぶらないヴォルテールの胸像を制作した。制作に際しては、ヴォルテールに三回モデルになってもらわねばならなかったが、胸像は大変な成功を収めた。「ヴォルテールの胸像を見ようとパリ中の人々がこぞってウードンのアトリエを訪れた。それは彼のすべての肖像の中で最も実物に似ていると思われた」[36]。このヴォルテール像についてはブロンズ像や石膏像、さらに版画でも複製が制作され、損害をこうむったウードンはこうした模造品を非難した。[37]

著名人の肖像は、とりわけ最初期のろう人形博物館の登場とともに大衆娯楽の中にも浸透していった。ろう製の彫刻は古代から知られ、中世、そしてルネサンス期には国王の墓像として用いられた。[38] 近代では、そのリアリズムから、国王の肖像や解剖学の授業に用いられた。商業的見世物のためにろう製の彫刻が使われるようになったのは、一六六八年、アントワーヌ・ブノワ［フランスの画家、彫刻家（一六三一―一七一七）］が、サン＝ペール通りの仕事部屋でフランス王室と何人もの大使を彫刻に刻んだ「王室シリーズ」を展示する許可を得て以降のことである。[39] したがってこの時期モデルとなったのは、宮廷の人々であり、ブノワの仕事場を訪れるのは主に貴族たちであった。そもそも、ブノワは、王立絵画彫刻アカデミーに選出され、一七〇五年にはルイ十四世の彩色ろう製像を制作した。にもかかわらず、彼の仕事場は、ろう製彫刻がその表現の高度のリアリズムによって都市のスペクタクルに変化する初期段階を示すものであった。ラ・ブリュイエールがブノワを「操り人形の見世物師」と呼んだのは、間違っていなかったのである。[40]

商業面でのろう製像（ろう人形）の使用はフィリップ・クルティウス［スイスの医者、物理学者、ろう人形制作者（一七三七―九四）］がパリにやって来たときから始まった。クルティウスは、一七七〇年、サン＝マルタン大通りに最初のろう人形劇場を創設した。ついで彼はパレ＝ロワイヤルに拠点を構え、一七八二年にはタンプル大通り沿い、都市の娯楽の新たな中心地となったニコレ劇場の横に移った。クルティウスもまた、食卓に着いた国王一家をろう人形で表した部屋を展示していたが、それ以外にも数多くの著名人のろう人形も製作し、一般に公開していた。その中には、ヴォルテール、フランクリン、ネッケル、メスメル、ランゲ、さらにはジャノ、そして犯罪者の肖像を展示する「大泥棒の洞窟」も含まれていた。そして、クルティウスは時事ニュースに合わせて定期的に新作を加えていたのである。入場料は二スーという安価なアトラクションで、どうやら大変な人気を集めたようである。というのも、メルシエの言を信じるならば、クルティウスの稼ぎは一日に百エキュにものぼったようで、これは一日に三千人の入場者がいた計算になる。ただしおそらくこの推定は過剰なものであろう。(41) 一七九四年、クルティウスが亡くなった後、その弟子マリー・グロショルツはフランソワ・テュソーと結婚、一八〇二年にイギリスに向けて出発し、ついには一八三五年、ベイカー通りにマダム・タッソー館として有名な博物館を設けた。(42) ろう製像の人気はヨーロッパ中に広まった。ウィーンでは十八世紀末、宮廷彫刻家のミュラー＝ダイムがろう人形博物館を設け、そこに皇帝一族やヨーロッパの主な君主の人形を飾った。(43) ナポリでは、サン・カルリーノ小劇場脇の大衆劇場と縁日の仮小屋が立ち並ぶ地区で、こうしたろう製の像が見受けられた。一七八三年には、ナポリの人々は、教皇、皇帝、何名かの君主の像の横で、当時音楽家として大変な人気を博していたメタスタージオの像、そしてさらにはヴォルテールやワシントン、ルソーの像を鑑賞することができたのである。(44)

十八世紀末の重要な技術、商業革命の一つに、陶磁器の小さな像の発達が挙げられる。それ以前にもこうした小像は存在したが、大変な高級品であり、ニス塗りには緻密さを要したので、ほとんど広まらなかったのである。一七五〇年代から七〇年代にかけては、いくつもの革新がなされ、こうした像の製造プロセスが変容した。「素焼き」で入念に仕上げられたものは、色付けやニス塗りなしで安価で手に入る良質の肖像となり、ついで「硬磁器用素地」で作られた磁器製品の発展のおかげで、工房では多くの彫刻、特に胸像の複製制作が可能になった。フランスでは、セーヴル製陶場が、まず第一に装飾用陶器および食器を製造する役割を担っていたものの、国王から注文を受けた「著名人」の胸像の複製も販売し、さらには同時代人のオリジナル胸像も生産した。その中には作家や芸術家（ヴォルテールは一七六七年から、ついでラモー、ディドロ、ルソーの像が制作された）、役者（フィガロ役で成功を収めたプレヴィルの像、そしてダザンクールの像、さらにはジャノの像――またもや彼の登場だ――まで作られた。特にジャノの胸像は一七八〇年の新年には「流行のお年玉」となった）[45]、学者や政治家（フランクリンやワシントンの像）が含まれた。ただし、こうした慣習はごく限られていたようである。[46]

反対にイギリスでは、陶磁器革命は、事業家ジョサイア・ウェッジウッドによってもたらされた。十八世紀末の商業革命を象徴するあの人物である。[47]一七六〇年代、ウェッジウッドは黒玄武岩の陶磁器モデル、ついで「かの有名なジャスパー」を完成させた。彫刻家ジョン・フラックスマンの助力を得て、ウェッジウッドは正真正銘の人物像カタログを生み出し、陶磁器の肖像コレクションという趣味を確立させた。フランスの王立セーヴル製陶場とは対照的に、ウェッジウッドは最初から公衆の期待に応えるという道を選び、著名人の顔への人々の好奇心に合わせ、魅力的な価格で幅広くそのカタログやコレクションを広めた。こうした小像は、外国の作家、特にフランスの作家についても制作された。その中には同志にして敵同士であったヴォルテールとルソーも含まれ、彼らの像はさまざまなサイズ、値段で販売された。モデルとなったそれぞれの人物について、こうした陶製像は人物の知名度とイギリスの公衆の期待に応じたものでなければならなかった。一七七八年、ウェッジウッドがエルムノンヴィルの庭で植物採集するルソーを描いたデッサンの複製を手に入れたとき、彼はその小像を作ろうと決意したが、植物採集をする作家の像を見て、人々が面食らうのではないかと恐れた。[48]

こうした胸像や小像は、時として比較的高価になることもあったため、有産階級や貴族階級向けになったのに対し、ウェッジウッドは著名性の文化の急成長を利用し、一七七三年のカタログから掲載していた「現代の頭像」シリーズを通して陶製のカメオシリーズを展開した。[49]この時期には、同時代人をモデルとしたものはまだ少なく、こうした彫像はシェイクスピア、ミルトン、ニュートンの像と近くに居合わせることになった。しかし、一七八七年にはコレクションは大幅に拡充してカテゴリーごとに分類され、その中にはジョゼフ・プリーストリーやフランクリンからルソー、ヴォルテール、サラ・シドンズまでさまざまなヨーロッパの著名人が見出された。[50] しかもこのカタログは複数の言語、特にフランス語に翻訳されており、ここから著名人の肖像の市場がヨーロッパ規模になったことがわかる。[51] こうしたカメオはその大きさ次第で、コレクションにされたり、指輪に付けられたり、ブレスレットやペンダントにされたりした。

## 偶像とマリオネット

ヴォルテールやルソーとならび、ウェッジウッドのカタログにも、セーヴル製陶場のカタログにも載った人物がいる。ベンジャミン・フランクリンである（図3）。そのろう製像はクルティウスのサロンの呼び物にもなっていた。実際、フランクリンは、十八世紀最後の四半世紀に、最も頻繁にモデルとなった人物の一人である。一七七六年にパリに居を構えたとき、彼は電気に関する業績と、ベストセラーとなった暦『貧しいリチャードの暦』［一七三二―五八年に刊行された教訓の入ったカレンダー］の作者としてすでにヨーロッパ中でその名を轟かせていた。[52] フランスにはすでに二回滞在したことがあり、友人もいたので（彼は科学アカデミーの協力会員であった）、その著作集は彼の到着の三年前に出版されていた。フランクリンのナント港への到着は、さまざまな新聞に報じられ、ボーマルシェの言葉を借りれば、「センセーションを巻き起こした」とされる。フランクリ

**図3**　陶器製のフランクリンのメダイヨンの中でも初期に作られたものの一つ。1774年頃，ジョサイア・ウェッジウッドによって制作された。

**図 4**　ジョゼフ・シフレッド・デュプレシ『ベンジャミン・フランクリンの肖像』(1783 年)。この肖像画は半ば公式のものとなり，幾度となく複製されて，フランクリンのイメージを決定づけた。

**図 5**　ジャン＝アントワーヌ・ウードン『ベンジャミン・フランクリンの胸像』(1778 年)。この胸像には，石膏による数多くの複製がある。

ンの著名性は高まるばかりで、それに伴い大量にその肖像が出回ることになったのである。

フランクリンは、自分の公的なイメージを非常に気にする人物であった。彼はすぐ、デュプレシに肖像画を描かせた。帽子をかぶらず、簡素な装いで、チョッキの前を無造作に開けた様子のフランクリンのこの肖像画は広く知られるようになり、多くの版画作成に用いられたほか、メダル、陶器の小像、テラコッタのメダイヨン、ろう製の小像など、さまざまな形で複製された。一七八三年、デュプレシは新たに、グレーのスーツを着てネクタイをしたフランクリンの肖像画を制作したが、これもまた数々の複製を生むこととなった（図4）[53]。またフランクリンは、カフィエリ、ついでウードンの彫刻のモデルともなり、この二つの大理石の胸像からは数多くの石膏の複製が制作された（図5）。これらはいわば公式の、許可を得た肖像で、フランクリンが広く世に出回るのを望んだものである。というのも、こうした肖像はアメリカ反乱軍の代表として彼自身が打ち出したい自己イメージと合致していたからである。つまり、ヨーロッパの宮廷の慣習から距離を置き、気取りのない装いをした素朴な人間というイメージである。こうしたイメージは、イギリスに長期滞在中のフランクリンの肖像画——イギリス貴族の作法に従ってビロードの衣装に身をまとった肖像画——とは対照をなしている。このイメージはまた、フランクリンが宮廷や上流社会に受け入れられたとき、首尾よく完全に順応してしまったフランスの流儀とも一線を画するものであった。

フランクリンは、人々が自分に夢中になっているのに乗じて、アメリカの大義のために自分の著名性をどのように利用すればよいのかを完璧に理解していた。しかし、彼の顔が流行の図像モチーフとなり、さまざまな形でその肖像が見出されるというのは衝撃的なことだった。アンヴァリッド長官であったジャック・ドナシアン・ル・レー・ド・ショーモンは、ショーモン城に陶器工場を設け、ジャン＝バティスト・ニニに注文して、フランクリンの姿を刻んだテラコッタのメダイヨンをいくらかヴァリエーションをつけて（メガネありとなしのもの、毛皮の縁なし帽をかぶったものとかぶっていないもの）作らせた。メダイヨンは大量に生産され、大変な人気を博し、今日でも数々のコレクションに収められている（図6）。かぎたばこ入れやボンボン入れを飾るのに使う七宝の細密画のように、より高価なものもあった。一七七九年、デュプレシの肖像画からフランソワ・デュモンが制作した細密画はその一例である（図7）。また、数々の陶磁器製作所が小像やカメオ、さらに食器類にフランクリンのモチーフを利用した。たとえば、ヴィクトリア・アンド・アルバート博物館には、フランクリンの肖像を用いた王立セーヴル製陶所のカップが保存されている（図8）。こうした製品からは、図像的テーマとなったフランクリンの肖像がどれほど人気を博したかがわかる。というのも、この大学者の肖像で飾られたカップやボウル（図9）で、紅茶を飲めるようになったのだから。

にもかかわらず、フランクリンの肖像を広い階層の人々に広めるのに最も貢献したのは、おそらくは版画であった。フランス国立図書館の版画室には、フランクリンを描いた十八世紀の版画が五十点以上も保存されており、見

**図 6**　フランクリンの肖像を刻んだテラコッタのメダル（ジャン＝バティスト・ニニ，1777 年）。この肖像付きメダルには多くのヴァリエーションがある。

**図 8**　セーヴル焼のカップ。1780 年代におけるフランクリンの著名性の高さを物語っている。

**図 7**　フランソワ・デュモンによるフランクリンの細密画が描かれたボンボン入れ（1779 年）。

**図 9**　コシャンの版画をもとにしたフランクリンの肖像を装飾に用いた陶器の椀。反対側にはワシントンの肖像が描かれている。

事な出来栄えのものもあれば——なかには彩色のものもある——、普及版として安価で刷られ、ほとんどモデルに似ていないものもあった。こうしたコレクションには、商業的ポテンシャルの高い著名人の肖像を専門とする大多数の版画家の名が見出される。エノーとラピイのために百点ほどの肖像版画、とりわけ何点かのマリー・アントワネットの肖像画と作家、歌手、俳優の肖像画を制作したピエール・アドリアン・ル・ボーは、フランクリンのフランス滞在当初から彼の小さな肖像版画を制作した。この版画の広告は、一七七七年九月二十二日の『ガゼット・ド・フランス』に出され、「ベンジャミン・フランクリン、一七〇六年一月十七日、ニューイングランド地方ボストン市生まれ」という簡素な説明文と、「ラ・ヴィル・ド・クータンス」という商人の住所が付されて十二スーで販売された（図10）[54]。

このようにフランクリンの肖像が大量に生産される事態には、フランクリン自身驚いた。そして一七七九年六月、ニニによるメダイヨンを娘へ送るに際し、自分の顔は月面よりも有名になったと手紙に記している。

あなたがホプキンソン氏に差し上げたと言っていた私の肖像つきのテラコッタのメダイヨンは、フランスで作られたこうした肖像の最初のものです。それ以来、多様なサイズのさまざまな肖像が制作されました。タバコ入れを飾るために作られたものもあれば、指輪につけるために作られた小さなものもあります。信じられないほどの数が売られているのです。こうしたメダイヨンや絵画、胸像、版画（複製の複製が至るところで広まっています）は、あなたのお父さんの顔を月面よりも有名にしてしまいました。ですから、お父さんは、何か逃亡を余儀なくさせるようなことをやろうとしても、やれなくなってしまったのです。姿を現そうものなら、その顔立ちでどこでも誰かわかってしまうでしょうから。博識な語源学者は、人形（Doll）という語は、偶像（Idol）という言葉に由来すると言っています。今や、お父さんの人形はあまりにも増えてしまったので、その意味ではまさしくこのフランスで、「偶像＝人形《アイドル》になった」と言えるでしょう。[55]

**図 10**　ピエール・アドリアン・ル・ボー『ベンジャミン・フランクリン』（版画，1777年）。安価な版画で，画商のエノーとラピイによって販売された。

フランクリンがここで冗談を言っているのは間違いないが、その明晰かつ皮肉のこもった説明は非常に興味深いものである。このような肖像画およびその複製の大量普及の最も直接的な影響としては、モデルのあずかり知らぬところで肖像が広まってしまうということだった。もはや肖像の普及は、国王の肖像のような政治的プロパガンダではなくなった。いや、政治的プロパガンダだけでなく、新たな都市文化にもなったのだ。あるいは、著名人の肖像は熱心に求められ、消費の対象となったのである。フランクリンが偶像を人の形をした子供のおもちゃ（doll）に結びつける思いつきの語源を示したのはふざけてのことだが、一方で、個人の肖像を量産可能な事物、さらにはおもちゃに変えてしまう公衆の欲望を明らかにしている。ただ、曖昧なままになっていることがある。肖像が量産されるのは、彼を満足させる名誉なことなのか、それとも不安にさせる脅威なのか、ということである。この問題は例外的なものではなかった。同時代人の肖像がおもちゃや置物になってしまうのを懸念したこの時代の人々の一部の批判に、その影響が認められるのである。その数ヶ月前、『秘密の回想録』にはこう記されていた。「今、フランクリン氏の肖像を暖炉に飾るのが流行っている」。そしてすぐさま、次のように付け加えられている。「（中略）ちょうどかつてあやつり人形を置いていたように。この偉人の肖像はばかにされているのだ――三十年前、おもちゃとして使われていたつまらない装飾品の肖像とほとんど同じように」[56]。フランクリンの図像に関するほとんどの研究は、彼の肖像の普及がその人気を示すと同時に、政治的コミュニケーションを完全にコントロールできていたことを表しているとみなしている。しかしながら、フランクリン自身と同様、彼の同時代人は、流行の肖像とおもちゃを分け隔てる境界は、公衆の偶像と子供の人形を分け隔てる境界と同じくらい脆弱だとわかっていた。著名人は、魅惑の対象であると同時に、嘲弄の対象でもあるのだ。

しかも、こうした新たなイメージの都市文化には裏があり、これが一層人々の嘲弄を招くことになった。それは、十八世紀を通して、カリカチュアが急速に発達したことだ。風刺は著名人だけを対象としたものではなかった。ウィリアム・ホガースの作品や、反イエズス会のカリカチュア画にあるように、社会的・宗教的類型が風刺の題材として好まれたが、もちろん文化・政治生活における著名人もその題材となった。こうしたイメージの発達についても、イギリスの方が進んでいた。ホガースは風刺カリカチュアでその地位を確立したのだが、十八世紀後半のロンドンは、まさしく風刺画の洪水――どぎつく、異様であることも多かった――に襲われたのだった[57]。政治家、貴族、文化界の著名人が公然とばかにされ、その身体的欠点をからかわれ、浮気については事実のものでっちあげられたものも、程度の差こそあれみだらな冗談の対象になった。ジェイムズ・ギルレイとジョージ・クルックシャンクは、作品で公衆を大いに楽しませたカリカチュアリストたちの中で、最も有名な二人にすぎないのである。

エマ・ハミルトン（旧姓ライオン）［一七六五―一八一五。ネルソン提督の愛人として知られる］は、著名性の視覚文化の両義性を象徴的に表す人物である。貧しい家庭の出で、ロンドンの売春宿で売春婦としてキャリアを始めた若い娘が、十八世紀末のイギリスを代表する女性の一人となるよう運命づけるものは何もなかった。セクシュアリティに関わる見せ物や講演を企画した山師ジェイムズ・グラハムに雇われ、活躍した後、彼女は上流社会の何人もの紳士の愛人となった。一七八二年、当時の愛人であったシャルル・グレヴィルは、レノルズの大ライヴァルであったジョージ・ロムニーにエマの肖像画を描かせた。当時『感受性』と題された肖像は、版画による複製ともども大変な人気を博した。それ以来、エマは二百回以上にわたってロムニーのモデルとなり、この後、画家はキルケーや製糸工女に扮した彼女を描いた有名な肖像画などをいくつも制作することとなったのである（図11）[58]。女優たちとは異なり、彼女は有名だから絵に描かれたのではなく、絵に描かれたからこそ、有名になった。彼女の著名性はまず、その名ではなく、その顔によるものだったのである。

**図11**　ジョージ・ロムニー『キルケーの姿をしたエマ・ハミルトン』（1782年）。エマ・ハミルトンを当時最も著名な「顔」の一つに仕立て上げた数々の絵画の一枚。

彼女の名声は、ネルソン卿と恋愛関係で結ばれた頃に第二の局面を迎える。一七九一年にナポリ大使ハミルトン卿と結婚した後、エマはブルボン家の宮廷をしばしば訪れ、一七九三年、ナポリで出会ったネルソンの愛人となった。

**図 12**　ジェイムズ・ギルレイ『絶望するディド』（版画，1802年）。エマ・ハミルトンの著名性を風刺した一枚。

それ以来、彼女と年老いた大使である夫、そして国民的ヒーローである愛人の奇妙な三角関係を嘲弄するカリカチュアが増えた。ネルソンが亡くなり、ハミルトン夫人の容色が次第に衰え始めると、何人ものカリカチュアリストが、太った彼女を茶化した。一七九四年、フリードリヒ・レーベルクはエマ・ハミルトンに、その美貌と優雅さを強調するような古代の彫像のさまざまなポーズをとらせた肖像画シリーズを発表した。そして、その十三年後、ジェイムズ・ギルレイはこの肖像画をパロディ化した十二点の版画を発表した。そこでは、エマ・ハミルトンはでっぷりと太り、すっかり醜い姿になっていたのである（図12[59]）。

たとえば、ルイ十四世の敵が手がけたものに見られるような昔ながらの政治的カリカチュアが公式な図像プログラムと徹底的に対置されるものであるのに対し、著名人を標的としたカリカチュアはそれ以外の彼らの視覚的イメージとより複雑な関係にある。ギルレイの作品のように、手厳しく風刺するものもあるが、ポジティヴなイメージの意味をエスカレートさせるだけに甘んじる場合もあった。女優や高級娼婦のカリカチュアはその例で、肖像画が彼女たちの美貌、そして彼女たちがかき立てる欲望を当て込んだものであるのに対し、カリカチュアは彼女たちが暗に担うエロティックな責務を暴露するのである。反対に、肖像画の伝統的規範にそれほど大きく背いてはいない場合、ポジティヴな面を押し出す版画と風刺画を弁別するのは時として困難になる。すでに触れたような［本書第1章］、ユベールによる日常のヴォルテールを描いた肖像画シリーズはその例である。ユベールがモデルに人間味を与え、その著名性を高めると思ったにもかかわらず、フェルネーの長老がこのシリーズに満足しなかったのは、不愉快な風刺の要素があると考えたからだった。著名人の肖像が量産されると、それがろう製像や日用品のようにあまり高級でない素材を用いて量産される場合には特に、必ずこうした肖像は嘲弄の対象となる恐れがあった。

このようにカリカチュアと著名性との関係は、両義的である。今日でもなおフランスでは、公人にとって「ギニョール」［フランスのテレビで放送されている政治風刺番組］に自分の人形が登場するのは、試練でもあり聖別でもある。ところで有名人をモデルとしたあやつり人形劇は、まさしく十八世紀半ば、サミュエル・フット［イギリスの俳優、喜劇台本作家（一七二〇-七七）］の指揮のもとに生まれた。フット自身は、一七四〇年代末からへイマーケットの見世物で、ものまねをして有名になった。彼の成功は、ものまねの対象となった人物の著名性に依拠している。とりわけ新聞で冗談を交えつつ見世物の宣伝をしながら、こうした著名人の立場を利用し、たとえばギャリックの背が低いことや、名高い著名性への渇望を茶化すなど、そのモデルをばかにするのも辞さなかった。(60) 一部の著名人は、自らの名声からこのように新たな影響が生じることを面白く思わなかった。たとえば、サミュエル・ジョンソンは、もしフットがその意向どおりに自分を見世物にしたら、棒で滅多打ちにするぞと脅した。一七七三年、フットは当時の著名人をモデルとしたあやつり人形劇を舞台にかけ、『ジェントルマンズ・マガジン』に報じられている通り、人々の熱狂的称賛を集めることとなった。(61) ホレス・ウォルポールの手紙によると、ギャリックはフットに金を渡して自分を「人形劇」に出さないようにしてもらったという。とはいえ、フットはあるご婦人にこれらの操り人形は実物大なのかと尋ねられて、次のように答えている。「いえいえ、ギャリックよりはるかに大きいということはありません」(62)。フットはまた、重婚訴訟でロンドンのスキャンダルとなったキングソン公爵夫人を人形劇に登場させるなど、ロンドンの貴族階級の著名人も攻撃している。

著名人のカリカチュアについては、公共空間に流布し、彼らの公的人物像を構成している視覚的イメージや文章による表象の全体を考慮に入れなければ、意味をなさない。十八世紀イギリスの最も有名な高級娼婦の一人、キティ・フィッシャーは、一七五九年から六五年にかけて幾度となくレノルズの肖像画のモデルとなったが、これを欲しがる人があまりにも多かったので、懐中時計の中に滑り込ませることのできる小さな円い用紙（ウォッチペーパー）にもその肖像が描かれたほどだった。その彼女も、肖像画が描かれたまさにその時期に、『キティ・F…R嬢の若き日の冒険』、『キティ・F…R嬢の冒険』、『キティ・F…R雑録』など、十点ほどの風刺パンフレットの題材となったのである。こうしたパンフレットは、時にはふざけて、時にはずうずうしく、レノルズの肖像画に認められる性的なニュアンスについて詳細に解説したが、彼女はまさしくこの性的なニュアンスのために大衆文化の象徴となり、その名が童謡にまで残ることとなった。[63] 彼女自身、一七五九年三月、まだレノルズの絵が公開されていない時期に、早くも新聞や版画店において、自分を取り上げた展覧会を糾弾する広告を出している。「彼女は新聞でひどい扱いを受け、版画店で人目にさらされています。おまけに哀れな人、意地悪な人、無知な人、金もうけしか頭にない人たちは、彼女の『回想録』を発表して人々を騙すのです[64]」。こうした抗議文は心からのものなのだろうか、あるいは、早くもこの時期に出されたこの抗議文は、生まれたばかりの潜在的にスキャンダラスな著名性をより一層高め、公のキャリアを始める際の広告の道具でしかなかったのだろうか。

## 「今日のヒーロー」

イギリスでは、上流社会や文化界を目指す人々のニュースに特化した新聞がいくつも存在した。その典型例が、一七三一年創刊の『ジェントルマンズ・マガジン』である。ここには、新聞記事が再録されると同時に、文学界や政治界でのニュース、そして時代の寵児に関する噂が掲載された。その正式タイトル『ジェントルマンズ・マガジン、あるいは商人の月刊情報誌』には、雑多な読者、つまり社交界のエリートと同時にロンドンの新興有産階級の大部分を形成していた商人や仲介業者に訴えたいという意志がはっきり示されている。[65] これをモデルとして、一七六九年には、『タウン・アンド・カントリー・マガジン』が創刊された。この分厚い月刊誌の中には、ヨーロッパ政治の現状の概観、歴史的偉人を取り上げた歴史・文化的記事、演劇の上演予定や新刊の広告、読者からの便り、ロンドンの生活に関する数多くの逸話がごちゃまぜに入っていた。そして、上流社会の人々の秘密恋愛の暴露は、『タウン・アンド・シティー・マガジン』の得意分野の一つとして定評を得たのである。毎号に、この雑誌が「面談」と称するコーナー、すなわち男女差し向かいの肖像画と、その恋愛関係が詳細に語られるコーナーが掲載された。二人の名は、いくつかの文字を消す処理のおかげで一部隠されてはいるものの、ほとんどの読者が誰かわかるようになっていた。つまり、この雑誌はイメージとテクストの組み合わせ、こうした上流社会、および演劇界の人物の名声、さらにきなくさい話をうまく利用したのである。一七八〇年一月に刊行された年刊号の表紙には、情報と風刺の結合を象徴するメルクリウスとモムスが見守る中、『タウン・アンド・シティー・マガジン』に情事を明かされ、この雑誌を手にひどく怒っている女性が描かれている。[66]

政治新聞や一般情報誌も、こうした変化を免れえず、注目を集める人々の私生活に関する噂に次第に多くの紙面を割くようになった。当時、近代的な意味での記者の数はごく限られていたから、新聞は読者や執筆した段落数で報酬を得る寄稿者から得られる情報、さらにその時々のスキャンダルについて見解を述べたり、人々の間で好評を博していることを伝えたりするのに興味を持つ人々から提供される情報に依拠していた。したがって大多数の新聞には、広告、噂話、もろもろの意見、世論操作の試みなど雑多なものが入り混じっていたのである。当時の新聞は、読者に向けて情報のプロや専門家が執筆した論を広めるどころか、むしろ、大衆規模で展開され、ロンドンの社会を支える数々の会話が響く共鳴箱だった。[67] 新聞はこうした会話に一貫性と表面上の客観性を与えるのに、言い換えれば、こうした会話を公のものとするのに貢献したのである。そして、社交界のネットワークの中でのニュース、秘密の話、噂の口承による伝播は、上流社会の一貫性を保証したのに対し、こうした情報の新聞への公開は、その読者を公衆――こうした今日的な問題を演じる役者であると同時にそれを見守る観客として――にするのに貢献したのである。

イギリスの状況は、他のヨーロッパの国々と比べてジャーナリズムがはるかに発達し、より大幅な出版の自由を享受しているという点において、特殊であるように映るかもしれない。フランスでは、検閲のせいで、主要な文化雑誌であった『メルキュール・ド・フランス』でさえも、おとなしく公的なイベントについて知らせたり、詩や新刊の抜粋を載せたりするにとどめていた。検閲を避けるため王国外で刊行された新聞は非常に多く、こうした新聞はまず第一に政治ニュースを取り上げた。一七七七年、フランス初の日刊紙『ジュルナル・ド・パリ』が誕生し、成功を収めたにもかかわらず(すぐに二千五百、ついで五千の購読者を集め、彼らは夜のうちに印刷された新聞を毎朝受け取った)、実質的には状況は変わらなかった。この新聞は、政府および改革派と関係を持ち、上流社会と同時に有産階級の商人や自由業者を対象としたものだったので、パリの住民の間の「打ち解けた書簡」たらんとし、幅広く時事ニュースをカヴァーすることを目指していた。一七七六年十月に発表された趣意書では、編集者は読者に著名人のニュースを提供したいという意志を示している。しかし、創刊当初の騒ぎの後(数週間後に、新聞は発行停止になり、一段と厳しさを増した検閲を受けてようやく再刊されることとなった)、『ジュルナル・ド・パリ』はより古典的で、慎重な形式に立ち戻り、文学界のニュースや、商業界の新製品の広告、そして演劇の広告や人々の模範となる逸話が掲載される新聞となった。

こうした状況において、著名人のゴシップは別の媒体、とりわけ手書き新聞という形で公表されるようになった。『文芸共和国の歴史のための秘密の回想録』の目覚ましい成功に示される通り、公衆の期待は大きかった。一七七七年からフランス革命勃発直前まで刊行されたこの新聞は、一七六二年から八七年までをカヴァーする三十六巻に収められた数々の逸話を掘り起こそうとする歴史家たちの好奇心を随分前から集めてきたが、より体系的な研究対象となったのはごく最近のことだ[68]。その出版状況はまだ大部分が謎に包まれたままである。『秘密の回想録』は、誤って、これにまったく関与していなかったルイ・プチ・ド・バショモンの筆になるものとされてきたが、実際には、まずピダンサ・ド・メロベール、ついでムフル・ダンジェルヴィルという二人の雑文家が、「手書き新聞」、つまり、パリで密かに出回っていた草稿の形の新聞をもとに執筆したものだった。最も奇妙な特徴の一つに、最初の数巻は、ここに語られている出来事が起こってから十五年後に刊行されたことが挙げられる。一七七七年に印刷されたこれらの巻は、一七六二―七五年の出来事をカヴァーしていたのである。したがって、いそいそと最初の巻を買った読者は、奇妙なほど色あせたニュースや噂話を読むことになった。こうした時系列上のへだたりは次第に小さくなり、後の巻は報じられている出来事の起こった約一年後には刊行された。それでも、このような時間差はニュースの伝播と反復を主として行う刊行物としては驚くべきものである。そして、この時間差が『秘密の回想録』の成功を妨げなかったという事実からは、イギリスの公衆と同じようなメディアをいまだ利用できずにいたフランスの公衆の貪欲さと、われわれにおなじみの現代メディアのリズムとはかなり異なるニュースの時間性が明らかになる。しかも、『秘密の回想録』の動機の一つは、品物や慣習、人物への束の間の熱狂――激しいけれどほとんど長続きしない熱狂――を、皮肉をこめて演出しつつ、「流行」の調子に合わせて首都の文化生活、社交生活について解説することにあったので、このように遅れて刊行されるのは逆説的にもこの新聞の魅力を高めた可能性もある。執筆者がこうした流行――彼らの批判の対象でもあり、読者の興味の対象でもあった――に対して取る態度の両義性は、多少の時間的距離のせいで豊かさを増した。読者はすでに廃れた流行の話や、時にはもう忘れ去られてしまった著名人のニュースを読んだ。このように、パリのような巨大都市において社会的模倣の影響が加速するというのは、まさに新聞の刊行の遅れによって予想されていたことなのである[69]。

『秘密の回想録』の大きな魅力の一つに、『メルキュール・ド・フランス』、さらには『ジュルナル・ド・パリ』のような公式の刊行物には見出せないような、著名人の私生活に関する時としてスキャンダラスなニュースを読者に提供しているということがあった。執筆者はこうした編集方針を正当化すべく、ここで取り上げている人物はすでに有名で、さらに一層宣伝されることを望んでいるのだと主張した。したがって、彼らの宣伝欲に貢献したところで、まったく違反行為にはならないというのである。「われわれが登場させるのは、すでにさんざん笑い者にされ、その欠点を自慢している人々なのだから、彼らの愚行や醜悪さを教訓のために後世に書き残すことで、われわれは、噂になり、人々の会話の話題となり、今日の英雄になりたいという彼らの強い欲望、すなわち、どんな手段を用いても、どれだけの代償を払っても、有名になりたいという彼らの強い欲望に貢献しているだけなのだ」[70]。こうした議論は、近現代のタブロイド紙の議論を先取りしている。というのも、タブロイド紙は、露出狂的趣味と著名性の文化の反映でしかないと自ら進んで認め、スターを軽蔑するふりをしつつ、好奇心に駆られた人々に彼らの私生活を詳述するというふうに、スターと両義的な関係を維持しているからである[71]。ここで用いられている言葉は、栄光とは明確に異なる、著名性の新たなトピックをはっきりと示唆している。それは、著名人は人々の好奇心をかき立て、何よりもまず、自分たちのことが話題にのぼり、噂になるのを望んでいるということである。名声は、あらゆる実際の功績とは完全に切り離されたメディア現象であり、『秘密の回想録』は、これを記録し、助長し、批判しているのである。「今日の英雄」という皮肉な表現は、必然的に時間の中に組み込まれた英雄というモデルが、単なる一時的な噂の産物にすぎない著名人に置き換えられていることを明示している。この表現はまた、著名性の文化に加担しつつも、同時に批判的、すなわち、出現しつつある著名性の文化を奨励しながら、非難している風に見せかけるこうした出版物の両義性を示してもいる[72]。

このような両義性は、啓蒙の世紀の公共空間を「批判的」とする定義が不十分であると明らかにしている。『秘密の回想録』の成功は、批判的理性の公的使用の要請よりも、むしろ好奇心の強い人々と消費者——彼らにとっては、著名人の生活と、著名人に関わる裏話といった彼らのイメージは、消費の対象、商品となったのだ——から成る公衆の誕生に依拠しているのである。『秘密の回想録』では、こうした著名人の公的人物像の商品化は、結果として、文学界のニュースと政治的スキャンダルと社交界での裏話を同等のものにしてしまうこととなった。絵画彫刻アカデミーの展覧会批評の横に、文学界での裏話や三面記事、そして演劇界、とりわけ著名な俳優、女優の色恋沙汰に関する数々の噂話が並んでいるのである。たとえば、ヴォルテールが亡くなるまで『秘密の回想録』は、ヴォルテールの生活、彼が発表した、あるいは彼のものと思われる作品、そして彼のもとを訪ねてくる人々についての一種の噂話を提供していた。ヴォルテールについての言及は、六六八箇所に認められるが、この数は他の人の二倍と群を抜いて多い。

言及の多い人物を一覧にすると、まったく社会的地位の異なるさまざまな人物をすべて合わせた上で、その時代の最大の著名人に関する貴重な情報がわかる。百回以上言及されている十五名ほどの人物の中には、作家、なかでもルソーやランゲ——ランゲは弁護士であると同時に、世間を騒がせたいくつもの訴訟に巻き込まれ、その一部始終が『秘密の回想録』に語られるという特権を享受していた——のように心ゆくまで挑発やスキャンダルをうまく利用する作家、ネッケルやモプーのような政治家、オルレアン公やアルトワ伯のような大公、聖職者（王妃の首飾り事件という騒ぎに巻き込まれた不幸なロアン枢機卿）、クレロン嬢のような女優が含まれている。これに対して、パリの文化界や社交界で重要な役割を果たしつつも、衆目にさらされることがなかった人々、たとえば、パリの主要なサロンを開いていた女主人たちについては、めったに言及されることがなかった。ジョフラン夫人やネッケル夫人は、『秘密の回想録』全巻を通して、二十回ほどしか登場しない。これは、クレロン嬢（一〇三回）、ソフィー・アルノー（八十七回）、女優のロークール嬢（七十一回）と比べてはるかに少ない[73]。

このように女優が存在感を放っている（そしてまた、女優には劣るものの、俳優もまたしかりで、たとえばルカンは五十回前後登場する）のは、われわれにとっては何も驚くべきことではない。この事実は、女優が誕生期の著名性の文化の中で果たした役割を裏付けるものである。『秘密の回想録』において、新聞で取り上げられる女優についての噂は文化的なもの、すなわち新作の演劇についての噂から、スキャンダラスなもの、すなわち女優の秘密恋愛についての噂へ移行していった。クレロン嬢、およびロークール嬢は、公の場でのパフォーマンスに対して称賛を受けると同時に、私生活における浮気について詳細に――しかもこの点については真偽のほどがわからない――報じられることとなった。[74] こうした二重の好奇心は、公衆が女優に対して抱いている関心をうまく利用していた。しかし、公衆の関心は、称賛の念から覗き趣味への絶えざる移行を助長した、あるいは少なくとも、こうした関心には、称賛の念から覗き趣味への絶えざる移行がともなったのである。

新聞が著名人について報じるニュースの中で、その死に関するニュースは、当然のことながら最も注目を集めるものの一つであった。ここから著名性の基準を作ることも可能だろう。すなわち、新聞でその死が報じられる人々は有名である、と定義される。しかしその場合、例の問題に立ち返らなくてはならない。新聞は、いつ頃から君主や政治家の死のみならず、著名人の死を報じるようになったのか。ジャーナリズムのジャンルとしての死亡記事欄は、イギリスで、まず王政復古期の新聞において登場した。これは、ステュアート朝の忠実なしもべの霊に敬意を表することを目的としたものであった。そして、十八世紀初頭、『ザ・ポスト゠エンジェル』という興味深い定期刊行物では、その紙面の四分の一が亡くなって間もない人々――それが女王メアリーであれ、一七〇一年、ロンドンで絞首刑にされたスコットランドの海賊キャプテン・キッドであれ――の人生と死についての解説に充てられていた。[75]『ザ・ポスト゠エンジェル』は二年間しか続かず、とりわけ一七三〇年代以降は、特に『ジェントルマンズ・マガジン』において死亡記事欄が発達した。そして、この雑誌は、毎月、亡くなったばかりの人々の人生の波乱に富んだ物語を提供するものとして公認の地位を獲得したのである。

フランスでは、一七六七年、完全に死亡記事に特化した定期刊行物、その名も『ネクロロジー・デ・ゾム・セレーブル・ド・フランス（フランスの有名人の死亡記事）』が新たに創刊された。すでにその数年前、フィロゾーフたちに対する攻撃で有名になっていた編集長シャルル・パリソ［一七六〇年、コメディー゠フランセーズで初演された『哲学者たち』において批判を展開］は、偉大な同時代人の思い出について詳しく物語ることを目指した。「詩人、雄弁家、歴史家、画家、彫刻家、音楽家、哲学者、有名な俳優や女優など、生前、同時代の人々の注目を集めるに値した人々は皆、本紙において称賛や哀悼の言葉を受け、彼らを手本に同じ分野で抜きん出たいと望む人々の競争心をかき立てることになるだろう」。このように記されると、死亡記事は、偉人の称賛に近いように映る。しかし、死亡記事は、亡くなったばかりの著名人と、『ネクロロジー』の読者および執筆者から成る公衆とを結ぶ同時代性という絆を強調する点で、称賛とは異なっている。故人の遺族や友人たちに、生前の「逸話」を提供してくれるように依頼しつつ、パリソは次のように解説している。「後世の人々は、われわれが、ここで話題にしている有名人と同じ時代を生きたこと、われわれがこうした有名人の大部分を個人的に知っていたこと、彼らの作品が巻き起こしたさまざまなセンセーションを目撃したことを知るだろう」[76]。古典的な偉人のモデル――ここでは、時間的距離が英雄を偉大なものにし、模範とするだけに、ライヴァル意識がいっそう大きくなる――とは異なり、ここで誇示される絆は時間的な近さ、そしてさらには同時代性に基づいている。このように著名人の死は、ガブリエル・タルドが定義するような意味で、「現実感」となり、同時代人と同じ出来事に注意を向けるように差し向けることで、公衆を形成する集団意識となるのである。読者にとって、著名人の死亡記事の魅力は、輝かしい生活の模範性よりも、一斉を風靡した人物の死に際して語られる、公衆の好奇心の的となった華々しい生活(「彼らの作品が巻き起こしたさまざまなセンセーションを目撃した」)の回顧の物語によるものなのである。しかしながら、『ネクロロジー・デ・ゾム・セレーブル・ド・フランス』は、それ自体の成功の犠牲となり、一七八〇年代には『ジュルナル・ド・パリ』に買収されることとなった。というのも、『ジュルナル・ド・パリ』には、死亡を知らせる「埋葬」欄は含まれていたものの、本格的な死亡記事はなかったからである。

死亡記事は、さまざまな形の名声が出会う場に位置した。そして、その生前からそれぞれの方面で非常に評判になり、死に際して知的・文化的生活における重要人物、死後の栄光を得てしかるべき候補者とみなされた芸術家、学者、役者を取り上げた。ルソーやヴォルテール(二人は『ネクロロジー』の一七七九年の巻で話題になっている)のように、実際に死後の栄光を獲得する人々もいれば、（たとえば、翌一七八〇年の巻で話題になっているアントワーヌ・ド・ロレスやマロン夫人のように）忘れ去られる人もいた。定期刊行物にこうした死亡記事が発表されることは、科学アカデミーの幹事が、会員の死に対して追悼演説を行うこととは性格を異にする。定期刊行物において死亡記事を正当化するのは、物故者が学者集団に属していたことでも、共同体の中で名声を得ていたことでもなければ、その才能に対する編集者の個人的判断でもなく、読者がすでに物故者の名前を知っており、死亡時に、その人の人生の物語を読みたいと思っているはずだという一種の賭けなのである。新聞が死亡記事として取り上げるのは、最も偉大な芸術家でも、最も偉大な学者でもなく、すでにその新聞で生前話題になった人々なのである。期待の地平は、公衆が「有名人」に対して持っている予備知識なのだ。

死亡記事は、それが即座に広められる話だという考え方に基づいているという意味で、完全に新聞・雑誌などの定期刊行物に関わるものであり、古くから死にまつわるジャンルの文章とされてきた墓碑銘とは明らかに異なるものである。(77) 墓碑銘は、それが刻まれた墓の前に身を置く限られた数の読み手が、長期にわたって読むことができるように作られている。これとは反対に、死亡記事はより広範囲に広まるが、新聞という一時的な媒体に印刷されているため、短命である。墓碑銘は直接後世に向けられたもので、物故者の人生の中で、未来の人々にとって模範的な点を簡潔に要約している。一方、死亡記事は物語の形で、その主たる特徴がすでにわかっている人物の生活の詳細を知り、この共通の現実感を共有する点で公衆とみなされる好奇心の強い同時代の読者に向けられているのである。

私生活と公的人物

死亡記事とともに、定期刊行物は逸話や日常の噂話という領域を離れ、伝記的エクリチュールという領域に近づいた。ところで、この伝記的エクリチュールも著名性の文化によって大きく変わったのである。それまでは、人生についてのエクリチュール、国王、聖人、偉人の人生についてのエクリチュールは、栄光というトピックに適合した模範の原則によって支配されていた。ここでは、偉業や立派な行いを通して輝かしい人生について物語ることが重視されていた。こうした人生についてのエクリチュール（称賛演説、聖人伝、礼賛、追悼演説）はみな、教訓的ステレオタイプや相互交換可能なエピソードの総体に基づいていた。

十八世紀末には、偉人の人生について語る新たな方法が誕生した。「伝記（biography）」という語は、同時代の人々の短い伝記を執筆したジョン・オーブリーの文章に登場する。[78] しかしオーブリーは、その『名士小伝』――これは一世紀後の編集者たちが付したタイトルである――を公刊しなかった。したがって、文学ジャンルとしても編集上のジャンルとしても伝記のエクリチュールが変容を遂げたのは特に十八世紀のことで、この変容には人生の描き方に対する深い考察を伴っていた。このような新しい伝記のエクリチュールは、もはや偉大な歴史上の人物に限られたものではなく、その人生が読者の関心を惹きそうなあらゆる個人を対象とするものとなった。それはもはや、公の場での活動だけでなく、数多くの私的な逸話、さらには内密の話まで扱った。そしてこうした話は、人々の模範となるという理由ではなく、普段公衆には隠されていることを明らかにしてくれるという理由で選ばれたのである。その新しさは主に、こうした自伝に対する渇望に由来する。つまり、特異な個人のたどった特異な道程と、その人格の矛盾について報告し、そうしてどうにかしてその主観性に近づきたいということである。

こうした新たな伝記のエクリチュールは、近代小説の誕生と不可分である。というのも、近代小説は、あらゆる人生は、たとえそれが社会的にはきわめて取るに足りないものであったとしても、語られるに値するという暗黙の前提に基づいているからである。(79) こうした変化は、「ヒーロー」という語の変容によってはっきりと表されている。この語は、たとえその古典的な意味における英雄的な要素がまったくない場合でも、主要登場人物を指すようになったためだ。登場人物の行動や性格の模範性に基づく古典的な文学ジャンルとは異なり、小説は、読者が自分たちと似ている普通の個人の生活の、一見したところつまらない日常の詳細に関心を持つことを前提としている。フランスやイギリス、そしてヨーロッパ全域で、リチャードソンからルソー、ゲーテに至るまで感傷小説が成功を収めたのにともない、読者は、その人生が語られる登場人物の内面の感情に近づくことができるという考えが、ヨーロッパ文化の中で新たに自明のこととして認められるようになった。こうした考えは、早くも十七世紀後半には、『クレーヴの奥方』のような作品をもって準備されていた。『クレーヴの奥方』は、まさしく特異な人物の心理、感情面での問いに対する読者の関心に基づく小説だった。(80)『クラリッサ・ハーロウ』や『新エロイーズ』、『若きウェルテルの悩み』の成功とともに、この現象は新たな重要性を帯びるに至った。無数の読者が多くの涙を流しつつ、こうした小説の登場人物や家庭内の不幸、そして感情的なためらいに感情移入したのである。ディドロは、「リチャードソン礼賛」の中でこのような現象について理論を立てることとなった。(81) こうした小説の発展は、十八世紀のヨーロッパ文化史の大きな特徴であり、当時ヨーロッパのエリートたちを圧倒した「感受性」の文化を育むこととなり、さらに、読者がのちに、歴史物語や伝記の分野で見出されるような語りの形式に慣れ親しむのに貢献した。(82) こうした新たな伝記のエクリチュールを一身に体現した作家が一人いる。サミュエル・ジョンソンである。ジョンソンは、彼自身も名著『イギリス詩人伝』の作者であったが、やがて十八世紀の最も有名な伝記であるジェイムズ・ボズウェルの『サミュエル・ジョンソン伝』に取り上げられることとなった。

作家としては、ジョンソンは一七四四年、赤貧のうちに亡くなった詩人・劇作家の友人を取り上げた『リチャード・サヴェージ伝』を刊行し、デビュー当初から、その優れた才能を発揮した。サヴェージは、その詩才にもかかわらず、アルコール中毒、殺人、多額の借金による投獄など、とりわけその退廃的な生活で有名になった。詩と犯罪の間に生きるロンドンのボヘミアンの象徴的人物とも言える彼には、偉人としての要素は何一つない。そもそもジョンソンの目的は、彼を模範的人物として示すことにはなかった。彼はサヴェージの欠点や過ち、悪業を隠したり、実際よりも少なく記したりすることはまったくなかった。ジョンソンにとって重要だったのは、むしろ友人かつ夜の酒飲み仲間のために友愛の念のこもった賛辞を送り、才能ゆえに堕落したサヴェージのような運命の解決不可能な複雑さを捉えることであった。なるほど、道徳的な観点もなかったわけではないが、そこには模範を示したいという欲求はまったく含まれていなかった。サヴェージのような人物の話の道徳的有用性は、才能と欠点を兼ね備え、成功と失敗を繰り返し、最終的には不幸に陥ってしまう人間の人生の両義性を人々に示すこと、さらにまた、伝記作家というものの判断能力を問題にすることにある。誰もサヴェージについて判断することはできない。彼を偉人にしたところで、犯罪者にするのと同じくらい無意味なのである。ジョンソンの語るサヴェージは、何よりもまず理解する必要のある個人の特異性そのもの、人々の興味を惹き、感動させる力を持ち、放っておくわけにいかないものなのである。ジョンソン自身、自らその人生を記そうとしている人物との個人的なつながりや、自らのエクリチュールの源となっている親近者としての知識を強調している。この『リチャード・サヴェージ伝』がよりどころとするのは、作者が辛抱強く集めた資料と、とりわけ直接、個人的に得た情報であり、これが作品に証言としての力を与えているのである。

ジョンソンは幾度となく、伝記のエクリチュールにおける私生活の逸話の重要性を強調している。伝記の道徳的重要性は失われていないが、これ以降、個人の真価は、その人格と長所についての最も信頼に足る指標である「日常生活の詳細」[83]のうちに求められるべきものとなったのである。こうした大きな変化は、重大な結果をもたらし、私生活の方が、個人の公の場での活動に関する話よりも真に迫るもので、興味深いという考えが認められるようになった。ジョンソンの考えでは、こうした公私の序列の反転は、人生の価値をなすものについての思索へとつながるものであった。十八世紀における伝記の人気の中で、こうした家庭内での逸話の地位向上は、特に目撃者を通して著名人の私生活にできるだけ近づきたいという公衆の欲望に対応している。

ジョンソンの語ることは鵜呑みにされた。この点において最も忠実な弟子となったのが、彼の友人にして伝記作家であったジェイムズ・ボズウェルその人にほかならない。ボズウェルはまさしくジョンソンの友人であったからこそ、その伝記の書き手となったのだ。二十年にわたって、ボズウェルはジョンソンの近くで暮らし、その行動やふるまい、発言、そして日常生活の逸話を細かく書き留め、その伝記を「幻覚に至るまで、彼の存在を文章の形ですっかり写し取ったもの」[84]にしたほどだ。スコットランドの良家の出であるボズウェルは、一風変わった面白い人物で、抑うつ的で夢見がちな気質にさいなまれ、とかく自己愛が強くふしだらで、つねに自分が夢中になれる称賛すべき人物を求めていた。彼はエディンバラで教育を受けた後、ヨーロッパをめぐる大旅行を始め、その間に、ヴォルテールからルソーに至るまで十八世紀のヨーロッパの著名人を訪ねた。随分おべっかを使った結果、ボズウェルはルソーと親しくなり、彼との自己同一化を推し進めた挙句にそのパートナーであったテレーズ・ルヴァスールを誘惑するほどまでになった。ついで、コルシカ島に向かったが、それはルソーが激賞した愛国的反乱に心惹かれてのことだった。彼はこの地でパスカル・パオリ〔コルシカ独立運動の主導者（一七二五―一八〇七）〕に出会って――パオリは当初この若いスコットランド人を警戒した。自分の言葉をいつもメモしているので、スパイではないかと疑ったのである――、その友人となり、最も熱心な擁護者となった。大陸に戻ると処女作を発表し、これが最初の国際的成功を収めることとなった。すなわち、『コルシカ島記』が、コルシカ史、旅行記、そしてパオリ礼賛の書として売り出されたのである。[85]ボズウェルはルポルタージュに近い伝記形式を作り上げ、自ら芝居気たっぷりに振る舞うことをも辞さず、パオリの名をヨーロッパ中に知らしめるのに貢献した。

イギリスに戻ると、ボズウェルはジョンソンを友であると同時に、本の主題になるとみなした。その結果、彼は著名人への熱狂と、感傷主義、そしてロンドンで開花した新たな都市文化に対する半ば風俗学的な観察眼とを結びつけることに成功した。[86] 一七九一年に刊行された『サミュエル・ジョンソン伝』は見事な出来栄えで、今は亡き作家に捧げられた記念碑的作品であると同時に、友愛の念のこもった証言ともなった。ボズウェルは称賛演説のようなトーンは避け、何よりもまず、ジョンソンの人柄を伝えようと、闇の部分も包み隠すことはしなかった。彼は読者がこの作家の日常にどっぷり浸かることができるよう、ジョンソンとの長い対談を再現した。そして友人として、伝記作家として自らを演出し、自分の語る物語の登場人物になると同時に、ジョンソンをよく知る人物に尋ねてその記憶を補完する調査員となった。このように、ジョンソンと親しかったことこそ、ボズウェルが筆をとるのを正当化したものなのである。というのも、このジョンソンの伝記は、道徳的に客観的な見地から書かれたものでも、彼に感謝の意を表する共同体の名のもとに書かれたものでもなく、彼を称賛し、彼の近くで生活した一人の人間の証言を通して執筆されたからである。一七八四年にジョンソンが亡くなったとき、ボズウェルはヘブリディーズ諸島への二人の旅日記の公刊を急いだ。ジョンソンはこの旅から地理的・文学的・哲学的考察を展開し〔『スコットランド西方諸島への旅』を指す〕、大変な人気を収めたのに対し、ボズウェルの物語はむしろ、二人の旅の回想録というような体をなしていた。『サミュエル・ジョンソン伝』は、日常生活に関する証言に基づくエクリチュールと、特異な人生全体を再現しようとする伝記的視座が出会う場となったのである。この作品は、明らかにジョンソンの著名性と公衆の好奇心に依拠したものであり、またボズウェル自身、それが公衆に向けられたものとはっきり示しているが、ここから伝記のエクリチュールの概念そのものが大幅に変容することになったのである。

『サミュエル・ジョンソン伝』は文学界の傑作となった。しかしながら、この記念碑的作品のせいで、十八世紀に著名人の伝記が増加し、出版の分野において確固たる一つのジャンルを形成したことを見逃してはならない。ここでもまた、イギリスの役者が最もよく取り上げられた。早くも十七世紀末には、最初期の役者の伝記が登場していたが、こうした舞台の大スターのややもすれば潤色された伝記が、時として風刺的著作やスキャンダラスな作品と緊密な関係を結びつつ大成功を収めたのは、特に一七三〇年代以降のことである。[87] フランスでは、やはり検閲の影響でこうしたタイプの作品は明らかに中傷文の部類に入った。自身も役者であったマイユール・ド・サン＝ポールは、『暇な年代記作家』（一七八一）、ついで『より高度の飛行、あるいは首都の主要劇場のスパイ』（一七八四）――その副題によって『これらの劇場の俳優・女優について、哲学的考察や面白い逸話のつまった短い物語』を読者に提供すると約束していた――においていくつもの逸話を発表した。

役者以外にも、低い身分、さらには卑しむべき身分に属しているにもかかわらず、伝記のエクリチュールの対象となった著名人のカテゴリーがもう一つ存在する。それは犯罪者だ。盗賊や犯罪者に対する人々の好奇心は、目新しいものではなかったが、一時的に瓦版をにぎわせる程度のものではなくなったのである(88)。ここで思い浮かぶのは、一七二一年、パリ警視庁によって逮捕され、処刑されたカルトゥーシュなる人物である。逮捕されてから死刑に処せられるまでの間、彼は六ヶ月間投獄されたが、その間に一旦脱獄に成功して再逮捕されており、彼に関する多くの話とイメージが公共空間において広まった。カルトゥーシュに対する関心は、大部分が警察権力の行動と、彼について決定的にネガティヴなイメージ、すなわち危険な盗賊の頭で、組織的犯罪の長としてのイメージを作ろうという警察権力の努力とに由来している。パリの民衆はこれに応じて反対に、富者の金を再配分し、警察に反抗する寛大で勇気ある盗賊というポジティヴなイメージを作ったようだ。ここには、権力への反抗という、公共文化に基づくどちらかと言えば伝統的な大衆の噂の生成メカニズムが認められるが、この出来事はとりわけ、摂政時代のパリにおいて公共の場における名声が新たな形をとるようになったことを明らかにしている。カルトゥーシュの訴訟が進められ、本人が監獄でその判決を待っている間、二つの劇作品がパリの劇場で演じられた。十月二十日、イタリア座は『アルルカン＝カルトゥーシュ』という小品を上演した。この作品については、台本は残っていないが、おそらくはパリの観客にとってカルトゥーシュがおなじみの人物になっていたことをふまえた、この盗賊をめぐる一連の即興劇だったのではないかと思われる。『メルキュール・ド・フランス』は次のように解説している。「カルトゥーシュについては多くの人々の話題になってきたので、それが二十六歳ほどの若者の名であること、彼が盗賊の首長であること、数多くの盗みと殺人を犯したのみならず、実に器用で勇気があり、法の追跡から逃れるための策略に長けていることで有名であるのを知らない者はいない……」[89]。

その翌日、コメディー＝フランセーズは、同時期に発表されたマルク＝アントワーヌ・ルグランの作品『カルトゥーシュあるいは盗賊たち』を上演した。この作品は、十三回の公演ののち、警察に禁止されるまで、弁護士バルビエの言葉を借りれば「驚くほどの数の観客」を惹きつけたとされる。検閲がこのように後手に回ったのはどのように説明できようか。この作品は当初、当局の主導で制作されたのではないだろうか。つまり、当局はカルトゥーシュのネガティヴな側面を示し、彼を逮捕した当局の有能さを演出したかったのだが、カルトゥーシュに対する観客の熱狂ぶりと共感に驚いたのだと推測されるのである[90]。ここから、こうした意外な急展開、すなわち危険な犯罪者という特徴のもとに示された悪人への公衆の共感について理解する必要が生じる。歴史家の中には、政治文化という観点からの解釈、つまり、勇敢な都会の盗賊を、あらゆるヨーロッパの大都市で君主権力によって課された都市および警察の秩序への拒絶の象徴とみなす解釈を重視する人々もいる[91]。しかしそれでは、なぜ多くの証言にあるように、パリ警視総監の方針に従えば得をするような階層も含め、パリのあらゆる市民階層がこのように夢中になったのかわからない。そうではなく、カルトゥーシュという人物に対するパリ市民の関心は、犯罪に対する政治的支持というよりも、むしろ著名人がかき立てる好奇心と共感に由来するものだったのではないかという仮説が立てられよう。先に挙げた『メルキュール』からの一節は、カルトゥーシュに関する言説がそれ自体で維持され、積み重ねられていくものであったことを的確に指摘している。観客がカルトゥーシュの登場する劇作品をわれさきに観に行こうとしたのは、彼がすでにあらゆる議論の場で取り上げられていたからであった。こうした劇作品、そしてさらに彼の人生を語った著作が成功した要因の一つとして、同時期に同じものに関心を持ち、同じニュースを読み、同じ劇作品を観る公衆が形成されたことが挙げられる。一七二一年末に、『カルトゥーシュの生涯と訴訟の物語[92]』が刊行されたとき、彼が逮捕された場面や、独房にいる彼の姿を描いた版画が発表された。なかには、盗賊たちの古い肖像画を使いまわしただけの版画家もいたが、それでも彼らは、購買客を納得させるために、「独房でのありのままの姿を描いた本物のカルトゥーシュ像[93]」であると明示しようとした。最も人目を惹く、そして最も真に迫った版画は、間違いなくカルトゥーシュの屍体の版画であり、死刑執行人は処刑後、その版画を自宅に飾って見物客から金を取ったほどである。さらに、ろう製のデスマスクもデヌー氏によって制作され、これも展示されることとなった[94]。

カルトゥーシュの著名性は、パリ、あるいはフランスにとどまるものではなかった。肖像画はドイツでも制作されたし、ルグランの作品は、英語とオランダ語に翻訳された。イギリスでは、この作品は完全に新たな犯罪文学の文脈の中に組み込まれ、ここでもまた、盗賊の集団的行動を強調する伝統的なピカレスク文学に対して、盗賊のきわめて個人的なイメージが強調されることとなったのである。ジャック・シェパードとジョナサン・ワイルドは、一七二〇年代のイギリスにおいて最も名高い二人の犯罪者だった。前者は、窃盗容疑で逮捕され、ニューゲート監獄から何度も逃亡した後、有名になった。イギリスの新聞は、一七二四年十月のシェパードの逮捕に際して詳細に報じたが、その翌月『イヴニング・ポスト』は、投獄中の彼と、逃亡途中の彼を描いた二枚の版画（それぞれの価格は六ペンス）の販売に関する広告を出した。再び捕まったシェパードは、一七二四年十一月、二十二歳で処刑された。処刑の日、おそらくダニエル・デフォーによって執筆された冊子『ジャック・シェパードの生涯の物語』が刊行された[95]。

一七五〇年以降、犯罪者の生涯は、出版界で人気のジャンルとなった。マンドランが逮捕され、処刑された一七五五年には、この密輸人に関するいくつもの伝記が出版され、同時に、ヴァランスでの処刑から三ヶ月と経たない八月には、マルセイユで『マンドランの死』と称する劇作品が上演された[96]。時として教訓的な要素も含まれ、また時として人々の共感を誘うこうした犯罪者の伝記は、犯罪と不幸にいろどられた生涯に読者が魅了されていること、そして盗賊の著名性によって人々の期待——この期待は、演説やパンフレットによっていっそう煽られた——

がかき立てられたことに当て込んだものだった。『ルイ＝ドミニク・カルトゥーシュの生涯と訴訟についての物語』の著者はすでに、公衆の「信じられないほどの貪欲さ」について触れている。

人々は、カルトゥーシュに関するあらゆる情報を信じられないほどの貪欲さで集めた。この名高い極悪人の名が一冊の書物、あるいは一つの劇作品に掲げられるだけで、その書物は飛ぶように売れ、劇作品は当たりを取った。しかも、カルトゥーシュへの好奇心は、フランスだけに限られたものではなかった。オランダ、イギリス、ドイツでも、人々がパリ市民やフランス人と同じように夢中になっている様子が認められたのである。ある新聞で、カルトゥーシュについて、盗みを続けているとか、至るところを探しているが見つからないということしか報じていなくても、人々は歓迎し、これほど曖昧な情報を何よりも好んだ。人々がこの盗賊の物語を読めば喜ぶだろうという期待はここから生まれた。しかも、この物語は、個人の回想録、彼の訴訟に関する書類、そしてパリ中の人々が彼自身の口から聞き、この悪人が会いに来る人々を楽しませた話をもとに執筆されているのだからなおさらである。(97)

公衆の抑えがたい好奇心、公式情報の皮相性、著名な同時代人に関する真相を明かしたいという欲望、著名性のレトリックはすでに完成に近づいているように思われる。犯罪者の場合、嫌悪感と好奇心が入り混じり、さらに、道徳的非難の念と、社会の周縁に生き、市民法と時には道徳法に背くことを選んだ個人がかき立てる密かな欲望とが入り混じるせいで、人々の熱狂ぶりはいや増した。ちょうど、その数年後、もう一人の有名な犯罪者、アンリ・オーギュスト・トリュモーの伝記の作者は次のように記している——もっとも、トリュモーについては、悪辣な毒殺者であった以上、寛大な盗賊という英雄主義を漂わせることはできなかったが。「どんな人間も、犯罪者の心の中に入り込み、その奸計を明かし、大胆な行動を見守り、謎の足取りをたどりたいという生まれながらの欲求を持っている」。とりわけ犯罪者の死は、読者を魅了するはずである。トリュモーの伝記作家もまた貪欲という語を用いている。「死の恐怖と、死が訪れるという確信が死刑囚のさまざまな身体と性格に及ぼす影響について貪欲に考察している[98]」。

このような犯罪者の伝記は、一個人の特異な生涯に対する「貪欲な」好奇心に応じるべく、次第に道徳的感化という意味合いを失い、伝記的流れにそったドキュメンタリーを形成し、正確な記述であると強調することで、伝統的な行商文学〔大衆文学のうち行商人による訪問販売で広まったものを指す〕から「私的伝記」という新たなジャンル――公衆の期待に応えるものであり、また定期刊行物にはこれに匹敵するものが見られないことから、特に十八世紀後半のフランスで流行した――へと移行した[99]。テヴノー・ド・モランドの『よろいを着た新聞記者』のようにはっきりとした攻撃文書――わいせつな性格を帯びることもあった――とは異なり、「私的伝記」は、糾弾の意図よりもむしろ好奇心、そして時には共感に基づく両義的な読書契約を提案するものであった。とりわけ、この「私的伝記」は明らかに伝記的図式に組み込まれていた。というのも、中傷文書のように宮廷人に関するきわどい話を集めるのではなく、著名人の生涯を語るのを目的としていたからである。

ルネサンス期以来、世俗的伝記のエクリチュールを支配してきた偉人伝と異なり、「私的伝記」は、過去の偉人ではなく、存命、あるいは亡くなったばかりの同時代人を取り上げ、記念すべき偉業よりも、むしろ逸話や家庭内での出来事、些細な出来事をもとに書き綴られ、道徳的模範を示すことよりも、人々の好奇心を惹くことをねらっていた。その名に示されるように、「私的伝記」は、とりわけ公私の対立、したがって男女の公的人物の生活の隠された一面を明らかにしようという野心に基づいている。一部の個人が公衆の注目する中で生活しているという考えが、物語および編集のロジックを形成していた。「私的伝記」の指針となる原則は、こうした人々にも、人目から隠れたところで私生活があり、この私生活は彼らの公の場での活動を部分的に説明づける、あるいは少なくともその人格を別の形で解明するから、好奇心を持つ人々に明かされるべきだというものであった。

出版における一つのジャンルとしての「私的伝記」の躍進は、まさしく「公」と「私」の概念そのものの変化と対応している。十七世紀、「公」とは政治的総体を指し、そこから拡大して公式にこの政体を代表する人々、すなわち国王や国王の名のもとに動く行政官の活動も「公」のものとみなされた。そして、国王のみが「出版、公表する（publier）」、すなわち公に発表する権利を持っていた。このような観点からすると、「公」に対立するのは、「私」ではなく「個」、政体の一員ではなく、個人としての人間に関わるものであった。十七世紀後半、そして特に十八世紀には、二つの変化にともない「公（public）」という語の意味は大きく変容した。この語は劇作品の観客全体、出版物の読者、広範に広まっているニュースを耳にする人々を指すようになった。[100] こうした問題についてのユルゲン・ハーバーマスの直観に従い、文化史の専門家は、このような変化にともない公衆は判断能力、悲劇の利点やニュースの信憑性、容疑者の有罪性、政治的決定の正しさを判断する正当な権利を付与されたと強調してきた。これこそ、ハーバーマスが文学的公共空間の政治化と呼ぶプロセスに応じた文学的公衆、そして世論の誕生なのである。[101]

もう一つの変化は、この新たな公衆の概念から誕生した。それは、あらゆる人間の活動における公的側面と私的側面の区別である。「公」はもはや「個」ではなく、「私」、すなわち家庭や家族、ごく親しい仲に関わるものと対置されるようになった。これ以降、秘密を境界線として、皆が知っていることと隠されていることとが分け隔てられるようになった。「公」の指す範囲は、とりわけ印刷物によって広められ、この語は皆が入手可能な言説やイメージに取り上げられるものを指すようになった。これに対して、「私」は、その内容が誰の関心も惹かない、あるいは意図的に隠されているがゆえに、誰にも知られていないものを指した。「私」は、人間の活動領域として「公」以上に新しいカテゴリーだった。しかも、アンシャン・レジーム末期のいくつもの作品が、「私」を物語＝歴史のエクリチュールの一カテゴリーにしようとした。[102] この「公」と「私」の二つのカテゴリーの間には「仲間内での」ニュースをカヴァーする第三のカテゴリーがあった。こうしたニュースについては、意図的に秘密にされているからではなく、明かされる情報経路が限られているために、知る人は少数に限られ、一部のグループの間では広まりつつも、万人に届くことはなかった[103]。

このように、「個」ではなく「私」に対置される新たな「公」の定義においては、たとえどんなに卑しい身分であったとしても、すべての個人は潜在的に公の生活を持ちうるということになる。たとえば、定期刊行物で報じられる三面記事の登場人物になれば十分なのだ。反対にこれ以降、国王もたえず衆目にさらされることのないような、私生活を確保する権利を要求することになった。同一の個人に対しても、公私の境界線はしっかり固定されているわけではなく、十九世紀にこの境界線が安定化、馴化され、ついで二十世紀に法的に私生活の保護が確立されるに至るまでには、ブルジョワ社会の長期にわたる努力を要した[104]。なるほど、たとえば性生活や家庭生活は「私」のカテゴリーに属するだろうし、政治的活動や印刷物が「公」のカテゴリーに属するのは明らかだ。しかし、公私の区別は活動領域の本質的な違いよりも、むしろ対象となる情報が広く知られていること、つまり「公開性」の度合いに左右されるものであるから、政治家の私生活を知る権利の合法的限界について、今日、絶えざる議論が展開されていることからもわかるように、この区別はつねに変化する可能性がある。

「私的伝記」は、まさしく私的なものを公開するという約束に基づいており、そのために、二つの正当化の言説を展開する。一つは、私的活動は、公的活動の隠された動機を明らかにすると断言するものであり、もう一つは、著名人の生涯は、これに好奇心を持つすべての人々の関心を引くのだから、そのすべてを公開してよいではないかと示唆するものである。こうした著名性の拡大解釈に対して、後年、自由権は名誉毀損の取り締まりとは異なる「私生活の権利」を認めることになる。

こうした「私的伝記」の大部分が批判的、さらには論争的な性格を備え、政界の著名人をねらったものであったが、それがすべてに当てはまるわけではなかった。たとえば、一七八八年、ビュフォンの死の数週間後、オード騎士の筆になる『ビュフォン伯爵の私的伝記』が刊行された。著者オード騎士は、ビュフォンが亡くなる直前の二年間、彼の秘書を務め、この偉大な博物学者の私生活に関する一連の逸話を語ろうと急いだのである。ビュフォンはその晩年、まさしく名声を誇っていた。『博物誌』は、十八世紀の大ベストセラーの一つとなり、新聞は定期的に著者ビュフォンの新たな肖像画の販売を報じた。[105] モンバールの領地に隠遁した後も、ビュフォンは人々の訪問を受けつつ、執筆活動を続けた。「ここでみなさんに伝えようとするのは、ただ伯爵の私生活のみ、つまり、その生活態度、習慣、振る舞い、家庭内の規則だけなのです[106]」。読者はビュフォンの作品に関する解説も、その業績に関する考察もまったく見出すことはできず、性生活も含めた家庭生活、私生活の詳細に出会うことになる。「伯爵が筆をとれば、そっと引き下がりましょう。けれども、仕事部屋から出ていらっしゃるのを静かに待ち、万物の一般性をとらえ、無限を計算した人物が、友人、両親、代理人、司祭と話すこと、なすことを観察するつもりです。私はすべてを語るつもりです。伯爵の起床時間、装い、食事、気の利いた言葉、恋愛、そしてもしよろしければ、その快楽も。というのも、伯爵は快楽にしか価値を認めていなかったからです」。オード騎士によれば、こうした逸話は、「ヨーロッパ中の人々の注目を集めるほどの著名人となったとき、自身を彼と比較したいと思う[107]」人々を魅了するだろう、というのである。

この私的自伝がもたらした結果は興味深いものだった。物語に伝記の調子を与えるようなきわめて月並みな書き出し（「ジョルジュ・ルイ・ル・クレール、モンバール領主ド・ビュフォン伯爵は、（中略）一七〇七年九月七日、モンバールで生まれた」）の後、著者はごくささいな逸話からきわめて名誉な思い出話に至るまで――たとえば、ビュフォンがどのように隣の城館に住みついていたネズミを追い払ったかという話から、この偉人がロシア女帝やハインリヒ・フォン・プロイセンから受けた感謝の勲章に至るまで――、連綿と語るのである。本書からはまた、ビュフォンの起床時の様子、若い売春婦に対する好みを知ることができるだけでなく、ビュフォンをめぐるジョゼフ・オード「オード騎士」とネッケル夫人との往復書簡も読むことができる。こうしたちぐはぐな寄せ集めは、ビュフォンの栄光をほとんど高めはしないが、「ヨーロッパの知識人界が失ったばかりの不滅の人」であると同時に「最良の、最も優しい夫、友の鑑にして父の鑑」であり、著者が「お近づきになる幸運[108]」に恵まれた人物のための証言であると称した。したがってこうした「私的伝記」は、政治的目的、あるいはスキャンダラスな目的を持たず、ビュフォンがこれほどの著名性を勝ちえた以上、彼に関わることで、公衆の好奇心を惹かないものはおそらく何一つなく、公衆は直接の証言に基づく情報を待っているはずだという前提を踏まえたものなのである。

その三年前、マリー＝ジャン・エロー・ド・セシェルは、モンバールへの旅行をもとに、『ビュフォン訪問』という実に簡素な標題の付された、似たような性質の証言をすでに出版していた。ここには、一日のスケジュール、食事のメニュー、午睡の時間、好きな会話のテーマなど、かの有名な学者の日常生活が詳細に記されていた。しかも、ジョゼフ・オードは、『ビュフォンの私的自伝』刊行に際して、本書から多くのヒントを得たのである。エロー・ド・セシェルの著作は、ビュフォンに対する深い称賛の念を隠してはいないものの、礼賛を目的としたものではなく、その仕事の習慣や、彼が特に好んだ冗談について正確に記すものであり、この作家のいくつかの欠点、とりわけ彼に人間味を与えるいささか滑稽な虚栄心について語ることも辞さなかった[109]。ことにド・セシェルは、ビュフォンとの間に次第に紡いでいった個人的な絆を、その著作の真のテーマとした。本作の結末部において、数週間後に語り手が再びモンバール近辺を訪れたとき、ビュフォンは彼を大歓迎し、大喜びで抱擁しているのである。

このようにド・セシェルの著作は、ビュフォンの私生活の描写と、あたかもその証言を保証し、おそらくは本書の真の主題であるかのように織り込まれた両者の情緒的関係についての控えめな語りとを結び合わせたものだ。ビュフォンの著名性は、その科学的著作によってのちに獲得される栄光とは異なり、彼自身の作品と同時に彼の読者によって生み出されたものなのである。それはビュフォンの財産というよりも関係性、つまりビュフォンの読者が、ほとんどの場合は想像によって、そして幾人かの大胆な人々については実際に出会うことで、彼と結んだ数々の絆の総体なのである。

『ビュフォン訪問』を執筆したのはこの特別な時間を思い出すためにほかならないという、結びでのエロー・

ド・セシェルの主張は、本書がビュフォンの生前に刊行されている以上、形式的なものにすぎない。とはいえ、本書は匿名で刊行されているから、語り手は匿名であると同時にきわめて個別化されているという特殊性を示そうとしていたと言える。というのも、語り手自身の直接の経験が、著名人の私生活について彼が提供する証言の価値を支えていたからである。エロー・ド・セシェルは、自分のビュフォン訪問の話を公刊することで、公衆の好奇心をかき立て、証人、野次馬、友人という人物像を構築し、読者一人一人にとるべき理想的立場を示したのである。この立場に立つと、ビュフォンに会いたいという欲望は、その業績への称賛の念によってかき立てられるとはいえ、弟子となって彼から博物学を学ぶことよりも、その家庭生活に触れ、彼の友達になることを目指すものとなった。かくして、訪問という流儀は、学術的旅行の伝統から解放されて観光の側面を獲得し、著名人は見逃してはならない好奇心の対象となったのである。しかも、こうした訪問は、著名性の文化から生じたものであるため、その情報は、「私的伝記」や新聞の逸話のように、証人の特権的な眼差しを通して著名人の私生活を明かす物語という形で共有される必要があったのである。

同時代人の私生活の詳細を公開するこうした数々の著作は、著名性に寄り添うだけでなく、著名人を生み出すのにも貢献した。裁判が正真正銘の公開訴訟となった場合は、特にそうだった。一七七〇―八〇年代以降、弁護士によって執筆された回想録が出版界の人気ジャンルとなった。彼らは、メロドラマの調子を借りながら、裁判沙汰になるという不運――夫婦関係、あるいは金融関連のものが多かった――によって有名になった私人の生涯と、訴訟の反響について書き連ねた。(110)「私的伝記」とは異なり、こうした回想録は法的手続きに直接関連するものであり、そしてまたほとんどの場合、無名の個人の生涯に関わるものであった。しかし、こうした事件に備わり、「有名な訴訟」に変えてしまう公開性の力学が、公開の論争を生み、互いに応答し合う一連の回想録によって増長され、ついには訴訟そのものから独立して直接世論に訴えかけるようになった。こうした言説の増殖によって、このようなドラマの主要人物は、少なくとも数週間の間は、著名人、好奇心をかき立てる公的人物となった。アンシャン・レジーム末期の新たな政治文化の文脈において、私的道徳が政治的意味合いを帯びるようになったことは否定できない。しかし、こうした回想録に対する公衆の熱狂は、ただその政治的な響きだけでなく、公のものとなったこうした私生活の新聞小説的な魅力、そして、スキャンダルをめぐって綴られる物語の矛盾を前にした読者を捉える好奇心や共感、非難の念に基づいているというのもまた、確かな事実である。

十八世紀後半に特徴的な公私の関係性の本質的変容と、それにともなう名声の姿の変化については、実際にこれを経験した人々自身による多くのコメントが残されている。かくして、永遠の若さの秘訣を握っていると主張し、王妃の首飾り事件で失墜したイタリアのペテン師、カリオストロの私生活を明かした作者は、読者に提供すると約束した情報について申し開きをするのである。「彼はしばらくの間、万人の注目を集めたため、その出自、生涯において起こった出来事、一連のペテン行為、そしておそらくはその運命を永遠に決定づけた訴訟は、衆人の好奇心をかき立てた。彼の私生活に人々が熱心に耳を傾けるだろうということはほぼ疑いない[三]」。時事への密着、謎の人物に対する人々の注目、万人の好奇心、私生活を知りたいという公衆の強い欲望。著名性の言説に特徴的な要素が、序文、そして解説という形で、ここにすべて集まっている。つまり、著名性というトピックが確立されようとしているのである。

# 第4章　栄光から著名性へ

『百科全書』に「著名性」の項目は立てられていない。この語が用いられるようになって、まだあまりにも日が浅かったからだ。それに対して、「栄光」の項目には長大な記述が割かれている。この項目の著者ジャン＝フランソワ・マルモンテルは劇作家であるのみならず、文芸批評家、日刊紙の著者、アカデミーの学士でもあった。つまり啓蒙の時代の文人を象徴するような人物である。この項目の冒頭で、彼は栄光と、ある個人が集団の中で評価されることにまつわるその他の概念（尊敬、称賛、著名性）とを区別しようとしている。

栄光とは良き名声が放つ輝きである。

尊敬とは個人的なもので、騒々しく話題を振りまくことはない。称賛は、素早く生じるものであり、一時的にしか続かないこともある。著名性は広く知られた名声。栄光は華々しい名声であり、普遍的な称賛に基づく満場一致の評価である。

尊敬は誠実さに根拠を置いている。称賛は、精神的もしくは肉体的長所において類い稀であることと偉大であることに基づく。著名性は、常軌を逸したものや大衆の驚きを誘うものに基づく。栄光は、驚異的なものに基づいている。(1)

一般的なものから希少性の高いものへ、個人的な尊敬から普遍的な栄光へ、という階梯を構成しながら語を分類している点に、マルモンテルの表現技法が十全に発揮されている。しかし、ここには同時に彼の当惑がにじみ出てもいる。読者からすると、尊敬と称賛の間の近さについてはよく理解できる。これら二つの根本にあるのはいずれも、ある個人の美質に対する評価で、一方は控えめであるが他方はもっと熱がこもっている。また、尊敬や称賛と異なり、栄光は常人を超える人に対して送られるものだということも読者には理解できる。読者が興味を引かれるのは、この分類の中で著名性に与えられている正確な位置ではないだろうか。「広く知れ渡る評判」と「華々しい評判」とはいかにして区別されるだろう？「並外れているもの」と「驚異的なもの」はどんな点で違うだろうか。多数の人々の驚嘆が著名性を定義するというが、その人々とはいったい誰なのか。われわれ読者は答えを知りようがない。というのも、この項目の残りの記述が専ら栄光に割かれているからだ。マルモンテルの項目は、著名性よりずっと古い主題である栄光の基準を再定義しようと努めているが、その際に「誤った栄光」、つまり、征服者や悪政を布く王たちの栄光と、高い徳や偉大な所業、「公共善」への貢献に基づく正当な栄光とを対置している。こういった発想のうちに、啓蒙思想の社会的倫理を認めることができるだろう。マルモンテルはこの倫理観の中心に、驚異的なもの《メルヴェイユー》が占めるべき位置を何とかして保護しようとしているのである。[2] 彼の項目の主要な目的は、栄光をそれに値するような人々に付与する責務を、文人に対して与えることだ。哲学者の道徳的権威と詩人の優れた感性を合わせ持っているのだから、文人は偉大な人々の栄光を保証する役割を担っている。彼に課されるのは、真の偉大さを見抜くことであり、万人の称賛という「満場一致の声」を組織して響かせることである。そうなると、文人にとって著名性の問題は栄光ほど容易でないということは理解できる。著名性は、多数の人々の驚嘆交じりの好奇心から生み出されるもので、その基準ははるかに曖昧なのだから。しかし、言葉はすでに発せられたのだ。著名性の語にどのような実態を与えればよいか。どのような価値を付与するべきか。それは栄光といかなる関係を結ぶのか。

## 名望のトランペット

『百科全書』の中で「栄光」の項目に与えられている重要性に驚かれる向きもあるかもしれない。啓蒙主義の哲学者は栄光と英雄に対する抜本的な批判に注力していた、と歴史家たちはこれまで何度も主張してきたのではなかったか。利己心を批判して、情念より実利を優先する――このような立場を踏まえつつ、啓蒙の哲学者たちが発展させたのは、社会的な美徳と「穏和な交流」、そして、有用性とに基づいた倫理観であり、それは英雄主義の見せかけの栄誉と対立するものであった。(3) 貴族的な倫理観ではなく民衆的な道徳が支配力を持つようになったことのしわ寄せとして、英雄は偉人に取って代わられる。ヴォルテールのしばしば引用されるテクストは、ヨーロッパ文化において生じた以上のような変化を物語っている。

数多の戦争を行っても、人類には何ももたらされません。それに対して、私があなたに語って見せるような偉人たちは、まだこの世に生まれていない人々に純粋で持続的な喜び(快)を用意したのです。二つの海を結ぶ運河の水門、プッサンの絵画、美しい悲劇、発見された真理、そういったものの一つ一つが、宮廷の年中行事や戦況のあらゆる報告よりも貴重なものなのです。(中略)私にとって、偉人こそが人間の序列の先頭を行く存在であり、英雄など最後尾にいるにすぎません。私が偉人と呼ぶのは、有用性や快をもたらす事物において秀でているすべての人々のことなのです。地方を簒奪し、荒廃させる人間は単なる英雄にすぎません。(4)

ヴォルテールの言い分もわからなくはない。今や、偉人が英雄に取って代わった。有用性と心地よさという平板で程よい価値に取って代わられたのが栄光、つまり、他人に脅威を与えるほど突出した力を持っていることも前提として含むような価値だったのである。しかし、マルモンテルの項目が物語っているように、実際にはそんな交代劇などなかったに等しい。ヴォルテールも、英雄的な栄光がそのすべての特権を失ったとは考えていなかった。「栄光」の語彙は、穏健化されたにせよ、啓蒙主義の時代にも確かに用いられていたのである[5]。

ところで、ヴォルテールのこの書簡を読むと、有用性や快楽といった彼の推す諸価値（そこには穏健さ・程よさの理念が響いている）と、非凡性や偉大な芸術家といったテーマを導く画家プッサンの固有名詞との間に、緊張関係が生じているのがわかる。地方に荒廃をもたらす英雄にヴォルテールが対置するのは、普通の市民や有能な貿易商や善良な一家の父などではなく、偉大なる学者・画家・作者、つまり「偉人」である。ここで定義されるのは非凡さの新たな形態であり、その才能と勲功において、同時代人の上に君臨し、人々の記憶にとどまるに値するような存在を表現する、新たなカテゴリーなのである。まさにこの時に姿を現し始めるのが、天才という近代的な人間像であり、それはロマン主義の時代において崇高の美学とともに花開くことになる。この天才とはつまり、絶対的な独自性を持つ例外的な人間であり、永久不滅の作品を創造し、自然の秘密を発見し、歴史の流れを左右するような存在にほかならない[6]。偉人の形象は、英雄的な栄光のテーマと真っ向から対立するものではなく、むしろそのテーマを再定義し、再表現したものである。もっと言えば、十七世紀の後半にアウグスティヌス派のモラリストやジャンセニストが熱心に行った「英雄の解体[7]」の後に、英雄的なテーマを再興したものであると考えられるかもしれない。

伝統的な英雄の形象から、偉人は少なからぬ特徴を受け継いでいる。偉人は例外的で並外れた存在であり、世俗的な世界における超越性を体現している。讃美の対象であることによって、彼は社会の価値観を体現する模範的な人間、人々によって模倣されるべきモデルとなる。彼に捧げられる信奉は、本質的に死後のものである。人は生きながらにして、パンテオンに入ることができるだろうか。偉人が存在するのはただ、死者としてでしかない。これこそ、英雄と聖者以来、西洋文化の長い伝統の中で栄光のテーマを特徴づけてきたものである。英雄的な栄光を打ち立てたアキレスからして、その運命は「美しく死ぬこと」にあった。この戦士は凡庸な生を送ることよりも若くして戦場で死ぬことを選ぶのである。[8] 彼の栄光は、その凱旋を讃える詩と切り離すことができない。その栄光はまず記憶に値するものであり、英雄の高邁な行為が人々に記念されることによって、共同体の統一性が打ち立てられる。英雄はその死に至るまで、共同体の価値をこの上なく体現している。若くして死を迎えつつも、有名人として永遠の生を得るのだ。英雄とは両義的な存在であり、その才能と勲功によって例外的でありつつ、同時に模範的でもあるような人である。英雄のこのような人物像は、叙事詩的なジャンルに幾度も新たな表現を与えつつ、また、アレクサンドロスやカエサルに象徴される、栄誉に満ちた征服王の記憶を呼び出すことによって長らく西洋文化を特徴づけてきた。

偉人、つまり啓蒙の世紀にこのように穏健化された英雄は、もはやアキレスやアレクサンドロスをライバル視したりしない。というのも、戦功はすでに偉大さの基準ではなくなっているのだから。[9] 肉体的な力と勇猛に取って代わったのが知的・芸術的才能であり、公共善への献身である。軍事的な栄光が依然として推奨されるのは、それが祖国に奉仕する場合に限られる。アジアの征服者たるアレクサンドロスに対置して人々が今後持ち出すのは、スパルタの圧力に抗するテーベの守護者エパメイノンダスなのだ。[10] しかし、いずれの場合も栄光が真なるものかどうかを見極めるための原則は変わらない。真の栄光は、時が流れて、情念が静まり、偏見が沈黙するようになって初めて理解される。叙事詩に取って代わった礼賛《エロージュ》というジャンルは十八世紀を通じて隆盛を誇ったが、それはつねに称賛される人の死後に書かれるものである。礼賛は、この世を去ったアカデミーの学士たちだけでなく、とくに過去の偉人たちに捧げられる。ここで文人たちが見出すのは、自らに与えられる新たな指導的役割である。その役割とは、栄光の新たな基準を定め、美徳とは何かを規定し、偉大な芸術家の名を碑銘に刻むことである。アントワーヌ＝レオナール・トマは紛うことなき礼賛の名手であり、このジャンルを理論化するに到っている。[11] 十九世紀の初めにおいても、ヘイズリットのやや叙情的な表現の中に、他界した偉大な詩人たちの栄光と、存命の詩人たちの単なる人気（つねに疑わしく、異論の余地がある）との対置が見られる。「栄光は生者でなく、死者に与えられるべきものである。栄光の神殿は墓所の上に立つのであり、その祭壇に灯る火は偉人たちの遺灰を糧にしている」[12]。

異論の余地のない、正当な死後の栄光と、変化しやすく、恣意的なものでしかありえない同時代の評価との対立というテーマは古くから存在している。キケロは当時からすでに、後世の栄光（gloria）と、名声（fama）とを区別していた。前者は美徳に与えられる。それに対して後者は、往々にして芳しからぬ仕方で獲得される人気に支えられた、偽りの、はかない名声である[13]。このような根本的な区別をたゆむことなく受け継いだ人文主義者たちは、キケロとプルタルコスの遺産を再生させながら、著名人たちが互いに美徳を競い合うことを一つの道徳として基礎づけようと努めたのだ。ペトラルカは、著名人の「生（列伝）」にジャンルとして再び重要性を与えながら、絶えず栄光の正当性を問い続けた。この際、ペトラルカもまた同じように、名声（fama）と栄光（gloria）とをきっぱりと区別していた。名声は単なる集合的な意見の産物で、嫉妬や企みによって作為される恐れがあるのに対して、栄光が偉大な人々に報いるのは、ただ死後においてでしかない。「君は自分の書いたものを讃えられたいと思うか。ならばこの世を去ることだ。死して初めて、君が人々から得られる評価は生き始める。生の終わりが栄光の始まりである（*vite finis principium est glorie*）[14]」。古代の最も偉大な人々は生前に栄光に浴することができなかった。しかし、それだけにとどまらず、たとえ彼らが地上に戻ったとしても批判と嫉妬にさらされるだろう、とペトラルカは言うのである。

栄光の追求は道徳的な完成に導くものとして正当化されるが、ただし、そのためには同時代人の評価と完全に切り離されていなければならない。道徳哲学のありふれたテーマとなった後も、この主題が十八世紀にまで引き継がれるのは、それが「虚栄」批判に対する反論の根拠として機能するからである。教会は「虚栄」、つまり地上における栄誉を告発して、それに対して唯一価値を持つ栄誉、つまり神の栄光を説いていたし、その後、ホッブズのような近代の哲学者が、栄光や自尊心を空虚でナルシスティックな情念に貶めつつ、虚栄に対する批判をさらに推し進めていた[15]。歴史に名前を残したいと望むすべての人間にとって重要なのは、虚栄の誹りを免れることであり、そのために自分の野心が人気という誤った威信と関係のないものであるということを示さなければならない。ペトラルカは、「生前に時期尚早な賛辞を欲すること」と、真実の栄光を追い求めること、つまり後世から与えられる尊敬を追求するように促す道徳的要請とは別のものであると考えている。[16] ディドロもまた、このような死後の栄光に対する讃美を、彫刻家ファルコネとの書簡の中で熱狂的に取り上げている。「おお、何よりも価値ある栄光よ！」。栄光の追求は単に正当なものであるにとどまらない。それは、偉大な芸術家なら、あるいはそうでなくても道徳を重んじる人なら、目指さねばならない唯一の善なのである。栄光を追求するならば、芸術家は自らの才能を最大限に生かすようになり、後世に思いを馳せて、同時代の人間の評価から解放される。同時代人とはいわば、「あらゆる人間の混じった無秩序な集団であり、優れた作品を平土間で騒々しくこき下ろし、広間に埃を巻き上げ、称賛すべきか批判すべきかをパンフレットによって決めるような輩である」。ディドロは、自分の生きている間はできるだけ公衆に身をさらすべきではないと判断して、ただ未来のみが保証する、長続きする栄光に浴しようと努めた。栄光の追求に単なる虚栄心しか認めない立場に対して、ディドロは晩年に至るまでこう反駁している。「自国が誇る偉人たちに、自らの名前が新たに加わるだろう、という想いに誘われるほど甘美なことがあるでしょうか[17]」。

パオロ・ジョヴィオ［イタリアの医師、歴史家、聖職者（一四八三-一五五二）］から十八世紀の膨大な図像集に至るまで有名人の肖像のコレクションを見ると、そこでも同様に、栄光という死後の真実性が、名声《ファーマ》の単なる話題性とはまったく異なるものとして価値づけられている。芸術家と著作家がそこに場所を占めているかどうか、あるいは、近代人が古代人と寄り添っているかどうかによって、たしかに作品のタイプは大きく変わってくる。しかし、シャルル・ペロー［フランスの詩人、批評家（一六二八-一七〇三）。新旧論争における近代派］の『高名な人々』でさえ、彼と同じ世紀を生きた人間しか登場しないにもかかわらず、厳密な意味での同時代人は描いていないのだ。十八世紀と十九世紀のヨーロッパ全体で偉人への信仰を支えていた主要な装置は、ウェストミンスター寺院のニュートンの墓からバイエルン王ルートヴィヒ一世［一七八六-一八六八。学芸を愛好し、首都ミュンヘンを芸術の都とした］のヴァルハラ神殿まで、慰霊碑の建設に立脚している。その間には、フランス革命期にサント＝ジュヌヴィエーヴ教会がパンテオンへと改築されている[18]。偉人は国家の英雄となるが、それには時間の経過が必要とされたのだった。

戦場で活躍した過去の英雄たちに比べて、啓蒙の世紀の偉人がいかに穏健化されているように見えるとしても、その存在は、著名性を生み出す新たなメカニズムとは別のものに由来している。もちろん、著名人が生前から偉人として捉えられることはあったが、それは礼賛者によって来るべき死後の栄光を見込まれてのことである。こういった事態は依然として生じにくかったものの、すでに見たように、たとえばヴォルテールの場合はこれに当てはまった。しかしながら、大部分の有名人はパンテオンやウェストミンスター寺院でその生を全うする使命を持たなかったのである。女優、盗賊、流行の歌手や作家といった人々の有名性は往々にして長続きしないものであったし、彼らの道徳性も疑問符のつくようなものだった。重要なのは、偉人の栄光が、有名人たちの著名性とは別の仕方で成立しているということである。偉人の栄光は、時間をおいて満場一致の賛同で保証されるのだ。この栄光は、著名性を形成する近代的な原動力、つまり人々の好奇心や話題性といった短い時間だけ作用する力によっては説明されないし、本質的にそういった動因から距離を取らざるをえない。というのも、そこには、人々の評価（意見）に左右されるような恣意的で移ろいやすい現象に対するこの上ない警戒心があるからだ。著名性、すなわちマルモンテルが言うところの「広く知られた名声」は、栄光以上にキケロやペトラルカが当時「ファーマ」と呼んだような、社会によって確立される評判に性質が近かったと考えられる。ただし評判とは違い、著名性は前代未聞の、いわば深刻で圧倒的な規模を持つ現象となったのである。

伝統的な社会において、一人の人間の価値は大方、近親者・隣人・知人の評価、つまり評判によって判断されていた。それが名誉の原理そのものだったのである。諸個人は、道徳的なコードや社会的な地位の要請に適応できるかどうかでその能力について判断を下され、また、集団の中で相互に各々のメンバーに対する評価を行っていた。名誉は貴族的なイデオロギーにおいて重要な役割を担っていたとはいえ、エリートだけに許された価値ではなかった。中世の終わりから十八世紀まで、名誉は宮廷であれ小さな村落であれヨーロッパのさまざまな社会に秩序を与えていた重要な要素の一つであった。名誉は他人によって判断されるものだったのだから、それが問題になったときには決闘や汚名返上、人目に訴える仕方で守らなければならなかったのである[19]。

名誉は評判の中でも、もっとも華々しい部類に属するものだった。ただ、評判にはさまざまな形態が存在していた。地域社会では、普段の会話、噂、風評によって、一人の人間の情報や評価――つまり、夫や妻としての、働き手や隣人としての、あるいはその正直さや信心深さについての情報や評価――が流通し、人々に共有される一定の意見を作り出していた。十二世紀以降は、教皇権の影響下で、ついでイタリアの自治都市やフランス、イングランドにおいて、司祭や学識者がこのような評判に法的な機能を与えていた。これに基づいて容疑者の捜査が行われ、容疑者の「評判」、つまり、その関係者たち全員が持っている彼の行いや人柄についての情報に、一定の形が与えられたのである。このようにして、地域社会における人間関係の慣行はおそらくは尋問の慣行にも支えられていた。そして、そこから生じた「ファーマ」とは、共同体によってその構成員に与えられる共通の判断であり、噂やおしゃべりを通して個々人の評価が社会化される大規模な現象の帰結だったのである。しかし本来の定義から言えば、評判の規模は限定されたものであり、相互の知己や人伝ての噂と本質的に結びついて、つねに道徳的な評価に傾くきらいがあった[20]。

ある個人の評判が、その生前から出身地域や所属階級を超えて伝わることがなかったというわけではないが、メディアがあまり発達しておらず、それゆえに情報の伝達も遅い社会において、さほど頻繁に起こることではなかった。そのケースに当てはまったのは、たとえば優れた将軍、成功を収めた説教師、偉大な宗教改革者たち、あるいは何らかの学識者たちの場合である。ブルターニュの小貴族であったベルトラン・デュ・ゲクランは十四世紀に華々しいキャリアを歩むことに成功し、フランス元帥の地位にまで上り詰めたが、それは彼の軍事的成功と「当世一番の騎士」という評判によるものである。デュ・ゲクランの評判は宮廷楽人や詩人によって奏でられ、彼の死後、フランス宮廷の文人によって作られた『ベルトラン・デュ・ゲクラン武勲詩』によって広まった[21]。ただ、デュ・ゲクランの「ファーマ」といっても、その有名性を表現するのに当時のフランス語のテクストで用いられていたのは「名望（renommée）」の語だった。この語は栄光とは明確に区別される。栄光が、高貴な血筋を持たない人間の収める世俗的な成功には与えられないのに対し、名声は評判が拡大して、地域社会の枠を超え、フランスの王国全土まで広がったものである。実際、デュ・ゲクランや、その後、十五世紀ヨーロッパの知識人に広く知られたエラスムスが体現した広範な評判に萌芽として含まれていたのは、本書の中ですでに見たような、十八世紀において発展する著名性のメカニズムだった。このような広範な評判を有する存在は、もともと地域的に限定され、人づてにしか伝わらない評判の原理を抜け出て、著名人という人物像へと近づいている。そのことは名望《ルノメ》という言葉に如実に表現されている。というのも、この名望は古代の神話に由来する語であり、かつては、新たな情報を拡散する女神のことを名指していたのだから。十六・十七世紀に、名望は、翼を生やした女性とそのトランペットの図像モチーフを介して高名な人のテーマとしばしば結びついていたが、その際は栄光の概念と近接している。世俗的な名望、特に武人や芸術家の名望が問題になるときは、キリスト教的な精神の制約を免れて、ほとんど「栄光」と同義だった。偉大な芸術家たちへの賛辞である、ヴァザーリ［イタリアの画家、建築家、伝記作者（一五一一―七四）。ローマとフィレンツェで壁画や祭壇画を制作し、絵画アカデミーを後者に設立］の『画家・彫刻家・建築家列伝』の扉絵が、名望の図像によって飾られていたのは象徴的な例である。しかし、名望の厄介な性格は、ほかならぬその曖昧さにある。名望という概念は、死後に名前が残ることと、同時代人の間で評価されることとを明確に区別するものではないのだ。十八世紀にはこの語はあまり使われなくなり、しばしば栄光と同義とみなされる古い用法となった。この曖昧さは、すでに見たマルモンテルのテクストにも見出すことができる。その中で名望の語は、栄光と著名性とを共に派生させるカテゴリーとなっており、両者を区別する特徴が見えにくくなっていたのである。

## 新しさはどこにあるのか

十八世紀の著作家たちは、有名性の新たな形が発展するのを目の当たりにして、そして、時として自分自身がその有名性を体現してしまうという事態に直面して、対処する術を知らなかった。それは、彼らが［その現象を表現するための］適切な言葉をほとんど持っていなかったというにとどまらない。さらに厄介だったのは、長い知的伝統によって彼らの時代まで伝えられた紋切り型なり、道徳観なり、議論なりといったすべてが、それまで何度となく言及され再検討されてきた評判と栄光という二項対立を覆っていたことである。ところが、異論の余地のない客観的な基準で死後に与えられる栄光と、限定的な範囲で恣意的に機能する評判という二分法では、もはや十分ではなくなってしまった。評判はかつてない規模で拡散するようになっている。往々にして才能を欠いた存命の人間が、過去の偉人たちより知られた存在となり、オペラの踊り子たちの肖像画がパリの橋の上を飾る時代なのだ。ここにあるのは依然として評判なのか、あるいは栄光と言ってもいいのか、それとも何か別のものなのだろうか。しかも今や、（現世における）成功が望ましいものであり、世論が価値を持つ時代ではないか。いまだに世論の判断を蔑む必要など果たしてあるだろうか。生前から周囲や公衆に評価される喜びを犠牲にして、自分が享受できない死後の名声を重宝し続けることなど果たしてできるだろうか。

同時代の著作家たちの中で、これらの問いに最初に答えようとした一人がシャルル゠ピノ・デュクロだった。一七五一年に出版されて誰もが認める成功を収めた、彼の『今世紀の習俗に関する考察』を繙いてみよう[22]。この書物は人間の情念と行動を省察するモラリスト的な伝統に立脚しているが、同時に、時代の要請に合った形へとこの伝統を変化させてもいる。デュクロは［モラリストのように］諸個人の肖像《ポルトレ》を描いて性格の類型的把握を目指すよりも、むしろ集団の肖像《ポルトレ》を描き出して、「文学者」「才人」「財界人」といった、方法化以前の社会学に属するようなカテゴリーを用いるのである。デュクロは、モラリストたちのようにいかなる時代にも当てはまる箴言の創造を目指そうとせず、慣行や様式が現在どのような変化を迎えているのかを診断しようとする。そうした野心は、彼の著作の題名に申し分なく表現されている。「考察」という言葉が指しているのは試論《エセー》の領域であり、そこでは観察と省察が非体系的な仕方で展開される。「習俗」は、啓蒙思想が生み出しつつあった社会科学のキーワードであり、同時に人間学（ジョゼフ＝フランソワ・ラフィトー『原始社会の習俗と比較したアメリカ未開人の習俗』）、歴史（ヴォルテール『習俗論』）、道徳哲学（フランソワ＝ヴァンサン・トゥッサン『習俗』）といった分野のキーワードでもある。ディドロ、ルソーと親しく付き合っていたデュクロのテクストに象徴されていたのは、道徳哲学と社会学の前史が交差する場所に啓蒙主義が生み出した、道徳的・社会的考察だったのである。デュクロの目的は、観察によって「習俗の科学」[23]を基礎づけることにあった。このような描写への志向と、規範を提示しようという野心との間で、時折彼の文章が揺れて、読者を困惑させるような哲学的折衷主義が見られることは否めない。思想史家たちがこれまでデュクロにあまり関心を寄せてこなかったのは、おそらくそのせいだろう。デュクロにはモンテスキューのような厳密さもなければ、エルヴェシウス［フランスの哲学者（一七一五―七一）。人間精神を身体的感性に還元。また功利主義的道徳論を説き、ベンサムに影響を与えた］やドルバック［ドイツ出身のフランスの哲学者（一七二三―八九）。無神論的・唯物論的な思想を展開］のような急進性もないのだから。しかし、有名性の新たな形式が十八世紀の人間にもたらした問題について理解しようとするとき、鋭い観察眼と分かちがたく結びついたデュクロの理論の曖昧さは、逆に彼の著作を興味深いものにしている。

　デュクロが本質的に見抜いているのは、社会が物質的紐帯だけでなく、象徴的紐帯、つまり人々が相互に対して抱く意見・評価によっても形成されているということである。「人間は相互の交わりの中で生きるように定められている。生きるために互いを必要とすることから、人間はそのように強いられてもいるのである。この点で、人間はみな相互に依存する関係にある。けれども、その紐帯となるのは単に物質的な欲求ではない。人間は、相互の意見・評価に拠って立つ精神的な存在を持つのである」[24]。社会的なアイデンティティがより流動的になった社会、すなわち、平民が貴族より富裕になったり、習俗が「人々の交わりの中で、国家を構成する身分の貴賤を混同ないし平等化する」[25]社会では、他人から受ける評価はもはや必ずしも身分と見合ったものとならず、各人が他人に抱かれるイメージを管理しようと往々にして無駄な努力をする。今まさに変化を遂げつつある社会、つまり、大都市において特に社会的な所属と階級の違いが以前ほど見えにくくなっているような社会では、評判のメカニズムが大いに重要性を持つのである。評判の役割が決定的になるのは特に二つの領域である。文芸の世界では、成功によってあらゆる社会的不平等の障害が取り去られる。社交界では、愛想のいい人間という評判が立つとあらゆるサロンの扉が開かれる一方で、滑稽をさらすと消えない汚点になる。

文芸の世界と社交界という二つの領域において、デュクロは自分が口にすべきことをよく理解していた。彼は、一七〇四年にブルターニュで、商家を営む慎ましい市民階級に生まれ、啓蒙期の文化を彩る重要な人物の一人となった。デュクロは作家として成功し、王室修史官に就任し、アカデミー・フランセーズのメンバーとなる。そして一七五五年には、アカデミーの終身書記に選ばれる。彼に王宮の扉まで開いた（一七五〇年にデュクロは王室修史官として王宮に入る許可を得ている）輝かしい来歴は、彼の歴史家としての評判とリベルタン小説の成功、そして、彼が深く入り込むことに成功したいくつかの貴族グループの保護によって実現している。このようにして栄誉の最高潮に達したデュクロは、評判のメカニズムを鋭敏に見て取ることができた。デュクロのように地方からやって来た市民階級の若い男が、王の愛人であったポンパドゥール侯爵夫人の屋敷にまで出入りを許されたのは、この評判のおかげだったのである。

デュクロは伝統に忠実に、評判（réputation）と名望（renommée）という二項対立から議論を始める。評判は、同輩や隣人などの内輪でのみ流通する。つまり、個々の人間の美徳、誠実さ、法を遵守する姿勢などが道徳的に判断された結果として生じるのが評判であり、そこで問題となるのは、正直者かどうか、社会にとって有用な存在か、よき父であるか、よき夫であるか、よき商人か、よき医者か、といったことである。デュクロにとって、個人に与えられる評判は、「その人を直接知っている人々」からの「評価」と同義である。ただし、デュクロが同時に理解しているのは、この評価が社会的な規模で共有されるものであり、その形成は情報や噂の流通、そして共有された意見から各人が描き出すイメージにも基づいているということである。ここから見えてくるのは、評判の不安定で矛盾を伴う性質である。というのも、本来、評判とはつねに局所的なものであって、「かくかくしかじかの人がある場所で持つ評判は、別の場所ではまったく異なるものになる」のだから。これに対して、名望は遠くまで及ぶものであり、空間と時間を経巡って当人の死後にまで伝わるという点に特色がある。名望が関わってくるのは、(必然的に名望を手にする君主のように) 地位においても、(偉大な著作家・芸術家のように) 才能においても例外性をもった人々に限定される。ただし、この名望が含意しているのはもはや美徳ではなく、「華々しさ」なのだ。その意味で、名望は英雄や偉人たちの栄光と近似している。評判の不安定性と反比例するように、名望は磐石である。「名望はきわめて一定しているが、評判が一定していることなどほとんどない」[26]。

評判と名望という新たな有名性の形態のうち、いずれを重視すればよいかということが問題になると、デュクロの立場は目に見えて不確かなものとなってくる。名望には華々しさと普遍性という長所がある。国家を担う人間は、名望のために評判を犠牲にして、後世の人々の称賛に値する偉業を、一時の人気を博すだけの些細な行いよりも優先しなければならないのだ。それが文人たちの伝統的な立場であったことはすでに見てきた通りである。しかし、名望が輝かしいものであればあるほど、当人にとってそれは直に手にすることができない。当人が名望に浴するのは想像の中だけであるし、人間として本当に価値を持っているよりも、名前が知られていることによって、名望を得られるケースが多いのだ。「多くの場合、名望は人々が口にする名前に与えられる称賛にすぎない」。しかも、名望は人が思い描くほど普遍的なものでもないのである。「人数の話でいえば、アレクサンドロス大王の名前をまったく聞いたことのない人がどれほどいるだろうか」。

それに対して、評判の方は往々にして恣意的なものである。というのも、それは当事者の人となりに関する直接的な評価というよりも、集合的な意見を表す諸現象（模倣、流行、噂）に基づくものであって、熱狂的な支持と根拠のない拒絶とを生み出すからである。「評判に対して無関心になるには、それが頻繁に立てられ、否定され、形を変える仕方と、そのような変化をもたらす人々のことを知るに如くはない」。その地位や影響力によって評判を立てる人が、最も有徳で有能な審判者であるとは限らない。「しかしながら、評判を決めるのはこういった存在なのだ！　人々は彼らの意見を軽蔑するが、それとともに彼らの賛同を求めもする」。意見の操作が意図的に行われることもある。「人々は意図的にある評判を作り出そうとし、それを誇張したりもする」。ただ、こういった評判は人の美質と実際に見合っていることもあるし、つねに虚偽や作り物であるとは限らないという点で、きわめて曖昧である。だから、よい評判というものからその真偽を厳密に割り出すことはできないのだ[27]。

ある人の評判を、その人に対して個々になされた評価の総和とみなすことができないのはどうしてだろうか。デュクロがそこに見出している問題は、評判を作り出すメカニズムが、ある人間が他の人間に美質を見出すという個人的評価の単純なメカニズムに還元できないという点にある。評判とは集団的になされる評価であって、自然発生的な仕方であれ、操作された形であれ、意見が社会的な規模で共有されるメカニズムに由来している。確かに、デュクロの議論の出発点には、お互いが「個人的に」知り合いであるような近しい人々の間の評価として、評判を定義しているところがある。しかし、彼が評判の恣意性を明らかにするために持ち出す例はすべて、より広い意味における「評判」と関わっており、その裁定者になるのは「公衆（public）」、あるいは不特定的な代名詞で指される「人々（on）」、もしくは「世論（opinion publique）」である。公衆は両義的な存在である。「気まぐれに評判を立てる」一方で、誰かを陥れるような企みに気づくとこれを毛嫌いし、そうかと思うと、簡単にかつがれて自己暗示に陥り、自分で作り出した妄想の虜となってしまう。「公衆はしばしば、自分で作り出した評判に驚いたりする。その評判の原因となったものを探しても見つけられないのだが、それはそもそも原因など存在しないからである。公衆は自分自身で作り出した幻影に対して、さらなる称賛と尊敬を抱くだけなのだ」[28]。人々はもはや、陰謀や情報操作にさらされているだけではなく、評判を生み出すための新たな役割を集合的に担っているのである。

デュクロの提示している問題は、まとめれば以下のようになる。評判の狭いつながりは、当人を直接知っている人たちから寄せられる敬意と評価のネットワークであるが、ここから解放されてより広い社会的ネットワーク、つまり、上流社会のように社交性《ソシアビリテ》に媒介された空間や、さらに、印刷物の流通や批評・仲介・陰謀が重要な作用を及ぼす、著作家の評判の世界に身を置いたときに、「公衆」からの評価が当人の美質や欠点と見合ったものであると果たしてどのように確かめられるだろうか。このような評判の不確かな性質、つまり世論の恣意性は、二重の帰結をもたらすことになる。正義という観点から言うと、人々の尊敬がしかるべき人に正しく与えられているかどうかを確証することが難しい[29]。個々人の身の振り方という点では、それぞれの個人が、人々に立てられる評判をどれくらい重視すべきかという基準が判然としないし、同時代人に知られたいという欲望がどこから危険になるのかという点もわからない。

評判と名望という古典的な二項対立から出発しつつ、デュクロは彼の生きた世紀の社会的な変化によって、評判のメカニズムが途方もなく拡大しつつ、しかしながら名望のメカニズムに匹敵するものにはなっていないことを発見する。ある個人の事績や行いが、その人と「直接知り合いである人たち」だけでなく、日刊紙を読み、その当時、世論と呼ばれつつあったものを形成していた人々にも広く知られているとき、依然として評判という言葉を使い続けるべきだろうか。もしくは、よりふさわしい語彙を見つけるべきなのではないだろうか。

一七五一年に出版されたデュクロの『考察』の初版からすでに、評判でも名声でもない第三の語彙が繰り返し姿を見せている。この語彙は、きわめて広範囲に伝わる評判や、まだ名声と言えるかどうかわからないものを意味しており、また、有名性のカテゴリーの一種を指し示していることもある。決して明確に定義されることのないこの語彙こそ、ほかならぬ「著名性《セレブリテ》」である。一七六四年に出版された増補・改訂版は、評判や名望に還元できない特殊な形態として、著名性をより明確に区別しようとしている。改訂版では当該の章題そのものが変更されて、もともと「評判と名望について」とされていた章のタイトルが、「評判、著名性、名望、人望について」となった(30)。章題の最初の行で、すでに著名性が第三の語彙として導入されているわけである。また、一七五一年版で「人々の意見の中で存在感を持ちたいという欲望が、評判と名望を生み出した。この二つは、同じ原理から発して社会を動かしている二つの強い力である。しかし、社会を動かす際の方法や効果には少し違いがある」となっている記述が、増補・改訂版以降は以下のようになっている。「人々の意見の中で存在感を持ちたいという欲望が、評判と著名性と名望を生み出した。これらは同じ原理から発して社会を動かしている強い力である。しかし、社会を動かす際の方法や効果には少し違いがある(31)」。しかしながら、この章の本文はほとんど変更されていない。まるでデュクロは、著名性こそ評判が都市圏でますます流通していく現象を説明するのにそれまで欠けていた語だったと理解していたようでもあるし、彼自身が著名性に確固とした定義を与えられないにしても、当時の用語法においてこの表現の使用頻度が徐々に高まっていたのを敏感に感じとっていたようでもある。

　著名性に特化した記述が少ない分だけ、一層興味深く思われる箇所が同じ章の中にある。デュクロがこの記述の中で描いている想像上の人物は、「彼の面前で彼の名前を讃える、面識のない人々」に囲まれている。匿名性が成立すると同時に、固有名が広く流通するような社会を前提とする、以上のような経験は当人にとって心地よいものとしか思われない。「彼は自分の著名性を喜んで享受するだろう(32)」。つまり、著名性という現象を特徴づけているのは、人々が自分のことを話題にしていると知っている著名人と、個人的な面識を持たない著名人のことを話題にする人々との間にある非対称な関係である。たしかに、現代の視点から見れば――場合によっては当時の視点から言っても――、デュクロの著作で問題になっているのはある意味で不完全な著名性であると言えるだろう。というのも、この例において、著名人のイメージ〔容姿〕の伝播は彼の名前の伝播に追いついていない、もしくは、彼の姿が正しく認識されるほど十分には広まっていないからである。とはいえ、デュクロの記述によって、このような著名性が当事者に与える快楽がどのような性質のものなのかということは理解できる。それは自分自身が知られた人物であることを目の当たりにする喜び、人々の語り草となり、唯一知るに値するような対象であるとされている喜び、他人の関心を集めながら面倒を被ることがないという自己愛的な喜びである。

しかし、デュクロはその上で奇妙な指摘を加えている。「この著名人が自らの正体を人々の前で明かす気にならないのは、そうすることが可能でありつつ、自己愛を思うままに味わいたいからである。もし、その喜びがもはや気ままなものではなく、彼にとって自らの正体を明らかにすることが不可能なのだとしたら、おそらく彼の状況は耐え難いものになるだろうし、自分以外の人間が話題にされているようなものだろう」。この架空の小場面において、著名人の快楽は、彼が自由であるということによっている。その自由とはつまり、彼が自らの置かれている状況を支配する力を持っていること、彼がこの非対称な関係を利用できるということ、巷で話題になっている人物は自分であると公に正体を明かすことによって自らの著名性からいつでも人々の称賛を引き出せるということである。ただし逆の場合、彼は自分自身の状況に対する支配力を失って、観客、それも舞台空間から排除された受動的な傍観者の位置に押し込められるだろう。このような立場に置かれた著名人は「自らを主題にして繰り広げられる」芝居の内容に手出しできないが、それはこの舞台を取り仕切る力が完全に公衆＝観客の手に渡ってしまうからである。たしかに、このような仮定は現段階では虚構の話で、あまり現実味がない。しかし、メディアの媒介性が過度に増大して、有名人が自分のことを話題にする一人一人の人間と「知り合う」ことができなくなるや否や、以上の仮定は著名性の経験を本質的に体現することになる。明確には言っていないものの、デュクロがここで想定している――もしくはぼんやりと予感している――ように見えるのは、もはやカフェで取り沙汰されるような噂ではなく、読者という匿名的な衆人と向き合わなければならない著名人の境遇である。「それはほとんど、自分ではなく他人についての話を耳にするようなものだろう」。衝撃的な帰結である。このような深い疎外の感覚、有名人と化した自分の姿を自分のものとは思えないという感覚。後で見るように、このような感覚は、社会的経験としての著名性が否定的に描かれる際の重要なテーマとなるのである。

時を同じくして、ドーヴァー海峡の向こう側では、サミュエル・ジョンソンが定期刊行紙『ランブラー』の出版計画に乗り出していた。当時、ジョンソンはすでに十年以上もロンドンに居住していたが、イギリスの文学界への参入を夢見つつもそれを果たし切れずにいた。しかし程なくして、『英語辞典』の編纂によりジョンソンはロンドンの知識人の中でも一目置かれる存在となる。一七四九年から五二年にかけて、彼は自身が出版する定期刊行物に、週二回ほど道徳に関する試論を投稿していた。膨大な引用のレパートリーと、彼自身が加える往々にして皮肉な考察の効果によって、彼の試論には近代的な大都市と化したロンドンの習俗が明瞭に記述されている。この試論は人々からの支持と尊敬を勝ち取り、他の日刊紙に取り上げられたり、本として新たに出版されたりした。ジョンソンの人気もあり、試論は彼の生前に十版ほど刷られた。デュクロの『習俗についての考察』と同様に、『ランブラー』の記事に象徴的に見られるのは、地方から出てきて首都の文学界の観察者となった著作家たちが、都市生活の新たな経験を前にして生み出した考察である。こういった著作家たちはモラリストの伝統に属しており、社会における慣行を記述するとともに、人間心理の洞察にも長けていて、観察対象と意識的に距離を保とうとする。デュクロが社交界を特権的な分析の対象としながら、その中で生きている人々に向けて文章を書いていたのに対し、ジョンソンはより広い人々、つまり、新聞を読んだり、カフェで議論するような公衆に向けて書いているのである。ジョンソンはそうすることによって、消費形態の変化や公共圏の変容がもっと進んだ都市社会を描き出している[33]。彼は人の役に立つような教訓を生み出そうとするのではなく、同時代の社会を、彼の素養を形成している古代の人々の教えに基づいて観察しようとする。その際のジョンソンの筆致には、真剣味と諧謔精神が余人には真似しがたい独特のスタイルで混交している。

『ランブラー』の少なからぬ記事が取り上げている文芸における著名性は、その不安定性によって、著作家だけでなく軍人や政治家までも運命の賽の目に跪かせるものである。もちろん、運命の歯車と栄光の探求がもたらす空しい幸福というのは古典的なテーマであるが、ジョンソンはそれを彼なりの仕方で再解釈している。彼の文章の中で、著名性の不確実で往々にして長続きしない性質は、地上の栄光という虚栄のテーマではなく、当時の社会で公衆の評価がいかにして与えられるかというテーマと関係づけられるのである。著作家としての有名性は、もはや、「文芸共和国」におけるように同胞からの評価によって生まれるのではないし、宮廷のメセナにおけるように著作家と君主が互いを選ぶ関係から生じるのでもない。今後、このような著名性を決めるのは、ほとんどの場合「公衆の唐突な気まぐれ」や新しさへの過剰な志向なのである。[34]

公衆が気まぐれで、その評価の基準が移ろいやすいという話にとどまらない。著名人になるための条件そのものが不確かになっているのである。というのも、著名人になることを欲する人間がたくさんいて、公衆の注意が向けられる対象には限りがあるのだから。[35] 一般的にこのように考えられていたことを示すものとして、ジョンソンは、同時代のロンドン社会で著名性が追求される様子を描いた短い物語をものしている。彼はある作家を想像してみる。この作家は、自分の本が人々にどう思われているのか知りたくて仕方ない。だから、街を歩き回って日刊紙を貪るように読み、カフェでは人々の会話に聞き耳を立てるのだが、結局、苦い思いで発見するのは、誰も彼の本を話題にしていないということである。自分の本の重要性を信じて疑わない作家の興奮ともどかしさを横目に、ジョンソンが面白おかしく描き出すのは、作家の周囲でなされる会話のさまざまな主題である。クリケットの試合、すり、破産、行方不明の猫、踊る犬……。[36] 本の価値と、人々の関心を占める瑣末な事柄とが同列視されているくだりに、ジョンソンの皮肉がきいている。例の作家から見ると、人々が話題にしているのはどうでもいいことなのだ。彼は、自分の本がそれに値しないような話題と競合しているのに気づいて憤慨する。そして、内心では軽蔑している人々の関心を引こうと躍起になるのである。

ジョンソンは、この矛盾を皮肉をきかせて鋭く分析している。彼は、著名性への欲望が虚栄の追求と同じであるとは考えていない。ジョンソンはその後の著作においても、栄光の追求が完全に正当なものであると肯定することになるだろう。ジョンソンが関心を寄せるのは、同業者だけでなく公衆からの評価も得ようとして著名性をめぐる競争に身を投じる際、作家に重くのしかかってくる心理的な制約である。この教訓はおそらく、ジョンソンの自戒だったのではないだろうか。「自分の幸福に著名性が欠かせなくなってしまった人は、最も微弱で最も臆病な悪意に対して力を与えたことになる。そういった悪意は、彼がすでに享受している著名性を取り去ることはできないが、彼に著名性を認めないという選択をすることはできる」[37]。この引用の中でジョンソンが用いたのは、「声望(fame)」ではなく、「セレブリティ(celebrity)」の語だった。それはおそらく、同時代の著名性のあり方と、ほかならぬ世論という現象が問題であることを強調するためだったのだろう。

このように、ジョンソンは自らのテクストの中で、人々から成功を認められることを問題としながら、栄光への情熱という古い主題を再解釈して、将来発展することになる別のテーマに先鞭をつけた。それは、旧来の(君主による)メセナよりも気まぐれで専制的な主人として振る舞う公衆という主題である。あたかも、著作家が宮廷制度から解放され始めたまさにその時に、より不自由な依存関係に陥るとでも言わんばかりだ。ジョンソンは、作家たちを支える新たな仕組みが、熱狂的な成功の追求を彼らに強いることを理解していた。ここに見られる著名性への欲望は、他人からの尊敬を欲することとは別のものである。それは、人々が自分の話をしているのを聞き、世間で目立ち、人々の関心を占めて、その好奇心をかき立てたいと欲することなのだということをジョンソンは見抜いていた。著名性を追求する作家は、名もない読者たちからなる公衆に叙勲され、祝福されることを要求する。ただし、作家は公衆からの評価をおよそ正当なものとは考えていない。だから、作家は公衆の評価よりも関心を得ようとするし、彼らから称賛されるよりもその好奇心に訴えようとする。

ジョンソンは、著名性についての心理学的・社会学的な記述を、ある試論においてさらに進める。その試論は、明らかな虚構の書簡という体をとっており、書き手とされているのは一人の若い小説家である。彼は出版したばかりの自分の本について悔いているが、それは、彼の才能が公に知れ渡って逆に不遇な目にあったからにほかならない。[38]彼の不幸をめぐる長い物語は、公衆から評価されることの危険を面白おかしく描き出した佳作になっている。最初の数段落は事の始まりを、つまり、若い作家がルビコン川を渡り、本を出版するにいたる場面を生き生きと描き出す。ジョンソンは以前にイギリスにおける出版の自由を讃える記事を書いていたが、それに対して、ここでは出版業が地獄に喩えられている。一度、自分の名前で本を出してしまったらその地獄から二度と抜け出せなくなってしまうのだ。本の出版にまつわる不安と興奮など、その後に作家を待ち受けているものに比べたら何ほどのものでもない。読者の熱狂的な訪問に苛まれて、作家はそういった人々を食事でもてなして散財し、自分の自由にできる時間を失うことになる。さらに、彼は同時代人から嫉妬されていることにも気づかされる。彼の発言が悪くとられるので、カフェにいてももはや底意のない会話を無邪気に楽しむことができない。さらに、友達さえも彼のもとから去ってしまう。というのは、彼の優越性と名声があまりにも際立っているからである。「私は都市にありながら、砂漠のライオンのように、あるいは岩肌に立つ鷲のように生きている。偉大すぎて人々の友情や社交の対象にはならず、不幸な高みと人を怖気づかせるような優越性によって、孤独に生きることを課されているのだ[39]」。この偉大さ、もしくは少なくとも他人から付与される偉大のイメージを耐えるのに苦しんでいるのは、ほかならぬ小説家その人である。彼の著名性は一種の重荷となる。しかし、悪いことはそれだけにとどまらない。海賊版の出版業者に原稿を奪われることを、あるいは彼の肖像が同意なしに出回ることを恐れて、彼は追われ身の人間のように生きなければならない。彼の精神的な安定は、作家として成功したことにより脅かされてしまうのである。

あなたは、ポープやスウィフトの著作を読んでおわかりでしょう。才能のある人々は、彼らの才能にたかろうとする違法な出版業者に、棚や書斎にあるものを何もかも持って行かれてしまうのです。現在、店先に並んでいる人物像の版画にも、描かれている人がそのためにポーズをとったとは思えないようなものが数多くあります。彼らはおそらく、名前が売れて、その姿が売りものとしての価値を持つようになってから、顔貌を盗み取られたのでしょう。こうした考えから、私は用心を怠らないようになりました。そして、その慎重さが正しいものであったとあらためて思ったのは、多くの人々が、私の顔を素描しようという目論見を浮かべた好奇の眼差しで、私の顔をしげしげと見ていることに気づいた時でした。私はすぐにそれまでいた住まいを離れましたが、他所でも人々の同じような行動に出くわしました。世の中には迫害を受けている人がいますが、それに対して、私は追い回されているのです。十分な理由によって、私は十一人の画家が自分の跡をずっとつけていると信じています。私の容貌を誰よりも早く捉えたら、それで一儲けできると彼らはわかっているのです。私は頻繁に鬘を変え、帽子は目深にかぶっています。そうすることで彼らの目を欺けるだろうと期待しているのです。私の顔が売られるのに、私自身がその利益に与れないなんて。そんなのおかしいに決まっているでしょう？

ジョンソンは諧謔を交えて書きながら、問題の核心をついている。彼の記述によって際立つのは、ほかでもない、著名性というものが持っていた新たなベクトルであり、とりわけ安価な肖像版画の力、前代未聞の規模で複製される印刷物、そして、酒場やカフェのような都市の新しい社交空間などが果たしていた役割である。そういった社交空間で行われる会話を通して、人々は、自分たちの交流範囲の外にいるような個人に対しても共通のイメージを作り上げる。ジョンソンはまた、著名性の商業的な重要性についても強調している。著作家は、彼の名前を利用したい出版業者にとっても、また、彼の肖像を版画にしたい肖像画家たちにとっても、いい金づるになるのだ。本人以外にとって、名前と顔はある一人の人間の個人的アイデンティティを構成し、その個としての特異性と公的な身分とを結ぶ要素である。この顔と名前が商品にまで成り下がり、恥知らずの商売人たちによって毒されようとしている。著作の成功は、作者を高みに引き上げるどころか、彼を引きずり下ろし、商品に変えてしまう。著名性のせいで、有名人は孤独に陥り、人々に追われながら逃げることを余儀なくされる。彼は絶え間なく住所を変えなければならないし、自分の原稿を肌身離さず持っていなければならない。自分の正体を知られたくないから人に話しかけるにも用心が必要だし、出版されるのが心配だから手紙を書くこともできない。有名人はもはやあらゆることを警戒しなければならないのだ。彼は、使用人や友人たちが自分の原稿を盗むのではないかと疑っている。使用人は金銭のために盗むだろうし、友人たちは「読者＝公衆」であることを口実にして盗むだろう。

称賛を望む欲望に向けられる古典的な批判を、ジョンソンの議論は完全に反転させている。かつて作家を不幸にしていたものは著作の不成功だった。同時代人の不当な評価に直面した作家は、死後にしか享受できない幻の栄光を追求せざるをえなかった。しかし、今は不成功ではなく、有名になることそのものが作家の重荷となり、その運命を呪うのである。ジョンソンは、虚栄の追求に対するキリスト教的な断罪に、新たな表現を与えただけだと考えることもできるだろう。しかし、そのような観点に立つとジョンソンの考察の独自性が見えなくなってしまう。彼は、その皮肉と観察眼とによって、人々からの評価を社会的に基礎づけている条件を特に敏感に把握している。その条件が首都ロンドンにおいて変化を迎えつつあることを、ジョンソンのテクストは物語っているのである。このようにして、著名性のもたらす面倒という主題を、ジョンソンはほとんどおどけた仕方で表現する。著作が成功したせいで友人と絶交するはめになり、かつて自らが貪欲に追い求めた著名性を呪いであるかのように疎んじ、成功そのものによって世間と切り離されて、迫害を受ける人間のように孤独に生きなければならない——偏執的な妄想に苦しむ、このような有名人の肖像は、並外れた先見性によって、ジャン＝ジャック・ルソーという人物像を予告しており、それだけに印象的である。

十八世紀の半ばにデュクロとジョンソンがともに意識していたのは、新たな著名性の形態が、大都市における公共圏の変化と連動して出現しつつあり、その形態が「評判」とも「栄光」とも別のものであるということだった。彼らは、著名性が逆説を伴う偉大さだということを直観していた。成功の証であるゆえに、著名性には作家たちを——もっと一般的に言えば、公衆を相手にして創作に携わる者すべてを——強く惹きつける作用がある。しかし、他方で著名性は不確実なものでもあって、ほとんど決まりらしい決まりに則っていない。著名性は、広範の匿名的な人々の判断によって生じるものであり、その判断基準は変わりやすく、明確さに欠け、信頼を置けるような代物ではないのである。とりわけ、著名性とは危険なものであり、恐ろしい陥穽として姿を現すことがある。当時の人間が抱いていたこのような直観は、さらに意外なものであるとはいえ、これ以降ますます発展していく著名性のトピックにおいて重要な要素を形成するようになるのである。

## 著名性

「著名性（célébrité）」の語そのものは、十八世紀半ばに新しく生まれたわけではない。ただ、この時期に、この語はわれわれが現在知っているような意味を持ち始めたのである。前世紀、つまり十七世紀にこの語が用いられることは稀で、当時はただ、公的な儀式の盛大さを意味していただけであった。アントワーヌ・フュルティエール〔フランスの作家（一六一九－八八）。小説『町人物語』を著し、『フュルティエールの辞典』を編纂〕は、「セレブリテ」を「荘厳、壮麗、厳かな事績を執り行う儀式」と定義している。そして、「教皇使節の入場はとても厳かに行われる」のような用例を挙げて、「この語の用法は古い」と加えている。ラ・ブリュイエール〔フランスのモラリスト（一六四五－九六）。主著『カラクテール』〕がこの語を用いるのも、このような荘厳な儀式という意味においてである。「荘厳な儀式（célébrité）が行われる時期に、寺院に捧げ物を献じるような人々の信心を、彼は馬鹿にする」。ラ・ブリュイエールの表現の皮肉は「セレブリテ」の語源に立脚していて、その語源には人々がよく訪れる場所という観念が含まれると同時に、その信心が誠実なものであるというよりは見栄であるというニュアンスもうかがえる。古典ラテン語で「ケレブリタス（celebritas）」という語は、ある場所に人々がたくさんいることと、群衆が参加する祭儀の荘厳さ、つまり、豪勢と大勢という観念を同時に意味していた。しかし、この語が遠くまで伝わる評判を意味することは稀にしかなく、「評判の著しさ（celebritas famae）」という表現が唯一の例である。ほんの数人の著作家たち（アウルス・ゲッリウス、そしてボエティウス）が、時代を隔てて、「ケレブリタス」の語単体にこのような意味を与えようと遅まきながら試みたが、結局うまくいかなかった。中世には、非常に稀な例外を除いて、「ケレブリタス」が「評判」という意味を持つことはなかった。したがって、この語がフランス語に現れた時に、そこで意味されていたのは単に祭儀の荘厳さだけだったのである。それに対して形容詞「ケレベール（celeber）」はラテン語においてすでに、人々に知られている場所、事物、人を意味していた。フランス語では形容詞「セレーブル（célèbre）」がかなり早い時期に同様な意味を持つようになり、「高名な（illustre）」や「噂の（fameux）」の類義語になっていた。

　ある個人の類い稀な有名性を指し示す「著名性」の用法は、一七二〇年代になって少しずつ現れる。その用例の一つが見られる『ペルシア人の手紙』〔モンテスキューの書簡体小説（一七二一）〕において、この語が意味しているのは、広範囲に及ぶものの不確かな評判である。「数日前、私は出かけて行った田舎の家で、この地方ですぐれた著名性を持つ二人の知識人を見つけた」[40]。マリヴォーやクレビヨンの著作にも著名性の用例が見られるが、デュクロが一七五一年の『考察』を書いた当時、それはまだ最近の言葉だったのである。しかし、主要な語彙データベースが示しているように、その後の数十年間にこの語の使用頻度はずっと高くなる。たとえば、ARTFL-Frantext のデータベースを用いた調査は、著名性の用例が一七五〇年以前にはほとんど存在していなかったことを示している。一七五〇年から六〇年までの十年間に語の使用頻度は徐々に増加し、一七七〇年から九〇年の間に相対的な使用頻度のピークを迎えている[41]。Google Books の電子テキストに依拠する検索エンジン Ngram viewer を使った調査でも、同様な結果が示される。一七三〇年にはほとんどゼロに近かった使用頻度が、徐々に上昇しながら一七八〇年頃に最初のピークを迎え、一八一二年にはさらに高いピークを迎える。その後は、使用頻度が長期間にわたって徐々に低下していくのが見られる。相対的な使用頻度としては、一七五〇年から一八五〇年の間に、フランス語の出版物の

**グラフ1**　フランスの出版物における「著名性（célébrité）」の使用頻度

中で著名性の語が最も頻繁に使われていたことが明らかである[42]。

語の使用が広まると共に、その意味も変化する。一七五〇年代から六〇年代にわたる期間、著名性の意味はまだ「評判（réputation）」に近く、人々から疑いの目を向けられるような、急速に広範囲にわたる有名性を含意していたらしい。たとえば、哲学者《フィロゾーフ》たちに敵対する陣営は、彼らが過剰な評判に浴しているとして、これを告発する際に著名人《セレブリテ》の語を用いている。『偉大なる哲学者たちについての手紙』の中でシャルル・パリソが揶揄しているのは、「これらの紳士諸氏が相互に送り合う、退屈な賛辞の繰り返しであり、著作を通して彼らが代わる代わる与え合う著名人の肩書き[43]」である。

時を同じくして、フランソワ・アントワーヌ・シュヴリエ［フランスの諷刺作家（一七二一－六二）］は、さまざまな客がやって来る食事会を催す女主人たちを批判している。「束の間の著名性を望む物書きたちは、彼女たちの家に、一時の話題にしかならないような作品を朗読しに行くものと相場が決まっている[44]」。否定的な意味で使われるとき、著名性が指し示しているのは、売名行為のいくつかの形態や、世間を賑わす知識人グループが相互に図って行う宣伝行為のことである。

この語は一七六〇年代から七〇年代にかけて、部分的にではあるが否定的な意味合いを失い、特殊な意味を獲得していく。「著名性」とは、「公衆」の好奇心と結びつき、当の著名人本人にあらゆる不自由を課すものである。『秘密の回想録』では、つねにこのような意味で「著名性」の語が用いられているし、同様な用法は当時の書簡にも見られる。ジュリ・ド・レスピナス［フランスの文芸庇護者（一七三二－七六）。晩年の恋人ギベール伯爵に送った書簡が知られる］はギベールに以下のように書き送っている。「あなたの才能によって、あなたは著名性へと断罪されているのです。ご自身の運命に身をゆだねなさい。あなたは穏やかな気質と感受性が求めるような甘美で内面的な生活を送るために生まれていないのだ、とお考えになるのがいいでしょう」[45]。ここではもはや、脆くいかがわしい評判という側面を著名性は持っていない。その代わりにこの語が表現しているのは、デュクロが書いていたような、私生活に齟齬をきたすほど著しい有名性である。一見逆説的にも思われるジュリ・ド・レスピナスの表現を、あらためて見てみよう。「あなたは著名性へと断罪されている」のだ。著名性は単に外から付け加わる属性でなく、根底的な条件を形成するもので、ある人間の生活形態、さらに、ほとんど社会的境遇までも変えてしまうのである。人々に知られる存在になること、才能のせいで人々につねに好奇心を向けられる存在であること――それは熱狂をかき立てると同時に苦痛を伴う試練であり、一人の人間の「運命」を変えてしまう。このようにして、成功と才能が往々にして不遇をもたらすという意識が新たに芽生えるようになったが、その意識を見事に集約しているのが「著名性がもたらす面倒」という表現である。この表現はたとえば、ディドロの『父と子供たちとの対話』[46]にも見られるし、一八一二年には、デュフレノワ夫人〔フランスの詩人、小説家（一七六五－一八二五）〕の著書『女作家』[47]の副題にもなっている。

　イギリスにおける著名性の語の変遷には、フランスにおけるそれと似ている部分も異なる部分もある。フランス語の「著名性《セレブリテ》」のように、英語の「セレブリティ（celebrity）」も儀式の壮麗さを意味していたが、次第に新たな意味を持つようになり、特に一七五〇年代には、俳優や著作家の有名性を指し示すようになった。時期的には少々ずれているが、十八世紀末から十九世紀初めにかけて、フランスと同様にこの語の使用頻度のピークが見られる。

　しかしながら、英語には「声望（fame）」という別の語もあり、その意味は多岐にわたっている。「声望」はフランス語の「著名性《セレブリテ》」を含むと同時に、単なる評判、あるいはその反対に、持続的な栄光も意味したりする。そして、このような意味の広がりは、同じ一人の作家においても見られるのである。十七世紀に、フランシス・ベーコン〔イギリスの哲学者、政治家（一五六一－一六二六）〕は『声望論断章』の中で「セレブリティ」の語を噂に近い意味合いで使っ

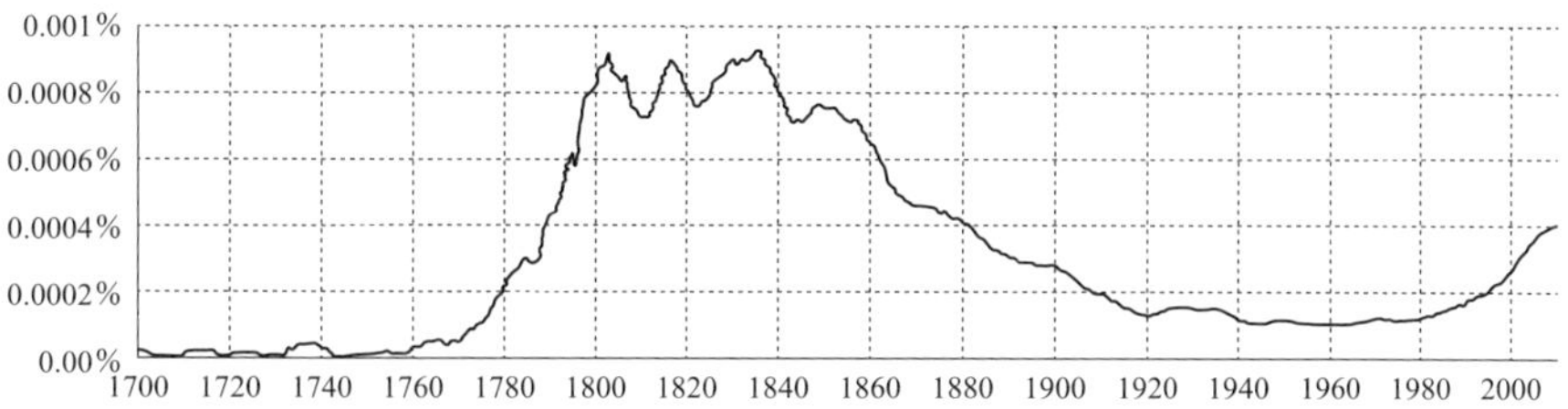


**グラフ2**　イギリスの出版物における「著名性（celebrity）」の使用頻度

ている。ところが、『学問の進歩』になると、ベーコンは学者に対して特権的に与えられる報酬という意味でこの語を用いているのだ。(48) 十八世紀の英語の語義を調べる際に参考資料となるサミュエル・ジョンソンの『英語辞典』では、「セレブリティ（celebrity）」と「声望（fame）」の二つが明確に区別されておらず、それぞれの項目が相互に参照されている。「セレブリティ」とは別に、ジョンソンは「著名であること（celebriousness）」を、「声望」や「高名（renown）」の同義語としていた。「有名な」という意味の形容詞として"famous"の使用が次第に一般的になる一方、"celebrious"や特に"celebrated"といった形容詞は、有名人を指し示す場合に頻繁に用いられていた。ここに見られるのは、さまざまな表現が沸き立つように生じる現象である。「声望」という、より歴史の古い語がさまざまな用法で使われていたために、「セレブリティ」は「声望」の同義語の位置にとどまることが多く、それ自体の用法はなかなか発展しなかった。「声望」の語は現代英語に至るまで、メディアにおける著名性の諸形態や、より正当な栄光のニュアンスの双方を意味している。このように、語彙同士の関係は一層複雑であることが理解されよう。

## 「出る杭は打たれる」

十八世紀の半ば、デュクロとジョンソンは著名性を、公衆の飽くなき好奇心に晒される人間の条件として定義しようとしていた。三十年後、この語の重要性は増し、「著名性」という現象はさらなる広がりを見せて、文人たちの存在を根底的に変え始めていた。著作家たちは、彼らに固有の社会状況を早急に分析するのが常であり、著名性は彼らにとって繰り返し語られるべき主題となったのである。人々の話題になりたいという著名性の欲望を虚栄として告発する著作家もいる。ヴィットーリオ・アルフィエーリ〔イタリアの劇作家（一七四九－一八〇三）〕はその例で、「虚しい栄光の持つ一過性のオーラ」（フランス人の訳者は「安易で一時的な著名性」と訳している）を批判して、これに対し、偉大な著作家の死後の栄光を顕揚している。(49)

その他の著作家は、自己宣伝のメカニズムがもたらす新しさを理解しようと努めている。そのうちの一人、ニコラ・シャンフォール〔フランスのモラリスト（一七四一－九四）〕は逆説を得意とする作家であり、著名性の両義性を理解するのに絶好の立場にあった。シャンフォールは著名性に関するいくつかの有名なアフォリズムを残しているが、以下はその一つである。「著名性とは、自分のことを知らない人々に知られる特権である」。この引用はしばしば「自分が知らない人々に知られる特権」と間違った仕方で伝わり、著名人と公衆が互いについて持っている情報量の不釣り合いをもっと単純に強調する文になっている。この場合、著名性とは、評判の伝達範囲が相互に知り合いであるような仲間内を超えて拡大したものだと理解されているのである。しかし、シャンフォールの正しい引用にはもっと深い含意がある。きわめて逆説的な彼の表現は、人を知る方法の二つの形式の違いをうまく捉えている。間接的で媒介された知識によってある人物が同定されるのは、その人物の名前、時として相貌、さらにその人に関する一連のエピソードが知られているためである。個人的な知己の場合は、直接的で相互的な人間関係を前提としている。このシャンフォールの警句から、以下のような疑問が直ちに湧いてくる。ある有名人と直接知り合いになることなく間接的に知っている人々は、その有名人の一体何を知っているのだろうか。名前、姿、噂、言説、つまり、メディアに投影されたその人の情報すべてである。それらは公共空間の中で流通するものであって、当人とは疎遠な関係しか保っていない。こういったものを、公衆がイメージする彼の人物像と呼ぶことができるだろう。有名人は、知られることなく知られている。有名人とは一つの名前であり、幻影とは言わないまでもさまざまな物語を文えている存在である。デュクロが仮定的に描き出す著名人は、自分についての話を耳にしながら「自分とは別人の話を聞いているような」思いに駆られていた。今、問題となっている有名人の状況はまさにこのようなものである。シャンフォールが選んだ「特権」という言葉は、疑いようのない皮肉を含んでいる。かくも人々が追求する著名性とは、罠であり、ある不自然な状況を生み出す。その状況を端的に伝えているのが「自分のことを知らない人々に知られること」という、一見して矛盾して見える表現だ。著名性という現象のまがいものめいた性質が批判されるのは、個人同士の関係こそ正当であり、メディアを介した間接的な関係は不自然だとされるためである。シャンフォールがここで先鞭をつけたスペクタクル社会への批判は長い後史を持つこととなり、「人間が」公の存在となることによって被る疎外に対する、ロマン主義的批判を予見している。

ところで、シャンフォールの著名性という現象に対する関わりには、もっと個人的な側面もあり、彼が社交界や文芸界で成功した経験がもとになっている。デュクロやマルモンテルがそうだったように、シャンフォールのデビューも、文人としてのキャリアの成功という定型に則っている。クレルモン＝フェランから首都パリにやってきた後に彼が手に入れたものとして、アカデミーのコンクールにおける成功、ヴォルテールのお墨付き、貴族による強力な保護、戯曲の大成功、さらにはアカデミー会員の地位まであった。たった四十の齢で、彼の前に著名性の扉が開かれようとしていたのだ。彼は人が羨むような立場にあり、少なからぬ収入を得ている。今をときめく話題の若者だった彼は、人気作家への道を歩み始めていた。師であるヴォルテールや友人のボーマルシェの轍を踏んでいれば、それ以上の名声を苦もなく手に入れることができただろう。しかしその後、彼の中で何かが折れてしまったのである。どうしてかはよくわからないが、シャンフォールの心に嫌悪ないし幻滅の感情が忍び込んで、彼の野心も、社交の喜びや作家としての栄誉を求める彼の嗜好も根底から蝕まれてしまう。彼はコンデ公が提示した多額の年金を辞退し、サロンに通うのもやめてしまう。そうして彼は田舎に隠遁して、本を出版するのをやめ、著作家として長い沈黙のうちに安住するようになるのだ。数年後にルソーが行うような断絶とは違い、シャンフォールは華々しく耳目を集めたり、その断絶を喧しく正当化することもない。その仕方は静かで、断絶というよりも離反という方がふさわしい。彼が沈黙から脱するにはフランス革命が起こる必要があった。この事件を機会に熱狂的な革命主義者となったシャンフォールは、自殺未遂と、恐怖政治下における死という悲劇的な顚末に導かれることとなる。

シャンフォールがバートルビー症候群［作家が書けなくなってしまうこと］にかかって、本の出版をやめてしまった理由については、いくらでも詮議することができるだろう[50]。そういった理由の主たるものとして、シャンフォールが公衆や宣伝について行っていた省察が挙げられると思う。趣味判断において権威として認められないような人々に迎合しようとすると、作家は何をしなければならないか。そのことを彼は鋭い痛みを感じながら意識していたのではないだろうか。シャンフォールが批判の矛先を向けるのは、評価の担い手としての公衆に対してよりも、宣伝と有名性の力学、つまり、成功が作られるものであるという点に対してである。辛辣で醒めた一連の箴言の中で、シャンフォールは著名性という概念を転倒させている。彼は、それを美質の証や望ましい成功の体現としてではなく、一種の懲罰として描き出す。「著名性とは出る杭が打たれることであり、才能への懲罰である[51]」。さらに、「十年前から文芸の世界で流行っているものの言い方で、某氏はこんな風に言っていた。作家として著名であることは汚辱に等しい。それはまだ犯罪者の足枷ほど悪いものにはなっていないが、いずれそうなるだろう[52]」。この二つ目の文が明察しているのは、十九世紀になって文学の領域が自律性を帯び、大衆文学が発展することで生じる「象徴財のエコノミー」である。このような状況で、読者からの評価や成功は、〝芸術のための芸術〟や文学的前衛と矛盾したものとされる[53]。著名性は不名誉の印になるのである。

一七八四年に書かれたロマン神父への手紙で、シャンフォールは自らが選んだ孤独と隠遁生活にあらためて言及している。そして、この友人に対して、自身が文人のキャリアを歩み始めた当初に抱いていた栄光への夢と、著名性というメカニズムの現実とが、異なるものであることに気づいたと書いている。著作家としての生活、嫉妬、成功が引き起こす憎しみ、また、「著名性に対する不幸な執着」がいかに人間関係を破綻させるか――こういったすべての経験が、彼に気づかせたのだ。「以前、わたしは栄光（gloire）への愛を抱いていました。今ではそれと同じだけの憎しみを著名性に対して抱くようになりました」(54)。

シャンフォールと関係が深く、彼とは劇作家のサークルで親交のあった同年代の人間、ルイ＝セバスチャン・メルシエも文化の領域で起こっていた変化を観察していた。一七八三年から出版されたメルシエの『タブロー・ド・パリ』は、単にパリの民衆生活を風変わりな仕方で記述しているだけではない。そこでは同時に、十八世紀末の首都における文化人たちの生の新たな条件、さらに、メルシエが誰よりもよく観察できた著作家や演劇人たちの生き方についても考察されている(55)。彼がこの著作で何よりも強調しているのは、著名人たちの存在と根底的に関わっている隷属状態である。有名人は、自分の私生活がつねに人々の視線に曝されているのを目にするのだ。「魅力的な女性の生活以上に、こういった著名人の生活の方が人々に詮索される」。『文学と文人について』の中ですでに、メルシエは皮肉を交えてこのように書いていた(56)。メルシエの著作の中で描写の対象となっていたのは、特に社会的な身分に恵まれているわけでもないのに、人々の関心を集め、エリートだけでなく、より広い公衆からもてはやされる著作家たちの特権であった。しかし、魅力的な女性との比較が必ずしも良い意味ではないように、この時点ですでにメルシエの文章には批判的な疑念が頭をもたげていた。『タブロー・ド・パリ』において、メルシエはこの点に何度も立ち返り、著名性という新しい文化をあからさまに批判する。この著作の最も示唆に富んだ章の一つには、コメディー＝フランセーズの観客たちが、当時行っていた風習が描かれている。彼らは、初演の最後に戯曲の作者を舞台に出すよう要求するようになったのである。ヴォルテールとともに始まったこの新しい慣行は、本来ならばメルシエにとって喜ばしいものである。というのも、メルシエは、彼の友人であったボーマルシェとともに、俳優たちの特権や部屋付侍従たちの検閲に抗して、劇作家たちの権利を向上させようと熱心に望んでいたのだから(57)。しかし、以上のような現象を取り上げる際の彼の筆鋒はきわめて鋭い。メルシエにとってこの慣行が意味していたのは、スペクタクルそのものの喜びから作者を見たいという欲望へ、作品から作家へというあるまじき移行であった。このように、作者の存在が一見重要視されているような状況を前にして、他の人々ならば作家の聖性の先駆けを見ようとしたかもしれない。しかし、メルシエはそこに堕落を見ていた。作者の中に権威や創造者が認められるどころか、作者の人格が見世物に成り下がっているのだ。

桟敷席の観客たちは、劇の最後になるとよく、今見たばかりの作品に新たな場面を付け加えるかのように、大声で「作者を出せ!」と要求する。その執拗さはこの上ない狂乱の相を呈している。彼らが上げる叫び声には、本来強要できないことを無作法に要求するような、暴力的で粗野な性質が見られる。劇場の端に犠牲者が連れて来られるまで、平土間の喧騒は増し続ける。このとき彼らが作家に送る拍手はもはや侮辱でしかない。

メルシエの筆致は小気味よく、痛烈である。そして、結論は仮借ない。公衆=観客からの称賛は一種の侮蔑になるというのである。作家の社会的存在は、眼差しと喝采にさらされ、観衆と向き合う顔・身体へと還元される。由々しきことに、作家のこのような社会的存在は彼の精神的存在と混同されてしまう。「狂乱する桟敷席の、有無を言わさぬ叫び声に屈してしまうほど、自分の価値を軽んじる作家たちがいることが私には解せない。どんな作家にも、観客たちの狂ったような喧騒に身を委ねないという選択が権利として認められている。彼の作品と人格にはいかなる関係もないのだから。そのことを、どうして観客自身でわかってくれないのだろう? 評価すべきは作家の詩や散文であって、容貌とか服装とか物腰ではないのだ」[58]。ここからわかるように、ヴォルテールの『イレーヌ』が上演された際、この作家を讃えるために行われた儀式、つまり観客の喝采などメルシエにとって何のありがたみもないものだった。メルシエがそこに見出したのは、単に作家の名誉を傷つける悪ふざけでしかなかったのである。

メルシエの烔眼が見て取っていたのは、作家が公衆=観客にもてはやされて、その地位が上昇しているように見える現象の背後に、実際には二つの変化が隠れているということである。テクストから作者へ、そして、芸術家としての作者から生身の人間としての作者へ。人間としての作者が姿をさらすことは、もはやその作品に興を添えることにしかならない。人々は作家と作品を混同するだけではない。彼らは作家に好奇の眼差しを向け、見世物の余興に変えてしまう。作家の自由と尊厳を否定してかき消してしまう観客たちの叫び声は、集合的な称賛の表現(「喝采」)という体をとりつつ、作者を舞台上の人物に還元しようとする暴力的な意思を露わにしている。作家に賛辞を送るという名目で行われるこの儀式は、公衆の力と専制支配、そして、あらゆるものを意のままにスペクタクルに変化させようという彼らの欲望を演出している。メルシエが許せなかったのはそのことである。「彼らが作家に送る拍手はもはや侮辱でしかない」――メルシエの、辛辣ですぐれて逆説的な表現は、こうしてみると理解される。

# 第5章　有名人の孤独

われわれがこれからルソーを通して見て行くのは、著名性の好例であり、同時に例外でもあるようなケースである。『新エロイーズ』の作者であった彼は、人々の好奇心と熱狂を時に華々しくかき立てる、啓蒙期のヨーロッパで最も有名な著作家の一人だった。のみならず、彼は自分の著名性に言及した最初の作家の一人でもあったのである。自分が公に姿を晒し、人々に知られた存在であるということに強迫観念を持っていたルソーは、書簡や自伝的テクストにおいて、著名性がもたらす「忌まわしい」帰結の考察に心をくだいた。彼の魅惑的な考察は、社会哲学と偏執病的な狂気とに貫かれている。ルソーのたどった軌跡に関する資料はとりわけよく揃っており、われわれはそこから著名性という現象の仕組みを鮮やかに見て取ることができる。ルソーの軌跡をたどることによってわれわれが追うのは、一人の著作家の運命である。彼は、自分がある日を境にして人々の注目の的になろうとはほとんど思ってもみなかった。そして、彼はその後二十年間、同時代の最も有名な人間の一人として生きることになったのである。ルソーにとって、この著名性は心地よいものではなく、むしろ試練や呪縛とみなされるようなものだった。この呪いのせいで彼は「パリの中心にあって無人島のロビンソンよりも孤独に生きなければならず、群衆たちが彼を取り囲んで、誰とも紐帯が生じないようにしているために、人間社会から切り離されて生きなければならない」(1)のだ。このような逆説的な事態をいかにして理解できるだろうか。

## 「不幸がもたらす著名性」

瞬く間に著名性を獲得し、それによって公衆の視線が注がれる舞台の上へと唐突に放り出される——ルソーによって経験されたそのことは、後に他の多くの人々によっても経験されることになる。一七五〇年代初頭、『学問芸術論』がまだ成功を収める前のルソーは、パリの文芸界に入り込もうと苦戦する数多の著作家たちの一人にすぎなかった。パリにやってきてから十年が経ち、ほとんど四十の齢にさしかかっていたルソーが、成功のための切り札として持っていたのは『近代音楽論』とオペラ『優美な女神たち』だけだった。とはいえ、前者はあまり反響がなく、後者は上演すらされなかった。ルソーが期待をかけていた独自の音楽記譜法はアカデミーの賛同を得られず、作曲家としての才能もラモーの怒りと軽蔑によって潰されていたため、宮廷による保護と支援は望めないものとなっていた。一七四三年から四四年にかけてヴェネツィア大使付きの秘書を務めたが、その経験も苦い失敗に終わる。しかし幸いなことに、ルソーは徴税請負人の妻であったデュパン夫人のもとで秘書の職を手にし、その義理の息子で徴税官であったデュパン・ド・フランクイユの信頼を勝ち取った。もう一つの希望の光は、友人のディドロから、『百科全書』という先行きの不確かなプロジェクトにおいて、音楽関係のいくつかの項目の執筆を依頼されていたことである。こうしたすべてを勘案してみても、ルソーの歩んだ軌跡は、成功を夢見て地方からパリに上ってくる独学者の典型的な経歴と大して変わらない。そういった人間の評判が、文芸を志すボヘミアンたちの狭い世界を超えて広がることはそれまでなかったのだ。

一七五一年に、ディジョンのアカデミーによって表彰された『学問芸術論』が話題になると、状況は一変した。一七五〇年十二月から、レーナル師が『メルキュール・ド・フランス』誌にルソーの論文の概要を発表し、ついで一七五一年一月にすべての文章を掲載すると、激しい議論が展開された。すぐさま巻き起こったセンセーションは、アカデミーの論文によってもたらされる通常の成功とまったく規模の異なるものだった[2]。ディドロがルソーに書き送っているように、「これほどの成功が見られたためし」は存在しない。この論文に対していくつもの反論（その中にはポーランドの前王スタニスワフ・レシチニスキによる論駁も含まれる）が試みられたことにより、人々の好奇心は高まり、ルソーも自分自身の立ち位置をよく考える機会に恵まれた。数ヶ月後、彼は注目の作家になっていた。自らも作家として成功を収めていたグラフィニ夫人［フランスの作家（一六九五―一七五八）。書簡体小説『ペルー娘の手紙』で成功］は、ルソーと面識を持って喜んでいる。「逆説的な言辞とスタニスワフ王への返答でかくも著名になったあのルソーと、昨日知り合いました[3]」。数ヶ月後、『トレヴー通信』はルソーの論文がもたらした、国境を越えた「反響」について触れている。たとえば、当時ジュネーヴの神学生だったアントワーヌ・クールは、『学問芸術論』への反論として出版された「無数の著作」をフォローしようと努めた[4]。

これ以降、ルソーは文化的な領域で絶えず新たな話題を提供するようになる。『学問芸術論』が出版された翌年、彼は自分に論戦を挑んでくる者たちに対する答弁を出版し、戯曲『ナルシス』を上演させた。この劇作品は失敗に終わったが、彼はこれに長大な序文（約四十ページ）を目玉として加え、出版した。この序文の中で彼が熱心に行った自己正当化は期待されていた効果をあげ、さらに人々の関心をかき立てるようになる。その数ヶ月後、ルソーのオペラ『村の占い師』がフォンテーヌブローで上演されて、大成功を収める。ルソーは、フランス音楽に対して、演劇に対して、そして、百科全書派の古い友人たちに対して論争を仕掛けることで、著名性の萌芽を育んでいった。『新エロイーズ』の前代未聞の成功は出版史の一大事件となり、一七六二年にパリの高等法院によって断罪された『エミール』と『社会契約論』は刊行後にスキャンダルを巻き起こした。このように、一七六〇年代初頭に至ってついに、彼の著名性は完全なものとなった。

逮捕の危険が迫ったルソーは、急いでフランスから逃げる羽目になる。ここから始まるのは、彼の言葉を用いて「不幸がもたらす著名性[5]」と呼ぶにふさわしい、度重なる逃避行の時期である。ルソーは作家として成功しただけでなく、同時に、誰もが知っている人物になった。その生活は細部に至るまであらゆる定期刊行物で語られるし、その肖像はあらゆる媒体上で再生産されて、彼を崇拝する数多の人々にとって垂涎の的となる。一七六〇年代の半ば、ルソーがヴォルテールとともに当時最も名高い作家であったことは間違いない。ヨーロッパ中の出版物が、彼のちょっとした行いや振る舞いを報告している。ルソーの著作が翻訳され、話題になっていたイギリスでは、『クリティカル・レヴュー』や『マンスリー・レヴュー』、また、『ロンドン・クロニクル』や『セント・ジェイムズ・クロニクル』のような定期刊行物が、しばしばルソーに関するニュースを読者に伝えていた。(6) 一七六五年、ジュネーヴの騒乱によって、ルソーが文芸の世界だけでなく政治の世界でも有名になっていた当時、彼に関する記事はこういった刊行物に毎週掲載されていたのである。(7) モティエ［逮捕命令を下されたルソーが逃亡中に滞在したスイス・ヌーシャテル近郊の村］でルソーの滞在していた家に若者たちが石を投げたとき、『ロンドン・クロニクル』は若干の誇張を交えてこう伝えている。「かの有名なジャン゠ジャック・ルソー氏は、危うく三人の男たちに殺されるところだった」(8)。それから数ヶ月後、『エミール』の著者がイギリスの地を踏むと、メディア上で熱狂が起こる。イギリスの出版メディアによって、ルソーが大陸側を覆っている政治的・宗教的不寛容の犠牲者とみなされていたことが、この熱狂に拍車をかけた。しかし、何よりも人々の好奇心をかき立てたのは、ルソーの来歴と人物の特異性である。「誰もが、自身の特異性のせいで困難な状況に陥ったこの人のことを見たいと欲している。稀にではあるが彼は人前に姿を現し、アルメニア風の衣装を着ている」と、こんな風に『パブリック・アドヴァタイザー』誌は喧伝している。(9) ルソーをイギリスに呼び寄せたばかりで、まだ彼と絶交していなかった頃のヒュームは、イギリスの出版メディアがルソーに関するほんのちょっとした事柄までこぞって書き立てていることに、驚いていいのか感心していいのかわからないでいた。「本当にどうでもいいことまで含めて、ルソーに関するあらゆる状況が、定期刊行物に掲載されている」(10)。ルソーが飼っていたスルタンという名の犬が行方不明になると、そのニュースは翌日に報じられ、その犬が見つかると、また新たな記事になるといった具合だった。(11) 一七六六年一月にロンドンに着くと、ルソーは俳優ギャリックの演技を見るために劇場へと足を運んだ。しかしその夜、人々の関心を惹きつけたのはほかならぬルソー自身だったのだ。あらゆる日刊紙がこの出来事を伝えており、ルソーを一目見ようとやってくる群衆の姿を描き出している。そこで浮き彫りにされるのは、生身のルソーに対して群衆が寄せる好奇心である。その好奇心は、ルソーがアルメニア風の服を着ていたことや、バルコニー席の最前列で、非常に表情豊かに、ほとんど芝居を演じるように振る舞っていたことによってさらに刺激された。

同年二月初め、『ロンドン・クロニクル』はルソーの伝記に大幅に紙面を割いた。そこで強調されていたのは、彼の妙に目立ちたがる性質である。驚くに当たらないことだが、ルソーは『秘密の回想録』に最も引用された人物の一人であり、実に一八〇回も登場している。『秘密の回想録』ではもちろん、ルソーの著作が告知されたり論評されたりしているが、その執筆者たちが好奇心と関心を寄せるのは、作家の人生の波乱万丈さである。『秘密の回想録』とその読者たちの興味を引くのは、ルソーになされた迫害であり、彼を時の権威やかつての友人たちと対立させている論争であり、特に、彼の人柄への尽きない詮索である[12]。ルソーがサン゠ピエール島に逃れたとき、『秘密の回想録』は、「迫害が彼の想像力に影を落とし、彼はこれまで以上に粗暴な人間になった[13]」と述べている。しかし、ルソーが一七七〇年にパリに帰還後、最初にカフェ・ド・ラ・レジャンスを訪れた頃から、『秘密の回想録』は公の場所に現れる彼の姿を定期的に報じている。身柄の拘束を命じられていて、建前上はつねに自由な行動を自粛する必要があったにもかかわらず、『エミール』の著者がこうして人前に出てくることを、『秘密の回想録』は驚きとともに記している。「自分が目立たず、人々の関心を占めることがないのに倦んだJ゠J・ルソーは首都パリにやってきて、数日前、カフェ・ド・ラ・レジャンスに姿を現した。すると彼はたちまち多数の人々に囲まれたのである。大勢の観衆を前にして、彼は怯えているようには見えなかった。彼は普段と違って、会話に愛想のよさを加味したりもした[14]」。

ルソーのパリへの帰還は一大事だった[15]。彼が最初に姿を現すと、大勢の野次馬たちが有名人を一目見ようとやってくる。『文芸通信』において、グリム［ドイツの批評家（一七二三—一八〇七）。ライプツィヒ大学に学んだ後、パリでディドロ、ヴォルテールら哲学者たちやデピネ夫人らと親交を結ぶ］はこの騒動を、いつものごとく皮肉を交えて描いている。「ルソーはパレ・ロワイヤル広場にあるカフェ・ド・ラ・レジャンスに何度も姿を現した。そのせいで、カフェには信じられないような数の人が集まり、さらに、ルソーがカフェを訪れている姿を見るために、広場にまで有象無象の人々がたかっていた。この大衆の半数の人々に何をしているのかと聞いた。すると、「ジャン＝ジャックを見るために」そこにいるのだと言う。それでは、ジャン＝ジャックとは一体何者かと聞いた。すると彼らは、わからないが、とにかく彼はここにやって来ているのだと言う」[16]。ここで「ジャン＝ジャック」は空疎な言葉となる。それは、面白いスペクタクルを予告し、大衆が繰り返し口にする集合の合図となり、ルソーの作品とも人物とも切り離されて、広告の謳い文句のように流通する。つまり、ルソーの著名性は、その著名性そのものによって支えられた同語反復的な現象となっているのだ。この現象に与しているのは、どんな人物であれ有名人を見られると思うだけで興奮する「下層民（populace）」、つまり、最も蒙昧で、最も批判精神を欠いた人々の興奮でしかない。デュ・デファン夫人［フランスの侯爵夫人（一六九七—一七八〇）。サン＝ジェルマン＝デ＝プレにサロンを開き、ヴォルテール、モンテスキュー、ダランベール、テュルゴー、ヒュームらが出入りした］も、ルソーが生み出す大衆演劇に似た「スペクタクル」を皮肉っている。その際に彼女が用いるのは同じく「下層民」という蔑称であるが、この語の意味は皮肉と軽侮を交えて広くとられ、社交界に少なからずいたルソーを崇拝するすべての人々も含んでいる。「私たちはここにジャン＝ジャックを迎えています。この男が当地で生み出すスペクタクルは、ニコレの芝居のようなものです。今、このスペクタクルに夢中になっているのは、闊達な精神を持った下層民たちなのです」[17]。しかし、その後すぐに、ルソーはカフェに姿を見せるのをやめる。彼が首都にいられるのは単に寛恕されているからにすぎない、と当局に念押しされたためである[18]。

この最晩年にあたる時期、ルソーが見事に演じたのは、首都の真っ只中で身を隠し、匿名的な存在になろうとする著名人の役回りであった。ジャン＝フランソワ・ラ・アルプ［フランスの劇作家、批評家（一七三九－一八〇三）］は、ロシア大公にこう書き送っている。「ルソーという名はヨーロッパ中に鳴り響いているが、彼のパリにおける生活は人々に知られていない」(19)。ルソーに会おうとして彼のもとを訪れる人々は数多くいたが、彼らはルソーの警戒心をうまく出し抜く必要があった。クロイ公爵は、なかなか面会できない有名作家ルソーと会ってみたいと望んでいた。自らに巣食っていた欲望を公爵はこう表現している。「ずっと以前から、私はかの有名なジャン＝ジャック・ルソーに会いたかった。それまで一度もルソーに会ったことがなかったが、彼は三年前から、パリの中心に戻って隠遁生活を送っていた。ルソーがカフェに行くとわかると、私たちは彼の姿を見るためにカフェに急いだ。そうすると彼はもうカフェに行ったりしない。私たちは彼に近づくことはとても難しいのだと思い知った」(20)。クロイ公爵は、リーニュ公［オーストリアの軍人、外交官（一七三五－一八一四）。エカチェリーナ二世やプロイセンのフリードリヒ二世、ルソー、ヴォルテール、ゲーテなどと文通］が自分をルソーに紹介してくれるのではないかと期待したが、結局、プラトリエール通りにあるこの作家の家を一人で訪れることに決めた。ルソーの自宅に公爵はすんなりと迎えられ、植物学について彼と二時間語って過ごすことになる。

ここに至ると、著名性を拒否する身振りが、人々の考えるルソーのイメージとして加わるようになる。彼は著名であるだけではない。彼は著名人になることを欲しないということによって、著名人なのである。ルソーはもう著書を出版することもない。本を読むこともないし、写譜によって質素に生活することに満足しているのだと彼は主張する。ルソーは彼を訪れる野次馬たちや彼の崇拝者をことごとく追い払う。それゆえに、ルソーのもとを訪れようとする数多の人々は、彼と面会しようとして知恵を競い合う。ある者は写譜の依頼をルソーに持ち込み、またある者は、リーニュ公のように彼のことを知らないふりをして、その警戒心をうまく解こうとした。ルソーの家の訪問というテーマは、このように、一つの文学ジャンルと呼ぶにふさわしいものとなる。この主題は、パリ旅行記にとって、その後は〝回想録《メモワール》〟のようなジャンルにとって避けて通れないくだりとなるが、そういったものの中にはいつも同じことが描かれている。ルソーの簡素で厳かな生活、彼自身の著作については何も語ろうとしないこと、人の良さと人間嫌いが混交していること、テレーズ・ルヴァスールが控えめに姿を見せること、そして、最後にはもちろん、自分が迫害されているというルソーの確信。こういった話の大半は、ルソー訪問の数年後、しかも多くの場合ルソーの死後や『告白』の出版後に書かれたが、それらのうちのどこまでが見聞によるもので、どこまでが作り話なのか、見極めることが難しい。

ジャンリス夫人も、その『回想録』の中で一七七〇年秋のルソーとの出会いを演出する際に、ルソー本人を、彼を演じる役者と取り違えてしまうという喜劇的な場面を略述するところから始めている。そして彼女が描き出すのは、ルソーと友情を結び、彼と有益な会話をするようになった事の始まり、それに続く唐突な絶交である。ルソーは、彼女が自分を劇場に連れて行って、その姿を公衆に晒し、彼女と一緒にいるところを人々に目撃させたとして、ジャンリス夫人のことを責めるのである。感受性が鋭敏で善良、しかし不当なまでに猜疑心が強く、自分の著名性とほとんど病理的な関係を結んでいる人間——このようなイメージは、多数の目撃者が一様に描き出しているルソーの最晩年の姿と見事に一致している。そして、ルソー自身も人々におもねるように、彼らから与えられる肖像を自らのものとし続けたのだった。この種の目撃談からわかる重要なことは、ルソーとの邂逅が、あらゆる回想録作家たちにとって避けて通れない記述になっていたということだ。ガラス職人のジャック・ルイ・メネトラは、ジャンリス夫人とはまったく別の社会階層に生きていたが、彼さえもジャン＝ジャックと偶然に出会い、一緒に散歩したことを記述している。さらに、ルソーがカフェに来たことによって起こった人だかりについてもメネトラは触れているが、そのとき、野次馬の通行人たちは、冷や冷やするカフェの店主を尻目に、『エミール』の作者を一目見ようと店主が大切にしている大理石のテーブルの上に登ったということである。[21] アルフィエーリは一七七一年にパリを訪れたとき、「かの有名なルソー」との邂逅を望まなかったが、自身の『回想録』を執筆するにあたって、そのことを釈明しなければならないと考えている。[22]

ルソーはもはや自らの著作を世に問うこともなく、人前に姿を見せることも滅多になくなって、頑なに沈黙の中に閉じこもっていたが、彼の著名性が衰える気配はなかった。一七七五年、ルソーの戯曲『ピグマリオン』がコメディ＝フランセーズで、彼の許可なく上演されて大成功を収めるが、この成功は何よりもまず、作者の名声あっての成功である。新報記者のルイ・フランソワ・メトラは、その点をよく理解している。「『ピグマリオン』の上演が相変わらず成功を収めている。あらためて指摘しておきたいが、あまり演劇的とは言えないこの小品に輝きを与えているのは、あくまでも〝ジャン＝ジャック〟の名前である」と、メトラは『秘密の文芸通信』の読者たちに伝えている。[23] ルソーに関するほんの些細な事件さえも、出版メディアによって報道される。ルソー自身が『孤独な散歩者の夢想』の中で詳述しているように、彼はメニルモンタンで馬車の先駆けをする犬に転倒させられた。たとえば、こういったエピソードが一々報道されるのである。ヨーロッパのすべての日刊紙が、ルソーのさまざまな振舞いや、彼が引き起こす騒動を報じている。たとえば、『ガゼット・ド・ベルヌ』にはこのように書かれている。「十一月八日、パリより。数日前、J・J・ルソーがパリ近郊のメニ・ル・モンタンから戻る途中のこと。ある六輪馬車の前を大きなデンマーク犬が全速力で走ってきて彼を転倒させた。この有名人は自宅に運ばれ、今も安否が懸念されている。パリ全体がこの上ない関心を持って事の成り行きを見守っている。彼の容態を知るために、人々はたえず彼の家に行ったり、使いを遣ったりしている」。『アヴィニョン通信』などは誤って訃報を伝えてしまい、その結果、ルソーは自分自身の死亡記事を読むという貴重と言っていいのかどうかわからないような経験をした。[24]翌年、ルソーが本当に死亡したとき、彼の『告白』が出版されるのではないかという根強い噂が広まったが、このことはルソーの命が尽きてもその著名性が尽きなかったことを物語っている。よく知られているように、その死後に続く時期、ジャン＝ジャックの名声は絶頂を迎える。人々によるエルムノンヴィル巡礼が繰り返されるにつれて、ルソーは偉人へと姿を変えていく。さらに、彼の全集が出版され、ついには一七九四年にパンテオンに列聖されるに至る。以上のような顚末はより知られているだろう。これはしかし、著名性の歴史から逸脱して、ルソーの文学的・知的・政治的遺産が、彼の死後に獲得した栄光の来歴になる。つまり、これはもはやルソー主義［ルソー信奉］の歴史なのである。[25]

ルソーの生前から、著名性は彼のアイデンティティの一部と言っていいものだった。ルソーと、当時まだ新しかった著名性という主題とは、頻繁に結びつけられるようになっていた。彼の人目に立ちたがる性質が揶揄される場合も、逆に彼の運命に同情が寄せられる場合も、その点は変わらなかったのである。一七五四年以降、ルソーがジュネーヴに滞在するたびに、人々の強い関心が集まった。ジュネーヴの文人で薬剤師でもあったジャン＝バティスト・トロの記述を読むと、この観察者の関心は、ルソー自身から離れて、ルソーの著名性という現象、つまり、人々の視線を釘付けにする有名人の魅惑へと移っていることがわかる。

私はここで、ある才人についてだけ語ろうと思う。その著作がいくら話題になっても、人目に立たないことを好み、名声の追求に貪欲でないどころか自らの名声について沈黙を守る。そして、その沈黙によって、彼の名声は騒々しく鳴り響く。つまり、私が問題にしているのはかの有名なジャン＝ジャック・ルソーである。彼が弄する逆説の特異性と、文体のエネルギー、そして、その筆致の大胆さは公衆の耳目を集めた。人々は、関心を寄せるに値する珍しいものとして、彼に眼差しを向けたのである。富める者から貧しき者に至るまで、ジュネーヴ全体が私と同じようにルソーのことを見つめた。あらゆる人が、パリからやってきた一人の男を眺めようと押しかけた。この男はパリで多くの敵を作り、その憎しみと嫉妬のおかげで、彼の名前はむしろさらに有名になった。野次馬がいるのはパリだけではない、とルソーは内心そう思ったに違いない。ただ私たちは、時に隠れたり、雲がかかったりするこの星のような存在をじっくりと眺めたかったのである。[26]

ここで用いられている星の隠喩は、十九世紀に「スター」と呼ばれることになる人々の存在を予告している。そして、トロの記述にはすでに、その後ルソーの著名性の紋切り型となる表現の大半が見られる。著者のトロが特に強調しているのは、逆説を操り、論議を呼ぶこの男がかき立てる飽くなき好奇心である。ルソーの名前が知れ渡っていることにより、人々はこの有名人を一目見たい、あるいはじっくり鑑賞したいとさえ思うようになる。このような熱狂には批判が向けられている。ただし、それは人々の過剰な好奇心に対してであって、作家その人に対してではないのだ。ルソーは、人々の熱狂を積極的に煽ったとして糾弾されたりしない。むしろまったく逆に、匿名性のうちに留まりたいと願っても、それを叶えられない人として信用さえ与えられているのである。

トロは、こういった表現でルソーの著名性を記述した最初の著作家の一人に数えられる。群衆は彼を一目見ようと押し合いへし合い、ルソーを崇拝する人々は彼に書簡を送ったり、彼のもとを訪れたりする。しかし、ルソー自身は慎ましく、人目に立たない生活を守ろうと空しく努力しているというのだ。また、こういった記述を行うのはトロで終わりではない。ルソーの友人や崇拝者のほとんどは、著名性は鬱陶しいものだという言説をたゆまず取り上げるし、ルソー自身も（あとで見るように）そういった言説を徐々に育んでいく。彼が受ける鬱陶しい訪問についてシュノンソー夫人に不平をもらしたとき、彼女はルソーにこう答えている。「それは著名性の不幸というものですね。そして、私から見ると、その不幸は瑣末なものとは思えません」[27]。これと同時期に、定期刊行誌でルソーが被った不幸について記事を読み、ショックを受けた彼の友人ドゥレールは以下のような文面を書き送っている。「親愛なる友よ。才能と美徳ゆえにあなたが味わっている痛みを思うと、私はあなたの著名性が恨めしい。日刊紙で知るまで気づきませんでしたが、この半年来、あなたは人々のせいであらゆる煩わしさに苦しんできたのですね。そのことに私はどれほど憤慨しているでしょう」[28]。ベルン人のニクラウス・アントン・キルヒベルガーは、ルソーに隠れ場所を提供しようと申し出ている。「かけがえのない、愛すべき友人よ。私の家に身を隠しにいらっしゃい。好きなだけいてくださって結構です。あなたの著名性、少なくともそれがもたらす面倒から、あなたを守ってさしあげましょう。お約束します」[29]。出版メディアにも、これと呼応するような記事が見られる。「この有名人は人々の話題になることに倦み疲れ、田舎に隠遁して、ひっそりと生きることを望んでいるようだ」[30]。

かくも鮮烈で息の長い著名性を支えているものは一体何だろうか。初めの時期、特に一七五〇年代にルソーの有名性を支えていたのは、スキャンダルと論争を巻き起こす力だった。彼は逆説的な発想を巧みに用いることができ、知的ゲリラ戦術のセンスにおいてすば抜けていた。当時、哲学者《フィロゾーフ》たちもその敵たちも共有していた大前提として、技芸の発展は習俗の発展と結びついているという考えがあった。『第一論文』〔『学問芸術論』のこと〕の成功はほとんど、ルソーがこの発想に反駁したことに負っている。彼の言説は読者を煙に巻き、反論を誘う。ルソーの書いていることは「単に読者を楽しませるための逆説でしかないのだろうか」、彼に最初に反論を試みた一人であるスタニスワフ・レシチニスキはそう問うている。こうした知的な議論に続いて起こるのは、ダランベールやディドロといった古い友人たちとの喧しい口論と決裂であり、ヴォルテールとの間接的な緊張関係である。

同時代人の悪意について瞑想する孤独な散歩者、というルソーのイメージがロマン主義によって形成されたために見えにくくなっているが、彼は論争家としての才能に長けていたし、実際その才能を発揮していたことは明らかである。戯曲『ナルシス』は不成功に終わったが、その埋め合わせとして、一七五三年以降は挑発的で傲岸さすらうかがえる序文を戯曲に添えて出版している。その中で、ルソーは以下のように主張している。「この序文において重要なのは、私の作品ではなく私自身である。私は自分自身について語るのが嫌で仕方ないが、やむをえない」。そしてこの機会に、ルソーは彼に向けられたあらゆる批判に対して答えようとする。『学問芸術論』によって引き起こされた議論の応酬が収束しようとしていたまさにそのとき、ルソーは再び火に油を注ぐのだ。彼は自らの立場を再び主張し、さらに激しく敵対陣営を攻撃する。学者たちが学問を擁護するのは、古代の異教の司祭たちが宗教を擁護したのと同じで、彼らの権威が学問によって保たれるからだと主張するのである。

その翌年に出された『フランス音楽についての手紙』は、まさに爆弾だった。ルソーはイタリア音楽を擁護するにとどまらず、フランス音楽についてもお決まりの攻撃を展開したが、その苛烈さに人々は驚かされたのである。[31]だから数週間後、『文芸通信』が「ルソーがつい最近、パリの四隅に火を放った」と報じたのも無理はない。『文芸通信』はさらに次のように続けている。「かつて一度も、これほど激しく燃え盛る論争を見たためしがない」[32]。巻き起こったスキャンダルはあまりにも大きく、オペラの音楽家たちはルソーの人形《ひとがた》を火炙りに処することにした。この一件は、二年前までほとんど無名だった著作家が、すでに注目に値する有名性を獲得していたことを十分に物語っていた。

『フランス音楽についての手紙』が話題になったのは、単にルソーのとった美学的見地によるものではない。フランス音楽の完全な否定によって、フランス人の祖国愛が傷つけられたことも重要な原因になっている。このエピソードによってもまた、逆説の人というルソーにつきまとうイメージがことさら印象づけられる。ルソーの『村の占者』はフランス語のオペラ作品であり、当時あらゆる人がそのリフレインを口ずさんでいた。これによって大成功を博した当の作家が、時をおかずにフランス音楽を徹底的に断罪するなど、果たして考えられるだろうか。この驚きはまた、当時の知的領域を形成していた分野のいずれにもルソーが属していないように思われたことにも起因している。その印象をさらに強めたのは、一七五五年の『人間不平等起源論』の出版、そして、一七五七年の百科全書派との絶交だった。ラディカルな思想的立場、挑発と論争のセンス、さらにはスキャンダルへの嗜好。こういった要素がない交ぜになって、人々の好奇心に火をつける爆薬が出来上がった。一七五〇年代のルソーはさまざまな点で、自己喧伝の達人といえる存在だったのである。

一七六二年には『エミール』が出版される。この本が人々の期待を煽る理由を説明する際に、『秘密の回想録』は、挑発的な理論を雄弁によって擁護する逆説の作家という例のイメージを持ち出している。「出版が予告され、待ち望まれているこの作品は、人々の関心を刺激している。それは、作者が非常な才気を有しているのに加え、優美さと力強さとをもって書く類い稀な才能に恵まれているだけに尚更である。ルソーは相矛盾する説を主張していると人々に批判されている。しかし、ルソーの偉大なる著名性は、部分的にではあれ、彼が用いるこの魅惑的な技法に負っていると言えるだろう。このような手段に頼るようになって以来、ルソーは際立った有名性を獲得するようになったのだから[33]」。

## 友人ジャン＝ジャック

この時、ルソーの著名性には新たな側面が加わりつつあった。彼はつねに逆説を弄する雄弁な著作家として人々の好奇心をかき立てる存在だった。それに加えて、『新エロイーズ』の作家としては、人々が感情的な近しさを抱く対象にもなったのである。この小説は一七六一年の初めに出版され、奇跡的な成功を遂げた。他の著作家や批評家が曖昧な、もしくは侮蔑的な評価をしていたにもかかわらず、人々は奪い合うように『新エロイーズ』を求めた。「どんな著作もかつてこれほど驚異的な反響を巻き起こしたことはない」。ルイ・セバスチャン・メルシエは人々の熱狂を描きながら、そう記している。初版はすぐに底をつき、書店は『新エロイーズ』をページ単位で貸し出した。この本を読んだことのない者まで、集団的な熱狂に巻き込まれる。その頃、パリに滞在していた若き日のチャルトリスカ大公妃〔ポーランドの貴族、作家、美術品収集家（一七四六－一八三五）〕はまだ十六歳だった。流行の虜になった彼女は、『新エロイーズ』の小説世界を思わせるいくつかの細密画を注文している。「その当時、私は読書の習慣がなかったし、ましてルソーの著作など読んだことがなかった。けれども、『新エロイーズ』はつねに話題になっていて、すべての女性がジュリを真似したいと思っていた。私もその列に加わらなければと思った」。友人たちを介してルソーの家を訪ねる機会を得た彼女は、「新奇なものや見世物を見に行くときのように期待に胸を躍らせて[34]」出かけている。

とはいえ、当時多くの人が『新エロイーズ』を実際に読んで、心底感動したのだった。「最初の数ページを読んだだけで、私はやられてしまった。（中略）昼だけでは足りず、夜まで読書につぎ込んで、感動と仰天を繰り返しつつサン゠プルーの最後の手紙にたどり着いた。それを読みながら、私はもう泣かなかった。獣のように叫び、咆哮したのである」。ティエボ将軍は彼の『回想録』の中でそう振り返っている。[35]『新エロイーズ』の出版は、読書の歴史における画期的な事件だった。そのことは、多くの男性・女性読者が彼らの感動をルソー本人に書き送っていることからもわかる。以降、ルソーは感受性の伝道師とみなされるようになった。つまり、美徳を語り、その泣かせる著作で読者をより良い生き方に導くことができる存在ということである。当時ルーアンで出版業を営んでいた若き日のシャルル・ジョセフ・パンクック〔フランスの出版業者、編集者（一七三六–九八）。ルソー、ヴォルテール、レーナルなどの著作を出版、『百科全書』を再編集して『補遺録』を刊行〕は、ためらうことなくルソーに情熱的な手紙を書き送っている。

ムッシュー、あなたの神々しい著作は焼き尽くすような炎です。私の魂の奥深く入り込み、私の心を鍛え、私の精神を啓蒙してくれました。ずっと以前から、たぎるような若さがもたらす偽りの幻影に溺れて、私の理性は真理を見つけられずにさまよっていました。（中略）この危険から私を引っ張り出してくれる存在として、神が、それも力のある神が必要だったのです。そしてつい最近その奇跡を起こしてくれたのは、ムッシュー、あなたという神なのです。（中略）今後、あなたの甘美で徳高いエロイーズは、私にとって最も神聖な道徳の法典であり続けるでしょう。今後、私の熱狂、愛、誓いのすべてを受け取るのは彼女でしょう。私の崇拝と最も深い尊敬を受け取るのは、あなたでしょう。私はあなたという人物も、その崇高な著作も熱烈に愛しています。あらゆる美徳を完成し、愛し、実践することは篤実の人の要件ですが、あなたの作品を読む幸甚にあずかった人なら誰でも、そこへと誘う確かな導き手をあなたのうちに見出すでしょう。[36]

当時の感情表現によく見られたこうした誇張法の背景として理解する必要があるのは、『新エロイーズ』の読書が多くの人にとって道徳的・精神的な経験であったということだ。それまでのルソーは、近代社会の悪徳を告発する検閲者のような存在だった。『新エロイーズ』によって彼は、道徳的再生と幸福への道を読者に開く、導き手のような存在となる。パンクックの手紙はまた、感情的な転移が生じていることを示してもいる。その対象は作者ルソーであり、この転移によって［手紙を］書くことが許されるし、また書かずにはいられないのである。作者と読者の間の関係は、もはや単に好奇心や崇拝によるものではない。まず感謝の情や「永遠の尊敬」があって、感情の発露を誘発される。そして、読者が筆をとるときには、『新エロイーズ』の感情的・道徳的な誇張法を用いた文体を真似してしまう。この小説では、涙と憐憫によって登場人物が美徳へと誘われるのである。

なるほど、当時地方の若い出版業者だったパンクックが、成功した著作家に対してかくも熱烈な崇拝を表明する際に何の利害も計算していなかったはずがない。そう考えるのも妥当であるが、このようなパンクックの感情表現は、ビジネスライクな社交辞令を超越したものだった。そして、『新エロイーズ』が出版された後の数ヶ月間に、ルソーは同じような手紙を何百通と受け取ることになる。数ヶ月の間に何百通である。こういった手紙があまりに多数にのぼったため、ルソーはその「夥しい数」に言及しているし、それらを出版することも考えていた(37)。あいにくすべての書簡が今まで残っているわけではない。しかし、私たちが現在参照できるものを見る限り、パンクックの手紙にあるのと同様な熱狂的感情が、『新エロイーズ』という作品とルソーという作者に向けられていたことがわかる。何よりも注目すべきは、往々にして名前の知られていない一般読者が、そういった手紙の書き手の大多数を占めていたことである。そのうちの一人は、過去六年の間に彼の味わうことができた「唯一のすばらしい時間」を与えてくれたとして、ルソーに感謝している。その読者は『新エロイーズ』の小説世界に、彼自身の境遇や実らない恋を重ねて見ていた。「私は非常に興奮しました。もし、広大な海によってわが愛しきジュリとあなたとから隔てられていなければ、私はあなたに会いに行くのを我慢できなかったでしょう。そして、あなたの首にすがりつき、あなたの作品が誘ったのと同じ涙を流しながら、何千回とあなたに感謝していたはずです。もしかすると、私はいつかあなたとお近づきになることがあるかもしれません。私は必ずその方法を探そうと思います(38)」。

たしかに、数は少ないながら、もっと冷静な、もしくは批判的な口調を保っていた読者もいた。その例が、ロンドンに居住していたジュネーヴ人、ピエール・ド・ラ・ロッシュである。彼は長い書簡を書いて、その中で『新エロイーズ』を隅から隅まで批判している。しかし、いかに親愛の情を欠いているにせよ、このような身振りが成立しうるのは、ルソーが単なる一人の作家ではなく誰もが知っている人物であって、人々が思い思いに語りかけることができる存在だからである。大抵の場合、読者たちが手紙を書いたのは、ルソーに感謝し、とりわけ、『新エロイーズ』によって彼らの生に変化がもたらされたことを伝えるためであった。ニームのプロテスタント教徒であったジャン＝ルイ・ル・コワントは、ルソーのおかげで「美徳の魅力」を発見したと言っている。彼はルソーに語りかけつつ、偉大な著作家の遠さと、彼の小説が可能にする心情的な近さとの間で揺らぎ、戸惑っている。「私は自分が軽率だと感じていますし、そのことを責めています。けれども、あなたに尊敬の念を抱けば抱くほど、私の心は、あなたのおかげで芽生えた感情をあなたにお伝えする喜びを抑えることができないのです」。そしてルコントは、自分の日常を別の仕方で見る方法を与えてくれた存在に対して、さらに自分の内面を開示する。「一人の若い伴侶と誠実に結ばれているあなたが私たち二人に教えてくださったのは、以前の私たちがただ一緒に暮らしているという習慣によってつながっていると思っていた関係が、実は最も甘美な愛なのだということでした。私は二十八歳にして四人の子の父親ですが、あなたの教えに従って、我が子たちを立派な大人にしようと思います[39]」。

すべての読者がルソーに直接手紙を書き送ったわけではない。特に、彼らが『新エロイーズ』を読んだ時点で、出版から数年が経過していた場合にはそうである。フランス革命期にロラン夫人の名前で重要な政治的役割を演じることになるマノン・フィリポンは、『新エロイーズ』が世に出たときにはわずか七歳だった。しかし、一七七〇年代になって彼女はその作者ルソーに熱中し、彼の書いた本を貪り読み、彼と面会することを夢見るようになる。「あなたがルソーを好きじゃないなんて残念です。私の彼に対する愛は言葉にできないほどなのに」と、彼女は最も仲のよい女友達に書き送っている。「あの素晴らしいジャン＝ジャックについて語っていると、私の魂は感動し、生き生きとして熱を帯びてきます。私の活力が、そして研究やあらゆる真なるもの・美なるものに対する私の嗜好が、新たに生まれ変わるのを感じるのです」。ルソーに私淑するようになったばかりのマノン・フィリポンは、自らの熱狂を他人にも伝えようとする。「私のルソーに対する熱狂を見てあなたが驚いていることの方が、むしろ私にとっては驚きです。私にとって、ルソーは人類の友で、人類にも私にも善をもたらしてくれる存在なのですから」。そして、さらにこう続けている。「私という人間の最良の部分が彼の著作に負ったものだということを、私はよく理解しています。彼の天才によって私の魂は熱を帯びました。私は自分の魂が燃え上がり、高揚し、気高くなるのを感じたのです[40]」。

ルソーの著作、とりわけ『新エロイーズ』や『エミール』を読むことによって引き起こされる熱狂は、ルソーという人物への愛着として表現される。この感情的な絆は、ルソーが不幸に見舞われることによって、そして出版物の中で彼の度重なる不遇や逃避行が語られることによって、一層強固なものとなる。隠遁と孤独を余儀なくされ、迫害の境遇にあるルソーというテーマを、マノン・フィリポンも当然取り上げる。「人々から迫害と不正な仕打ちを受けたのですから、ルソーが彼らの誠実さを信用しないのは、正当なことだと言ってもいいでしょう。あらゆる国で苦しめられ、彼が友人だと思っていた人たちに裏切られたのです。ルソーの感じやすい魂は、彼らの悪意を婉曲的にも暴露できないまま、その悪意をただ眺めているほかありませんでした。それだけに、彼の感じた痛みはどれほどだったでしょう。ルソーが名誉を与え、啓蒙し、奉仕した祖国も恩知らずなことに彼を迫害しました。そして、彼は妬みや悪意の矢面に立たされているのです。ルソーが、隠遁生活こそ望むべき唯一の避難場所であると考えたとしても不思議はないでしょう?」。ルソーのファンたちは、彼の著作の崇拝から、彼の人物の全面的な擁護へと一足飛びに移行してしまうのである。

このようなルソーの読者たちの一人に焦点を当てているのが、ロバート・ダーントンの画期的な論考である。その読者の名前はジャン・ランソン。ラ・ロシェルの貿易商で、ヌーシャテル出版協会と定期的に書簡のやりとりをしていた。ランソンは協会に本を注文していたのだが、同時に「友人ジャン＝ジャック」の消息も尋ねていた。ルソーと面会したことは一度もなかったが、ランソンはルソーのうちに、親しみの持てる人物、遠く離れて親交を結んでいる、家族付き合いをしているような友人を見ていた。そのように感じられたのは、ランソンがルソーの著作を読んでいたためであるし、同時に、日刊紙の情報や書簡のやりとりを通して、ルソーの消息を得ていたためである。心情に語りかけるルソー的なレトリックは、それと見合う新たな読書行為のあり方を生み出していたが、ランソンの読者としての姿勢はまさにこれに当てはまることを、ダーントンの研究は見事に示した。読者は『新エロイーズ』やその他のルソーの著作の中に、彼らの生活を描き出し、彼ら自身の内面を照らしてくれるような側面があると思っていた。そうなると、テクストはもはやただのきっかけ《プレテクスト》にすぎない。読者の方は書かれたものの領域にとどまらず、賛美と情愛を作家ルソーに向けるのである。「つまり、ルソー主義のインパクトは、ルソーその人に多くを負っている。彼は、読者の最も内に秘められている経験を語り、テクストの向こうに隠れているジャン＝ジャックを見つけ出すようにと読者を促すのである」[41]。むしろ、隠れざるジャン＝ジャックというべきであろうか。というのも、ルソーはそれだけ有名だったし、彼は自分の姿を公衆の面前に晒すことを必ずしも厭わなかったのだから。感情溢れる読書というモデルが成功すると、読者は必然的に、魅了されるという仕方で作者当人と関係を結ぶようになる。しかし、これに対してダーントンは、アンシャン・レジームの文化に対する民族誌的アプローチと、「現在ではほとんど理解不能な心理世界」から読書の歴史を構築することを何よりも優先している。ダーントンは、ルソーと読者の間に結ばれる親愛の紐帯を、感情の吐露に適した、神秘的なメンタリティを表現するものとしている。もしそうだとしたら、現代を生きる私たちにとって、そのような関係性は奇異なものと言えるだろう。「フランス革命期にルソーに心酔していた読者たちは、現代人にはほとんど想像できないような情熱を持ってテクストに沈潜していた。彼らの情熱は、ヴァイキングたちの略奪に対する嗜好や、もしくは……バリ島民の悪魔に対する恐怖と同じくらいわれわれと縁遠い情熱だった」[42]。しかし、このような熱狂的な感情の絆が、われわれにとってまったく無縁であるというのは本当だろうか。今日でも『ハリーポッター』の新刊が発売されると、群衆が書店の前に何時間も並ぶし、ダイアナ妃やマイケル・ジャクソンの死に際して、悲嘆にくれる無数のファンが涙を流すために集うというのに？

ルソーの読者たちの反応は「素朴」でもなければ、摩訶不思議なものでもない。これまでしばしばなされてきた想像に反し、彼らは、ジュリとサン＝プルーが実際に存在すると考えていたわけではなかった。当時のお約束に従って、ルソーはこの小説が本物の書簡であるかどうかという点をぼかしていたが、大部分の読者はその曖昧さと戯れていたにすぎない。ルソーは、『新エロイーズ』の登場人物の運命を描き出したり、彼らに雄弁なセリフを与える際に、自分自身の恋愛遍歴をもとにしたに違いない。多くの読者はそう確信して、この小説の中に、ルソーの自伝的な要素を想像して楽しんだ。現代の読者でもおそらく同じことをするだろう。結果として、『新エロイーズ』の登場人物たちに読者が寄せた関心や憐憫は、ルソーに転移されることになる。というのも、ルソーが登場人物たちをそのように造形しえた、もしくはそうせざるをえなかったのは、彼自身も登場人物と同様な試練を経験してきたからだ、と読者は考えたからである。そもそも感傷小説というものは、登場人物たちの道徳的ジレンマに対する共感を通して読者の心を動かし、美徳に確かな手触りを与えるようにできていたので、作者へのこのような感情移入を強く促す性質を持っていた(43)。

ルソーに手紙を送った人々の熱狂や、遠く離れていてもルソーとつながっていたいという彼らの願望、そして、親密で友愛に満ちた精神的な絆。これらは、昔の人間の非合理的な心性を表すものではなく、感情の吐露を促すような作品と、文学的なコミュニケーションの新たな形態が登場した結果である。パンクックからルソーに送られた手紙には、宗教的な語彙が盛んに用いられていた。そして、多くの読者がルソーへの書簡の中で、道徳的・精神的回心の語彙を用いていた。しかし、だからといって誤解してはいけない。重要な問題は、「カルト（崇拝）」やほとんど神秘的と言っていいような自己開示の形態ではないのだ。公衆＝読者の一人一人が、同時代の有名人に自らの姿を重ね、あるいは自分の導き手や潜在的な友とする——その際に、両者の間に結ばれている紐帯の新しさこそ、ここでは問題にされなければならない。程度の差こそあれ、この関係性は、感情的ないし道徳的な様相を色濃く帯びるようなものである。特にルソーの場合のように、有名人が作品を介して、あるいは彼自身の生を範例として示しながら「[読者が]自己を新たに自分固有のものとする」手段を与えてくれるとき、その傾向はより顕著になる。(44)

ルソーの著作を介して多くの読者が彼と結んだ関係は、想像上の友人に対するような近しさだった。そのことは、ジャン・ランソンの書簡を見れば明らかである。ランソンは、情熱的で熱狂的な若い女性読者ではなく、合理的にものを考える商人である。彼は「友人ジャン＝ジャック」のうちに、神聖な道徳を説く教師を見ていた。「友人ジャン＝ジャックが夫婦、父親、母親の義務について書いたすべてのものから、私は多大な影響を受けている。私もこういった立場において自分の義務を果たさなければならないが、その際に多くの点で指標を与えてくれるのがルソーなのである」。このような現象は、作家との不確かな自己同一化とか、崇拝とか、虚構と現実の取り違えによって説明できる事柄ではない。ランソンはルソーを、遠く離れた友人とみなしているのである。その友人は現実の人物であると同時に想像上の存在でもあって、自分の導き手になってくれる。以上のような、友情の混じった近しさを感じることで、ランソンはジャン＝ジャックに「強い関心」を寄せるようになり、ジャン＝フレデリック・オステルヴァルドに、「友人ジャン＝ジャック」の健康について何度も消息を尋ねている。ルソーの死に際して、ランソンは声高に書いている。「ムッシュー、我々は崇高なるジャン＝ジャックを失ってしまいました。私は彼に一度も会うことができず、一度も話をうかがえなかったことを残念に思っています。（中略）この有名人について、そして私がいつも憐れみの情を誘われる彼の運命についてどうお考えになっているのか。お願いですから私に仰ってください。これとは対照的に、ヴォルテールはしばしば私の怒りをかき立てました(45)」。

ルソーの著名性、彼の著作の感情的・道徳的な力強さ、そして彼の運命に対する憐れみ。こういった要素の組み合わせによって、発作的な激情が説明される。読者たちが面識のない有名人に手紙を書くのは、自分たちの感情と、その有名人に会いたいという欲望を表現するためである。この願望を誰よりも強く表現したのはおそらく、ヴァールのある小貴族である。彼の魂は、ルソーの魂に対して「最も美しい情念」を抱くようになり、それ以降、毎週ルソーに対して手紙を送った。それはルソーが返事することに同意するまで続いたのである。「もしルソーという人が存在しないのなら、私はもう何も欲しないでしょう。ただ、ルソーという人は実際に存在するのです。そして、私は自分の満たされない思いを感じます[46]」。さらに、時計職人だったジャン・ロミリーは数ヶ月もの間、ルソーへの手紙について考えを練り続け、日常生活においてルソーが空想上の友人の位置を占めていて、強迫観念にまでなっていることを包み隠さず打ち明ける。

もはやこれ以上、あなたとの対話を先延ばしにするわけにいきません。もう二年、あるいは三年になるでしょうか。私があなたと交わしている理想の会話のすべてを、あなたにも知ってもらいたいとずっと思っているのです。だから、どうしてもお伝えする必要があります。寝ても覚めても、散歩の時も、私の心につねにあるのはあなたのことです。私が人といて心地よいのは、あなたについて何か少しでも語っていられるような時だけで、話し相手があなたのことを好きかそうでないかはどうでもいいのです[47]。

ルソーとラ・トゥール夫人は六年間、手紙のやりとりを続けた。その書簡からうかがえるのは、作者ルソーと彼を賛美する女性読者の間に、感傷的かつ遊戯的、非対称かつ脆弱な関係性が築かれていく様子である。ラ・トゥール夫人は、身分がそれほど高くない法服貴族の家に生まれた。『新エロイーズ』が出版されたとき、すでに夫と別れていた彼女は三十一歳だった。ルソーと手紙のやりとりをするようになったのは、彼女自身のイニシアティヴによってではない。彼女の友人のベルナルドーニ夫人がまず、『新エロイーズ』のヒロインであるジュリと同じ美質を持つ、実在の女性［ラ・トゥール夫人］を知っているとして、ルソーと半ばふざけた、半ば真剣な手紙のやりとりを始めたのだった。ベルナルドーニ夫人はクレール［『新エロイーズ』の登場人物］の役割を演じながら、彼女とラ・

トゥール夫人に宛てて返信するようにルソーを促した。このようにして三人の間で遊戯が始まり、その中でベルナルドーニ夫人は悪戯めいた仲介者、そして、ラ・トゥール夫人の誠実な女友達を演じ、ラ・トゥール夫人は真摯なルソーの賛美者の役割を担う。ルソーも最初の頃は、この関係の中で『新エロイーズ』への暗示を散りばめ、その登場人物であるジュリ、クレール、サン゠プルーに、彼らが現実に形成するトリオを重ねることを厭わなかった。その後、ルソーとラ・トゥール夫人との間で継続的な書簡のやりとりがされるようになり、それは十年後、ルソーが彼女に対してあっさりと絶交を言い渡すまで続くことになる。意欲的だったのはラ・トゥール夫人の方で、書簡のやりとりが途切れると、新たに始めようとするのは彼女だった。そして、倦むことなくルソーの消息をうかがい、彼に関心を寄せながらその身の上を心配した。彼女はルソーの著作を幾度も繰り返し読んで(「親愛なる友よ、私がどんなに心を奪われているか、あなたにお伝えしなければなりません。私が『新エロイーズ』を読むのはもう七度目か八度目です。けれども、私は最初に読んだ時よりも感動しているのです!」[48])、熱烈なコメントと、遠慮のない質問を書き連ねた。それに対してルソーの方は、友情もしくは愛情のこもった調子(「親愛なるマリアンヌ、あなたが悲嘆に暮れていらっしゃるので、私も心を開きましょう。あなたの涙に濡れた目を思い浮かべると、私は心を動かされてしまいます」[49])から、距離をおいた態度へと移行し、さらに、警戒感とともに長い沈黙を守るようになる。とはいえ、ルソーはラ・トゥール夫人に全部で六十通以上もの手紙を書いている。その中で、マリヴォー的な即興の言語遊戯が、次第に書簡によって育まれる友情へと変化していった。[50]

ラ・トゥール夫人はルソーの著作を何度も読み返し、ジュリとサン゠プルーのように恋愛することを夢見、「友人ジャン゠ジャック」に長い手紙をいくつも書き、その中で、ルソーが自分以上に熱心に返信してくれないことを嘆いている。しかし、それだけではない。ルソーが攻撃されたとき、夫人はこのような熱意から彼の擁護まで行っている。たとえば、一七六六年から六七年にかけて、ルソーがデイヴィッド・ヒュームと論争している最中に、ラ・トゥール夫人は彼を擁護するためのパンフレットを匿名で出版し、ついで二冊目のパンフレットも執筆する。

ルソーが死去すると、彼女はまた新たに筆をとる。彼女はルソーの記憶を守るべくエリー・フレロンの『文芸年報』に宛てた一連の手紙を書き、さらに『女友達によって仇討ちされたジャン゠ジャック・ルソー』という題名で本を出版する。[51] 私淑していたルソーのことを表立って擁護するようになる人間は、ラ・トゥール夫人が初めてではない。『新エロイーズ』が出版された時のパンクックの感動は先に見た。彼は後年、この小説を揶揄するヴォルテールに対して、『ジュルナル・アンシクロペディック』誌上で反論している。

ここから明らかになるのは、ルソーの著名性が引き起こす反応の複雑さである。ルソーはもはや、単に逆説によって人々を煙に巻く成功作家ではない。彼は「感じやすい魂の持ち主たちの師」であって、何度も繰り返し読む読者もいるような、偉大な感傷小説の作者なのである。また迫害を受ける著作家として、彼はフランス、ジュネーヴ、スイスの地を転々と逃亡し、身を隠す場所を探し求めている。たしかに、ルソーが被った不運や彼の奇矯さは人々の好奇心をかき立て、ルソーの行くところ野次馬たちが群れをなす。しかし、これとはまた別の次元で、「ジャン゠ジャック」とその読者たちの間に、感情移入と親密性への欲望、さらに崇敬と感謝によって構成された深い絆が存在している。ランソン、パンクック、マノン・フィリポン、あるいはラ・トゥール夫人に代表されるような読者たちにとって、ルソーは単なる流行の人物ではなく、彼らがつねに憐れに思い、擁護しようとする想像上の友人であった。著名性、もっと広く言えば、大衆文化に特徴的なパラドックスがここには見られる。ルソーの読者たちは、特に個人的かつ特異な形で、「友人ジャン゠ジャック」との絆を生きていた。しかし、この絆は他の多くの読者の目にも同様に映っていたのである。

有名人ルソーに対するこのような親近感は、一七六六年に起こった彼とデイヴィッド・ヒュームとの激しい口論に対する、公衆の反応に表れている。ヒュームは、リュクサンブール公爵夫人やブフレール夫人といった、パリの社交界にいる女性の友人ないし保護者たちの要請で、イギリスにルソーの逃亡先を見つけることを引き受けた。当時のルソーはフランスでもスイスでも迫害を受けている最中だったのである。不幸なことに、ルソーとヒュームの関係は急速に悪化する。ルソーは、自分の敵とヒュームとが結託していると信じ込み、ヒュームが彼に獲得させたジョージ三世の年金を拒否した。そしてついに、ルソーはヒュームに対して、痛烈な批判に満ちた派手な絶交状を送りつける。怒りと不安に駆られたヒュームは、急いでドルバックとダランベールに手紙を送り、ルソーから受け取った手紙の内容を知らせながら、彼らに助言を求めた。これが不手際だった。というのもその結果、二人の口論は大騒動に発展してしまったからだ。当初はパリのサロンの限定されたサークルの中でだけ、ルソーに敵対する人々がこの話題を取り上げて大いに楽しんでいたが、次には定期刊行物でも話題にされるようになった。二人の個人的な諍いが文学的な出来事となり、公の論争となってしまったのである。この結果、ルソーは権勢のある女性の保護者から支持を得られなくなり、彼にとってその影響は長く尾を引くものとなる。

私は別の著書で、社交界特有の論争のメカニズムとその重要性について取り上げたことがある。[52] ここではしかし、論争がより広い公的な領域で持っていた力学に焦点を当てる必要があるだろう。そのダイナミズムの中で、匿名の読者たちはルソーを擁護するために筆をとるという反応に出たのである。ヒューム自身もこの現象を前にして呆気にとられている。「個人的に付き合いのある紳士に話した内密の話が、瞬く間にフランス王国全体に広がってしまうとは思いもよらなかった。たとえ、これがイギリス王によるフランスへの宣戦布告だったとしても、これ以上早く話題になることはなかっただろう[53]」。ヒュームとパリにいる彼の友人たちの戦略は、ルソーに対する不平を公にせず、ルソーとの公開論争を避けるというものであった。公開論争をすれば、ヒュームのイメージにも傷がつきかねないし、どのような結末になるかわかったものではなかったからである。ヒュームたちが陣取ろうとしたのは、サロンや上流階級の限定されたサークルといった社交会、つまり、「評判」の支配する領域であった。そこではルソーに対する強固なネガティヴ・キャンペーンが功を奏していたし、パリ滞在中に社交界でもてはやされた「善良なるデイヴィッド」の名声も潔白なものだったので、リュクサンブール公爵夫人やブフレール夫人をはじめとするヒュームの保護者たちは、ルソーの名声を徹底的に破壊することしか頭になかったのだ。この目論見は、ルソーが沈黙を守るという戦略をとっただけに、容易に達成されるように思われた。ルソーは釈明を求める人々に対して、余計な詮索をしないでくれと苦々しく返答するばかりだった。

ヒュームの仲間たちが犯した失敗は、ルソーの著名性を過小評価したことにある。ルソーが活躍するのはもはや、首都の著作家たちの世界という小さな舞台にとどまらない。彼は誰もが知る有名人なのである。数日後には、ヒュームがドルバックに送った手紙の抜粋が社交界の内輪を超えて広く流通し、「世間の騒ぎ」に火をつける。さらに一ヶ月も経たないうちに、日刊紙がこの事件に飛びついた。まずは、『アヴィニョン通信』に記事が掲載され、ついで、イギリスの出版物でも取り上げられた。たとえば、『セント・ジェイムズ・クロニクル』はこの論争に関する一連の記事を、一七六六年の夏から秋にかけて掲載した。[54] ルソーとの絶交が瞬く間に公然のものとなってしまったことを受けて、ヒュームは戦略の変更を迫られる。自分が正しいことを確信しているヒュームは、このゴシップ騒動を終わらせるために、友人たちに託して一連の証拠文書を出版させた。その中には、ルソーからの非難に満ちた長文の手紙に、ヒューム自身がコメントを加えたものもあった。しかしヒュームの期待は外れる。彼が出版させたこの『簡明な報告』によって、ルソーがいかに恩知らずで狂っているかということを証明しようとしたが、事件に決着をつけるどころか、逆に新たに論争の火がついて、多大な反響を呼んでしまったのである。すでに見たように、ラ・トゥール夫人が筆をとり、ルソーの擁護に回った。彼女の文章の後に、さらに過激な内容の『ジャン＝ジャック・ルソーを擁護する』という文章が出版されたが、それは匿名の作者によって書かれたものだった。パンフレットや読者宛の通信出版物という形で擁護を行うルソーの支持者たちが多数現れたのである。

ヒュームが狂気の沙汰だと判断したルソーからの手紙を、多くの読者は正反対の仕方で理解した。彼らはその手紙を、不幸で、誠実で、迫害の憂き目にあっているルソーの潔白を証明するものと考えたのだ。ルソーの書簡は、『新エロイーズ』と同じ感情的で誇張法を用いた文章で書かれており、サン＝プルーの文言をそっくりそのまま取り入れている箇所もあるだけにその効果は絶大だった。[55] ジャン＝ジャックとサン＝プルーの同一視は、この小説が一七六一年に成功を収めた一つの要因だった。そして五年後にまた、この二人の同一視が生きてくる。『新エロイーズ』と『エミール』の作者であるジャン＝ジャック・ルソーという個人と、集合的な表象全体によって形成される「ジャン＝ジャック」という公のイメージ（その中には出版メディアによって流通しているイメージもあるし、彼の著作そのものによって成立しているイメージもある）とがほとんど完全に混同されているのである。

ルソーが文人のグループやパリの社交界において比較的孤立していたことだけではない。沈黙を守り、釈明の言葉を口にしないことさえも、ルソーの誠実さを証しているものとして、公衆に対するイメージという点では逆に有利に働く。ルソーの崇拝者たちにとって、彼は自らの評判を上げようと躍起になっているようなその他の作家と違い、悩み苦しむ、感じやすい人間なのだ。「私は社会の中に生きていない。私はそこで何が起こっているのか知らないし、党派も仲間も秘密の関係も持っていない」。ルソーはヒュームに送った七月十日付の手紙にそう書いている[56]。とはいえ、ルソーにはきわめて多数の読者がいて、彼らにとってルソーは「友人ジャン＝ジャック」だったのだ。『ヒューム氏といさかいをしているジャン＝ジャック・ルソーを擁護する』の匿名の著者は、ルソーがヒュームに宛てた手紙の中に次のものしか見なかったとしている。それは「美しく、寛大で、繊細、そしてあまりにも感じやすい魂の諸特徴である。この魂を、彼の著作、さらには彼の振る舞いを通して、私たちはよく知っている[57]」。「ルソーと個人的に知り合いではないと認めたあと、著者は以下のように結論している。「ルソーはヒューム氏に対して、現に行ったような振る舞いをせざるをえなかった。彼はこの機会に、美しい魂、繊細で感じやすい魂、敵対関係を超越する勇敢な魂を示したのだ。そのことに同意できない人などいるだろうか。この事件によってルソーとの交流の輪から遠ざかってしまうなら、それは果たして篤実の人だろうか。逆に、かくも下心がなく、かくも尊敬に値する人とこの機会に友人になりたいと思わないような人もまた、篤実の人と言えるだろうか[58]」。当時、『ヒューム氏とルソー氏の間に起こった議論の簡明な報告についての意見』という八十四ページにわたる長大な冊子が匿名で出版されていたが、この著者も同様な観点から、ヒュームがルソーに宛てた批判をほとんど逐語的に分析して、

「二人の有名人」の間の論争を、完全にルソーに対して好意的な仕方で裁こうとしている。この著者が主張するところによると、ジュネーヴやパリにいるルソーの敵対者たちによって陰謀が企まれており、ヒュームは多少なりとも意識的にその手先になっていた。ルソーのことは「その作品を通してしか知らない」と二度も繰り返しつつ、著者は自分を彼の「友人」の一人と考えている。これらのさまざまな冊子は相互に書かれていることを参照し合い、議論を補強し合っている。『意見』の著者は以下のようにコメントしている。「私がこれらの意見を書き上げたとき、ある冊子〔先に挙げた『擁護』〕が出版された。この冊子はそれを書いた人の内面に栄誉を与えるような内容である。ルソー氏の友人たちが打ちのめされているという想定をしている点では、この冊子は誤っている。私の知っているルソーの友人たちは打ちのめされていないし、心穏やかな様子をしている。彼らは友人ルソーが誠実で真摯な人であることを確信していて、自分たちも彼のように沈黙を守っているのである。私が沈黙を破った理由は、篤実の人たちはお互い同類であるし、私のように知己を持たない人間の弁護が、えこひいきだと責められることはないだろうからだ」。ルソーの擁護者たちはこのようにして、選ばれし者の共同体を作り上げていた。この共同体は、ルソーを中傷するためにヒュームの周囲で集合的かつ隠密裏に働いているとされる陰謀組織のようなものではなく、作家ルソーの友人たちの総体である。彼らは往々にして、ルソーのことをその作品を通してしか知らないが、ルソーの無実と誠実、そして彼が標的になっている迫害について確信を抱いている。彼らは匿名的な立場を使って偏った議論をする。そして、このようにルソーのために公に働きかけることは、彼らにとっていくらでも自己弁護できる、正義に適った行為なのである。

ヒュームとその友人たちだけでなく、のちの時代の歴史家たちも、ルソーが公衆から得た支持と、この論争の成り行きに驚嘆した。(59) ヒュームとその仲間は文芸の世界や社交界において、暗黙裡にルソーの評判に傷をつけようと画策していた。しかし、彼らは気づくと公然たる論争（それはヒュームに苦い後味を残した）に巻き込まれていたのである。社交界の約束事に鑑みて、すべての非がルソーにあるということはヒュームたちにとって疑いえなかった。ルソーは、何の証拠もないまま乱暴に、彼のことを保護していたヒュームを非難したのだから。しかし、公衆の多くは別の考え方をした。ヒューム、ドルバック、ダランベールのとった戦略は社交界の原理に即し、内輪の会話や効果的な表現を通して、人の評判を左右するというものだった。こういった場所では公衆に信用が置かれていない。ドルバック伯爵は著作の中では過激であるのに対し、サロンでは慎重だった。彼はヒュームに以下のように書き送っている。「審判者の立場に置かれると、公衆は論争を裁決するのが非常に下手である」。他方で、ダランベールはヒュームに注意を促している。「〝公衆〟と呼ばれるこの愚か者たちを前に、書き物を介して評定を行うのはいつも不愉快で、しばしば有害でもある。彼らは、妬ましい美質を持つ人々の悪口が言えればそれで満足なのだ[60]」。重要なのは、「啓蒙された公平な人々、つまり紳士が支持されることを望むような唯一の審判者たち[61]」から、変わらぬ尊敬を受けることであるとドルバックは約言している。しかし、このような戦略は、著名性という異質で新しい原理と衝突する。事をあまり荒立てないように進めるというヒュームたちの布石を時代遅れの物にしたのも、そして、ルソーに匿名ながら多数の支持者を与えたのも、著名性の原理だった。

そもそも、この論争の争点の一つは、ヒュームがルソーのためにジョージ三世から取得した恩給にあった。十五年来、あらゆる恩給の受け取りを拒否すると公言し、自らの独立を守ってきたルソーは、追い詰められた状況にあったのである。事態はなかなかに紛糾していた。当初はルソーも、秘密裡に与えられるなら、という条件で恩給を受け入れていたようである。しかしその後、彼は意見を変える。ヒュームが恩給の申請をしたのは、自分の言行が矛盾し、信用が失われて、立場を保てなくなるようにするためだとルソーは考えるようになった。彼にとってそれが見過ごせなかったのは、いかに生きるかという問題と完全に関わっていたからである。ヒュームや同時代の社交界に生きていた人々にとって、そういったことは建前以外の何ものでもなかった。テュルゴー〔フランスの政治家、経済学者（一七二七-八一）。『富の形成と分配に関する考察』などで重農主義的な経済思想を展開〕もヒュームにこう請け合っている。「ルソーの名誉を貶めるためにあなたが恩給の申請をしたなんて、社交界の誰もそんな風に考えたりしないでしょう。ルソー以外の誰も、恩給を受け取ることが彼の不名誉になるなんて思ったりしないのですから」[62]。しかしながら、ルソーの読者たちは自分がどういう立場をとるべきか理解していた。「ルソーが恩知らずだって！　彼が恩知らずでないことはすでに証明されている。ルソーには高慢なところがあると言えるかもしれない。しかし、矜持の高さのおかげで、人は富に隷属しないし、自分の働いた成果で生きられるし、あらゆる媚び諂いをしないですむのである。それは非常に尊敬に値する高慢であって、残念なことに文人たちの間には滅多に見られないものだ！」[63]と、『J＝J・ルソーを擁護する』の著者は声高に主張している。ここで論点となっているのは、文芸の世界においてルソーが特異な位置に立っていること、彼が一般的なコードを拒否し、型破りな人物像を公に作り上げようとしていることである。このように、公的イメージの新たな範型を作り出そうとする努力そのものが、彼の著名性を強固に支えていた。

## 特異性、模範、著名性

ルソーを批判する者も支持する者も、ある一点で意見を同じくしていた。それは、彼のすることなすことが、他の人とはまったく異なるということである。きわめて特異で独自性のある人間というのがルソーの公的イメージだった。敵たちに言わせると、気違いじみた人間。これに対して、友人や崇拝者たちからすると、感性豊かでこの世に二人と見られない奇特な人ということになる。よく知られているように、ルソー自身も、このような実存的なレベルにおける特異性を『告白』という試みの中心に位置づけている。「私は、これまで私が会ったことのある人間の誰とも同じようにできていない。この世に存在する他の誰とも違っている、と考えてもいいだろう。他の人より価値があるかどうかはさておき、少なくとも、他の人とは違う人間なのだ」[64]。しかし、この特異性――それはルソーの歩んだ軌跡の独自性そのものである――は、「ジャン＝ジャック」という人物像を通して公共空間のうちに映し出される。ルソーは人と違っているということに満足せず、それを人々に知らしめようとするのである。特異な著名人像を構成するのに最も功を奏したのは、『学問芸術論』が出版されて有名になり始めた直後からルソーが試みた「自己改革」だった。それは、自分の生き方と自分の思想原理とを一貫させて、メセナの伝統的な形態や、旧体制的な著作家の生き方と手を切ることにほかならない。ルソーはデュパン・ド・フランクイユ家における秘書職を辞して、社交界の衣装を捨て、贈り物や恩給を拒否し、音楽の写譜を行うことで生計を立てる道を選ぶ。このようにしてルソーは、公衆の目にも、そして自分自身に対しても、社会的な特権階級から独立していることを示したのだ[65]。

彼の自己改革の効用を計算する前に、ルソーの画期的な身振りそのものをまず真剣に捉えてみる必要がある。模範的な生のあり方をこのように求めることには、さまざまな意味がある。まず、ルソー自身が自分の正当性を確信できるようになるということ。このような自己改革の決断は、古代の哲学にまでさかのぼり、ルネサンスで再び息吹を吹き込まれる長い知的・道徳的伝統に根ざしている。この伝統によれば、哲学とは単なる教説の問題ではなく、倫理的な問題でもあって、より正当で真正な生き方にたどり着くために自分自身に働きかけることである[66]。ルソーは『孤独な散歩者の夢想』でもそのことに言及している。「私は自分より優れた学識をもって哲学する人々をたくさん見てきた。しかし、こう言ってよければ、その哲学は彼ら自身の生き方と見合っていない[67]」。単なる世界についての知、あるいは知的活動としての哲学に対して、ルソーは思想を自らの人間性に関わる概念として擁護する。ルソーの概念において、思想とは自分自身を知る訓練であり、自らを完成させるための道具である。他方で、哲学的・道徳的な模範を掲げることにより、ルソーは自分自身の哲学的言説、特に、同時代人に向けて放った辛辣な批判に信用を与えようともしているのだ。彼は繰り返し言う――思想の正当性は、作者が真理のためにすべてを犠牲にできるかどうかで証明される、と。また示唆に富んだ表現で、彼は以下のように述べている。「もしソクラテスが安逸な死を迎えていたら、今日、彼は単なる世渡りの巧みなソフィストに過ぎなかったと勘繰られているのではないだろうか[68]」。

理論と人生におけるルソーのこのような二重の回心は、彼が文芸の世界に華々しく登場した時に生じたものである。この回心について、『告白』の中で立ち戻りながら、ルソーはこう書いている。「私が自らに課したばかりの峻厳な原理と、それとは縁遠い社会身分との間にどのような整合性をつけられるだろうか。徴税請負人の会計係でありながら、無私無欲や清貧を説いたりしたら、みっともないのではないか[69]」。この表現は留意するに値する。というのも、そこには曖昧さがあるからだ。ルソーにとって問題は、自分の思想原理を、拙速な人身攻撃から救うことなのか、それとも滑稽を避けることにあるのか。その曖昧さはルソーが行った選択の本質そのもののうちにある。思想と生き方の整合性についてこれ見よがしに心を砕いてみせる時も、ルソーは自分が公衆に及ぼす効果をつねに意識している。ルソーのとった選択に対して理解を示すのか、それとも批判的であるのかによって、この曖昧さは異なる解釈を導き出す。前者の場合、ルソーの求める模範性には二つの側面があるということになる。自分自身との関係というエートスの問題であるという点で、模範性への配慮は、本質的に私的な問題に属する。他方で、自分自身の著作の内容に信用を与えるための教育的配慮としてみると、この模範性は必然的に公的な意味合いを持つ。ルソーの選択を批判的な視点から見る場合、このような模範性へのこだわりはそもそも、公衆の注意を引こうという配慮に等しいものと考えられる。結論は前者と一緒である。偽りなく首尾一貫的であろうとすること。それは単なる個人的・内面的な経験、つまり、自分自身に対して孤独に働きかけるという話にとどまらず、同時にルソー自身が演出し、およそ控えめとは言いがたいさまざまな身振りによって声高に追求される。たとえば、『村の占者』が成功したあと、フランス王からの恩給を拒絶したのがその例である。さらに、どんなときも場違いながら実用的な衣服を身につけたことも同様な例として挙げられる。ルソーが「アルメニアの衣装」と呼んだアラブ風の服は、彼が社会的な制約や決まりごとを蔑んでいること、そして、簡素で豪奢に走らない、自然と近接した生活を選んでいることをアピールしていたに違いない。この奇抜な格好は、「ジャン＝ジャック」が公に知られた人物として認められていることの印となるが、ルソーの敵たちはこれを見て、彼が小芝居をしているのではないかという疑念を抱いた[70]。

模範的であろうとするルソーの配慮の一例を見てみよう。そうすると、この問題が公的な領域で持っていた意味が十全に浮かび上がってくる。ルソーは、偽名や、巧みな匿名の使用によって身を隠そうとせず、彼自身の名前で書物を出版することで自らの考えを公にするという意思をこれ見よがしに掲げていた。たとえば、ドルバック伯爵は偽名を用いながら、きわめて無神論的な内容の書物をいくつか出版した。そして、死ぬまでその匿名性を守ることに成功したのである。ヴォルテールは、偽名の下に自分の存在が透けて、体裁の上でしか自分を守る役にしか立たなくても、何度も偽名という切り札を用いていた。それに対してルソーは、当局に認可されていない著作が出版された際に、建前上それを自分のものとして認めないというような、最小限の偽名の介在すらも拒否した[71]。

エルヴェシウスの『精神について』と『百科全書』によってスキャンダルが引き起こされた四年後に、ルソーが『社会契約論』と『エミール』をあえて自分自身の名前を掲げて出版した際、誰もがそこに政治的挑発の最たるものを見出していた。建前としての匿名すらも使わないことは当局を殊更に苛立たせ、その態度は厳しさを増した。そのことは、パリ大司教の教書だけでなく、一七六二年六月に『エミール』に対して出されたパリ高等法院の有罪判決においても明らかに譴責されている。「この書物の作者は、自分自身の名前を著すことをまったく恐れていないので、可及的速やかに訴追されて然るべきである。彼は自分の正体を明かしたのだから、司法は然るべく裁きを下せるようにしておく必要がある[72]」。ルソーがあえて自分の著作に署名し、自分の名前を前面に出したことが、スキャンダルの本質的な要素であったと考えられる。ヴォルテールも、ルソーがどうして最低限の用心を払わなかったのか理解できず、彼が哲学者全体を危険にさらしたと批判している。ヴォルテールは、彼が所有している『ボーモン氏への手紙』の余白にこう記している。「どうしてお前［ルソー］は自分の名前を記すのか。どうしようもないやつ」[73]。このようにヴォルテールはルソーの戦略とモラルの双方を批判している。そして、「どうしようもないやつ」という表現が示しているように、そこには社会的な次元を含んだ批判も含まれている。ヴォルテールの言う「どうしようもないやつ」とは、自分の筆で生きていると自負しているような著作家、つまり、彼が時として「文芸の下層民」と呼ぶような著作家であり、紳士的な著作家とは対極的な存在である。紳士的な著作家は公に姿を表す際、優雅に振る舞う術を知っているのだ。

しかし、ルソーにとって、自分の文章にあえて署名するということは、作家が政治的責任を果たす上で欠かせない要素だった[74]。この点について、（パリ大司教であった）『ボーモン氏への手紙』[75]の中で、そして特に『山からの手紙』の中で長大な説明を割いている。『山からの手紙』は、ジュネーヴの政治的紛争の混迷した状況の中で、さらに、『社会契約論』がジュネーヴの小評議会によって発禁処分になったことを受けて、検事トロンシャンへの応答として書かれた論争的なテクストである[76]。ルソーはこの著作の中で、自分が人間として裁かれるべきであると要求している。そして、署名された著作が匿名の著作と同様に断罪されるべきではないという議論を展開しているのだ。作者が自分のものと認めた書物の場合、断罪されるのは文章だけではない。そこで問題となるのは必然的に意図の所在であって、法に定められた訴訟が行われることが前提とされる。ルソーの議論は二段階になっている。彼はまず、匿名で書物を出版するという慣行が持つ欺瞞を告発しながら、これを皮肉っぽく風刺している。「こういった書物を自分に栄誉をなすものとして認めたり、自分の身を守るために否認したりする慣行に染まっている人間は何人もいると言っていいでしょう。ある人の前で作者として名乗っていたまさにその人が、同じ相手を前にしてそうではなくなったりするのです。それは彼らが傍聴席にいるか、夕食の席にいるかで変わってきます。こういう場合、保身のせいで自尊心が損なわれることはまったくないのです」[77]。ついで、ルソーは自分を守る権利を要求する。なぜなら彼は自分のテクストに署名して自らのものとしたのであり、著作と人間とを分けることはできないのだから。断罪されるのは文章そのものではなく、著者の言表行為と意図なのである。「世渡りの下手な著者、つまり自分の義務を知り、それを果たしたいと望んでいる著者が、公衆に対しては自分の認めていないこと、自分が署名していないこと、自分がその責任を取って姿を見せないようなことは何一つ言わないと自らに課しているとしましょう。その場合、公正な審判は、名誉ある人間の不器用を犯罪として罰するべきではなく、別の仕方で訴追するべきです。書物の主張と人間の主張は分けられるべきではありません。なぜなら、その人は自分の名前を冠することによって、書物と自分とを区別しないと宣言しているのですから。公正な観点からすれば、自ら答弁することのできない作品は、その作品に責任を持つ作者の言い分を聞いてからでなければ、裁かれるべきではありません[78]」。作者の知的・法的責任を強固に主張するこのような理論は、著作と著作家の不可分性を前提としている。以上のような主張によるなら、作者が公の目に晒される存在になることは明らかだろう。本を出版したら、作者は「その責任を取るために姿を見せる」というのだから。

責任を自分のものとして引き受けることで、人々からの承認・尊敬を得ようとしている点はここでも変わらない。『山からの手紙』では、名誉に関する語彙がいたるところに用いられている。ルソーは、自分の「栄誉を葬り」、「死刑執行人の手を介して、自分の名前を冠した著作の中で自分の名誉を台無しにした」として、ジュネーヴの小評議会を厳しく責めている。『山からの手紙』の文章全体を貫いているのは、自分の出版する書物に署名しようとする(ルソーはそこに名誉を見出している)高潔の人と、ルソーの書物を断罪することで、その名誉を傷つける侮辱行為との対比である。「書物が燃やされるとき、死刑執行人はそこで何をしているのだろうか。書物を構成する一枚一枚の紙を侮辱しているのか。そもそも書物が名誉を持っているなどという話を誰か聞いたことがあるだろうか」。文芸作品と切り離すことのできない名誉は、作家性を誇り高く要求するという形でも表現される。ルソーは『ダランベールへの手紙』の出版について、彼の書物の印刷を担っていたマルク・ミシェル・レイにこう書き送っている。「あなたが私の名前を明らかにしていいのはもちろんのこと、私の名前はそこに書かれなければならないし、題名の一部に含まれているのです[79]」。ここには一種の宣伝戦略があると考えざるをえない。ルソーの宣伝戦略は、書物が引き起こすスキャンダルと、自身の有名性に対する鋭敏な意識とに立脚している。慎重を期して、あるいはエリート的な価値観に従って、伝統的にはむしろ匿名を用いるような局面であえて自分の名前を前面に出そうとすること。このような意思を原動力にして、ルソーは『新エロイーズ』第二版の序文を書いている。

誠実な人は、読者に語りかける際に自らの姿を隠そうとしたりするだろうか。彼は自分の仕事として認められないようなものを、あえて印刷させたりするだろうか。私はこの書物の編集者であり、編集者として自分の名前を出すつもりだ。

N―あなたはご自身の名前を出すつもりですか。
R―ええ、私自身の。
N―なんですって！　あなたはこの作品に署名するのですか。
R―その通りです、ムッシュー。
N―あなたの本当の名前を？「ジャン＝ジャック・ルソー」と一字も違えずに？
R―「ジャン＝ジャック・ルソー」と一字も違えずに。(80)

実際、『新エロイーズ』の表紙には初版からルソーの名前が印刷されているが、それは小説作品としては珍しいことだった。誠実さと透明性という観点からルソーは自らの署名行為を正当化しているように見えるが、同時に、自尊心を思うままに爆発させてもいる。ここにあるのはおそらく、自分の名前を何度も繰り返し、誇示する快楽である。同様に、文芸の世界における礼節のコードとこれ見よがしに絶縁して、作家としての身振りを前面に出しながら、挑戦・挑発を行っていることも彼の自尊心に火をつけている。ルソーのこのような姿勢は、貴族的・社交界的な著作家のイメージをまとうのを拒否していることとも通じている。ものを書くことは、職業でも趣味でもない。物書きへと人は召命されるのであり、もっと言えば、それは社会と公衆に貢献するという使命なのである。この主張は、ルソーが誇張を交えながらしばしば繰り返すものであり[81]、ここではかなり皮肉な仕方で表現されている。ものを書くことは使命であるという主張によって、ルソーの名前は彼の著作と結びつけられる。ルソーが自分の名前に固執し、偽名を拒否するのは、単に作家としての身振りでそうするのではない。ルソーの作家としての身振りは彼の自己肯定と不可分であり、それは、彼自身の名前によって保証される社会的・個人的アイデンティティ、さらに、作家としてのアイデンティティを誇り高く要求するものである。政治権力に脅かされていた時期でさえ、ルソーは人から名前を借りて旅することを拒否している。たとえば、『エミール』が断罪されたあと、イヴェルドンに迎えてくれようとした友人のダニエル・ロガンに対して、ルソーは以下のように書き送っている。「身を隠すことに関してですが、私は人の名前を借りたり、自分の名前を変えたりする気にはなれません。だから、私はルソーであり、いかなる危険が伴ってもルソーであり続けたいと思います[82]」。

こういったさまざまな要素（恩給・恩賜を拒否すること、社交界的な洗練をあからさまに軽侮すること、慣例から外れた衣服を着用すること、自分の名前を表に出すこと）はすべて連関している。これらの要素によって組み立てられるのがジャン＝ジャックの人物像であるが、それは才能に優れた論争家や、感傷小説の書き手であるにとどまらない。ジャン＝ジャックは、同時代の文芸界のあらゆる慣例からはみ出しているような特異な人物でもある。この特異性が強迫観念のようになって、ルソーに関する言説を増殖させた。この特異性は偽りのない真実なのか。それとも、一種のポーズ、公衆の注意を引くための手管ないし宣伝戦略なのか。常にというわけではないにしろ、この点に関しては、グリムはフレロン［フランスの文芸批評家（一七一八－七六）。啓蒙思想家に対する辛辣な批評を展開し、アンチ・フィロゾーフとして知られた］以上に過激な論を展開している。一七五四年以来、フレロンは、ルソーが「社交界で話題を振りまこうと躍起になっている」ことを批判していた。その数年後、グリムはルソーのことを「雄弁と特異さによって有名なあの著作家」と表現して、皮肉にもこう付け加えている。「特異な存在の役回りをつねに成功させるのは、それを演じようとする勇気と忍耐を持つ者だけである」[83]。

ルソーに対してさらに辛辣な批判を展開した人々もいた。彼らが告発するのは、〔ルソー自身によって〕否定されればされるほど露わになる、著名性に対する彼の病理的な欲望である。デュ・デファン夫人はショワズール公爵夫人にこう書き送っている。「あれは頭がおかしいのです。もし自分の著名性が増長すると考えたら、ルソーは、自分を貶めない代わりに、自分を絞首台に送るような犯罪にだってあえて手を染めるでしょう。そうだとしても不思議ではありません」[84]。最晩年のルソーが、人前に姿を表すことをこれ見よがしに拒否したことも同様な解釈にさらされる。その例がたとえば、リーニュ公がプラトリエール通りに住むルソーを訪ねたときに行った対話の記録である。「ルソーがどんな風に著名性を理解しているか。それについて、少々辛辣ではあるが、いくつかの真実を披露させていただきたい。私は彼に以下のように言ったことを覚えている。ムッシュー・ルソー、姿を隠せば隠すほど、あなたは人目につくのです。社交を嫌えば嫌うほど、あなたは公の存在になるのです」[85]。その前に引用したいくつかの記述と違い、リーニュ公の記述は時間的にもっと後、おそらくはフランス革命の時期に書かれている。リーニュ公がルソーに対して行ったという明敏な指摘は、おそらくルソーとの対話を振り返って、後日書かれたものだろう。さらに、リーニュ公のこの記述と他の引用の記述から明らかになるのは、十八世紀末において、著名性がいかに考察の対象として重要性を持っていたかということである。そして、ここからもう一つ言えるのは、メディアの形成する公共空間が現代において生じたと私たちが思っている諸現象が、当時からすでに認識されていたということだ。著名性がある段階にまで達すると、人前に出ることをこれ見よがしに拒絶することは、公衆の好奇心をかき立てる最上の手段になりうるのである。

## 著名性の重圧

ルソーは彼自身の著名性を考察する手間を、同時代人に委ねたわけではなかった。彼にとって著名性の問題は、自伝執筆とともに行った省察の重要なテーマの一つになっている。社会からいかに認められるかという強迫観念に取りつかれ、自らの運命を絶えず省察していた著作家にとって、それはむしろ当然と言えるだろう。著名性の出現によって公衆の生み出す評価には変化がもたらされたが、ルソーが、この現象を思考した最初の作家の一人であることは斯様に明らかである。にもかかわらず、彼の著作が有しているこのような側面に言及した人は、これまでほとんどいなかった。それはおそらく、陰謀や迫害という主題に隠れて見えにくかったからだろう。しかし、これから見ていくように、陰謀が公衆全体によって仕組まれたものとなり、何よりも「ジャン＝ジャック」という、真実のルソーとはまったく別の有名人像を押しつけるようになると、陰謀は翻って著名性と瓜二つのものとなる。ルソーが悪夢の幻覚のように描き出すのは、著名性に特有の疎外のメカニズムである。それはつまり、自分自身のイメージを自ら所有できなくなるという事態だ。

長い間、ルソーは著名性を追い求めていた。それは当初、彼にとってきわめて望ましいものだったのである。ルソーが『告白』を執筆していた頃、著名性はもはや重荷のように思われるものでしかなかった。しかし、彼は『告白』の中で自分が若い頃に著名性を希求していたことを認めているし、パリにやって来た時に、どんな手段を使っても有名になろうと考えていたと認めている。彼にとって、有名になることは何よりもまず社会的・経済的成功を達成する手段だった。そして、ルソーは自分の考案した記譜法によって成功がもたらされるだろうと期待していた。「私はこの記譜法によって音楽という芸術に革命をもたらし、著名人に成り上がろうと躍起になっていた。パリで学芸における著名性を得ることは、つねに成功と富を意味していたのである」[86]。実際、ルソーはその十年後に著名性を獲得する。『学問芸術論』が当時の読者の間で成功を博したことによって、当初、ルソーは自分の価値が首尾よく評価されたように感じた。「公衆は名もない作家に、思ってもみなかったような好意的な評価を寄せてくれた。そのことが、自分の才能に対する、真の意味での最初の保証を私に与えた。私は自分に才能があることを内心では感じていたものの、それまでつねに自信を持てなかったのである」。この新たな著名性は、ルソーにとって自己改革を達成するための貴重な手段であるように思われた。「これから決めようとしていた身の振り方に対して、自分の著名性がもたらす利益を私は理解していた。文筆の世界で何がしかの著名性を体現して写譜を行うならば仕事に困ることはなかろう、と私は考えていたのである」[87]。ルソーの表現には明らかな逆説がある。ルソーは手仕事によって生きるために文人の生活様式を捨て、写譜を生業とする。しかし、同時に彼は、自分の文人としての著名性が客寄せになることも期待しているのだ。その矛盾がさらに目立つのは、ルソーが一七七〇年代に再び写譜の仕事を始めたときである。その頃、表向きにはルソーは作家としてのあらゆる活動を放棄して、著名性のメカニズムを批判していた。しかし、彼の顧客の大部分は、著名で気難しいこの人物に近づこうとして写譜の仕事を依頼していたのだ。

この矛盾は表面的なものでしかない。強い権力を持つ貴族たちに保護され、サロンに迎えられる文人というモデルと絶縁しようとしたルソーは、社交界の制約から逃れるために、自らの著名性に賭けようとする。評判を生み出し、作家たちのキャリアに保証を与える狭義の社交性ではなく、ルソーは公衆の支持を頼みにするのである。ヒュームとの論争においてもそうだったように、ルソーの戦略は一貫している。ルソーが著名性に対する欲望をはっきり認めることはほとんどない。しかし、一七六〇年代初頭に書かれたと思われる未刊の文章の中で、ルソーは自分自身について以下のように書いている。「私は、人々が自分についてあまりいいことを語ってくれなくても、話題にしてくれるのならまだその分だけいいと思う」[88]。ルソーのいわゆる「自尊心の回帰」から理解されるのは、広告戦略という点で、彼の発想がきわめて明晰だということである。人々がルソーについて何を言うかということはどうでもいい。人々が彼のことを話題にして、しかもたくさん語るということが肝要である。人々がルソーのことを良く言うか悪く言うかはともかく、重要なのは人々によって彼の特異性が強調されることなのだ。「普通の人間だとみなされるくらいなら、私は全人類から忘れられた方がまだいいと思っています[89]」。自尊心がここで意味しているのは、人々からの尊敬を求めることというよりも、「他の人間と」差異化されることを望むこと、公衆の話題の的になるということである。そして、それこそまさに著名性の定義にほかならない。著名性は育まれなければならない、と明晰に思考を紡ぎながらルソーはそう付け加えている。「公衆は私のことを散々話題にしたが、もし彼らをそのまま放っておいたら、間もなく私のことなど話題にしなくなってしまうのではないだろうか[90]」。

しかし間もなく、ルソーは著名性の危険に対して敏感になる。然るべき人間関係が成立しなくなり、最も単純な関係性さえも阻害されるのが著名性の危険であり、ルソーはそれを一言で以下のように要約している。「著名になるや否や、私には友人がいなくなった[91]」。著名性はルソーから友人たちを遠ざけ、嫉妬や迫害を引き寄せる。著名性によってルソーにもたらされるのは偽りの人間関係であり、その中で、彼と他人との間に介在しているのは、今や誰もが知るようになった人物像としてのルソーである。このように、著名性という新たな文化と結びついて行われるようになった実践が、ルソーの批判に繰り返し現れるモチーフとなる。彼の礼賛者による訪問がそれであり、モティエではあまりにも多くの訪問者がいることをルソーはこう嘆いている。

それまでに私に会いに来た人々は、才能や趣味や考え方の上で私とつながりがあって、そういったつながりを理由にして私を訪問し、私と彼らが対話できるような主題についてまず話を向けてきた。モティエ、特にフランス側では事情がまったく違った。将校や、文学にまったく趣味を持っていないような人々、しかも大部分は私の著作を読んだことがないような人々が訪ねてきたのである。彼らによれば、高名な人間、単に著名なだけでなく非常に著名な人間、偉人などなどを見て、これを愛でるために、三十、四十、六十、一〇〇リューと払わずにはいられなかったということである。

話題は中身がないし、偽善的なへつらいばかり。こういった訪問も場合によってはルソーの貴重な支えになったのかもしれないが、当人にとっては忌まわしいものだった。それがルソーにとって煩わしく思われた理由は、訪問者と彼との間に親和力が働いていたわけでもなく、訪問者がルソーの作品に親しんで彼に尊敬を抱いていたわけでもなく、ただ、彼らの異常な好奇心によって行われたものだったからである。ルソーからすると、このような好奇の視線にさらされることは、つねに見張られているようなものだった。「人々には詮索したいことがあって、それゆえに彼らにとって興味深く思える会話。しかし、それが私にとってあまり面白い会話ではなかったことを、彼らはわかっている。私は警戒心を持っていなかったので、彼らが折りを見て投げかけるすべての質問に答えて、自分の考えを包み隠さず披露していた(92)」。

そこからほんの数キロ離れた場所で、ヴォルテールはヨーロッパ中から訪れる人々を喜んでもてなしていた。彼は、訪問者たちがその後まもなく、書簡の中で、あるいは昼餐の席で、自分という偉大な作家のもとを訪れた経験を物語るだろうとよくわかっていたのである。それに対して、ルソーはこういった訪問者たちに警戒感を示す。ルソーが彼らに見出していたのは、悪く言えば裏切り者のスパイであり、良くてもせいぜいが見世物にやってくるような野次馬だった。著名性によってもたらされた帰結と、当時転々と逃避を余儀なくされていただけになおさら痛切にルソーを苦しめ始めていた迫害意識との間に、次第に複雑化し混線していくもつれが生じている。人々が自分に示す関心をことごとく脅迫もしくは嘲笑として解釈して、ルソーは訪問者たちをすげなく追い払う。以下は、数ある例のうちの一つにすぎないが、書き残されるに値する記述である。ルソーのもとを訪れたいと熱望していたラ・ロッド・ド・サン＝タオン伯爵夫人に対して、彼は敬意を欠いた返信を送っている。「伯爵夫人様のご意向に沿えなくて遺憾に思います。私は、夫人が興味を持ってお会いになりたいと思うような人間であるという栄誉には浴しませんし、我が家にはそのような者などおりません」。伯爵夫人が執拗に訪問の許可を求めるのに対し、ルソーは「彼女の二通の手紙があまりにも誇張された大袈裟な賛辞に満ちていて」、そのことが「彼を最も執拗に迫害する者たちに特有の印であるように見える」と非難している。そして、見世物の対象になることを拒否して彼はこう言うのだ。「単にサイが見たいだけの者は誰でも、私の家ではなく見世物小屋に行けばいいのです。人を見下した好奇心に添えられる、からかうような調子は、侮辱の上塗りにほかなりません。このような態度に対して私はそれ以上の敬意を払う必要などないし、相応の対応をすれば十分です(93)」。

訪問の拒絶という結末は、このように粗暴でほとんど罵倒に近い率直さで表現される。ルソーは自分が脅威にさらされていると感じる時に、このような態度を意図的にとるのである。ルソーの拒絶的な態度は二つの分かちがたいテーマを含んでいるのがわかる。これらのテーマに即して、ルソーは、彼の礼賛者たちが自分に面会しようと欲する理由を解釈しようとする。一つのテーマは陰謀であり、もう一つは不当な好奇心である。前者が、しばしば偏執的とされるようなルソーに特殊な性向によるのに対し、後者は、著名人を見世物の対象に転化して物象化する、著名性のメカニズムの本質に関わっている。十九世紀には見世物が発展したが、そこではあらゆる畸形人間や外来の変わった風物が「祭日の人寄せ」となり、公衆の眼前に展示されるようになる。「ルソーの」サイの比喩はこれを予告しているようで印象的だが、よく考えると単純に笑えるものではない。この比喩が喚起するのは、クララという名前の有名なサイである。このサイは一七四一年にロッテルダムに到着し、以降二十年間、ベルリンからウィーンへ、パリからナポリへ、クラクフからロンドンへとヨーロッパ中で展示された。クララはまさに国際的な女優となり、書物や絵画、版画に描かれ、その持ち主に巨額の富をもたらしたのである。一七四九年にサン＝ジェルマンで見世物にされ、ルソーも当時目にした可能性のあるクララの記憶が、一七七〇年にフランス王のヴェルサイユの王立動物園に新たなサイがやってきて、話題を呼んだことによって呼び覚まされたのではないだろうか。あたかも見世物を見に行くようにルソーに会いに来た人々の目的が、彼をつけ回したり、過ちを犯す場面をおさえようとしたり、からかうことではなかったにしても、こういった訪問者たちに対する強迫観念は、ルソーが晩年の十年間に書いた著作に繰り返し現れる主題となるのである。当時ルソーときわめて近い関係にあったベルナルダン・ド・サン＝ピエールの証言を、ここで引用しておく意味があるだろう。

全国から彼［ルソー］を訪れるために人々がやってきた。彼がそのうちの何人かをつれなく追い返したのを、私は見たことがある。それで私はこう言った。私もそれと知らずに、彼らのようにあなたにとって鬱陶しい人間になっているのではないだろうか。──彼らとあなた［ベルナルダン］とでは大違いだ！　ああいった紳士方が来るのは単に興味本位で、私［ルソー］と会ったと周囲に語りたいために、私のささやかな日常生活を詮索してからかうためにやってくるのだ。──私［ベルナルダン］は彼に言った。彼らがやってくるのは、あなたの著名性《セレブリテ》ゆえです。──そうすると彼［ルソー］はこう反復した。セレブリテ！　セレブリテ！　この言葉に彼は気分を害していた。著名人であることによって、感受性に優れた人は、あまりにも不幸を被ってしまったのである。(94)

このエピソードが実話であるかどうかはよくわからない。しかし、きわめてありそうな話だと思われる。それほど、この時期のルソーの振る舞いに関する伝聞とよく合致しているからだ。印象的なのは、ベルナルダンが「著名性《セレブリテ》」の語を強調していることであるが、すでに見たように、この語はまだ使われるようになって日が浅かった。そして、この語を何度も繰り返し用いているのがほかならぬルソー自身である。「著名人であることにより、感受性に優れた人は、あまりにも不幸を被ってしまった」というベルナルダンの表現によって繊細に語られているのは以下のような内容である。すなわち、著名性が社会的条件として成立するためには、それを経験する者が人間喜劇を楽しみ、身近な人々とは一定の距離を取りながら自分の役回りを演じることができることが暗に前提とされている。ところが、ルソーはこの適性に完全に欠けていた。感受性の人というのはむしろ、自分の生きるあらゆる人間関係に強度を求め、話し相手にかけがえのない本当の自分を認識してもらいたいと望み、感情の交わりにすべてを投じる人である。

ルソーによる著名性の経験——それは苦痛とともに見出される、完全にメディア化された公共圏の姿でもある。そこでは、他人からの評価は決して直接与えられることがない。ロマン主義的な観点からルソーを読む人が彼の作品から引き出すのは、孤独への願望、利己心の誤謬に対する批判と、自己愛の只中における幸福の発見である。このような読解に対して喚起するべきは、ルソーはつねに他者からの承認に対する強い欲求に突き動かされていたということである。そのことは心理学的もしくは社会学的な要因によって説明されるかもしれない。しかし、いずれにしても明らかなのは、この承認欲求こそルソーの生の原動力であり、その哲学的著作の重要なテーマであるということだ。[95] 彼の道徳哲学と政治哲学の大半は、調和的で正義に則った社会関係、そして、利己心の競合や特権を追求する際限のない闘争とは無縁の社会関係を可能にするような、人間相互の承認の形態の模索として読むことができる。

ルソーを突き動かす承認欲求は二つの密接に結びついた形態をとっているが、それらをひとまず区別しておく必要がある。第一の形態は社会からの承認に対する要求である。この欲求に動かされて、独学で身を立てた時計職人の息子であるルソーは、たとえばパリの貴族たちの尊敬や友情を貪欲に求めたり、使用人たちと同じ部屋で食事をすることが不名誉なことだと信じるようになるのである。自身の知性の力を頼みにしているルソーは、彼の知性と才能によって自分より権力を持つものを圧倒するという、ささやかな勝利の場面を『告白』の中で一度ならず描いている。そして、その語り口には確かに快楽が感じられるのだ。[96] こういったルソーの野心を目にすると、そこには欺瞞が潜んでいるのではないかという疑いが頭をもたげてくる。貴族階級の特権や社交界の虚飾を粉砕する誇り高きルソーが、どうしてリュクサンブール元帥やコンティ公、ブフレール伯爵夫人の友情をかくも大事にし、ジラルダン侯爵の領地で人生の終焉を迎えるようなことがありえたのか。ルソーは実はスノッブだったのではないか。ところが、支配階級の正当な一員として認められたいという成り上がりたち――その完全な典型は依然として町人貴族である――が伝統的に示す兆候と、ルソーの承認欲求とは大きく異なっている。ルソーが望むのは地位ではない。貴族階級であれ、社交界であれ、「文人」であれ、彼はこういった社会的グループへの所属を求めているわけではないのだ。実際、ルソーの野心は、彼の承認欲求の二つ目の形態と切っても切れない関係にある。それは、親密で個人的な承認への欲求であり、彼の持っている知性や芸術性や社会的地位の価値よりも、彼の善良さや無垢と関わるものである。つまり、それは社会的な側面よりも精神的な側面に関わっている。この承認の形は、称賛され、尊敬されたいという欲望ではなく、愛され、同情されたいという欲求によって表現される。

ルソーを突き動かす承認欲求のこのような二面性により、一見矛盾しているように見える彼の性格や立場、プライドと感傷性の特殊な混交、名誉を語る言語と感涙を誘う言語とを緊密に結び合わせる仕方、スキャンダルへの嗜好、そして愛されることへの欲求も説明される。この二面性は同時に、ルソーが表現する承認欲求に近代的な性質を与えてもいる。当時依然として特権と社会的尊敬を独占していた上流階級の人々に対してルソーが求めたのは、彼らの一員としてではなく、むしろ彼らとは違う人間として評価されることである。ルソーと同時代の作家たちの大半は、社交界のコードを完全に習得していることを証明することで、そして、申し分のない社交界の人間として振る舞うことにより、上流階級の仲間入りをしようとした。ヴォルテールの説いた「文人である前に社交界の人間でなければならない」という原理に彼らは従ったのだ。それに対してルソーは、差異と特異性、さらには上流階級の生活が彼に引き起こす嫌悪をことさらに見せつけることによって、まさにその社交界の人々から自らに対する敬意をもぎとったのである。『告白』で描かれる、社会の中でのルソーの勝利の大半は、このようなダイナミズムに立脚している。ルソーは自分自身のルールを押し通すことで、彼の才能とかけがえのない特異性に対する承認を共に得ている。その承認は、単に社会的なものであるばかりでなく、感情や情操的な次元にも関わっている。その最たる例として、フォンテーヌブローにおける『村の占者』の上演について見てみよう。『告白』の中でこの出来事が物語られる際に、二つの要素が合わさっている。オペラは成功し、ルソーには観衆の称賛と拍手が寄せられる。しかし、ルソー自身は宮廷の装束作法に従うのを拒否し、「ひげを長く伸ばして、かつらの髪も乱れたまま」というぞんざいな身なりで通した。つまり、彼のオペラの成功は単なる芸術的・社会的成功ではない。そこで問題になっているのは、ルソーの作曲家としての才能だけでなく、彼が彼自身であるということなのだ。それでこそ、ルソーは自分の音楽によって人に感動を与え、さらに、どんな時でも自分自身に忠実でいられるというわけである（「つねに自分自身であろうとするなら、どんな場所にあっても、自分の選んだ身分にふさわしい格好をするのを恥じるべきではない[97]」）。

このような承認欲求によってもたらされる困難は容易に理解される。不平等な社会においては、根本的に、どのような地位を占めているかによってその人の得られる敬意が決まってくる。ルソーの承認欲求の中には、このような社会的承認の伝統的な形態と、特異な自我やかけがえのない主体性を肯定することによって成立する、承認の新しい形態の双方が同居しているのである。第一の側面〔伝統的な承認の形態〕は集合的・社会的で、エリート階級の構成員が新参者を自分たちの一員として認め、自分たちのサロンに受け入れ、敬意をもって接し、社会的尊敬を外面的な表徴としても与えるという一種の任命制に属するものである。それこそ平民の非公式な貴族化を可能にしてきたシステムであり、その際に基準となっていたのが、十六世紀には生活様式であり、十八世紀には社交界に受け入られているかどうかという点だった。第二の側面、つまり、個としての親密な承認は当然のことながら基本的に個人的で、主体同士の関係性によっている。それは二人の個人の間、もし可能であれば直接的な相互交流を基盤としていることが望ましい。その理想的な形態は恋愛関係、さらに言えば、愛に満ちた友情である。そのような関係においては、愛と憐憫とが分かちがたく結びついている。『新エロイーズ』はこのテーマがさまざまな形で変奏されたものとして読むことができるが、それはたとえば、ジュリとクレールという従姉妹を結びつけるほとんど双生児的と言っていいような友情から、ジュリとサン＝プルーの離別以降、二人の絆を特徴づけている尊敬と愛と親密さの混交にまで至る。『告白』の中で承認の幸福な記憶が語られる際、それがつねに、慣例的な社会システムが宙づりにされ、感情の発露が優先されるのは以上のような理由によっている。この感情の発露において、重要な役割を担っているのが女性である。ルソーを小間使い部屋で食事させようとしたブザンヴァル夫人の招待客たちは、彼が詩を読んだときに涙を抑えることができなかった。そして、ブザンヴァル夫人の娘であるブログリー夫人は即座に、ルソーがいずれ「豊かな富を築く人」[98]になるのではないかと想像するのである。『村の占者』を観劇した女性たちは、甘く心に響く「陶酔」に身を任せた。その時、作者ルソーは感涙して、「自分が〔女性たちから〕誘った甘美な涙の雫のすべてを唇で吸い取りたい」[99]という欲望に身を焦がすのである。しかし、こういったシーンは虚構であり、夢想された至福の瞬間であって、たとえ現実にあるとしても、きわめて稀であるか、長続きしない類のものである。というのも、以上に描かれるような集団的で感情的な一体感は、社交界の規則が介在するとまずありえないものになってしまうからだ。

したがって、このように社交的かつ親密で、集合的かつ個人的な理想の承認が生じる場所は文学ということになるだろう。文学は、作者の個性に心を摑まれた無数の読者たちの眼差しの前に、作者を相対させるものである。ルソーは、感情的かつ道徳的と形容しうるような読書の理論を発展させた。[100]彼にとっての読書とは、それによって読者たちが直接に正しい仕方で作者の感受性に接することを可能にする手段でなければならない。この読者たちのおかげで、作家は自分が才能ある書き手であると認められ、同時に、優れた感性の持ち主として愛されるのである。作品の読解から作者の評価・承認へ。その移行が可能になるのは、作品の読解によって読者に道徳的変化がもたらされるからである。読者は自分の感情の動きを見守りつつ、作者の魂の様態を判断する。ここに見られるのは、同語反復的な円環である。ルソーの著作は美徳のスペクタクルによって読者たちを感動させ、彼らを善良で感性豊かな人間にする。だから、ルソーの著作は彼の嘘偽りない善良さを証明しているのである。また逆に、ルソーが誠実な人だからこそ、その著作はこのような効果を生み出すのだとも言える。この点をルソーは絶えず読者に喚起するが、『ルソー、ジャン＝ジャックを裁く』においては特にその傾向が顕著である。この著作の中で彼が主張しているのは、難点や理屈の矛盾を探すために彼の著作を読むべきではなく、読者自身の感動をもとに、作者ルソーの感性と精神性を判断するべきだということだ。このような読書観は必ずしもルソー固有のものではなく、すでに本書の中でも見たように、感傷小説の文脈に根差している。ただ、ルソーは書簡体小説の創作から自伝的著作の執筆へと至ることによって、この読書観に特殊な表現を与えた。読書を感情という観点から捉える発想は、それまでは虚構の問題でしかなかったが、ルソーはそこに自我の真実性という地平を加えたのである。[101]

読書は、作家と読者が直接結ばれる接点になる。それゆえに、読書をすることによって、社交性のあらゆる伝統的な形態を逸脱した関係が可能になるとルソーは考えていた。社交性の伝統的な形態において、他者との関係は尊敬が社会的なレベルで確立されること、つまり評判の作用に基づいていた。読書は親密さを伴う承認を可能にする、理想的な手段であるが、サロンにおいて人が評価される基準は、外見、ある種の社交能力を習得しているか否か、受け答えの技術、言葉の選び方、社交辞令の優雅さ、さらに、他の人々の意見によっていた。当人や他人によって与えられるイメージを通して、各人の価値が評価されるというのがつねにその本質だったのである。ルソーは、生まれながらにしてあまりにも感性が敏感だったのか、それとも社交性を身につけるのがあまりに遅かったせいかわからないが、社交界で振る舞うための約束事を身につけることができなかった。彼は機転や柔軟性を欠いていたのだ。「そこに行くと無様な姿をさらすだけではなく、本来の自分とはまったくの別人になってしまう。もしそうでなければ、私も他の人と同様に社交の場を好んだだろう」[102]。すべての人が見られる存在であり見る存在でもある、社交界の生活において、その各々が自分に対して持っている意識と、彼らが他者に向けて投射するイメージとは大きくかけ離れている。確かに、ルソーは良いイメージを生み出すことに成功しなかった。しかし、彼は即座にこう続けている。「著作を書いて自分の身を隠すという選択は、私にとってまさに好都合なものだった。私が人前に姿を現していたら、人々は私の真価を決して知りえなかっただろう。私に何らかの価値があるなんて思いもしなかったかもしれない」[103]。自分が評価され、承認されるために、ルソーは身を隠さなければならない。しかし、姿を見せることなく自分の真価や人間性を証し立てることなど、どのようにしてできるだろうか。だから、書かなければならないのである。ジャン＝ジャックの真の姿を明らかにする効用を書物に託さなければならないのだ。

以上のような社会的かつ親密な承認、つまり、ルソーと読者の感情的な融合の真骨頂となる場面が、高位の女性によるルソーの著作の読書に表現されるということは、もはや説明を要しないだろう。その例として、たとえば『告白』の中のタルモン公女のエピソードが挙げられる。彼女は舞踏会に行くのを拒否するが、それは『新エロイーズ』を読み始めたばかりで、ベッドの中で読書しながら夜を過ごす方を好んだからだった。このことを伝え聞いたルソーは感激する。なぜなら、「私は常々、『新エロイーズ』に強く共感する人は必ずこの第六感、つまり、道徳感覚を持ち合わせていると考えてきた。それを持ち合わせている心の持ち主はほとんどいないし、また、それがなければ私の心など誰にも理解できるはずがないのである」[104]。ルソーが自分の著作を声高に朗読しているときはお良い、というのも彼はもう姿を隠す必要がないのだから。ここからわかるように、書物を読むことには、社交性の軛を取り除く作用があるのである。社交界の押しも押されぬ権威であったリュクサンブール元帥夫人は、ルソーをこの上なく恐縮させる存在で、元帥夫人の前で彼は口を開くことさえはばかられるような思いを抱いていた。しかしルソーは元帥夫人と差し向かいで、毎朝『新エロイーズ』を朗読するようになり、思ってもみなかった成功を博すのである。「リュクサンブール夫人は『ジュリ』とその著者に陶然とした。彼女は私のことしか話題にしなくなり、彼女の関心はつねに私に向かい、一日中私に優しい言葉をかけ、日に十回も私を抱擁した。夫人は、私がつねに隣で食事をすることを望んだ。誰か高位の方々がその席に着こうとしたときには、そこは私の席であると言って、他の席に座らせたのである」[105]。このくだりには、読書がもたらす効果が理想的に表象されている。ルソーが高位の紳士たちに対する優越を手にするとき、彼はまさに文字通りの意味においてリュクサンブール元帥夫人を誘惑しているのであり、熱狂的な愛情を引き起こしている。この熱情は書物から作者へと直接向かい、そのおかげで、いかに不器用で会話のセンスを欠いていても、ルソーは束の間、貴賓たちの集う食卓に君臨することができるのだ。社会的な承認と感情的な承認は、読書のもたらす魅惑によって結び合わされ、融解するのである。

このような読書の理念に、『告白』の企図は支えられている。この著作においてルソーが重要視していたことは、彼自身を正当化することや、彼のとった行動は正しかったと読者たちを説得することよりも、むしろ媒介性のない、憐憫と同情で形成された感情的な承認をかき立てることだった。傲慢と謙遜が類を見ない形で混ざり合っている『告白』の有名な冒頭部は、このような側面から読む必要がある。ルソーの企図は「自分の内側をさらけ出すこと」、そして彼がしたことだけでなく、とりわけ彼が考え、感じたことを述べることにあった（「私は自分の内心を感じている」）。そこから以下のような宣言がなされる。「永遠なる神よ、私の周りに数え切れないほどの人々を集めたまえ。彼らが私の告白に耳を傾けますように。そして、彼らが私の受けた侮辱を嘆き悲しみ、私の悲惨に頬を赤らめますように。彼らの各々が、あなたの玉座の元で、同じ誠実さに従って、自分の感情を見出しますように。そのとき、彼らのうちの一人でも「私はあの男よりもいい人間だ」と、あえてそう言えるでしょうか[106]」。ルソーは、自分が他人よりもいい人間だと主張しているわけではない。彼がここで想像しているのはむしろ、もし各々の人間がこのように誠実であろうと努力し、自分を曝け出そうと努力するならば、他人と自分を比べるということ自体が、正当性を失うだろうということである。「自分の方がいい人間だ」とあえて言う者が誰もいないのは、そもそもそんなことを言うことに意味がないからだ。このような想像の上には、もはや平等かつ特異な個人の集まりしか存在しない。彼らの一人一人は決して他人と同質でない一方、相互の身の上に想いを寄せて心を動かすことができる。尊敬を勝ち取ろうとして競い合う関係は、感情移入（「彼らが頬を赤らめますように」）や同情（「彼らが嘆き悲しみますように」）に取って代わられる。

ルソーのこのような思想を支えていたのはまず、内的直観や内的感情を介して到達可能な真の「自我」という神話であり、さらにこの自我を分かち合い、自分と「同じ人間たち」がこの自我に触れられるようになるためには、彼らが社会的な外観にとらわれず、何でも評価・判断しようとする癖をやめればいいという発想であった。もっとも、今はルソーのそのような思想を批判することが問題なのではない。ルソーは、神の眼差しによってあらゆる魂は見透されるというキリスト教的なテーマを世俗化し、人間の眼差しの前で透明化される内面というロマン主義的なテーマを開拓した最初の人々の一人である。特に強調すべきは、読書によって可能になるとされる間主体的な関係が、非媒介性・直接性を帯びていることだ。反対に、この幸福な関係を絶えず脅かすものは、あらゆる媒介、あらゆる中間的な存在（著作家、ジャーナリスト、物好き、噂好き、社交界の人々）であって、そういった存在はルソーと、彼がその承認を得ようと求める人々との間に割り込んでくる。これらの媒介的存在が増殖すると、そこで演じられるのはもはや承認というドラマではない。そこでは、眼差しの役割ももはや真実［の自我］を確かめることではなく、視線の対象を見世物に変化させることでしかない。「外観」が「内的な感情」の上に立ってしまうのである。[107]ルソーにとって著名性というドラマは何だったのか。以上から理解されるように、それは公共圏を覆いつくし、彼の公的人物像を構築し、彼と他者との間に遮蔽物を作ってしまうような、イメージや言説の増殖に由来するものだった。他の人々からルソーが見えなくなってしまうのは、彼らが公的イメージを通してルソーに眼差しを注ごうとするからである。彼らからすると、このイメージはルソーそのものであるが、ルソーはそこに自分の姿を認めることを拒む。このような想像上のイメージは、好意的なものであれ、悪意に満ちたものであれ、（噂、出版物の記事、版画のように）口述されたものや視覚的なものであれ、世間に出回るあらゆる表象によって構成されている。人々がルソーに対して表現する崇敬、愛着、同情が、ルソー当人に向けられたものなのか、それとも想像によって作り出された彼のイメージに対するものなのか、判断することは難しい。誰もが彼について語るのに、彼の語ることは誰も聞かない。誰もが彼のことを注視しながら、彼の姿は誰の目にも入らない。誰もが彼の名前を知っているのに、誰も彼のことを知らない。これこそまさに、シャンフォールが提示した著名性の定義だった。

一七六四年にはすでに、『告白』の元となるプロジェクトを解説した序論的テクストの中で、ルソーは以下のように述べている。「同時代人の中で、私以上に、名前が知られていて、その人となりが軽視されているような人などほとんどいない。（中略）誰もが好き勝手に私のことを描き出して、当の本人がそれを否定しにやって来るなどとは思ってもみないのだ。社会の中に一人のルソーがいて、隠遁の中に生きるもう一人のルソーはそれとは似ても似つかない」[108]。この重要なテクストが十全に描き出しているのは、著名性の二つのメカニズムの間に生じる必然的な緊張関係である。一方で、著名性は名前が売れることと肖像が増殖・拡散することによって生み出され、他方では、自分自身にとって透明な個人というロマン主義的な神話に立脚している。『第一論文』［学問芸術論］の成功を、当時のルソーは、自らの才能が公衆の趣味を通して、そして、内的な感覚によって確認された出来事として考えていた。このルソーの著名性の最初期には、人々が彼に対して抱くイメージと、彼が自分に対して抱く意識との釣り合いが取れているように思われたのである。しかし、程なくしてルソーは気づく。さまざまなイメージや言説を介して、各々が彼のことを「好き勝手に描き出す」が、それらのイメージ・言説が増殖していくと、かつての均衡は失われ、［ルソーの自己意識と他者が彼に抱くイメージとは］むしろ次第にかけ離れていって、ついには完全にバラバラになってしまう。「もう一人のルソーは（中略）そのルソーとは似ても似つかない」。確かに、このテクストにはルソーの傲慢さも表現されていて、それが相矛盾し、かつ相補うような、二つの形態をとっているのが見られる。それはつまり、一つの大陸全体に及ぶような著名性であり、同時に、あまりにも極端であるゆえにかくも多くの視線から逃れ去ってしまう特異性である。しかしここで注目すべきは、ほとんど直観的な形であるとはいえ、ルソーが、メディアによって媒介された社会特有の効果について洞察力に満ちた描写を行っていることである。ルソーは、このような社会のもたらす効果を経験した最初の人間の一人だった。ある人間が知られると同時によく知られていないという現象が成立するばかりではない。それと対照的に、著名性はおそらく、自分が理解されていないという感情を助長するものでもある[109]。著名性そのものによって、本当の自分の姿を認められる可能性が奪われてしまい、人々と自分とを隔てるイメージが増殖していくような感覚が生じる。有名人たちが抱くこのような感覚は、彼らを孤独へと追いやり、二十世紀には著名性の大衆文化を通して流通する一つの紋切り型になる。「俺は十分な財産を持っているし、俺の名前は巷に響き渡っている。けれども、俺が求めているのはただ単純に愛だけ(110)」。

ルソーが行き当たりばったりで言葉を選ぶことはほとんどない。「誰もが好き勝手に私のことを描き出して、当の本人がそれを否定しにやってくるなどとは思ってもみない」とルソーは書いていたが、ここで用いられている「本人《オリジナル》」という語は豊かな意味作用を孕んでいる(111)。ルソーが元祖（起源）と流通する複数のコピーとを対置するのは、もちろん、本物と偽物というテーマ系に沿ってのことである。ただし、彼が強調するのは、真のルソー（この「唯一無二な」存在）が帯びている特異性であって、それは、他の人々が各々作り出すルソーのイメージには還元できないものなのである。同様に、彼が「隠遁」に対置するのは「公衆」ではなく「社交界」、つまり、上流階級を指す言葉である。想像と誤謬を含んだイメージが増殖していく現象は、暗黙にではあるが、エリートたちの集まる社交空間における評判の形成とまだ切り離せないものだった。後に、『孤独な散歩者の夢想』の中で、ルソーは同じ対立軸をよりラディカルな形で表現している。「もし、私の顔かたちや外見的な特徴が、私の性格や内面的な性向と同じくらい全く人々に知られていなかったら、私は今でも彼らに囲まれて生きていただろうに(112)」。著名性がルソーを孤独へと追いやる。著名性のせいで、彼はいかなる形でも真の人間関係を望むことができないのだ。さらに、ここで問題となっているのはもはや社交界ではなく、すべての人間である。この時期、ルソーは自らの著作を通して著名性の効果と戦うことをあきらめなければならなかった。『告白』は失敗に終わり、酷な失望を彼に与えた。ルソーは、いくつかの小さな［上流階級の］サークルを選んで『告白』の朗読を行ったが、それは期待したような効果を得られなかったのである。「このようにして私は朗読を終えた。全員が沈黙していた。エグモン夫人はただ一人、感動しているように見えた。彼女は明らかに身を震わせていた。しかし、彼女はすぐに平静を取り戻すと、その場に居合わせた人たちと同様、沈黙を守った(113)」。涙を流す人もなく、ジャン＝ジャックの不幸にことさら共感を表明する人もいない。ルソーはここから、自身の目論見が誤りだったと帰結する。彼が『告白』の続きを書くことはなかった。

## ルソー、ジャン＝ジャックを裁く

このようにして、一七七〇年代の初めに、ルソーは『告白』執筆の継続を断念してしまう。しかし、彼は自分に対して企てられた迫害と中傷の被害者であると信じていて、その陰謀に抗戦する考えを捨てたわけではなかった。こうした中で、彼が多大なエネルギーを費やして執筆するのが、長らく批評の対象とならなかった、複雑で魅惑的なテクスト、つまり、『ルソー、ジャン＝ジャックを裁く――対話』である。ルソーの死後、一七八〇―八二年に出版されたこのテクストは、彼を讃美する者たちを当惑させ、他の者たちからは彼の「狂気」の産物とみなされた(114)。たしかに、ルソーが迫害妄想の狂気を遺憾なく発揮しているように見えるこの著作には、奇怪で陰鬱な側面があり、読者を寄せつけないところがある。その形式も驚異的だ。作者の代弁者ではあるが分身ではない「ルソー」という名の人物と、精神的ないし肉体的な実体を持たず、特徴的な性質もほとんど持たない「フランス人」という個人との間で行われる三つの対話によって、この著作は構成されているのである。二人のやりとりは、『新エロイーズ』、『エミール』、『学問芸術論』、『人間不平等起源論』などの作者と目されている「J・J」という第三の人物をめぐって行われる。「フランス人」は他のすべての同国人と同様に、この「J・J」が悪意と悪徳に満ちた人間だと確信していて、「J・J」が関知しない間に、その評判を傷つけることを目的として企まれた陰謀を素朴に信じこんでいる人物である。あたかも、「J・J」には彼の過ちが正確に指摘されず、自己弁護する機会も与えられないまま有罪判決が下されているかのように、すべての物事が進んでいく。陰謀は誰もが知っている明らかなことで、公序良俗に則った正しい企てとして表現される。ここにあるのは倒錯的な事態であり、実際、そのように仕組まれているのだが、「フランス人」はこれを至極まっとうな事態と表現するのである。このような展開において、「ルソー」は「ジャン＝ジャック」を訪ねて行き、彼と出会ってからはその擁護に回る。そこから「フランス人」は陰謀の大義に疑問を持つようになり、一行も読んだことのなかったルソーの著作を読もうという気になる。それが決定的な機会となり、「フランス人」はジャン＝ジャックの無実を完全に確信するようになるのである。「ええ、私はあなたと同じようにそれを感じますし、あなたと同じようにそれを支持します。ルソーが彼の名前を冠した書物の作者であれば、彼が持っているのは篤実の人の心以外の何物でもない[115]」でしょう。しかし、このように真実が明るみに出ても、ルソーの名誉を公に回復する運動が起こることはない。二人の人物はジャン＝ジャックの無実を彼らだけの秘密にしようとするが、それは、ルソーに向けられた満場一致の敵意に抗しても無駄だとわかっているからである。彼らはジャン＝ジャックと共に生きて、その支えになることができればよしとする。

この余りに短い要約では、テクストの複雑性や豊かなうねりを十分に伝えることができない。後者を支えているのはテクストの非常に緻密な構造であり、反復、後退、そして長大な雄弁を挟んだ、時として難渋な展開の数々である。最もありそうにない仮定が、このような一貫性と正確さによって提示されるために、読者は「論理的な狂気」とでも言うべきものを前にして、往々にして茫然自失する。対話という形式が装置として機能することにより、作者は作品の中にさまざまな形で介入することが可能になる。それは注ばかりでなく、著作の前後に置かれた二つのテクストにまで及び、それらの中で作者は作品に関する説明を一人称で行っている。この対話という仕掛けは同時に、「フランス人」の口から陰謀について語らせ、ジャン＝ジャックを孤立させ、いかなる科で非難されているのか知らせないままジャン＝ジャックを攻撃するために企まれた数多の手管を浮き彫りにする機能を果たしてもいる。このようにして、誰もがジャン＝ジャックを迫害していることは、疑惑や仮説として提示されるのではなく、告発という形式すらもとっていない。それはむしろ誰の目にも明らかなこととして表現されるのだ。問題はその迫害が正当なものかどうかということにある。『対話』というテクストの目標そのものは、まったくありそうにないこと、つまり、ジャン＝ジャックを排除することを目的とした「すべての国民」の「全会一致」に対して、理に適った根拠を見つけることにある。[116]

『対話』のテクストが監禁、暗闇、監視、偽装といったテーマに支配されているのは以上のような理由による。迫害のせいでジャン＝ジャックは四方を沈黙に囲まれ、行動を起こすためのあらゆる手段を奪われる。こうして、『ルソー、ジャン＝ジャックを裁く』という作品が、倦むことなく、と言っていいくらい延々と描き出してみせるのは、敵対する人々の玩具となり、「メッシューたち」の指揮する網羅的な陰謀の犠牲となった「ジャン＝ジャック」の孤独である。見通せない闇、出口のない迷宮、偽装の施されたすべての表徴といった、作者ルソーの最も禍々しい強迫観念の数々がここには見られる。「人々は、パリを彼にとって洞穴や森よりもっとひどく孤独が感じられる場所にする方法を見つけた。パリに生きる彼は人々に囲まれながら、意思の疎通も、慰めも、忠告も、光も見出せないのである」[117]。こういったモチーフの暗鬱さはいつでも、あまねき陰謀というテーマに行き着く。その陰謀に加担しているのはもはやルソーの敵だけではなく、すべての人間なのだ。「先の著作の顛末について」と題された後書きの中で、ルソーは再び彼自身の名前において言葉を紡ぐ。そしてこの著作が人々に受容されることはありえないと語りつつ、偏執病的な装置に鍵をかけてしまうのである。ルソーは、自分がまだ信頼を寄せていた奇特な数人の人物にこの草稿を託そうとしたが、彼らはみなルソーのことを裏切ったのだという。「しばらく前から、私に近づいてくるのは、意図的に遣わされてきた人たちだということ。そして周囲の人間を信頼することは、敵の手に自分を委ねることであること。このことを私が知らなかったとでも言うのだろうか」[118]。絶望の果てに、ルソーはこの著作をノートルダム大聖堂の祭壇に献じることを決意する。しかし、結局祭壇の扉は閉まっていた。めまいに襲われたルソーは、自らが承認されることに対するすべての希望を放棄する。そして、憤りの言葉をつぶやくのだ。「神さえもが、人間たちの不正な所業に加担しているようだ」[119]。神が陰謀に加わっている！――これ以上ないと言っていいような迫害妄想の徴しであり、それはまた人々による包囲をどうしても破ることができない状況を決定的に象徴している。[120]

『対話』という作品は多くの点で『告白』の自己弁明的な言説を踏襲している。しかし、その形式はまったく異なっており、『対話』というテクストの重要性を最初に理解したミシェル・フーコーは、これを「反『告白』」と表現したくらいである。[121]『告白』の一人称を用いた語りが対話という形式に取って代わられることにより、言表行為の破裂が引き起こされる。ルソーはもはや、自らの内心に感じていたことをありのままに独白しようとはしない。逆に、彼は外から自分の姿を見ようと努め、いかに考えにくいようなものであろうと、自分に敵対する者たちにも相応の理由があるのではないかと想像しようとする。そして、彼は完全に公平な観察者、もしくは善意のある読者が自分に対して持つであろうイメージを描き出そうとするのである。「もし私が別の人間だったら、私のような人間をどのような目で見るのか。それをどうしても言わなければならない」[122]。どう考えても実現の難しい目標である。しかし、ここからわかるのは、ルソーにとって問題はもはや自分自身が内心で感じていることでもなければ、正しい意識を有して明晰さを保っていると主張し、自らを正当化することでもない。他の人々の判断・評価がどのように構築されているかということ、そして、世論の複雑で悪しきメカニズムを理解することが何よりも問題なのである。ここで世論と言われているものは、きわめて否定的なニュアンスを帯びている。世論はすべての権力者、仲介者、言論を操作する者たちが協力して行う、包括的な操作の結果として現れる。ルソーの著作の常として、『対話』のテクストもまた、社交界の評判のメカニズムに対して批判を展開する。しかし、今回の批判ははるかに突き進んだところまで行く。批判の対象になっているのは社交界によって下される評価だけでなく、公衆の意見が満場一致しているという点である。「世論」は、同時代の他の著作家たちが描いているような、独裁や専制に対して文人たちが持ち出すことのできる公正な法廷ではない。「世論」は権力闘争の装置の一つであって、これによって、組織化されたいくつかの少数者の集団は誤った判断を万人に押しつけ、無垢なものたちを迫害することができるのである。このようにして、ジャン゠ジャックに対して企まれた陰謀に加わったのは「貴族、作家、医者（彼らを結束させるのは難しいことではなかった）、権勢を持つすべての人々、社交界のすべての女性たち、権威を持つすべての団体、行政を司るすべての存在、そして、世論を支配するすべての存在だった[123]」。

ここで重要なのは、どのような権力者たちが列挙されているかということよりも、その集団性が持っている力である。「ルソー」に対して、彼以外の全員の意見が一致していることに注意を喚起する「フランス人」は、対話の議論において優利な立場を占めているのだ。「あなたはこれらの声の総和が意味をなさないと思うのですか。あなただけが他のすべての人と別の観点に立っているというのに？」これに対する回答として、ルソーは、人々が他人の意見を真似して、そこからはみ出すのを怖れることにより生じる効果を批判する。この効果が、公衆を欺くことを容易にする。「もし、公衆を導く人々が、力、権威、もしくは意見の上で結束し、公衆が見抜くことのできない密やかな陰謀によって、公衆に誤った考えを植えつけるなら、公衆を騙すことほど容易なことがあろうか[124]」。ここで言われている世論は、そのまま政治的な概念として捉えられるものではない。そもそも、ルソーにおいて、世論が単純に政治的な概念であることはないが、それは、世論が習俗の問題と関係するものだからである。世論が指すのは、政治的な事象について批判的な議論を重ねた末の帰結ではなく、ある個人の評判に対する人々の意見の一致である[125]。ルソーが使う「世論」という言葉の意味は、デュクロ（彼はルソーが一七七〇年代の初めまで畏敬と友情を保ち続けた数少ない作家の一人だった）が、著名性という新しいメカニズムの影響を受けて評判の連環が制御不能な仕方で伸びていく現象を考察した際に、この言葉に与えている意味と非常に似通っているところがある。「世論」がここで意味しているのはまさに、公衆（ルソーと直接の面識はないが、彼に対する心象を持っている有象無象の個人の集合）が彼に対して勝手に作り上げているイメージであって、本書ですでに使った表現で言えば、ルソーの人物像である。しかし、このイメージはルソー本人から見ると非常に歪められたもので、あらゆる価値を根本的に転倒し、無実の人間に犯罪者の相貌を与えるものだった。「かくも視線が幻惑されていたのであれば、人々は私のうちにソクラテスやアリスティデスの姿を見てもおかしくなかったし、天使あるいは神の姿を見てもおかしくなかった。けれども人々はつねに、私のうちにこの世のものとは思われない怪物が見出されると信じたのである」。ルソーは、傲慢にも自らを崇高な存在に喩えてみせながら、このように書くことをためらわなかった。[126]

つまり、人々の目は魔術にかかったように「幻惑」されている、言わば、欺かれているということになる。「幻惑（faciné）」の語は、語源的にさかのぼれば魔術に由来し、直接的には見せかけや幻影を意味している。十八世紀において、この語が用いられたのはまさにこの意味においてであった。しかしより現代的な意味、つまり魔術以上に誘惑の言説に属するような意味もすでに存在していた。そして、そのようなニュアンスによって含意されていたのは、公衆が眼前に差し出された誤ったイメージによって欺かれているだけではなく、それによって魅惑され、くびきに繋がれているということである。公衆はこのようなイメージから身をほどくことができず、それを眺めることに歪んだ喜びを感じるのである。ここにある曖昧さ（公衆は騙されているのか、それとも眼前に差し出されるシミュラークルを眺めて喜んでいるのか。その過ちは善意によるものか、悪意に基づくのか）は、『対話』が執筆された一つのきっかけであり、ルソーの思想に新たな局面をもたらしたものだった。それまで、特に『告白』においては、ルソーは自らに敵対するものたちを告発しつつ、公衆や善意を持った読者たちのことはまだ頼りにしていた。著作が成功したおかげで、ルソーは自分の才能に自信を持ち、きわめて多数の読者が彼の思想に直接触れることができるだろうと信じていたのである。『山からの手紙』の中でルソーが楽観的に主張していたのは、「公衆は理性によって判断する」ということ、そして彼もその審判を受け入れるということだった。[127] 一七六一年頃、ルソーは『告白』の土台となった未公表の断章の中で、その後の展開を考えると唖然としてしまうようなことを書いている。「わたしが世間に知られている仕方では、自分をありのままに見せてしまうと得するよりも損することの方が多い[128]」。その後、『告白』と『対話』を著すことになる作家が、どうしてこんなことを書きえたのだろうか。そもそもこの当時、ルソーは、自分の著名性によって投影されているのが自尊心をくすぐるようなイメージであり、世論は彼に好意的であることを確信していた。「私は非常に特異な人間だと思われている。だから、人々は各々自分の好きなように

［私のイメージを］誇張してくれるし、私はただ、そういった人々の声のうちに安住していればいい。その方が、自画自賛するよりも効果的だろう。私自身の都合を考えるなら、自分で自分のことを語るよりも、他人に自分のことを語らせる方が利口なやり方なのである」[129]。こう書きつけた当時、ルソーは「公衆の声」とその何でも誇張する傾向が、自ら作り出した特異な人物像にとって有利に働くものであると見ていた。

しかし『対話』において、「公衆のイメージ」は正反対のものとなる。公衆はもはや、ジャン＝ジャックに対してまったく好意的でない。それだけにとどまらず、彼らは、すべての人間が加担している陰謀の原動力となっているのである。彼を取り巻く人々が、考えられないほど揃いも揃って、憎悪の感情をぶつけてくる。このことを理解するために、ルソーは読者たちが不誠実なのではないかと仮定するに至る。読者たちは、ただ矛盾をあげつらい、誤りを指摘するためだけにジャン＝ジャックの本を読んでいると考えるのである。この仮説は破滅的な帰結をもたらす。陰謀が、誰だかわかるような敵対する少数者集団（哲学者、高位の人間、社交界に出入りする人々）の目に見える行動であるうちは、読者に対してこの包囲の輪から外れるようにと、そして、社交界がルソーに下す審判に対して公正な立場をとるようにと訴えることもできた。それこそまさに、『告白』の目論見であった。それが読者たちに疑いの目を向けたことにより、ルソーはあらゆる希望を失い、陰謀の外部［陰謀に加担していない者］はこれ以降失われてしまったのである。ノートルダムの一件はこのことを力強く物語っている。世論は現に操作されているばかりでなく、操作されることを望んでもいる。『対話』のテクストはこのような世論に対する批判を深く掘り下げる。世論が形成されるメカニズムが批判されるくだりで、我に帰ったフランス人は以下のようなコメントを添える。「公衆はだまされているのだ。そのことは私にもわかる。けれども、彼らは進んでだまされているし、おそらく判断を正したいとも思っていない」[130]。

公衆は目くらましされて、何でも信じ込んでしまうような存在であり、信じやすい人間であることに幸せを感じてもいる。そして、彼らは虚偽のイメージが流布することに対して奇妙で歪んだ満足を覚える。『対話』の中心を占めるこのようなテーマのうちに、著名性のメカニズムの描写を見ないわけにはいかない。著名人に関する話題については、公衆は「喜んですべてを信じ[131]」、最もありそうにない風聞に進んで耳を傾けるのである。著名人たちを取り巻く公共性は、公共圏の問題においてあまり重要視されない。この点で、ルソーがきわめて印象的な仕方で予見しているのは、メディアの支配下で形成される大衆の意見に対する批判的視点である。このテーマは二十世紀後半の社会批判の文脈で繰り返し言及されることになる。しかしもちろん、ルソーがこのような批判を行ったのは、彼なりの仕方、つまり、極端に特異で実存的な描写を紡ぎながらであった。

問題がＪ・Ｊ（ジャン＝ジャック）のこととなると、人々が話すことに良識も本当らしさも必要とされなくなってしまう。話が馬鹿げて滑稽であればその分だけ、人々は躍起になって信じ込もうとする。もし今日、ダランベールとディドロが、ジャン＝ジャックには二つの頭があると言い募ろうとしたとする。そうすると明日には、すべての人が通りを歩くジャン＝ジャックを見て、彼に二つの頭があることをはっきり見て取るだろう。そして、彼らの各々が仰天するのはそのことよりも、むしろ、ジャン＝ジャックのこのような怪物性にこれまで気づかなかったことに対してなのだ[132]。

ルソーの表現は一見、面白おかしく誇張されているが、真面目に受け取る必要がある。というのも、ここには、著名人のこととなるとあらゆる批判感覚を失って、何でも信じ込み、簡単に暗示にかかってしまう世論のイメージが与えられているからである。ルソーが告発する全員参加の陰謀。このイメージを通してはっきり現れるのは著名性という現象そのもの、つまり有名人が知っている自分自身と、公衆が真実であると考えたがる有名人のイメージとが、次第に大きく隔たっていくことである。『対話』という作品では繰り返し、ジャン＝ジャックの「著名性」と、彼を対象にした迫害とが関係づけられる。「ルソー」は「Ｊ・Ｊ」について以下のように言っている。「彼が不幸にも有名になって以降、その運命にもたらされた災難は陰謀の産物である[133]」。「ルソー」が「Ｊ・Ｊ」の身の上を嘆くのは、「著名性には色々と利点があるにもかかわらず、彼の著名性には侮辱、誹謗、貧困、中傷以外の何も見られないからだ[134]」。

たしかに、著名性を迫害という形で描くために、人々が自分に対して抱くイメージをルソーは過剰に悲観しているところはある。人々がどんな関心や称賛を寄せようと、それは敵意に変わってしまうのだ。「称賛は特に、裏切り者たちが油断を誘うための言葉です。こういった虎の礼節は、彼らがまさにあなたを引き裂こうとするときに、微笑みかけるのです」。ルソーは、サン＝ジェルマン伯爵に宛てた手紙の中で陰謀にまつわるあらゆるテーマを展開しながら、このように書いていた[135]。崇拝され、人々から人気のあった作家が、誰からも嫌われていると信じこんだのはまさに狂気のなせる業であった。形象、言説、テクスト、そして彼の名前と結びつけられるイメージが増殖していくこと。これらはルソーの制御を超えていて、その中に彼は自分自身の姿を見出すことができない。それが問題の核心であるとわかれば、以上のようなイメージが好意的なものかそうでないかは、最終的に大した問題ではないということも明らかである。これらのイメージは苦痛を引き起こす。というのも、「ジャン＝ジャック」は公衆によって表象される、本人とは独立した人物像になってしまい、このイメージによってルソーと同時代人とは隔てられてしまうからである。偏執病的な狂気によって、著名性の描写がとりわけ暗澹たるものになるのは、人々がルソーに寄せる関心、さらには崇敬さえも、憎しみや軽蔑になってしまうからである。しかし、この狂気によって浮き彫りにされるのは、人々の間に名前が広まることの特権性と、親密な仕方で人々に自分を理解してもらうことの不可能性との間にある矛盾・相克である。あまりにも人に知られると、自分の本当の姿は知られないし、情愛に基づいた真の関係も成立しえなくなってしまう。

『対話』の前に置かれている序文「この著作の主題と形式について」を読めば、この作品が問題としているものは明らかである。それは、ルソーが自らの不幸の原因としている敵意の総体、つまり「公衆（public）」である。この語は、序文のわずかなページの中に六回も登場する。この「公衆」は、ルソーの名誉を毀損する役割を担う者として、つねに能動的な立場に置かれていて、誹謗を単に受動的に受け取るような存在ではない。ルソーはテクストの冒頭から、自分の正当性を「完全に確信している公衆」の存在を喚起しており、このような言い分に対して、彼は少し先で「公衆は信じられないほど盲目だ」と反論する。ジャン＝ジャックは「公衆によって好きなように歪曲され、誹謗される人」のことである。したがって『対話』という作品の目標となるのは、公衆がジャン＝ジャックに対してどのように振る舞っているのかを検討することだ。「公衆」という語は別の語によっても言い換えられる。それをよく示しているのは、ルソーの告発の対象が、少人数の敵による陰謀よりも、「パリ全体、フランス全体、ヨーロッパ全体」が、「民族全体」あるいは「同時代人」たちが、全員一致して彼に敵意を向けているという点にあるということだ。いま引用した表現が、最初のフレーズから明らかに示しているのは、著作家が生きている間から享受できてしまう著名性の時間的な特性である。同時代人の不正に直面して、ルソーが後世に言及することはあるとしても、彼が後世の問題に強い関心を引かれることは決してなかった。誤ったイメージと風聞に惑わされ、理性を用いるに至らない不誠実な公衆。このような存在が確かなものとなった以上、ルソーは自分の名誉が後世によって回復されることにぼんやりとした期待しかもたなかった。それよりも彼は自己への回帰を行う。「私は偏見の虚しさを知った。しかし、それは自分を世論の軛に従わせ、自分の魂と心の平穏を犠牲にすることにしかならなかったのではないだろうか。もし人々が私のうちに、本当の姿とは別の私を見ているとして、それが何だというのだろう？　私の存在の本質が彼らの目に映っているということになるだろうか[136]」。変えられることのない真実、そして、他人にはわからない私の自律性。これらの要請は『孤独な散歩者の夢想』において問題となるもので、魂の哲学を打ち立てることになる[137]。しかし魂の哲学は二次的なもので、以上のような要請は公共性の新たな形態に特徴的な、媒介性の増大に対する一つの反応だった。自己意識の中で把握される個の姿と、他人によって作り上げられるイメージ。ルソーとジャン＝ジャック。これらの耐えがたい分離から、ルソーの真正性と自律性に対する要請は生まれている。「彼らがいかに自分たちの好きなようにＪ・Ｊを作り出すとしても、おあいにくさま。ルソーはつねに同じままだろう[138]」。

## 歪曲

『対話』の前書きでルソーは、「ルソー」と「ジャン＝ジャック」に分身するという方法をとったことを以下のように正当化していた。「公衆は、私から私の姓を取り上げるのがふさわしいと考えたが、この対話の中で私は自分の姓を自由に取り戻した。公衆は私の存在を洗礼名に縮約するが、これに倣って、私は自分のことを三人称で名指す際に洗礼名を用いた[139]」。公衆の間違いは、ルソーを、ほとんど蔑称として響くようなファーストネームに約言したことである。ルソー自身はこの名前をさらに、「J・J」という二重のイニシャルに約言し、これによって、『対話』の想像上の人物を指し示している。物象化とも言える、このような還元に対して、ルソーは自分の姓を取り戻そうとする。彼の姓、つまり「ルソー」は、社会的アイデンティティであると同時に、彼がつねに求めていた作家としての名前でもあるのだ。ファーストネームは最も個人的なものであり、ルソーを一族の一員としてではなく、他の誰とも交換不可能な一個の人間にしている。にもかかわらず、彼のファーストネームが、メディアにおける彼のイメージと結びついて、ルソーの「公の」名前になったということは言うまでもなく示唆的である。人々が愛着を持つ有名人を指すのにファーストネームを用いるというこの現象は、後の時代にも見られる（マリリン、ジョニー、エルヴィス……）。ここからはっきりと見て取られるのはもちろん、私的なものが公になるという現象であって、これまで見てきたように、それは著名性の文化を本質的に規定している。実際、「ジャン＝ジャック」と呼び指す仕方は、ルソーの敵ではなく、むしろその友人や支持者たちによって好まれたものだった。さらには文学史家たちさえもこのような名指し方を躊躇なくすることがあるが、それは、彼らが作家ルソーだけでなく、一人の人間としてもルソーに愛着を持っていることを表現しようとする場合である。ラ・ロシェルの貿易商であったジャン・ランソンは、「友なるジャン＝ジャック」の消息を熱心に追っていた。このように、自分が今まで一度も会ったことのない同時代人をファーストネームで呼び指す現象は、遠く離れた存在と親密であろうとする欲求、そして、著名人とファンとの間に築かれる親近感によって説明される。

　著名性がある一定の段階に達すると、ルソー当人が用いた出版戦略ないし宣伝戦略が、今度は彼自身に跳ね返ってくる。実際、出版物や読者たちが彼のことを指す呼称として、「ジャン＝ジャック」というファーストネームが次第に幅をきかせるようになったのは、ルソー自身が他のルソー姓の人間と自分を区別するために、自らのファーストネームを前面に出すようになったことに大きな原因がある。この点は今まで十分に注意されてこなかった。しかし、複数の証言から明らかなのは、ルソーが彼の成功の初期に他のルソーたちと混同されないように腐心していたということである。なかでもジャン＝バティスト・ルソーは、「私と同じ名前の有名人」として『告白』の中でも名前を挙げられている(140)。別のテクストで、彼は挑発的に以下のように書いている。「幾ばくかの物書きたちは、私の生きている間、詩人ルソー［ジャン＝バティスト・ルソー］のことを偉大なるルソーと呼んで死んでいくだろう。しかし、私が世を去った後は、詩人ルソーは単なる偉大な詩人であり、もはや偉大なるルソーではない(141)」。ルソーが一七五〇年代の初めに有名人となったとき、一七四一年に逝去したジャン＝バティストはまだ人々の間で鮮烈な記憶を留めていた。ジャン＝バティストはフランスの最も偉大な詩人の一人とみなされていただけではない。彼は波乱万丈な一生を過ごし、かなりの年月にわたって国外追放されていたため、人々の関心を大いに刺激したのである。一七五三年にリエージュで『著名なるルソーの来歴に資する覚書』が出版されたとき、このルソーはジャン＝バティストのことを指していた。これに加えて、さらに他のルソーたちも混同を招く。一七五〇年にディジョン・アカデミーの懸賞論文によってルソーが著名な存在になった際、『メルキュール』誌の主幹であったレーナル［フランスの歴史家、著作家（一七一三-九六）。ディドロらと共に『両インド史』を執筆］は、彼に対して「紙入れを開いてくれないか

［書きためた原稿を見せてくれないか］」と頼んできた。レーナルに対して、ルソーは嘆きつつ、自分が詩人と間違えられているのは、同姓の人（おそらくピエール・ルソー）と混同されているからだと返事を書いて送った。

奇妙なのは、かつて詩とは何の関係もない唯一の著作を出版した私が、今日、人々によって詩人とされていることである。日々、人々が私のところに来て、私が作ったこともなければ、力量的にも作ることのできない喜劇や詩作品を褒めてくれる。このような名誉に私が浴したのは、その作家の名前と私の名前が同じだったからである。(142)

それから程なくして、彼は自分のファーストネームを前面に出すことにより、「ムッシュー」という彼の毛嫌いした呼称で呼ばれることを拒否できるようになった。さらに、称号や役職を名前に添える、自分の敵対者たちと立場を異にしてみせることも可能になる。ルソーは自分の姓にファーストネームしか加えないことによって、気取りのなさ、独立不羈、そして個としての特異性を同時に強調しようとするのである。たとえば、本書の中ですでに見た『ダランベール氏への手紙』のタイトルページは、以下のように書かれていた。「フランス学士院のダランベール氏に宛てたJ・J・ルソーの手紙……」。その後、『告白』の中でルソーは自らを「ジャン＝ジャック」と三人称で名指したりする。ルソーがファーストネームだけで名指された最初の著作家だったということ。このことは、以上から理解されるように、公衆が彼から名前を奪おうとする意思を持っていたことによっては十分に説明されない。そのような事態が生み出されたのは何よりも、ルソー自身の出版・宣伝戦略と、彼の著名性を支えていた情愛の絆というメカニズムとが相互に作用した結果である。

自分の固有名が自分のものではなくなることはルソーにとって、「ジャン＝ジャック」という、人々のイメージする人物像に自分が押し込められることを意味しただけではない。そのことによって同時に、彼がそれまで丹念に構築してきた作者としての立ち位置も脅かされるに至ったのである。『対話』の中で描かれる迫害の形態の一つとして、ルソーの許可がないまま、彼の作品の海賊版や偽造版が出版される事態、さらには、彼が一語も書いていない著作が彼の名前を冠して出版されるという事態が挙げられている。こういったものの中で、彼自身が書いたことは原形をとどめなくなってしまう。「どれほど人々が私の著作を歪めることができるのか、ご存知でしょうか。（中略）人々は私の著作を消し去ることができないし、どんなに意地悪な解釈をしてみても、彼らの思うままに私の著作の評判を貶めるには至らない。そこで彼らは私の著作を偽造しようと企んだのです。この企みは当初、ほとんど不可能なものに見えましたが、公衆が手を貸すことによって、何よりもたやすく実行できるものになってしまったのです」[143]。『対話』のテクストの恐怖に満ちた描写から容易に見て取られるのは、その背景にあった十八世紀の出版業者たちの慣行である。当時の出版業者たちは、成功した著作の版権を侵害することをいとわなかったし、作家の著名性を利用しつつ、著名な作家の名前で出来の悪い作品を売りさばくこともあった。それは著名性の対価である。シュノンソー夫人は、ルソーに宛てた手紙の中で皮肉な調子でそう書いている。シュノンソー夫人はこの時ルソーに、彼がオークの大司教に宛てて書いた手紙なるものがパリで出版されていることを知らせたのだが、彼女はその手紙が偽造されたものであると考えた。「これは著名性の名誉のうちでもあなたがこれまで手にしてこなかったものです」[144]。ルソーは自らの成功の犠牲者なのだが、そうなってしまった成り行きが、『対話』においては陰謀という形で解釈されている。人々が別のものに変えてしまった彼の著作は、もはや原形をとどめていない（人々によって彼の著作は「歪曲」された）。そこに、スキャンダラスな内容をもっともらしく与えることにより、人々は彼の名誉を傷つけようとしている。ルソーは以下のように断言している。彼はもう著作を書かなくなったのに、敵対者たちは「彼が著した書物を汚すようにと絶えず仕向けている。これらの著作は、それを生み出した筆者の尊厳の十分な証になっているにもかかわらず、そこに冠せられた名前が不名誉を被るようにと、人々は懸命に心を砕いているのだ」[145]。ルソーの作家としての戦略は、自分の名前を前面に出し、彼の人となりを著作と分かちがたく結びつけることにあった。しかし、彼にとってはこれが逆に仇になる。自分の名前を利用することが翻って、彼に帰されるべき責任も名誉も同様に踏みにじってしまうのである。

著名性の矛盾という陥穽は、獲物をおびき寄せて自らの口を閉じる。固有名は特異性において個人を指し示すものであり、その個人が自らのアイデンティティとして要求するものである。しかし、固有名はより公なものでもあり、有名性や名声の土台にもなる。彼の出版するテクストがあたかも彼の主体的存在から直接発したものであるかのように、作者名と自分の人間性とを結びつけようと望むルソーの意思は、数多の媒介的存在と抵触する。それは出版業者、校閲者、書籍商、批評家、つまり、書籍に関わる業界全体であり、そこでは商業的な戦略と知的関心とが混ざり合っているのである。彼と読者の間で増殖していくこのような媒介的存在を前にして、ルソーが行き着いた極端な解決策は、自分の名前を冠したあらゆるテクストを、一切自分のものとして認めないということであった。一七七四年、ルソーはさらに、彼自身の手で署名した肉筆の書簡を回覧させる。その中で彼は「自分の名前を冠して、今後出版される書物は、古い著作であろうと新しい著作だろうと、また、どこで出版されたものであろうと、最も残酷な悪意によって偽造ないし改悪されたものであると宣言する。そして、彼はそれらを自分のものとは認めない。なぜなら、あるものは彼の書いた作品とはもはや別物であるし、他のものは誤って彼のものとされているからである」[146]。書物の表紙に印刷された著者名は信頼できない。しかし、その代わりに手書きの署名をすれば作者の名前が保証されるというわけだ。真実性の追求という不可能な試みに取りつかれた結果、ルソーが陥ってしまった袋小路がここからはうかがえる[147]。というのも、肉筆で書いたこの宣言そのものも、「彼の知らない間に印刷されたり[148]」、歪曲されるのではないかと、ルソーは危惧しているのだから。書かれたものはすべて、その本来の意図とは違ったものにされる。「するべきこと、もしくは言うべきことを思いついたとき、それがどんなに優れているように見えても、心しておかなければならない。一度、書かれたものにすべてを委ねると、その効果は真逆のものになってしまうし、書いた者に災いをもたらしかねない」。ルソーの著作につねに姿を現す、罠のイメージがここにも見られる。罠は、作者が身を守ろうともがけばもがくほど、きつく締めあげる。自分の言葉や行動が人口に膾炙し、意味づけられるその仕方に対して、一切の主導権を失った有名人の境遇——それを効果的に表現しているのが罠の比喩なのだ。自己を正当化し、他人から言われたことに反駁したりすることは、意見や世論を左右する人々に手を貸すことにしかならない。今や彼のできることといえば、黙ってじっとしていることだけだ。「一切行動することなく、人々から持ちかけられたことには一切与しない(149)」に尽きる。

自分の書物が本来のものではなくなっているとルソーが語るとき、彼の文章に自然と表出されるのは歪曲にまつわる語彙である。実際、問題となっているのは、彼自身の（本書がここまで与えてきたような広い意味における）「形象《フィギュール》」、つまり、彼の名前とともに流通する一連の表象を支配することである。もちろん、最も限定された意味での形象、つまり、彼の顔の肉体的な表徴は重要なテーマになる。ルソーが巻き込まれているのは、著名性の視覚文化の発展なのだ。『第一論文』［学問芸術論］が出版されて数ヶ月後、つまり、ルソーが有名人になってまだ間もない頃には、モーリス・カンタン・ド・ラ・トゥール［フランスの画家（一七〇四-八八）。サロンで肖像画が好評を得て、王立絵画彫刻アカデミーに入会。後に宮廷画家となる］の筆になる水彩の彼の肖像画が一七五三年のサロンに展示されていた。ルソーはこの肖像画を大変気に入っていたにもかかわらず、長い間、版画による複製を認めなかった。彼がそれをやっと許可したのは一七六二年になってからで、出版業者や友人に促されたからだ。それ以来、版画化された多数のルソーの肖像画が複製され、売り物にされるようになる。彼自身も、人々の間で流通する自分のイメージを管理・支配しようと腐心する。その例として、『新エロイーズ』を出版したデュシェーヌに、アルメニア風の衣装を着た自分の肖像を注文している。しかしすぐに、ルソーは自分の努力が虚しいものであることに気づく。そして、自分の肖像画がどんどん増殖していくことに不安を覚える。彼の肖像画は日刊紙で販売が宣伝されるし、大量に印刷される。知らない人々が彼に手紙をよこして、肖像画を求めてくる。たとえばニームのラリオーは、肖像画の三つの版を送って、どれが一番似ているか教えてくれるようにルソー本人に尋ねている。ラリオーは自分の書斎に、ルソーの大理石の胸像を作って置こうとしていた。ラリオーが送ってきた肖像画には「自分の魂と響きあう魂」が刻印されていると思って、彼は一時それに惹かれるが、すぐに幻滅が訪れる。そして、ルソーはラリオーを非難する。ラリオーの「刷らせたおぞましい肖像画が、あたかも私と似通ったところがあるかのように、私の名前を冠して出回ってしまうではないか[150]」とルソーは咎めるのである。

自分の顔のイメージが増殖していくことでかき立てられる不安は絶えず増大し、『ルソー、ジャン＝ジャックを裁く』でそれが最も極端な形をとる。この作品で問題にされたのは、アラン・ラムゼイが一七六六年に描いた肖像画と、それをもとに刷られた版画であった。ラムゼイの肖像画はルソーのイギリス滞在時、ヒュームの要請に従って作られたものだったが、この時まだ彼らの関係はこじれていなかった。当時最高の肖像画家の一人だったラムゼイは、ヒュームとルソーの肖像画を組み合わせた、二枚折の絵を製作した。ルソーの崇拝者たちの大半はこの絵を素直に評価した。なぜなら、この絵には彼らの思い描くルソー像、つまり、アルメニア風の衣装を着て、頭には毛皮の帽子をかぶり、重々しくも繊細な雰囲気をたたえたルソーが表現されていたからである。ルソーの肖像画は、社交界で不満なく生きる人特有のおめでたい絢爛さに彩られたヒュームの肖像画と、見事な好対照を成していた[151]。このような肖像画を描いたラムゼイの真意は考察に値するし、そこにはアイロニーが表現されているのかもしれない。いずれにしても確実なのは、ラムゼイはルソーの性格のある側面をよく把握していたこと、そして、彼の絵は同時代人の多くが『エミール』の作者に対して抱いていたイメージとぴったり合うものだったということである。同時代人のルソーに対するイメージとは、感じやすいが、その分怯えやすく猜疑心に満ちた人間、社交界の華やかな生活を捨てた人間である[152]。この肖像画を基にした多数の版画が売られたが、そこからわかるのは、ラムゼイの絵がよくできたものであったということ、そして、公衆がルソーのイメージを所有したいと欲望していたことである。イギリスで刷られて大陸で広く流通した大判の版画には「真理のために生命を犠牲にする（*Vitam impendere vero*）」という銘句が添えられていた。ルソー本人と似ていると考えた彼の崇拝者たちによって、この版画はもてはやされたのである（図13[153]）。

しかし、当の本人が同様な意見を持っていたわけではない。ルソーはこの肖像画と、とりわけ、それが持つ暗鬱で不穏なトーンを強調した版画を心底嫌っていた。一七七〇年の初めにブレ夫妻の訪問を受けたルソーは、夫人がアルメニア風の衣装を着た自分の版画を持っていることを知る。怒りに駆られたルソーは以下のように答えた。「私の家から出て行ってください。私の名誉を汚し、貶めるために作られた肖像画は、私にとって恥辱の記念碑です。これを眺め、好み、手元に置いておくような女性になど金輪際お目にかかりたくありません。そんな女性と昼食を取るくらいなら死んだ方がましというものです[154]」。数ヶ月後、友人であったラ・トゥール夫人は、ラムゼイの肖像画を元にした版画を「まさに、敬虔な信者が祈禱室の上に、彼女が最も篤い信仰を捧げている聖人の図像を掲げるように[155]」自分も書斎机の上に飾った、とルソーに宛てて書いている。腹を立てたルソーは、一年以上も彼女に返事を書かなかった。お互い分かり合えていないのは明らかである。

**図 13**　アラン・ラムゼイ『ジャン＝ジャック・ルソー――真理のために生命を犠牲にする。デイヴィッド・ヒューム所蔵の，ラムゼイ氏作の肖像画より』（版画，1766 年）

一方で、ルソーの誠実な崇拝者たちは、肖像画を所有することに喜びを感じ、彼への親密な感情を育んでくれる絵を後生大事にする。そうは言っても、ルソーの崇拝者たちはこのような絵を飾るのに、遊びのような感覚も交えていた（敬虔な女性のイメージは、本心からであると同時に皮肉を交えたものでもあることを示すために、ラ・トゥール夫人は「ただ、私があなたの絵に心を動かされるといっても、そうした女性が宗教画から受けるくらいの影響にとどまるのですが」と付け加えている）。他方、ルソー自身はといえば、こういった崇拝者たちの態度に自分の名誉を汚すことを目的とした企てしか見ていなかった。そして激しく抵抗するか、沈黙のうちに逃げ込むかのどちらかだったのである。絵のためにポーズをとる過程がほとんど拷問のシーンのように描かれるのに始まって、この絵が収めた成功に至るまで、『対話』ではこの肖像画の話が延々と蒸し返される。ルソーにとってこの肖像画は、「おぞましいキュクロプス」というイメージを彼に押しつけて、それを拡散させようとする陰謀の産物でしかなかった。

あまりにもうるさくせがんだ結果、ヒュームはJ・Jから無理やり同意を取りつけた。ジャン＝ジャックは真っ黒の帽子を被せられ、深い茶の衣装を着せられ、真っ暗な場所でポーズを取らされる。そこで、彼は座った姿で描かれるのに、立ったまま身を屈まされ、低いテーブルに片手をついて体を支えるようにさせられる。その際に彼がとらされた姿勢では、筋肉が強く引っ張られて、彼の顔立ちは歪んでしまう。こういった用意が周到になされて、忠実であるにしても、モデルを美しく描き出しているとはおよそ言えない肖像画が生み出されたのです。あなたはこのひどい肖像画をご覧になりましたよね。もし、あなたが本人と会うことがあれば、どれほど似通ったものなのかおわかりになるでしょう。J・Jがイギリスに滞在している間に、当地でこの肖像画は版画化され、本人がその出来を目にすることがないまま、あちこちで売られてしまったのです。フランスに戻った彼が知ったのは、自分の肖像画の発売が予告されていること。そして、その絵がもてはやされ、版画としての出来においても、本人との類似においても傑作であると謳われていることでした。ついにその肖像画を目にしたとき、彼は苦しみを感じずにはいられませんでした。彼は体を震わせ、自分の思うところを述べました。それに対して、誰もが彼のことを嘲笑したのです。[156]

実際、この肖像画を陰謀の産物だと考えようとする者など誰もいなかった。彼と交流していた人々はこの絵が見事なものだと思っていたのである。ルソーにとってはまさにそのことこそが謎であり、理解に苦しむことだった。

自分を歪曲し、貶めているような肖像画を、なぜ人々はかくも称賛するのだろうか。自分の知らない間に、そして自分が確認することのできないままに出回っている肖像画がいくつも存在しているということは、ルソーにとって紛れもなく一つの危機だった。それはつまり、肉体的な特徴と、それと結びついた内面的特徴とにおいて、人々がルソーに対して抱くイメージが客体化されるという危機である。彼自身は自分のことを何よりもまず、感性豊かで、情にもろい優しい心の持ち主だと考えている。それに対して、ラムゼイの肖像画が彼に投影したのは、苦悩する峻厳な人であった。他の著作家たちも、肖像画に自分の姿を認めることに抵抗を感じていた。ディドロは、自分を哲学者ではなく「婿態を装う年増女」のように描いたと言って、ジャン゠バティスト・ヴァン・ローのことを責めている[157]。肖像画の複製が広く出回ることによって、自らの公的イメージに対する鋭敏で過剰な感覚を発達させただけに、ルソーにとってこの危機は苛酷なものだった。さらに、この肖像画はヒュームとの論争と因縁のあるものだったから、ルソーがこれを陰謀の一部と見なしたのも無理はない。そして、著名性のメカニズムの背後にルソーが、彼の形象を歪曲し、彼の真の特徴を、似ても似つかない偽造されたイメージに置き換えようとする明確な意図を見出したとしても意外ではないのだ。著名性と陰謀との近似性については、『対話』の続く部分ではっきりと言及されている。

フランス人：あなたはどうでもいいことを、あまりにも重要視されていませんか。肖像画が歪曲されていたり、あまり似ていなかったりしたとしても、それはこの世界で大した意味を持っていません。毎日、版画が刻まれ、偽造されて、著名人たちは歪曲された姿で描かれています。それでも、こういった下卑た版画から、あなたが問題とするような重要な帰結など引き起こされたりしません。

ルソー：そのことに異存はありません。しかし、あなたのおっしゃっている、数多の歪曲された複製版画は、金目当ての腕の悪い職人たちが作ったもので、際立った芸術家の生み出したものでもなければ、忠信や友情の産物でもありません。そういった版画はヨーロッパ中に宣伝されたりすることもなければ、公の刊行物の中で宣伝されることもありません。それらは、アパルトマンで鏡や額縁とともに陳列されることもなければ、河岸で朽ちるがままに貼られて置かれることもないし、キャバレーや床屋に飾られることもないではありませんか。[158]

このくだりでルソーの描写からぼんやりと見えてくるのは、当時の社会において、肖像版画が河岸で二束三文で売られたり、床屋に貼られたりしていたらしいということである。彼は、有名人の絵が売り買いされる市場の出現を目の当たりにしていた。ところが、彼は自分のケースをそのような同時代の社会的現象とは別物であると考えている。あまり説得力のある発想ではないものの、ルソーは自身の著名性によってもたらされた効果を、再び彼の言うところの陰謀によって説明しようとするのである。彼がそう解釈する根拠の一つは、刊行物の中で彼の肖像画の広告がなされていたことにある。彼の肖像画は「日刊紙や定期刊行物の中で華々しく宣伝された[159]」と言うのだ。確かに間違っていないが、それは市場にとって宣伝の必要があり、肖像画を売る商人たちの利益と関わっていたためである。ルソーにとって問題だったのは、自分の形象が自分のものでなくなること。そして、彼の顔（それは近しい人間に彼の特異な人間性を目に見える形で伝えるものである）が、彼自身にはどうすることもできないまま、万人の視線に晒される公的イメージへと変化してしまうことだった。このマスクは自分を隠すために身につけるもの、つまり、社交界の行事などで自ら取り繕うような、感情表現を排した顔ではない。このマスクは他の人々によって押しつけられるものであって、そうすることで、彼らはもうマスクの下の顔を見なくても済んでしまうのだ。このような物象化を通して、またしても、メディアによって媒介的に表象されたイメージは理想の肖像と対立する。理想の肖像は、ただルソーのみが言語表現の力によって、そしてモデルの内面まで知悉していることによって描き出すことのできるものである。「これまで存在し、今後も存在するであろう、人間の肖像の中で、ただこれだけが本性に従って正確に、そして、その十全な真理において描かれている」と、ルソーは『告白』の冒頭で書いている。

ラムゼイの描く肖像画で、ルソーは暗い雰囲気とアルメニア風の衣装を身にまとっている。それだけルソーの鬱屈した感情に焦点が当てられているということには注意を払う必要がある。ルソーがその肖像画に見出したのは、彼が思考し、擁護した社会批判の姿勢・立場を体現する可能性そのものが、著名性のメカニズムによって蝕まれているという事態であった。すでに見たように、彼の批判のコンセプトは、真正性を求めることや模範的たらんとすることと結びついている。それはつまり、いかに批判的な言説であろうと、それを発して事足れりとするのではなく、ルソーが自らのものとして選んだ銘句に従っていうなら「真実に命を捧げる（*vitam impendere vero*）」ということである。このように、自ら行った批判を自分の生に反映させるというコンセプトは、パレーシア（parrhèsia）の伝統と合致している。真理と直言を引き受ける勇気であるパレーシアの問題については、ミシェル・フーコーが歴史的な観点から分析している。[160] 古代におけるパレーシアの最も際立った形態の一つは、キュニコス派たち、とりわけディオゲネス［ギリシアの哲学者（前四〇〇頃－前三二五頃）。キュニコス（犬儒）派の代表。無一物の生活、奇矯な行動や苦行で有名］の体現したパレーシアだった。この哲学者の教義は、スキャンダラスな真理を暴き立てるような、直截的で粗暴な振る舞いによって十全に説明される。ディオゲネスはこのような振る舞いをしながら、社会における決まり事が虚妄であると告発するのである。この哲学者にまつわる一連のエピソードは、特にディオゲネス・ラエルティオス『ギリシア哲学者列伝』の著者（三世紀前半頃）］によって伝えられており、近代にはすでによく知られていた。樽の中で生き、公衆の面前でマスターベーションし、アレクサンダー大王の問いかけにぞんざいに返答するディオゲネスは、こういったエピソードにより、哲学の異端的な形象となる。合理性の限界にまで突き進んだ地点で、哲学者の生［き方］そのものが、社会に対する闘争や批判的言説の一つの形式となるのだ。都市国家の中心において、倫理的な不協和音を自ら演じるディオゲネスは、自身の行動様式によって、過剰な文化的洗練に対する批判を体現しようとしていたのである。

毀誉褒貶のいずれにしても、ルソーが同時代の人々からかくもしばしばディオゲネスに喩えられていたことは驚くに値しない。[161] ルソーが自分自身をはっきりとディオゲネスに重ねることは決してなかったが、彼の著作には暗黙のうちにせよ、ディオゲネスに対する言及がなされている。それは特に「私は人間を探している」という有名な文言が取り上げられるときで、ランタンを片手にこの言葉を発したディオゲネスは、彼の目から見ると同時代人たちがあらゆる尊厳を失ってしまっていることを示そうとしていた。[162] しかし、ルソーが手にしている著名性に鑑みると、彼の誠実さには疑念が生じる。人々がルソーをディオゲネスに喩える際、ルソーが単なる猿まねをしている、偽のディオゲネスなのではないかと疑う向きが少なからずあった。「ディオゲネスの猿まね屋め、お前は自分自身を断罪しているのだ」と、ヴォルテールは自身が所蔵していた『人間不平等起源論』の余白に書きつけている。この注記は、人々が「自分自身を話題にしようと執心すること」や「目立とうと躍起になること」[163]を、著者ルソーが批判している箇所に書きつけられている。

このような批判は、ルソーがキュニコス主義者を装って演じているのではないかと疑う人々によって繰り返しなされた。これに対して、ルソーは自らの潔白を証明する必要に迫られる。写譜を生業とすることによって、「あなた方の信奉する紳士諸氏が疑いないこととしているように、エピクテトスやディオゲネスを演じるために質素や清貧を装っている」[164]わけではない、とルソーは抗議する。しかし、ルソー自身も、彼の立ち位置の曖昧さをよく理解していた。パレーシア、つまり、自らの真正で誠実な姿を人々の前に晒すことは、十八世紀のすでにメディアが発達した世界でそれを行うと、両義的な意味を持ってしまう、という事態にルソーは直面していたのである。彼の特異性は、公衆の間に好奇心と熱狂を生み出す。しかし、この公衆は脅威として立ち現れる。彼らはジャン＝ジャックを、当の本人が自分のものとして認められないような人物像に変えてしまうのだから。ルソーがどうあがいても、著名性のロジックの前には歯が立たない。「清貧と不羈独立のうちに生きることは、必ずしも人々が考えるほど容易ではないということを私は実感した。私は自分の職業によって生きたかったが、公衆はそれを許してくれなかった」[165]。ルソーは権力者たちの言いなりになることは免れたかもしれない。しかし、その代わり、彼は気晴らしを飽かず求める公衆たちの見世物になってしまったのではないだろうか。模範的な生き方を人々の眼前に突きつけることは、社会を批判する手段になるだけではない。それは好奇の眼差しの対象にもなれば、自己宣伝の問題として議論されもする。この場合、不正に憤る真の哲学者と、自らの著名性を追求してそれを利用する人間とを、どのようにして見分けられるだろうか。一人の著作家が、熱狂的と言っていいほどに崇拝され、愛されている。にもかかわらず、彼は万人から憎まれていると信じて疑わず、絶えず自らのうちに閉じこもっている。この奇妙なパラドックスは以上のような観点から理解される。読者と作者の間に形成される感情的な共同性もルソー主義の奇妙なところではある。しかし、もっと奇妙なのは、作者ルソーがそのような結びつきをかくも望みながら、最終的には全力でそれを拒絶することになるという点である。そこに読み取られるのは、心理的な病質というよりも、好奇の眼差しの対象や人々の見世物になることに対する不安、そして、次々に人と絶縁することになってもつねに自己の真実性を主張せずにはいられない懊悩である。

もちろん、すべての有名人が偏執病的になるわけではない。それだけに、『ルソー、ジャン＝ジャックを裁く』や、それに類する作者の書簡ないし『孤独な散歩者の夢想』の記述からことさら際立つのは、狂気と接したルソーの異常性であり、あるいは親密な人々からの承認と公衆からの評価の隔絶というテーマを極限まで推し進める彼の性向である。前者に注目する場合、これらのテクストは（多くの人々がそう読もうとしたように）ルソーの精神的な病理、あるいはこう言ってよければパラノイアを証明する文書として読まれる。後者に注目すると、ルソーのテクストは哲学的フィクションとして読まれる。いずれの場合も、ルソーの作品から導き出されるのは極端な特異性にほかならない。それは、自分の最も誠実な支持者がおぞましいスパイに見えてしまう、先鋭な迫害妄想に冒された男の特異性であり、カフカとドゥボールの両者を同時に先取りした天才作家の特異性であるとも言える。

こういったものすべてが、果たして、歴史家にとって何らかの意味を持つのかどうか。十八世紀の人々が描写し、言及し始めた著名性の経験、そして、それよりもずっとラディカルな仕方で同時代のルソーが著作に記し、自ら生きた事象——この両者がいかに通底しているかということを、本章の記述を通じて読者には感じてもらえたのではないか。再びデュクロについて振り返ってみよう。自分の正体を明かすことのできないまま、人が自分について話すのを聞く人間の苦境をデュクロは想像していた。「それはあたかも自分とは別人の話を聞くようなものだった」。サラ・シドンズはどうだっただろうか。彼女は、好奇心に満ちた不躾な支持者たちにつかまって、無遠慮にじろじろ眺められ、なかなか帰してもらえなかった。シャンフォールはといえば、著名性のうちに「懲罰」を見て、文芸の世界から退くことを決意したのだった。そして、特にサミュエル・ジョンソンのテクストを思い返してみよう。その中で、若い著作家は成功し、著名になることによって偏執病に陥っている。このような文脈の中に置いてみれば、ルソーの強迫観念はそれほど不可解なものとは思われない。当事者にとって著名性がいかに暴力的なものであるかをよりよく表現するために、ルソーはこれを迫害や冒瀆として表現している。それゆえ、一面において、彼のテクストの中では著名性のテーマが見えにくくなってしまうところがある。というのも、「寄ってたかって彼のことを生き埋めにしようとする国民全体」[166]のうち、ルソーの支持者を見分けるのは容易でないからである。同時にルソーは、ほかならぬ著名性を問題としていることが疑いえないほど、そのメカニズムをきわめて緻密に描き出している。このような常軌を逸した（こう言ってよければ支離滅裂な）著名性の描写はしかし、狂気のなせるわざではない。その描写は、著名性が体現しうる可能性に極端な形を与えたものであり、重荷・疎外・歪曲として生きられる著名性がそこには表現されている。人々が自分のことを話題にするというただその一事が暴力として経験される場合、人々が言っていることが良いことであろうと悪いことであろうと、人々から愛されていようと憎まれていようと、果たして関係あるだろうか。他の人々が自分に抱くイメージに対してまったく手出しのできない人間は、見世物になってしまった自分自身を無力に眺めるよりほかにない。その悪夢をルソーは描き出すのである。

ルソーが死去した際、彼は自殺したのだという噂が大々的に広まった。彼の不安と孤独を考えれば、それが当然の帰結だったとでも言うかのように。このような憶測はおそらく誤っているが、しかし、馬鹿げたものと一蹴することもできない。二十世紀の数多くのスターが自殺を遂げた。その際に彼らは、一見すると私たちの時代において最も人が羨む境遇、もしくは社会的成功の基準であるように思われる著名性が、時として大きな心理的・実存的苦痛を引き起こすことを証言していたのである。このような苦痛を作品に変えることのできたルソーは、おそらくその能力ゆえに、マリリン・モンローからカート・コバーンに至るまで、彼の後に現れたスターたちが辿った悲劇的な運命を逃れることができた。しかし、二世紀の距離を隔ててはいても、ルソーはやはり彼らの傍に立っている。彼を崇拝する人々の喧騒の中にただ一人佇み、ジャン゠ジャックの無数のイメージが渦巻く中、自分が自分であるという感情が瓦解することを防ごうとして、自己を奪われた身にあってもなお抵抗を試みながら。

# 第6章　著名性の力

ブリュメール十八日［一七九九年十一月九日。この日起こったクーデターで、ナポレオンは総裁政府を打倒］の夜、若き将軍ボナパルトは新たな威光に輝きながら、シエイエス［政治家にして聖職者（一七四八－一八三六）。フランス革命の指導者として知られる。代表作『第三身分とは何か』］の術策、弟リュシアンの巧みなレトリック、ミュラ［フランスの軍人（一七六七－一八一五）］のきわめて有能な部下たちのおかげで権力の座へとのし上がろうとしていた。ちょうどそのとき、スタール夫人はパリへと向かう道すがら、宿駅で政治ニュースを知った。彼女は、たえずボナパルトに言及されるのを耳にして覚えた驚きを次のような言葉で語っている。「革命以来、一つの固有名があらゆる人々の口の端に上るのは初めてだった。これまでは憲法制定国民議会がどうしたとか、国民がどうしたとか、立憲議会がどうしたなどと言っていたのだ。しかし今は、もはや話題となるのはこの人物だけだった。その人はあらゆる人々に取って代わり、人類を無名にしてしまい、著名性を自分一人で独占し、あらゆる存在が著名性を獲得する可能性をはばんでしまうはずだ(1)」。

十年後、帝政の絶頂期にこうした一節を書き綴りつつ、スタール夫人は皇帝の大変な威信をじっと見守っていた(2)。彼女はクーデターの首謀者にアウステルリッツの戦い［一八〇五年十二月二日、ナポレオン軍がロシア・オーストリア連合軍を破った戦い］の勝利者のオーラを投影し、ボナパルト家の陰に隠れたナポレオンという個人がすでに頭角を現しつつあるのを見た。ここに浮かび上がる独裁、政治的独裁よりもさらに恐ろしい独裁は、「著名性」の独裁である。というのも、ただ一人の人間による不当な独占であり、他のあらゆる人々を闇に葬ってしまうからだ。スタール夫人がボナパルトの獲得した広い名声を指すために、一般に皇帝およびその軍事的・政治的勝利と結びつけられる栄光という語よりもこの著名性という語を用いているだけに、一層意義深い。ボナパルトのプロパガンダから十九世紀の文学に至るまで、まさしく英雄的栄光の主題がナポレオンの壮挙の信じがたいような影響力を指し示すために絶えず繰り返されることとなる。ヘーゲルはナポレオンを偉人、一つの時代の絶対精神、すなわち「世界精神」を体現し、その行動によって現代の歴史に意味を与える人物とさえみなした(3)。英雄にして偉人——ナポレオンの栄光は、古代の英雄から近代君主制の君主に至るまで西洋史を貫く軍事的栄光という伝統的なモデルと、偉人という新たなモデルとの融合と対応しているように思われる(4)。しかしながら、スタール夫人が選んだのはこの語でもなければ、名望《ルノメ》という語でもなかった。ボナパルトの「著名性《セレブリテ》」を強調することで、彼女は同時代人の口の端にこの名が頻繁に上っていたことを明らかにしているのである。かくして彼女が示しているのは、アルコレの戦い［一七九六年十一月十五—十七日に北イタリアのアルコレにおいてナポレオン軍がオーストリア軍を破った］の勝利者の功績がかき立てる称賛の念よりも、集団的行動に完全に特異な個人の原理を導入することで公衆の注意を惹くボナパルトの能力なのである。スタール夫人は、のちにスタンダールやヘーゲル、その他の人々が行ったのとは対照的に、ボナパルトをアレクサンドロス大王やカエサルのような偉大な征服者の歴史的系譜の中に位置づけようとはしなかった。彼女は、生前にすべての同時代人の注意を自分に惹きつけることのできる個人という［ボナパルトの］斬新さを指摘したのである。

ナポレオンとともに、われわれは権力と著名性の婚礼に立ち会うことになる。アンシャン・レジーム期の君主制においては、君主の著名性は問題にならなかった。国王は国王であるがゆえに広く知られているのだが、国王の権威は君主制の根本的法則と戴冠式によって与えられる君主の神権に基づくものである以上、この著名性は国王の権威の条件ではなかった。国王は程度の差こそあれ国民から愛されていたが、この集合的かつ漠然とした感情――そもそも測るのがきわめて難しい――は、その権威を高めることも落とすこともない。国王の名声は文人の礼賛や画家の寓意画によって高まることもあったが、それは文人や画家の名声とは性質を異にするものであった。国王という芸術庇護者と芸術家の間の交換は、それが等価ではないだけに一層充実したものとなった。

革命の時代は、世論に対するこのような政治的権力の自律性を根本から変えてしまった。十八世紀半ばからすでに、君主はそれまで存在しなかったような公衆の批判にさらされるようになっていた。そして、この公衆の批判は世論という新たな原理を後ろ盾としていた。王家の一員であるという立場そのものが根本的に変容し、著名性という新たな文化が次第に国王の表象という伝統的概念を蝕んでいったのである。それと並行して、イギリスでは議会を中心としつつも同時に新聞・雑誌によって培われる自律した政治的空間の存在によって、ジョン・ウィルクス［イギリスの急進的ジャーナリストで政治家（一七二五–九七）。ロンドン市長も務めた］のようなキャリアが可能になった。こうした個人の自由の先駆者は、「ウィルクスと自由」を求めるロンドンの公衆の崇拝の的であったが、彼はまた同時に名高い放蕩者であり、そのスキャンダラスな軽挙妄動は彼に関心を持っている同時代人の好奇心をかき立てた。その著名性は急進的でうるさい政府反対派に利用され、ウィルクスは投獄されたり支持を得たり、称賛されたり批判されたりした。そして彼の著名性はとりわけフランスに追放されていた二年間に、瞬く間に大陸にまで広がった(5)。自由主義的、さらには民主主義的要求のためにイギリスの政治シーンを縁日芝居に変容させようとするこの放蕩者の運動家という分類不可能な人物のうちに、新たな政治的著名人が誕生した。この種の政治的著名人は民衆の賛同と公衆の好奇心から権力を引き出すのだが、こうしたタイプの人が可能になったのは、良家のスキャンダルとともに、困難を伴いつつも、次第に民衆の政治シーンが出現しつつあった十八世紀後半のイギリス社会という文脈においてのみであった。政治上、外交上のスキャンダルを待ち伏せする日刊紙の躍進により、まさに一七六〇年代から七〇年代にかけてシュヴァリエ・デオンのように物議をかもす人物が大変な著名性を獲得した。まず、フランス大使への攻撃をウィルクスの賛同者の要求に結びつけて国家機密を明かすよう絶えず脅迫し、ついでヨーロッパ中で果てしない憶測を呼ぶこととなる新たな性的アイデンティティをでっち上げることによってである。[6] 十八世紀末、大西洋の両側で起こった革命はこの新たな政治界の大物の肯定、すなわち著名人の肯定を促進し、このような著名人にそれまでなかったような可能性を付与した。権力の具現化の問題は、公衆が主権者であると認められるや、この近代民主主義の実験室における論点の一つとなった。ここで著名性のメカニズムは大きな役割を果たしたのである。

権力を手にするためにはボナパルトはクーデターを起こす必要があった。しかし権力の掌握が可能になったのは、ひとえにイタリア戦争の英雄がその勝利の評判と自らの並外れた著名性を見事に調和させることができたからである。その軍功によってボナパルトは大変な威信を勝ちえたが、彼はまた同時に、救世主と軍事力に対する共和主義者の不信感にぶつかる可能性も大いにあったのだ。総裁政府の代表者たちは著名性に対するボナパルトの明らかな好みを憂慮した。そのうちの一人は警戒した。「五万人の共和主義者の首長として、二ヶ月でイタリアのほぼ全土を征服し従えた二十五歳から三十歳くらいの年頃の若者が、著名性を愛するのは許されるでしょう。でも、それ自体称賛すべきこの情熱が、共和制に悪影響を及ぼさなければよいのですが[7]」。ボナパルトは巧みにも、とりわけ自らの功績譚を広めることを目的とした『イタリア方面軍通信』、そして特に『ボナパルトと有徳の人の新聞』といった新聞を創刊し、その著名性を保とうとしたのみならず、パリに帰還するやいなや、学士院の講義を懸命に聴講し、より知的な次元での著名性を高めようとした。ボナパルトがイタリアにおいて勝利を重ねていた最中には、パリの劇場はその栄光を讃える作品を上演し、安価な版画には月桂樹の冠をいただいた彼の姿が描かれ、詩人たちはその讃歌を謳った。こうした大々的なプロパガンダは、ボナパルトを最初のメディア化された将軍にし、功を奏することとなった。警察の報告書は、パリの民衆の間での若い将軍の人気について証言している。[8] エジプト遠征期においてさえこのように世論に絶えず登場することで、彼は総裁政府を終わらせたいと願う人々にとって決定的なパートナーとなったのである。スタール夫人を恐れさせたのはこの前代未聞の著名性なのだ。

ナポレオン以前にも、ワシントンやミラボー、そしてそれよりは程度は劣るがラ・ファイエットやロベスピエールのような人物が、個人の権力のおよぶ範囲や、個人が称賛や服従の念をかき立てたり、その名のもとに民衆の同意を集めたりする能力といった問題を明るみに出していた。その時以来、「著名性」は「人気」、つまり、政治的賛同と一人の公的人物への感情的愛着に由来する集合的洗礼の一形態となったのである。人気は好意的判断を前提としている以上、著名性の類義語でもなければ、著名性をそっくり政治的領域に転写したものというわけでもない。にもかかわらず、人気と著名性には多くの共通点がある。すなわち、特異な人物への注目、広告のインパクト、同時代人の評価の短期性、好奇心と愛着の混在である。人気は、著名性のメディア・メカニズムが政治的領域に導入されたことを示していた。ここで問題になっている「民衆」とは、統治すべき臣民の集合体でもなければ、主権という抽象原理でもなく、政治的公衆、すなわち洪水のような情報、文書、視覚的イメージにさらされ、政治生活の立役者たちに対して、好奇心と興味と感情に基づく気まぐれな評価を下す個人の総体である。文化的領域における著名性と同様、人気は政治上の特定の期待と、両義的で、多くの場合不純とみなされるような関係性を保っている。早くからこうした期待を十全に活用した者もいれば、その原理そのものを断罪した者もいた。たいていの場合、主権の性質あるいは代表制の形態についてのより理論的な議論の陰に隠れていたものの、こうした人気の原理の出現は十八世紀末の民主主義革命の主要な特徴であり、権力の具現化の問題を根本から変容させたのである。

政治的著名性が変容を遂げたこの半世紀を横断するに際して、ここでは四つの象徴的な過程を辿ることにしよう。第一に、モードの女王となったフランスの王妃にして、君主制の表象の危機の不幸な象徴であるマリー・アントワネット。次に、革命期に最も人気を勝ちえた人物で、反論も称賛もされた正真正銘の政治的立役者、ミラボー。第三に、アメリカ民主主義創設の父であり、ためらいがちな著名人であったワシントン。最後に、ナポレオンであるが、彼についてはその治世の終焉期、セント゠ヘレナ島に追放された失脚した皇帝でありながら、その著名性は損なわれていなかった頃の様子を見ることにしよう。なるほど、これらは四つの例外的な運命とはいえ、とりわけ公衆が新たな正当性の原理として台頭したまさにその瞬間において著名性がもたらした政治的変容を理解するための四つの天文台なのである。というのも皆がこの新たな情勢に直面していた以上、彼らがこうした情勢に順応したり抵抗したりする際にとったさまざまな方法は、政治がメディアの時代に突入したときのインパクトを理論的考察以上に明らかにしてくれるからである。

## モードの犠牲者？――マリー・アントワネット

マリー・アントワネットは同時代人の間では不遇であったが、後世においてはなおいっそう不遇であった。彼女は、飽くことなく同じ手厳しい非難を繰り返す政治的断罪と、不当に生贄にされた犠牲者というポーズで彼女を描き出そうとする感傷的同情との二者択一から逃れられないように思われる。しかるに、裏切りも殉教もこの軽薄な若い女性の運命を説明づけはしない。彼女は自分のもとに舞い込んだ歴史的役割の重要性を判断することができずに、そして、十八世紀末の政治生活の大変革を本当の意味では理解せずに生き抜いた人物なのである。しかしながら二十年ほど前から、マリー・アントワネットは再び歴史家の関心を集めるようになってきた。それは彼女の行動よりもむしろ、その在任中に彼女が攻撃の的となった数多くの攻撃文書のせいである。こうした研究は「悪辣な王妃」[9]がかき立てる憎しみの強さと、つねに激しさを増す攻撃がまさしく革命下の政治的・性的錯乱によって頂点に達するさまを明らかにした。不貞で、同性愛者であり、近親相姦も辞さない――王妃はあらゆる幻想の権化だった。革命期の政治の想像的領域を探究しつつ、歴史家たちはこうした地下出版の中傷文のせいで、王妃に対する民衆の愛着は薄れ、君主制は権威を失ったとした。攻撃文書の作者たちは王妃の人格に対する信用を失わせることで、支配者への民衆の愛着の念を突き崩したというのだ。ついで、彼らは性的攻撃の象徴的・政治的意味を強調した。王妃の淫らな肢体が、刷新された政体から女性を排斥するのを正当化したとき、当然のことながらポルノグラフィーは政治の武器とみなされる可能性があった。このような研究は、こうした文書を図書館の非公開本コーナーから引き出して、本当の意味で政治的な解釈を行う必要性を示した。[10] 真剣に読むのが苦痛になるようなこれらの攻撃文書は、君主制の正当性の基盤を揺るがせ、ジャコバン的共和主義の根本的女性嫌いを示しているというのだ。しかし攻撃文書に責任を負わせすぎではないか。

一七八九年以前を見てみよう。この頃、マリー・アントワネットに対する攻撃文書は実際にはほとんどなかったし、その調子も激しくはなかった。何よりほとんど流布していなかったのだ。したがって革命下、政治的急進主義や王妃の軽率な判断、言論の自由がそろったせいで攻撃文書の作者が一斉に筆をとり始めた頃に支配的であった状況を、過去にさかのぼって王妃の在位初期に投影するべきではない。革命以前には、大部分の猥褻本はむしろルイ十五世とその愛人たちの記憶を攻撃の対象としていた。[11] 王妃とその評判が問題になるやいなや、警察は不測の事態に備えた。スキャンダラスな文書を買い取ったり、その発行を禁じたりして、流布を限定するのにかなり成功したようである。革命以前の攻撃文書の大部分が流布し始めたのは、一七八九年、バスティーユの牢獄が攻略され、警察が密かにこうした文書を保管していたことが明るみになってからのことなのである。[12] たとえば、『マリー・アントワネットの私生活についての歴史的試論』はそのような例で、おそらく一七八〇年代初頭に執筆されたこの著作は、一七八九年に大変な人気を博し、すぐさま増補版が準備されることとなった。

同様に、一七七九年にイギリスで編まれた『シャルロとトワネットの愛』も、実際に流布するようになったのはようやく革命が始まってからのことである。しかしながら、王妃とその義弟アルトワ伯との秘密の恋を描いたこの詩が王室警察には受け入れがたいものであったとしても、その違反の要因は王妃の政治的役割を断罪した点よりもむしろ、彼女にエロチシズムを与えた点にあった。この攻撃文書は読者に、憤慨した市民の役割ではなく、興奮した覗き魔の役割をさせた。マリー・アントワネットは国王たる夫からなおざりにされ、自慰の快楽に耽っていたが、アルトワ伯のおかげでより激しい快楽を発見した。最良のリベルタン文学の系譜にあるこの詩は、深く感情移入し、いかなる不愉快な描写も織り交ぜずにエロティックな場面を示すことで読者の欲望を目覚めさせる。この点において、この作品はより調子が激しく、明らかに政治色の強い攻撃文書とは大きく異なっている。こうした文書は王妃から人間味を失わせるべく、時としておぞましいような猥褻描写に訴えるからだ。『シャルロとトワネットの愛』のような作品が前提とする動向は、王妃の秘密の、そしてエロティックですらある私生活への好奇心、さらには欲望が厳しい非難とない交ぜになった一種の熱中である。しかしそれでも謎は晴れない。古くから荘厳で人々の手の届かぬところにあり、おごそかなしきたりによって守られた人物である王妃が、どのようにして性的欲望の対象となり、その性的生活が好奇心をかき立て、楽しませる公的人物になったのだろうか。

醜聞や、猥褻文学に属するこうした作品を理解するには、それらを君主制の失墜やマリー・アントワネットの死を予告する兆しとしてではなく、むしろ俳優、高級娼婦、国王の愛人の私生活を明かそうとする著作の延長線上にあるものとして読むことを受け入れなければならない。というのも、王妃の立場の変容はこの点にあるからだ。王妃は今や、女優やデュ・バリー夫人と同次元にあるものとみなさねばならない。『マリー・アントワネットの私生活についての歴史的試論』は、真実の逸話によって舞台の裏側を暴く歴史書のような様相で立ち現れ、デュ・バリー夫人とマリー・アントワネットといういずれも火遊びと放蕩によって惰弱な国王の品位を落とした二人の「著名な女性」の比較から始めている。この比較の醍醐味は、高級娼婦とフランス王妃とを関連づけている点にある。二人とも過度に「公開」されたという共通点を有している。「デュ・バリー夫人はその卑猥で嫌悪感を与えるような放蕩をもってパリ全体、通りや街角の人々を驚かせた。この方面での彼女の生活の暴露は可能な限り行われた。マリー・アントワネットについても同じような放蕩ぶり、同じような情念の興奮が認められた。男性も女性も、みな彼女の思うまま、すべてが彼女の気に入るもので、その不器用さや軽率さが、はからずも彼女の行動を公に示すこととなったが、これはデュ・バリー夫人がその身分によって努めて行っていたようなものであった」[13]。

意識的に獲得されたものであれ、軽率さの産物であれ、この公開性は、『歴史的試論』の語りを支配する原理そのものである。王妃は公的な女性［原文は femme publique。娼婦の意味で用いられる］となり、この点において、その性生活があらゆる人々の話の種になってしまう高級娼婦や女優も同然となってしまった。この事実は、王妃が隠そうとしていることですら、さらに暴露しようとするのを正当化した。ここには公私のレトリック、著名人を衆目にさらすことで正当化された私生活の暴露のレトリックが認められる。このレトリックは十八世紀半ばから、文化界の著名人についての新聞記事の基盤となってきたものだ。ここで新しいのは、王妃自身がこの世界に組み込まれ、醜聞に対するしつこいまでの好奇心が宮廷の悪徳に対する政治的断罪と結びついている点である。

このような私生活の公開は、マリー・アントワネットやフランスの状況に限ったことではなかった。イギリスでは同じ頃、ジョージ三世の病が新聞雑誌で取り沙汰され、国王の私生活の恥ずかしい面も、もらさず読者の知るところとなった。そして、王位継承者たるプリンス・オブ・ウェールズの恋愛関係の過ちが攻撃文書の作者や風刺作家たちを喜ばせるようになったが、それでもなおイギリスの君主制の愛国的人気は爆発的に高まった[14]。十九世紀最初の二十年間で、キャロライン王妃［イギリス国王ジョージ四世の王妃（一七六八―一八二一）］は、夫から手酷く扱われ、姦通の罪に問われて亡命を余儀なくされるが、驚くばかりの人気を誇る人物となり、その主義主張は宮廷生活のあり方に対する中間階層の心理的不満や職人、労働者のより急進的な抗議を含め、あらゆる反対派の団結に利用された。しかしながら、キャロライン王妃の人となりや、型どおりではない彼女の振る舞いに由来する王家の威信と親しみやすさによってかき立てられる民衆の熱狂が政治的領域に影響を与えることはなかった。王妃の支持者も敵も、新聞雑誌上で、あるいは街で対立した。最も急進的な改革者と民衆活動家をひどく狼狽させたことには、この論争は国民的メロドラマの様相を呈し、時としてメディア上の騒ぎとなって、最終的には君主制のモデルの簡潔化と伝統的価値観への愛着を強めることとなった。イギリスを襲った中傷文書、新聞雑誌記事、風刺の嵐は、一八二〇年、キャロライン王妃が亡命から帰還したときに最高潮に達したが、それでも君主制を突き崩しはしなかった。こうした騒動から、王室の人々の軽挙妄動に対する公衆の強い好奇心と、正真正銘のスキャンダル文化の出現は、この制度〔王制〕そのものへの深い愛着の念と矛盾するものではないということがわかる。[15]

宮廷の威信が文化的により堅固に確立され、政治的により重要な役割を担っていたフランスの場合は、逆巻く怒濤は王妃が国王という表象の機能を変容させたことから生じたものでもあった。マリー・アントワネットは、決してフランス宮廷の礼儀作法に順応することができなかった。絶えず式典や儀式の政治的重要性を指摘した母マリア・テレジアの勧めにもかかわらず、彼女はフランス宮廷の作法を堅苦しくて、時代遅れだと思っていたのである。母の努力も水泡に帰した。王太子妃、ついで若い王妃となったマリー・アントワネットにとって、こうした規則は無意味な束縛でしかなかった。彼女は窮屈な思いをするのを嫌い、国王という表象の束縛に反抗した。母親は娘のこうした態度を気まぐれで、軽薄であると同時に、ものぐさなのだと考えた。「なにか深刻なことが問題になり、厄介だと思うやいなや、深く考え、しかるべき振る舞いをしようとしないのです」[16]。しかし、マリー・アントワネットは、その性格の特異性以上に、その時代に合致した人物であった。私生活、友情や親密な関係に由来する快楽への好みや、いささか甘ったるい感受性を、彼女は取り巻きの若い貴族たちと共有していた。そしてこうした貴族たちは、ひとたび彼女が王妃となり、自分の選択を肯定する自由を獲得するや宮廷生活に課した変革を称賛したのである。トリアノンは、宮廷の人目を逃れて、「私生活の楽しみを享受する」――王妃の第一侍女で『回想録』(ヴェルサイユの宮中に反ヴェルサイユ、すなわち王室の礼儀作法ではなく、社交界における社交性の規則に支配される空間を創ろうとするマリー・アントワネットの努力について詳細に語った)の作者、カンパン夫人によれば王妃自身の言葉とされる――場所を手に入れたいという彼女の望みを完全に体現していた。[17] マリー・アントワネットは、上流貴族の若い女性がパリの邸宅や田舎の別荘で享受していたような生活をごく限られた交際範囲の人々とともに楽しんだ。夕食会を開いたり、賭けごとをしたり、社交のための舞台やミニ・コンサートを楽しんだり、笑ったりおしゃべりしたりといった調子だ。王妃とその近親者の生活は、「あらゆる表象から解放されて[18]」いた。にもかかわらず、こうしたあり方は大変な成功を収めた。ルイ十五世の長い治世の間にヴェルサイユを去った若い貴族たちは、再びヴェルサイユに押し寄せ、古い宮廷の伝統を覆した。マリー・アントワネットは、軽薄かつ無分別な怪物なのではなく、宮廷生活の束縛に従うよりも私生活の快適さを楽しむことを好むその時代の若い貴族だったのである。

このように私生活上の楽しみのために主権者としての表象と王家の礼儀作法を放棄するあり方は、しばしば重大な政治上の過失として批判されてきた。宮廷階級に近い地方長官であったガブリエル・セナック・ド・メアン〔フランスの行政官にして作家（一七三六―一八〇三）〕は、一七九〇年以降、こうした問題について緻密な分析を行った。十八世紀末に、「宮廷の様相は変わってしまった」と彼は述べている。形式的で威厳のある礼儀作法に代わって、より自由で形式ばらないパリのサロンを基にした生活様式が登場したというのである。

人々は、王妃がつねに象徴であるとする煩わしい儀礼のくびきを揺るがすよう王妃を説得した。そして、自由と信頼の念が支配する社会の魅力を描いてみせた。こうした社会であれば、王妃は無上の喜びを得るだろうし、そこでは、彼女の魅力によって慣習に支配された礼賛の言葉よりも自尊心を満足させてくれるような人気を獲得することができるだろうと。（中略）王妃は、その結果を予測することなく、気に入られたいという欲望と意思疎通を図ろうとする善良さに導かれて、いわば玉座から降りて廷臣たちと親密な関係のうちに生活し、臣下たちと王宮や廷臣の邸宅で食事した。このような生活が、互いにすぐに打ち解けてしまう国民の間ではいかに危険であるか容易に察しがつく。かくしてゆっくりと王妃への深い尊敬の念が薄らいでいくのが認められた。こうした尊敬の念は、本来、君主と臣下との間の大変な距離感から生じるもので、この距離感は王妃との間にはより際立っており、どのようにしても王妃と臣下を近づけることはできなかった。だから、臣下が王妃に対してほんのちょっとした親密さを示しただけで、すぐに悪く解釈されかねなかったのだ[19]。

この見事な文書は、こうした新たな慣習の政治的影響を明確に記している。距離感に基づいて「つねに象徴である」ことをやめ、親近感に基づいて親しみやすい態度を取ることで、王妃はまさしく君主制の表象の危機を引き起こしたのである。セナック・ド・メアンが暗黙裡に一七八〇年代の宮廷と対置しようとしている模範は、君主制のためにしきたりを政治的に利用した理想的な——理想化された——人物、ルイ十四世という模範である。ルイ十四世においては、国王はつねに表象であり、絶えず主権を具現しているという意味において、国王の生活は完全に公的なものであった。ラ・ブリュイエールはそうしたイデオロギーを表すものとして次のような言葉を残している。「国王に欠けているのは、甘美な私生活だけだ」。そもそもルイ十四世は、国王の私生活を舞台にかけるような治世史の制作を奨励しようとするペリッソン［フランスの文人（一六二四－九三）］の計画を退けていた。ルイ十四世の私生活について言及するという発想そのものが、政治的錯誤であった。国王は私生活など持ってはならなかったのである。

このような王威の演出への国王の人格の組み込みは、二つの機能を果たした。こうした組み込みは廷臣と臣下の目の前に国王を、君主制の絶対権力を表象し、権力の象徴的記号であるその服装と、ローマ教皇庁の組織全体における立場とによって他の人々とは一線を画する特別な存在として示した。このようにきわめて特殊な立場のおかげで、国王は権力を体現できたのみならず、エリートたちの間で優越性を争うさまざまな集団の均衡点としての役割を果たすことに成功した。ルイ十四世は、ローマ教皇庁を中心としたスペクタクルのこのような政治的重要性を完全に認識していた。彼は、『王太子の教育のための手記』に次のように記している。「われわれが支配している臣民は、物事の本質を見抜くことができないので、一般的に外見上見えるものに基づいて判断を決定する。そしてたいていの場合、上席権や地位に基づいて、尊敬するか、服従するかを決めるのだ。民衆にとって、支配者はただ一人であることが重要なのだから、彼らにとってはこの役目を果たす人が、他の人と混同されたり比較されたりするようなことがないほど、他の人々よりも抜きん出ていることが重要である。国家の首長から、彼と国家の構成員とを分け隔てる優越権の印を少しでも奪うなら、必ず国体全体に悪影響を及ぼすことになるのだ[20]」。

『宮廷社会』のある見事な章において、ノルベルト・エリアスはすでにこうした国王の立場についての理論を提示している。(21)ここで彼は、宮廷の礼儀作法は、君主自身がそれに完全に従う限りにおいて、君主の手中においては強力な支配の道具であると示している。ルイ十四世の権力はあらゆる点において、カリスマ性を持った首長の権力と対立項をなすものである。というのも、カリスマ性を持つ首長の権力は、大胆で危険を伴い、成功に飾られたさまざまな企図に基づくもので、こうした企図のおかげで彼はその周りに熱狂的な信奉者をつなぎとめることができ、またこうした信奉者たちは首長のおかげで社会的昇進が可能になるものだからだ。これに対して、絶対君主は粛々とその役割を果たす能力以外、いかなる個人的カリスマ性にも、特別な天賦の才にも頼ることはない。そしてこれこそが、絶対君主が本質的に受け身で物静かで、自分の周りで宮廷人がせわしなく動き回るがままにし、その威厳と距離感を落ち着かない廷臣たちの行動と対置させるものなのである。国王は首長ではなく、主人なのである。つまり国王がかき立てるのは称賛と尊敬の念であって、好奇心や共感ではないのである。廷臣がルイ十四世の真似をしようとしたところで、ほとんど無意味だっただろう。

したがって、ルイ十四世は完全にしきたりに従うことでさまざまなエリートの間の均衡を保証し、一人の人間が君主の背後に消えてしまうという意味において完全に公的な自己イメージを投影した。マリー・アントワネットは、ほとんど字義通り正反対の立場を体現している。礼儀作法を守るのを拒絶したことで、彼女は緊張関係の均衡を破り、ポリニャック家とその近親者が率いる徒党の首長として立ち現れたのである。王妃は友愛や親愛の念を持ち、一時的な感情や欲望に突き動かされる一人の女性の影に消えてしまった。しきたりの義務から逃れたことで、マリー・アントワネットは公に君主制を体現することをやめてしまった。一部の廷臣との親密な関係を見せつけることで、彼女は臣下と自分とを分け隔てる距離を狭めるリスクを背負ったのである。

なるほど、マリー・アントワネットは国王ではない。しかし、君主制のしきたりという装置において、王妃の役割は重要である。(22)その上、マリー・アントワネットは礼儀作法の束縛に抵抗した最初の人物でもなければ、唯一の人物でもなかった。すでにルイ十五世はその曽祖父［ルイ十四世］のしきたりを巧みにやり過ごし、「私室」に比較的自由な空間を確保していた。マリー・レクザンスカ［ルイ十五世の妃（一七〇三－六八）］は、彼女以前にマリア・テレジアがしたようにやすやすと宮廷の束縛に屈することはやめ、王妃のより私的な生活への道を拓いた。その数十年後、ルイ十六世、いやそれ以上に王弟アルトワ伯とプロヴァンス伯は王妃と結託した。マリー・アントワネットは、宮廷社会の革命家であったわけでも厚かましい改革者であったわけでもまったくなかった。彼女はただ、王が慎み深く慎重であったために王室の中で最も目立ち、また最も衆目にさらされていたにすぎない。王妃はとりわけ、このような私生活への欲求と著名性――この著名性に対して彼女は無関心ではなかった――の新たな文化との融合から生じる結果を知ることになった。そして、宮廷社会はその影響から免れられなかった。

身分秘匿に対するマリー・アントワネットの好みは、しきたりへの拒絶、さらには私生活への好みと王妃という公的人物の実情との明らかな矛盾を完璧に示している。彼女は幾度もパリでの演し物、コメディー＝フランセーズやオペラ座での演し物を観ようと決意している。身分秘匿は言うまでもなくうわべだけのもので、王妃はすぐに誰だか見破られてしまうのだが、この虚構によって彼女は面倒な義務から逃れられ、まったく無邪気に自らの人気――その治世の初期には絶大であった――を享受することができたのである。以下は、一七七五年、『秘密の回想録』に語られているこうした夕べのうちの一夜についての記録である。

昨日、予告通り王妃がオペラ座へやって来た。殿下は一種のお忍びできたにすぎない。というのも、貴賓席に王妃がいらっしゃるなら当然求められるような準備はまったくなかったからだ。王妃は二階席の舞台の正面に位置するこの建造物の桟敷席に座った。とはいえ、人々は王妃にしかるべきあいさつを述べに来た。つまり、パリ総督ド・ブリザック元帥伯爵と劇場警備隊司令官ド・ビロン元帥伯爵は、劇場支配人とともに殿下の馬車の戸口にいたのである。彼らは松明を持ち、王妃を先導して桟敷席までその足元を照らした。殿下は王弟殿下夫妻、そしてアルトワ伯と一緒だった。到着するやいなや、殿下は観客の喜びに溢れた大きな、そして心からの拍手喝采をもって迎え入れられた。殿下は三度お辞儀をしてそれに答えた。王弟殿下の妃もそれを真似た。二人の奥方が道を開けた。すると王弟殿下が奥方の間に立って三回お辞儀をした。アルトワ伯は続いて王弟殿下の場所に立って同じ儀式を行った。このような見事な光景を想像で描くことはできまい。

複雑な表現――「一種のお忍びで」――から、「しかるべきあいさつ」がなされたにもかかわらず、これが王妃の出席は私的なものだという考え方を保持するための申し合わせであることがよくわかる。王妃はいわば「二股」をかけている。彼女は、流行の作曲家グルック――その日は『アウリスのイフィゲニア』が上演されていた――の公然の庇護者たる若い王妃としての人気を享受している。しかし、王室の貴賓席ではなく、二階の桟敷席に座ることで、彼女は公衆から評価されている単なる一個人であるという考え方を保持しているのだ。観客の「心からの拍手喝采」は誰に向けられているのか。王妃なのか、貴賓席を占めるのを慎ましやかに断る上品な若い女性、マリー・アントワネットなのか。劇場はこうした両義性にとっては理想的な場だ。というのもそこに集まる観客は、政治体の比喩、すなわち王妃のもとに集まる臣下であると同時に、見物人の総体、すなわち観察し、判断し、喜んだり拒絶したりする公衆なのである。権力者（パリ総督と劇場警備隊司令官）によってなされる「しかるべきあいさつ」と観客の「心からの拍手喝采」を対置させるこの話は、君主に捧げられる礼賛から一人の若い女性への熱狂への変容を示唆している。桟敷席からマリー・アントワネットと二人の義理の弟、そして義理の妹が見せる光景はヴェルサイユのしきたりとはまったく無関係である。というのも宮廷のしきたりによれば、誰も国王一家の出現に拍手喝采するなど思いも至らないであろうことは明らかだからだ。王妃は礼儀作法によって定められた役割を果たしているのではなく、自らを人気作家や著名な女優のように歓待される公的人物に仕立て上げてしまったのだ。オペラ座の観客から喝采を受け、マリー・アントワネットは衆目の最中に身を置いている。人々の眼差しは、舞台から逸れて彼女のいる桟敷席に集中する。ちょうどこの三年後、コメディー゠フランセーズにおいてヴォルテールが戴冠の場面で経験するのと同じように。君主として讃えられ、舞台上でその胸像に戴冠される作家と、個人として称賛されるフランス王妃というこの二つの正反対の運命が並行するさま、あるいはむしろ交錯するさまをたどりたくなってしまうかもしれない。しかし、あまり急ぎすぎないようにしよう。この時期、身分秘匿という申し合わせの影響下において際立つのは、特に王妃という身分の一種の両義性だ。そして、おそらく同時代人はこのことについてはっきりと意識していなかった可能性が高いのである。

しかも、おそらくはこうした変革に動揺した『回想録』の書き手は、王妃と血縁の王族がオペラ座の観客にあいさつしたとき、あたかもこうした振る舞いについて形容したり、明確に記したりするのが困難であるかのように、国王一家のあいさつについて、しきたりを問題にしていない。第二幕でアキレウスの役を演じた俳優が機転を利かせて「歌いなさい、王妃を讃えなさい」という詩句を「歌いましょう、王妃を讃えましょう」と変えたとき、状況はさらに複雑になった。効果はてきめんだった。「瞬時にしてすべての人の目は殿下に集まった。合唱が終わるとアンコールを繰り返した。このような人々の興奮状態を目にした王妃は心揺さぶられ、王弟殿下とアルトワ伯の拍手をもって一層感極まって、感謝の念を抑えることができなくなった。人々は王妃の目から喜びの涙が落ちるのを見た」。歌手と観客によって王妃の政治的身分が強調されたことにより、彼女は荘厳で人々から遠い存在へと回帰するのではなく、反対にこの若い女性を感動させる。彼女は涙を流して、状況に完全に合致した感受性を示す。というのも、グルックの『アウリスのイフィゲニア』は観客の間にこうした感動の波を引き起こすからだ。ここでマリー・アントワネットは第一に敬意やよそよそしい称賛の念をかき立てるのではなく、むしろ愛情や親近感を覚えさせる君主の模範を初めて示したのである。

その他の状況では、マリー・アントワネットは取るに足りない楽しみに興じる若い貴族の感情を十全に享受すべく、しきたりの束縛から逃れることをより一層強く求めた。彼女は幾度となくオペラ座の舞踏会に出かけて行った。今度は正真正銘のお忍びを楽しむため、仮装を当てにしていた。当然のことながら情報は広まり、スキャンダラスな噂が立って、王妃の公的イメージを混乱させた。「王妃は決して見破られまいと思っていた。しかしホールに入った瞬間、集まった人々皆に見破られてしまった。人々は彼女が誰か気づいていないふりをして、つねに舞踏会では何らかの策略を立てて王妃がお忍びの楽しみを享受できるようにした」[23]。自分が誰か見破られたくないという王妃のこの欲望の重要性はしっかり認識すべきである。この欲望は自己イメージから逃れ、自分の知らないあらゆる人々から自分が誰であるかすぐに見破られてしまうという不均衡を断ち切ることを目指している点において、著名性の文化に固有の欲望だ。言うまでもなく、虚しい欲望である。たとえ仮面をかぶっていても、王妃の顔はあまりにも見分けがつきやすかったし、王妃のお付きの者たちはたとえお仕着せを着ていなくても目立った。マリー・アントワネットは、人に気づかれないようにしようとする努力によって必ず誰であるか気づかれてしまう同時代の著名人の運命を発見したのである。身分秘匿はここでもまた、踊り手たちの気遣いに依拠する申し合わせとなったのである。

このように隠れて遊ぼうとするあり方はリスクをはらんでいる。マリー・アントワネットのお忍びでの訪問については、好意的な話と悪意のこもった話が生まれた。舞踏会で、身分秘匿という申し合わせのおかげで親しく王妃と話すことができた若者たちは、王妃を誘惑したと自慢した。愛すべき放蕩者のド・ロザン公爵のように、王妃に愛されたと考える人たちもいた。「王妃が劇場で、こうした殿方の一人に二つ目の作品はすぐ始まるのかと尋ねただけで、自慢話ができあがった」とカンパン夫人は振り返っている[24]。ここから王妃が評判を失い始める発端となった悪意ある噂が生まれた。私人としての姿をさらすことで、マリー・アントワネットはその公的立場を変容させてしまった。彼女は君主制の表象からメディアの広告になってしまったのである。ここで重要なのは、浮気の疑惑や、中傷に対する政治的責任ではなく、一般に慎み深く、誇り高く、俗世から離れたところにいる人物であるフランス王妃が女優や女性歌手のようにさまざまな幻想をかき立てる媒体、欲望の対象となりながらも、その王妃の立場という絶大なる威信を保持しているという点である。このように距離は保たれているのに（というのも、それでも王妃は王妃であるから）、同時に魅力的な親密さを備えているがゆえに、マリー・アントワネットはリスクを伴いつつも最初の「グラマラスな」王妃となったのである。

マリー・アントワネットのイメージと演劇界、文学界の著名人のイメージを近づけるこうした側面は、彼女がモードに夢中であったこととも関係している。邪悪な王妃を体現するよりも前、マリー・アントワネットはまず何より衣服や装飾品をこよなく愛するモードのイコンであった。そして奇抜な髪型の競争を助長し、遠方から女帝マリア・テレジアの怒りを買った[25]。フランス王妃は初めて宮廷美容師に頼らず、パリから優れた腕前の美容師レオナールを呼んだ。レオナールはたくさんのお供を連れてきて、上流階級の人々皆に知られる有名人になった。王妃の信頼を勝ちえた婦人服飾業者、ローズ・ベルタンは、この事実を宣伝に用いたため、パレ＝ロワイヤルの彼女の店は大変な成功を収めた[26]。上流社会、そしておそらく富裕な市民階級の婦人がたは皆、王妃のような装いをしたいと望んだ。ベルタン自身、確固たる著名性を享受した。この著名性は部分的には国王の寵愛という伝統的なスタイルに属するものであるが、また同時にヴィルトゥオーソという新たな人物像に属するものでもある。一部の俳優、そして特に才能のある職人と同様、彼女は商売のための公的人物像を築き上げて、創造の才と自己宣伝の融合に成功した。しかしながら、類似の事例、たとえば大胆で目を見張るばかりの技を披露し、十八世紀前半に有名になった人気歯科医で「偉大なトマ」と呼ばれたジャン・トマや、旅籠屋の主人ランポノーなどとは異なり、ベルタンは自分に対する信頼と名声を王妃への信頼と名声に結びつけることができた[27]。このように、彼女のイメージは宮廷や上流社会という環境と関連していた。フランス王妃とパリに店を構えたばかりの婦人服飾業者との間の利害の結合は、効果的な調和であったが、また同時に大いにしきたりに反するものでもあった。

装飾品に対する王妃の好みについては、絵になるとはいえ、ささいな特徴にすぎない、さらに言えば彼女の伝説的な軽薄さについての残念な証拠にすぎないと捉えるようにしよう。実際、この十八世紀末におけるモードのシステムの出現は、外見の文化の大幅な変容を示している[28]。第一の消費革命に襲われた大都市では、装い方はもはや社会的地位や伝統への服従によってではなく、模倣の衝動や絶えざる変化への信仰に支配されていた。このモードの文化を取り入れ、下層の出のパリの女を魅力的な出入り商人に仕立て上げ、いかなる革新の前でも躊躇しなかったことで、マリー・アントワネットは万人の注目を集め、模倣の中心となった[29]。ここでもまた、君主制の表象という伝統的制度との乖離ははっきりしている。君主は、国王も王妃もともにその服装によって他の人々と区別されるはずであった。これに対して、マリー・アントワネットは模倣の対象となったのである。

最もあけすけな格好、あるいはこれ見よがしな格好も含め、マリー・アントワネットのこうしたモードへの好みは王妃のイメージを女優のイメージに近づける危険があった。彼女の演劇界への関心がこうした関連づけを助長した。かくして、退廃的とみなされたその生活態度に多くの批判が寄せられたときでさえ、ロークール嬢を公に、そして変わらず支持したせいで、王妃は女優や女性歌手、高級娼婦から成るいかがわしい世界と結びつけられ、そのイメージは混乱した。そしてこうした傾向は革命前夜、攻撃文書において、すぐさまさらに一歩推し進められた。「パリの最も優雅な娼婦が王妃よりもいい身なりをしていることなどありえなかった[30]」。おそらく危険を意識しながらも、マリー・アントワネットは一七八〇年代以降、一層飾り気のない服飾スタイルを選んだ。かくして自然で簡素な装いをするため、王室の象徴とあまりに華美なドレスは排除されたのである。しかし、こうした変化はモードの出現の一歩手前であった。というのも今や、王妃の服装は一部の大貴族のみならず、流行を追いたいと思うあらゆる女性によって容易に模倣可能になったからである。

このように、簡素さや親近感というイメージのために君主制の表象の伝統的原則を放棄したことは、王妃の肖像画にはっきり見て取れる。パリに到着したときに描かれた初期の肖像画——ここでは彼女は宮廷の礼服、さらにはユリの花の紋章が散りばめられた式典用のもったいぶったマントに身を包んだ姿で描かれている——が不満だったマリー・アントワネットは、こうした形式主義を犠牲にしてより自分に似せて自然な姿で描いてくれる画家を求めた。彼女はそうした画家をエリザベート・ヴィジェ＝ルブランという人物のうちに見出した。この画家は一七七九年からいくつもの王妃の肖像画を描き、その生き生きした顔立ちをとらえるのに成功したのである。女帝マリア・テレジアのために準備された最初の絵がいまだ宮廷の礼服を着た姿の肖像画で、数々の王室の象徴、特に注意深くクッションの上に置かれた王冠やルイ十五世の胸像が描かれていたのに対し、これに続く絵は王妃その人に力点を置き、その美しさと独自性が際立つように描かれていた。しかし、この簡素さにはリスクが伴わないわけではなかった。つねに君主制の威信と君主制の表象という慣習を危険にさらす恐れがあったからである。実際、これより二世紀前、王妃の至上権を寓意的に描くことを定着させたマリー・ド・メディシスを讃える肖像画プロジェクトからはかけ離れたところに来ていた。一七八三年、ヴィジェ＝ルブランが芸術アカデミーのサロンに、ローズ・ベルタンが流行らせ、マリー・アントワネットがトリアノンで好んで着ていたような簡素な白いモスリンの肌着姿の王妃の肖像画を展示したときは、完全なスキャンダルとなった（図14）[31]。批評家たちは、このように簡素な服装、家庭内、すなわち私生活の服装で描かれた王妃の姿が公に――芸術サロンのアカデミーで――示されるのを見て憤慨した。「ウェールズ風」の軽やかなモスリン地のドレスはただの肌着とみなされ、観客の中には王妃が下着姿で描かれていると思う者もいた。ディテールについてはさらに悪いことに、この肖像画には国王や王室への言及がなかった。したがって王妃は、フランス王妃

**図 14**　エリザベート・ヴィジェ＝ルブラン『マリー・アントワネット』（1783 年）。「ウェールズ風」ドレス姿の肖像画はあまりにもしどけないとされ，アカデミーのサロンに展示されるとスキャンダルを巻き起こした。

としてではなく、好きな服装で自由に気晴らしできる独立した私人として見るべきもののように示されていたのである。状況の皮肉もあった。トリアノンは王妃に私的空間を提供し、彼女が宮廷の人々の目から逃れられるようにするのを目的としていたのに対し、ヴィジェ゠ルブランが描いた肖像画はまさしくその私生活上の王妃の姿を公にし、サロンを訪れる多くの人々の目の前に示したのである。ヴィジェ゠ルブランはこの絵を引き下げ、より適切な肖像画――きわめて古典的な絹のドレスを身にまとい、バラの花束を作っている王妃の姿を描いた肖像画――と取り替えた。

しかしながら、モスリンのドレスを真似するものが出てくることとなった。先の肖像画は、批評家によって辱められたにもかかわらず、公衆の間では人気が出た。[32] モスリンのドレスは「王妃風ドレス」という名のもと一七八〇年代にはヨーロッパの貴族によって、ついで十八世紀末にはより広く、都市部のエリートの奥方たちによって真似された。肖像画によって巻き起こされた政治的スキャンダルは、マリー・アントワネットが引き受けることを同意していたモードのイコンという立場と矛盾するものではなかった。いや、むしろその反対だった。流行は服装に限ったものではなく、絵の中で肯定されている自由と簡素さの理想、社会的束縛に対する感受性の優位といった生活様式全体にまで及んだ。したがって、マリー・アントワネットは君主制の表象という古典的意味においてではなく、著名性の文化によって定義づけられる新たな意味において公的人物となったのである。つまり、その特異性が公衆の注目を集め、さまざまな解釈の対象となる人物である。

一七八〇年代初頭、こうした変革が純然たる成功とマリー・アントワネットに映ったとしても無理はない。ルイ十六世は先祖たちの陰で生きることに甘んじ、まったく好きでもない務めを真面目に、そしていささかおびえながら行うのに専心していたのに対し、王妃は自分に約束されているように思われ、あれほど恐ろしいと思った運命から逃れられたことを喜んでいたに違いない。すなわち、厳しく見張られ、難解なしきたりでがんじがらめになり、皇子を産むか、絶えず退屈しているか、あるいは信仰の勤めに逃げ場を見出すだけの存在としての王妃という運命からの逃避である。しかしながら、一七八三年の肖像画をめぐる批判は世論が急変し始めていることを示している。マリー・アントワネットは公に身をさらすことで、あらゆる批判をかき立てるリスクを負ったわけであるが、法外な出費、オーストリアの利益への執着、愛人疑惑といった問題について彼女が攻撃されることとなったのは、まさにこういった経緯による。こうした批判は目新しいものではなかったが、それまでにないほど強力になっていた。その一方で、優雅さと独立心の模範たる近代的な王妃の魅力は薄れつつあった。公に身をさらすことで王妃は力を失い、ほどなくしてその生活の本質を取り巻く秘密は悪意ある噂をかき立てることとなったのである。

その翌年の一七八四年、首飾り事件のせいで民衆の間での王妃の不評は募った。この話は何度も語られているから、ここではただ、ラ・モット夫人というペテン師がド・ロアン枢機卿をうまく説得し、かつてルイ十五世がデュ・バリー夫人のために注文した高価な首飾りを王妃が所望しているから、その仲介役をするとメリットがあると思い込ませたということだけを指摘するにとどめたい。枢機卿を説得するため、ヴェルサイユの庭園でにせのマリー・アントワネットとの夜の逢い引きまで計画された。いったん事件が明らかになると、このスキャンダル——すでに大スキャンダルであったが——は、王妃がロアンを裁判所へ召喚しようとしたことによってさらに拡大した。このような行為は、弁護士の手記のせいで、訴訟事件に世論という強力な共鳴箱があったこの時代において、おおっぴらに打ち明け話をするリスクを負ったも同然だった。訴訟は人々の興奮をかき立てた。王妃のイメージに与えた影響は、この事件がまさしく常日頃から彼女に向けられていた非難を結集させただけに一層致命的なものとなった。すなわち、装飾品への好みや浪費癖、しきたりの放棄（そうでなければ、ド・ロアン枢機卿はどうして王妃が真夜中に一人で散歩しているなどと信じただろうか）への非難である。彼女は王妃と称する若い女性、ニコル・ルゲを登場させもした。マリー・アントワネットは、そっくりさんを有する最初の王妃だったのである！

王妃の公のイメージは取り返しのつかないほど損なわれてしまったが、革命とともに攻撃は激しさを増した。事態を理解する心の準備ができていなかったマリー・アントワネットは、その重要性を判断するための方策をまったく取らず、こうした状況に順応しようともしなかった。しかし、それはおそらく不可能な任務《ミッション・インポッシブル》ではなかっただろう。少なくとも、穏健な革命家たちが新体制を安定させるのを助けるよう王妃を説得しようとしたアントワーヌ・バルナーヴ［革命期の政治家（一七六一―九三）］はそのように考えていた。一七九一年六月のヴァレンヌ事件［六月二十日から翌日にかけて、ルイ十六世一家がパリから逃げ、ヴァレンヌで逮捕された事件］の後、バルナーヴは王妃にいくつもの手紙を書き送り、憲法典を受け入れ、立憲君主制に心から同意しているような顔をするようにと進言した。革命の動揺と猛威の後は、民衆はお祝いや気晴らしをして、感情を表に出し、心情を吐露する必要があるとバルナーヴは手紙に記した。「王妃以上に、自らの資質を独占するのに必要なものをその臣民のうちに備えている人はいません。王妃はあれほどの輝かしい人気を博したではありませんか。世論は変わったとはいえ、少なくとも王妃に無関心だったことはありません。そして人々の心は完全に冷え切っていないのですから、再びかき立てることはいつだって可能です」[33]。バルナーヴがここで言及し、王妃に取り戻させようとしている「人気」とは、長い将来を約束された政治的概念で、新たな主権者たる人民との感情的つながりに基づいて、新たに国王を正当化するものである。この政治的原動力は、それが感受性、すなわち一種の感情的愛着に基づいている以上、バルナーヴには特に女性によってかき立てられるのがふさわしい――その女性が革命に愛着の念を覚えていると表明する限りにおいてであるが――と思われたのだ。残りは政治、あるいはむしろ宣伝の仕事だ。「人々の心を王妃のもとへ引き戻すためなら何でもするでしょう」と彼は約束している[34]。

周知の通り、王妃はこのような忠言に耳を貸そうとはしなかった。あるいは人気を取り戻すことができなかった。しかし君主制の正当性の原理そのものは、アンシャン・レジーム末期以来、すでに揺らいでいたのであって、革命はすでに始まっていた変化を加速させ、公的に裏付けたにすぎない。ルイ十六世は「原理としての王」から「個人の人格としての王」へ、すなわち、神聖な君主制の歴史の古さに基づいた正当性から、人民の幸福を大切にする王という寛大かつお人好しな人物像へと移行したことを証言すると同時に、その移行の犠牲者でもあったのだ。[35] こうした変化の結果として、王権の正当性の基盤は国王個人の美徳に求められ、かくして権力保持者の私的・人間的人格への称賛や批判を助長することとなった。今や、「人気」は民主制における政治的具現の新たな基準となった。しかし、人気を得ようとするのはもはや国王や王妃だけではなくなったのである。

## 革命を呼ぶ人気——ミラボー

このように、人気が新たな重要性を帯び始めていたことを理解していたのは、マリー・アントワネットのもう一人の文通相手ミラボーだった。彼はフランス革命初期の数年間における政界の偉人であり、ミシュレ［フランスの歴史家（一七九八－一八七四）］も彼のことを「革命の声」と形容した人物だが、歴史記述の中でこれまで好意的に描かれてこなかった。彼が行ったドルー＝ブレゼ［一七六二－一八二九。アンシャン・レジーム末期と王政復古期に儀典長を務めた］への有名な反論は、革命の記憶に刻まれている。ミラボーは、銃剣の力に対し人民の意志を誇り高く掲げて国民主権の原理を力強く表現し、議員たちの決意を揺るぎないものにした。ミラボーの辿った運命が驚くべきものであるにもかかわらず、彼はこれまで歴史家たちに注目されてこなかった。思想信条において確固とした立場を持たず、不正腐敗にまみれ、日和見主義であったミラボーはいかにも胡散臭い人物である。あたかも事の発端という役割しか演じていないかのように、彼の存在は誇り高いブレゼへの反論という、フランス革命の典型的なイメージに集約されてしまうことがほとんどである。

とはいえ、ミラボーは約二年の間、国民議会で最も人気のあった弁論家であり、公衆にとってフランス革命そのものを体現していた存在だった。人々が経験した彼の死は、一つのドラマだった。何より、ミラボーは民主政治を彩った最初のスターだったのだ。彼の辿った軌跡から見えるのは、スキャンダラスな著名人、没落貴族、リベルタン作家であり、袖の下を受け取ればどんなパンフレットでもばらまく著作家であった彼が、政治の世界で前代未聞の著名性を獲得する過程である。ミラボーがそのような著名性を築きえたのは、人民主権という新たな原理を体現するのに、彼がこれ以上ない資質を持っていたからである。その驚異的な一生は、二つの部分に分けて捉えられることが多い。一つは、旧体制下における三文文士としての人生。そして、もう一つは、革命をきっかけに政界人として覚醒した後の人生である。[36] 革命によって彼の人生が分断されていることは誰の目にも明らかだろう。しかし、その断絶を超えて彼のキャリアに一貫して見て取られるのは、不屈のエネルギーと生まれついた自己宣伝のセンスとである。革命という事件はミラボーの才能に、自己表現の機会と運命の転機を与えたのだ。

一七八九年の五月に三部会が召集されたとき、ミラボーはすでに著名人だった。当時四十の齢にさしかかっていた彼は、地方貴族の一人息子だった。彼の父親は文人で重農主義者、『人間の友』という書物によって成功した作家である。この本の題名が彼の二つ名となる。父ミラボーは当時、あたかも息子に自由な道を開くようにこの世を去ったばかりだった。父親は単に野心のある著作家で、自ら人類を愛すると称していただけではない。家庭内での彼は、息子に対して容赦なく振る舞う専制君主でもあった。息子の方は父親の忠告に耳を傾けず、すぐに退廃的で奔放な生活を送るようになる。子ミラボーは、自らの無思慮と父から執拗に向けられていた憎しみとにより何度か投獄されているが、自分を牢獄に送ったこれらの封印状を後日、彼は専制権力の象徴と見なすようになる。唐突・無謀な振る舞いに大胆不敵な所業を重ね、ミラボーは自分が送るはずであった名士としての生活と縁を切り、転落貴族という奇抜な人物像を体現する。彼が著名性を獲得するのは一七八二年、華々しく耳目を集め、人々の顰蹙を買った、彼の妻との訴訟をきっかけにしてである。彼の妻はエクスの法服貴族の裕福な財産を受け継ぐ娘だった。万人が呆気にとられる中、ミラボーは彼一流の大胆さと軽々しさで彼女を誘惑し、公認の求婚者たちを尻目に彼女と結婚しおおせた。訴訟が起きるまでの間、彼はジューの城塞に幽閉され、ブザンソンの老いた法服貴族の妻とそこから駆け落ちし、オランダへと逃亡した。そこで逮捕され、ヴァンセンヌの牢獄に三年間監禁される。牢獄から出ると、彼はまだ自分に残されているものをかき集めようとする。訴訟によって彼はプロヴァンスの上流社会全体と敵対することになった。ミラボーは、彼の妻が雇った二十三人の弁護士に対して、自分の弁護を自ら担当した。そして、弁論において彼がいかに優れた才能を持っているかということを初めて証明するのである。結果は敗訴となり、彼は破産状態に陥り、ほとんど国外追放の身になった。しかし、世間の反応という点では成功だった。というのも、彼はそこで才気を示して爪跡を残したからだ。この訴訟は一躍話題となる。ミラボーは半年にわたってプロヴァンス地方全体を熱狂させ、パリにおいてもこの訴訟が話題になった。彼の自己弁護は大衆を引き寄せた。この大衆の中には、フレデリック大公のような高貴な身分の人までいた。ミラボーに好意的な公衆の「熱狂ぶり」、そして彼を一目見ようと、もしくはそれができなくとも彼の話を聞こうと詰めかける群衆の存在が記録に残っている[37]。彼の父親は、息子のエネルギーを倍増させていると思えるような、スキャンダルに対する嗜好を嘆いている。「こちらでも騒ぎ。ポンタリエでも騒ぎ。彼が必要としているのは騒ぎだけだ[38]」。

破産し、本来の社会階層とは絶縁状態で、怪しげな著名性の後光を戴いていたミラボー。彼は十八世紀末に多数存在していた文学的リベルタンの一人となる。そして彼は出版物によって、自分の名前の周囲に喧騒を撒き散らし続けた。卑猥な作品、注文に応じて書いた書籍、政治的な誹謗文書、幾分かの要約を加えた剽窃本、彼はあらゆる手段を投じて話題を沸騰させた。封印状を批判したことによって、彼は出版上の成功を得る。『わが回心、あるいは極上の放蕩者』は一七八三年に匿名で出版されたポルノ小説だったが、すぐに『秘密の回想録』によって作者がミラボーであるとされた。「さらに興味深いことがある。すべての人にとってヴァンセンヌ城の囚人が誰のことか明らかだった。それはミラボー伯爵だ[39]」。ミラボーには財産も地位もなかったが、名は成したのである。

大部分の同時代人がそうであったように、ミラボーは文人としての著名性に惹かれていた。その一方、政治が次第に彼の生活を占めるようになる。専制政治に対抗して著作活動を行いながら、彼は外交関係のキャリアを夢見る。そして、権力の要請で書いた誹謗文書のおかげで彼は生きながらえる。カロンヌ［フランスの政治家（一七三四-

一八〇二）。革命期には貴族の亡命を経済的に助け、反革命運動の一端を担った」はミラボーを使って自分の政敵に論争を仕掛けさせ、ついで彼を密使としてドイツに送った。彼は著名で舌鋒鋭い雑文作家だったが、尊敬されることはほとんどなかった。彼は評判がいいというよりも知名度の高い人間であって、上流社会の人々からは疎んじられていた(40)。ミラボーの著名性にはスキャンダルの匂いがつきまとう。その著名性は名誉でもなければ、褒められたものでもない。このような著名性によって彼は異種混交的な人物像を体現する。それは、ミラボーと時を同じくしてヴァンセンヌに幽閉されていたサドのような、常軌を逸した振る舞いが人々の話題になるリベルタンとも違えば、ランゲのような職業的な論争家ともまた違う。一七八八年にはさらに、ミラボーはネッケルと戦うことにエネルギーを費やす。この時、権力の座に返り咲いていたネッケルは人気の絶頂にあった。ミラボーの友人だったシャンフォールは、たいがいにしておくようにと彼に忠告している。「騒ぎを起こして話題を振りまくのは、現況においてあまりにも些細な利益しか持ちません。あなたにはもっと別の価値があります。戦いの時に備えて、その長所から引き出せる力を温存しておくべきなのです(41)」。

たしかに、政治的な状況は変化した。ミラボーは、この新しい状況が意味するところを理解し、それに適応した最初の人間の一人だったのである。一七八七年、彼はカロンヌに反旗を翻し、財政投機を批判する文書を出版する。この文書によって彼は大成功を収め、同時に、数ヶ月間リエージュに逃亡することを余儀なくされた。その後、高等法院を攻撃する文書を書くようにという大臣モンモランからの申し出を彼は拒否する。一七八八年五月のこの時に、ミラボーは危機の大きさを察知し、自らの身の振り方を決めた。彼は国民を代表する人間として生きることにしたのである。三部会の召集も、自分には新たなキャリアがひらけているというミラボーの確信を強めた。「国民がこの二十四時間のうちに進めたのは一世紀の歩みである。ああ、友よ！　才能が同時に力としても体現された暁には、その国民がどの国民のことなのかわかるでしょう(42)」。

プロヴァンスでの選挙運動は、大胆さ、活力、自己喧伝への嗜好が交じり合った、ミラボーの政治的才能をすでに垣間見させる出来事だった。ミラボー自身の言葉によるなら、一七八九年一月に彼がエクスに着くと「爆発的な熱狂が巻き起こった」[43]。地方三部会の貴族議会に議席を得ると、彼はすぐに第三身分の要求を利するような立場をとり、貴族階級の特権を攻撃する二つの大演説を行った。ミラボーはそれらの演説をすぐに出版させ、プロヴァンス地方への請願書を執筆する。さらにミラボーが執筆した長い文章の中で、彼は民衆の擁護者を気取り、マリウス［古代ローマの民衆派の政治家］やグラックス兄弟［古代ローマの護民官］の姿に自分を重ねている。このようにして第三身分に寄り添って自らの人気を確たるものとしたミラボーは、新たにパリへと出発する。その間、状況はさらに深刻化するばかりだった。彼が三月半ばにプロヴァンスに帰って来たとき、事態はほとんど叛乱の様相を呈していた[44]。農村と都市の暴徒たちは膨れ上がり、政治的状況はもはや、どうにも引き返せないところまで来ているように思われた。ここに至って、ミラボーはそれまで吉と出るか凶と出るかわからなかった自分の著名性の恩恵に浴することができたのである。エクスの近辺にさしかかった時から人々は彼の名前を口々に叫び、歓声によって彼を迎えた。ついでマルセイユでも、彼は熱狂をもって迎えられた。その様子を、ミラボー自身が自慢気に、そしておそらく多少の誇張を交えながら、当時のプロヴァンス総司令官であったカラマン伯爵に語ってみせている。「思い浮かべてもみてください、伯爵様。十二万の人間がマルセイユの通りを埋め尽くし、かくも産業と商業の盛んな都市がその活動を丸一日、棒に振ったのです。通りに面した窓際が一、二ルイで貸し出される。馬も同様。これまで公正に生きてきた男の馬車が、椰子や月桂冠、オリーブで覆われる。人々は車輪にくちづけし、女たちは彼に向かって自分の子供を差し出す。水揚げ人夫から宣教師にいたるまで十二万の声が、「王様万歳！」と叫びながら歓声をあげるのです。街で最も身分の高い、四百から五百人の若者たちが先導し、三百の馬車が後に続く。こうしてみると、私がマルセイユを出るとき、どんな様子だったかおわかりになるでしょう」。このような大反響を物語る証言はほかにもあった。しかし、ミラボーがよく理解していたのは自己宣伝の効用である。ミラボーの記述に影響されたカラマンは、数日後、暴徒たちを鎮めるために彼に頼る。ミラボーは『マルセイユの民衆に宛てたミラボーの意見書』を執筆し、市内に掲示させた。その結果、平穏は取り戻され、彼の名前が持っている政治的な効力が明らかになった。数週間後、ミラボーはエクスだけでなくマルセイユでも、第三身分の代表として選出される。

このように、革命前夜、ミラボーのスキャンダラスな著名性は政治的な人気へと変貌した。永遠の反逆児でリベルタン。しかし、同時に政治を根底から変革する必要性を確信してもいたこの没落貴族ミラボーにとって、革命は理想的なタイミングでやって来たのである。プロヴァンスの民衆にとってミラボーが奇特な存在だったのは、彼が貴族でありながら貴族階級と敵対していた点にある。社会的エリートが伝統的にまとっていたオーラだけでなく、絶対王政や身分特権への反抗がかき立てるシンパシーも、彼にとって有利に働いた。良家の御曹司であり、同時に社会の周縁に生きる人間。ミラボーの中には、貴族階級の古い原理と民主主義的な新しい原理とが混交していた。それゆえ、彼は自らの怪しげな著名性を政治的な人気に転換させることができたのである。しかし誤解してはならないが、このような変化はあくまでも稀なケースである。錬金術が成功するためには、高貴な身分で反逆的、貴族であり平民でもあるというミラボーが体現していた個性的なバランス、彼の比類ない自己宣伝の才能、そして何より、例外的な状況が必要だった。しかしながら、この錬金術はまだ完璧なものではなかった。自己宣伝のセンスと政治的機転によってミラボーは多くの支持を獲得したが、彼の人間性が、特にパリの名士たちに引き起こしていた反感を抑えこむことはできなかった。三部会が開催されたとき、彼の名前は喝采と同じくらい野次によって迎えられた。「侮蔑と軽蔑を前にして、彼は自分の著名性がどのような類のものであるかを見せつけられた[45]」。

三部会がミラボーに与えたのは、単なる論壇以上のものだった。最初の演説以来、彼はセンセーションを巻き起こし、嘲笑・揶揄は拍手喝采へと変わった。間もなく、彼は同僚に対して影響力を持つようになり、最も発言力が強い者の一人、議会の意見を左右できる限られた存在の一人として幅をきかせるようになった。彼の姿を見るために、そして彼の話を聞くために、人々がやってくる。一七九一年に死去するまでに、ミラボーは四三九回もの演説をこなすことになる。このことから、彼は当時最も多産な弁論家だったと考えられる。彼はまた最も影響力のある

弁論家でもあった。多くの議員が彼の弁舌の効果を警戒していたことが、まさにその証左となっている。(46)

ミラボーの力を支えていたものは、立憲君主制の成立を志向する政治的信条と並外れた雄弁との混合だった。しかし、この弁論家は見世物の動物のような存在でもあった。巨大な体躯、天然痘の斑点に蝕まれた顔、ライオンのような豊かな頭髪、轟くような声によって彼は人目を引いた。彼の醜さは長所だったのである。ミラボーはこの怪異な容貌によって、力とエネルギー、不屈の決意、そして抑圧不可能な民衆の意思を象徴的に表現したのだ。「私がいかつい頭を振るえば、誰も私の話を中断しようとするものなどいなかった」と彼は誇らしげに語っていた。(47) ミラボーは実際、革命下の政治が特徴的に帯びていた演劇性をはっきりと理解していた。三部会はヴェルサイユ宮殿の巨大な会場に召集されたが、その最初期から、第三身分は見物客が立ち会うのを認めていた。見物人たちはしばしば大勢集まって騒々しく振る舞ったが、彼らの存在によって議員たちは興奮し、その議論も激しくなった。しかし、見物人たちは同時に、議場でのやりとりの仕方まで変化させてしまったのだ。弁論する議員たちは、他の議員よりも、見物人たちに話しかける。一七八九年十月に場所をパリに移した国民議会は、テュイルリー宮殿の調馬の間に召集された。ここは、革命の前まで馬の走路を覆っていた場所で、見物客用の二つのギャラリーが備わっていた。［議員たちは］まともなことを言うだけでは不十分で、この広大で喧騒に満ちた議場で自分の声を響かせる必要があった。そしてミラボーは、自分の人物像をスペクタクルとして演出する術を知っていたのである。彼は破産についての大演説を行い、自らの弁論家としての評価を確固たるものにしたが、その後、俳優だったモレが彼を祝福しにやってくる。その際、モレはふざけて以下のように付け加えて言った。ミラボーは進むべき道を誤った。彼は俳優として偉大なキャリアを歩むことができただろうに、と。議会におけるミラボーの政治的才能を、舞台俳優の才能に喩えたのはモレだけではない。このような比喩は、ミラボーの味方も敵も同様に口にする決まり文句となる。ミラボー自身が自分の演劇的才能を自覚していて、人々の視線を集めることに快楽を感じていた。臆することなく、彼は鏡の前で自分の演説を繰り返す。「自分の名前が人々の口から発せられることに喜びを感じ、自分の名前を自分で連呼することを好む。虚栄心が強い人に特有のこういった性癖をミラボーも持っていた。彼は仮定の対話を想定しながら、議論の相手を演じて名乗りを上げる。ミラボー伯爵があなたにお答えしよう、などなど」[48]。

ミラボーの政治的雄弁が帯びていたこのような演劇的性格は、果たして意外なものだろうか。確かに、フランス革命時の議会というと、私たちは思わず厳かなものと考えてしまう。政治、とりわけ近代民主制のゆりかごとなった革命下の政治であれば、それは大真面目なものであって、俳優などがもたらす演劇的効果など無関係だと言わんばかりに。しかし、アメリカの歴史家ポール・フリードランドが見事に示しているように、実際には、政治的な議論はきわめて演劇的な性質を帯びており、ギャラリーの傍聴人と国民を前に演じられるスペクタクルのような体をなしていた。議会の見物人たちは劇場にいるときのように、拍手喝采したり口笛を鳴らしたりした。彼らは弁論する議員の話をさえぎったり、自分たちの感情を表現することもあった。国民公会の国王裁判のような深刻な局面においても、見物に集まった女性たちはボックス席でアイスクリームに舌鼓を打ちながら、審議に対して拍手喝采していた[49]。

この演劇性は、政治的表象と演劇的演出とのアナロジーから理論的に解釈されうるものかもしれない。しかし、この演劇性はもっと単純に、政治と演劇というきわめて民衆的で、人々の関心を二分するようなスペクタクルが、相互に浸透するものであることを示してもいる。革命が始まって以降、劇場の数は増加した。劇場は、革命下の政治的プロジェクトと国民とに、新たな文化的生命を吹き込む点で、次第に政治と密接に関わるものとみなされるようになったのである。議会の方も、新たな議論の審級として、国民全体の将来が占われるだけではない。そこにあるのは同時に人々を刺激するスペクタクルでもあって、議会の主要人物たちはまさに役者でもあるのだ。このようにして政治と演劇の近似性を強調するからと言って、それは必ずしも、バークが革命の立役者たちを皮肉ったような仕方で、フランス革命の重要性を矮小化することにはならない。むしろ、両者の近さから喚起されるのは、スペクタクルとしての政治は現代の産物でなく、代議制と民主主義的な討論を形成する重要な要素だったということである。民主的な公共空間の登場により、君主制の儀礼的スペクタクルに取って代わったのは抽象的な討議ではなく、別のタイプのスペクタクルだった。そのスペクタクルにおいて、市民は役者であると同時に見物客でもある。政治もまた、観衆を必要とするのである。

この新たな状況において著名性は、演劇世界と政治世界の性質を同時に兼ねた、異種混交的な様相を帯びる。ミラボーは、進行中の革命という出来事を体現するとともに、役者としての才能を有していた。彼の才能と有名性が人々の好奇心をかき立てたことは、数多の証言によって強調されている。「すべての議員たちの中で、誰よりもまず彼のことを外国人たちは目で追った。彼の話を聞くことができたら、それは幸運なことだった。彼の使う最もありふれた表現を、人々は名言とした」[50]。ミラボーの主義主張の如何にかかわらず、このように著名であるということが直接に、政治的な効果を持っていた。革命の初期、パリの市民たちが集まった際に彼らは必ずミラボーの名前を口にした。一七八九年の夏の終わりから、王の拒否権が議論されていた間、この権利に抗議するためにヴェルサイユに向かおうとしていた群衆たちはミラボーの名前を担ぎ出す。「ミラボー伯爵の名前は団結の合図だった。彼はこのおぞましい権利、王の拒否権を転覆しようとしていたので、人々は彼の命が危険にさらされているものと思い込んでいた」と、『フランス愛国者』で冗談交じりに書いたのはブリソである。ブリソは、ミラボーが実は王の拒否権に賛同していることを熟知していた。このエピソードからわかるのは、ミラボーの著名性が、一つの固有名が有名になるという事態をすでに体現していて、その固有名が革命の歩みと国民の利害関心のシンボルになっていたということである[51]。数ヶ月後、ミラボーの名前はさらに有名になった。ピカルディの御者たちが、彼らの荷を引く馬たち、つまり最も過酷な仕事を果たしてくれる存在を「ミラボー」と呼んでいるのを聞いて、エティエンヌ・デュモンは驚いている[52]。このエピソードを、単に面白おかしい話とするのは間違いだ。ミラボーの著名性には、本来相互に異質な以下の現象が含まれている。すなわち、人々が耳を貸す、影響力のある政界人。人々の好奇心と民衆の信頼を呼び起こす著名人。度外れて、非難の対象となる人物。そして、力そのものを意味するような固有名などである。
一七九〇年のこの時期、ミラボーは政治的な著名性の絶頂にあった。前年にミラボーの肖像画を描いていた画家ジョゼフ・ボーズは、この頃、彼を立ち姿で描いており、その版画は『国民新報』紙ですぐに宣伝された。同紙はさらに、オリジナルの絵が画家のアトリエに行けばいつでも拝めると説明している。(53) 確かにミラボーは、無軌道な生活を送って多数の敵を作る、賛否両論を伴うような人物のままだった。しかし、公衆の目から見て、彼は間違いなくこの当時最も著名な政界人だったのである。彼の名前は絶えず連呼され、彼の家はつねに人でごった返していた。毎日、ミラボーと知り合いでもない多数の人々が、「彼が通りかかるのを目にする僥倖を得ようと」玄関で彼のことを待ち構えていた。貴族の称号を捨てたにもかかわらず、すべての人にとって彼はミラボー伯爵であった。それは、彼に仕える者たちや彼のもとに通う人々ばかりではない。民衆もまた、自分たちの偶像を飾り立てたいと思っていたのである、とミラボーの友人であったデュモンは幾分の皮肉を交えて述べている。(54) ミラボーを姓名のリケティで名指した日刊紙の筆者は、「ヨーロッパ全体を混乱に陥れた」とミラボー本人からひどく責められた。

ミラボーの存在によって、文芸や演劇の世界で発達してきた著名性のメカニズムは、政治の領域も覆いつくすようになった。その特異性と才能によって人々を魅了する男が政治的な力を手に入れる。その力を支えているものは、彼がかき立てる好奇心、人々が彼に寄せる愛着、そして、彼が体現している新たな集合的感性である。名声と民衆の愛着とに立脚した、このような新しい権力の形態をどのように名づけるべきだろうか。この後すぐに重要性を獲得して、政治的な語彙として残り続ける言葉がほかならぬ「人気（popularité）」である。十八世紀において、この語はある個人や趣味の民衆的な性格を指し示していた。一七八八年においても依然として、この語は、民衆的な言葉遣いを装うことと定義されている。このように定義したフェロー「フランスの文法学者、語彙記述者（一七三五―一八〇七）」の辞典は、以下のように説明を加えている。「この語は能動的な意味を有しており、ある人が民衆に対して抱いている愛情を指し示すが、この人物が民衆から愛されていることを指し示すわけではない」。フェローは同時に、英語的な言い回しとして批判しつつ、受動的な用法がフランス語に入っていることも指摘している[55]。つまり、私たちが現在使っているような受動的用法［「人気」という意味］が、すでに萌芽として存在していたのだ。この用法はフランス革命期に前面に出てくるようになる。こうして、ミラボーやラ・ファイエットの人気が人々に取り沙汰された。ネッケルの娘であったスタール夫人は、ミラボーが躍起になって自分の父親の「人気を落とした」と非難している。

当時の人々も、革命の首謀者たちの人気が、政治的な影響力を及ぼす際に新たな重要性を持つようになったことを意識していた。しかし、人気の概念は当時の人々にとっても曖昧模糊としたままだった。一七九一年に、「人気とは何か[56]」という困難な問題を長大な記事によって論じたのが、革命期の日刊紙『愛国者たちの友』である。この定期刊行紙は、穏健な愛国主義者で三部会の議員であった弁護士によって執筆された。その記事の中で人気は、「民衆からの支持」であるとひとまず定義されているが、定義に用いられている表現の方が伝統的な政治の用語であり、「人気」の語よりも頻繁に用いられていた。人気を持っている人とは、民衆が最も贔屓にするような人であり、それはかつて存在していた王のご贔屓と並行関係にある。この比較において、民衆の趣味は否定的なニュアンスを帯びている。『愛国者たちの友』の記事は一貫して、人気を世論と対置している。人気の方は、過度の情念に、さらには意見の操作に基づいている。性急で移ろいやすい、集合的な熱狂が人気を支えているのである。それに対して世論の方は、「公衆からの評価」とも表現され、合理的で持続的な判断に基づいている。「世論は、多少なりとも熟慮の産物であるのが常である。人気が、熟慮から生まれることなど決してない。世論は時を経ることによって固まる。ほとんど例外なく、世論が歴史の評価になるのだ。それに対して、時間は人気を蝕む。死ぬまで人気を保つことのできた人間など、いまだかつていた試しがない」。

以上からわかるように、この二項対立は、文化的な領域における著名性と栄光という対比が、政治的な次元で反復されたものである。いずれにしても、人々の評価・意見のあり方が関わってくる。一方は、最大多数の人々の集合的な熱狂に立脚した評価・意見で、必然的に情念や恣意性も入り込んでくる。他方の評価・意見の様相は、「賢明な人々」の冷静な考察に支えられている。このような「賢明な人々」は「ほとんどつねに、自分の同時代人を後世の人々が判断するように判断する。なぜなら、彼らはつねに政局や陰謀と大きく距離をとっており、派手な事柄に目をくらまされることもなく、つねに自分自身で判断するからだ」。どの言葉をとってみても相変わらずそこに見出されるのは、急激かつ一時的に獲得される著名性が人々の判断を誤らせてしまうことに対する批判、そして、公衆の評価と後世の栄光を根拠づけるような、真の美質に対する賛美である。しかし、ここでも当惑を感じないわけにはいかない。同じ公衆にも、軽薄に著名人を支持する人々と、著名人の人間的な資質を冷静に判断する人々とがいる。これら二種類の公衆をいかにして区別することができるのだろうか。これが一つの疑問である。民衆による支持が恣意的で誤謬に満ちていて、君主による支持と同じくらい気まぐれであるのに、そのことと人民主権の原理、そして選挙投票の原理とはいかにして両立しうるのか。以上の問題に対して、『愛国者たちの友』の記事が提案する解決は、啓蒙主義的な楽観主義の古典的な発想に属する。すなわち、真の公共性が発達すれば、民衆もより正しい判断を下せるようになるに違いない、というのである。出版の自由が「民衆を啓蒙し」、真の公衆へと変化させるだろう。「もはや誤ってはいけない。人気の役割はいずれ変化する。買収された人々の拍手や、野卑な人々の声は徐々に影響力を失っていくだろう」。なんとも美しい楽観主義。しかし、これはもちろん幻想にすぎない。というのも、出版メディアの発展こそが、まさに著名性のメカニズムを支え、著名人に対する評価を多様化するのだから。日刊紙の読者たちが、集団的な熱狂に対して免疫を持っていることなどまずもってなかった。さらに、『愛国者たちの友』の記事を読んで、依然として理解しがたい難題がもう一つある。この記事によれば、人気は「取るに足らないもの、完全に無価値なもの」であって、国民から寄せられる愛でもなければ、まともな人々からの評価でもない。しかし、人気はどんな手段を使ってでも、たとえ最も不名誉な手段を用いてでも取得されるものであり、「他のすべての人間から軽蔑されても、人気を享受しようとする者がいる」という。ならば、人気を獲得することをかくも望む人間がいるのはどうしてだろうか。そして、人気が民主主義的な政府の最も強い原動力となっていることはどのようにして説明がつくのだろうか。道徳的な問題と政治的な問題、公衆からの評価と政治的人気、国家に仕える人の人間的資質と民衆の人気に支えられた人物の権力、記事の著者はこれらをはっきりと区別していない。とはいえ、著者を責めるのは酷だろう。実際、民主主義的な主権の理想と、民衆が何を支持するかという現実との間にある矛盾は、二百年前から政治思想家たちの当惑を絶えず誘ってきた問題なのだから。この矛盾に呼応しているのが、伝統的な政治思想の領域で「民衆」という概念が持ってきた両義性、つまりこの言葉が、「プレブス（plebs）」と「ポプルス（populus）」、身分の低い人々と人々全体とをともに表すということである。それは三部会から議会が作られた際、議会に名前を与えようとしたミラボー自身が浮き彫りにした矛盾でもある。しかしこの矛盾は本質的に、十九世紀のあらゆる政治思想が悩まされてきた、「大衆と国民」との間の解決しがたい緊張関係に由来している。「一方に、情念に駆られる卑俗な大衆、教養のない群衆、圧倒的な多数者がいる。そして他方に、主権の賢明な担い手、一般意志を冷静に形成する人々がいる」[57]。この二項対立は必ずしも社会的なものではなく、民衆をエリートに対置しているわけではない。むしろそれは、偏見と情念に凝り固まった、欲望する諸個人の存在という社会学的に肯定される現実と、民主政治の主権を担う合理的な主体という政治的理想とを対置するものなのだ。このように、民主政治の理論的枠組みの中で民衆について、つまり、民衆的なもの［民衆に支持されるもの］や人気について思考することは困難である。その難しさは今日でもなお、現在ポピュリズムという名前で通っているものが考察される際に、問題の本質を成している。

とはいえ、「人気」はそもそも、政治理論のカテゴリーとして構成されたものではない。人気は、メディアで行われる調査の対象となるもので、ある人物に対して集団が持つ愛着がその都度、どのように変化しているのかという目安になる（「人気指数」）が、おそらくはそれゆえにいかがわしいものとみなされる。世論の概念にはよく知られているような難題がつきまとうものの、政治哲学や政治社会学はこれを人気の概念よりも重視している。それはおそらく、世論の概念がそもそも民主主義を正当に価値づけるものとして構築されていて、さらに、政界で活躍する人間についてだけではなく、ある一つの集団が持つあらゆる意見・評価の総体と関係しているからだろう。政治に携わる人間が、自分の人物像によって周囲に感情的な熱狂を巻き起こす能力を有している場合、そこで呼び出されるのは「カリスマ」という概念である。「カリスマ」はマックス・ウェーバーが政治科学の用語として取り入れた概念で、伝統にも法的・行政的規則にも依拠しない、一種の権威を意味している。このカリスマは、もともと神学の領域で用いられていたときから、超自然的な意味合いを幾分か持っており、人間を服従させる説明不可能な霊的・魔術的な力のようなものだった。カリスマの概念は何よりもまず、独裁者もしくは革命の預言者たちに用いられるが、民主政とも決して無縁ではない。というのも、権力が具現化する際、そこにはリーダーの存在が前提とされている。これらのリーダーだけが持つ権威は、単に投票結果によって言祝がれているとか役職の特権を有しているということにとどまらない(58)。もっとも、政治的考察において、カリスマが人気に取って代わっていることは、無視していいようなことではない。カリスマは権力・権威に依って立っている。カリスマは、大衆を従えて歴史を作り出すような偉人を、新たに再解釈したものである。それはきわめて政治的で、真剣な話題に属する重要性を帯びている。人気とはより曖昧なものだ。人気の方はといえば、それによってもたらされるのは権威ではなく有名性である。人気は人々を従属させるような魅惑を意味しない。それはむしろ軽佻浮薄で、おそらくは束の間だけ生じるような親愛である。人気は評価の定まらない価値であって、何より力として脆弱であり、政治の世界と文化の世界ないし娯楽との中間にあるようなものなのだ。人気は権力を目指す際の支えとなるが、それによって人々を服従させられる保証はない。人気を持った人々がその著名性を生かせず、政治活動を長続きさせられなかった例がどれほどあることか。

　人気の本質は、著名性と同様、一過的であるという点にある。一七八九年の夏にかくも人気のあったネッケルは、フランス革命の展開についていくことができず、一年も経たないうちにパリを去った。この際の人々の反応は、完全なる無関心だった。ラ・ファイエットも同様な経験をする。革命の初期にきわめて人気のあった彼は、王と議会のどちらも選べず不運な選択を重ねるうちに、この人気という政治的資本を使い尽くしてしまう。その結果、一七九二年の夏には、ほとんどすべての人から嫌悪されるに至り、オーストリアに逃げることを余儀なくされる。オーストリアで彼を待っていたのは数年にわたる牢獄生活だった。一八二四年から二五年のアメリカ旅行の際、そして一八三〇年の七月革命の間に公衆の支持が再び得られるまで、ラ・ファイエットは四十年もの間待たなければならないのだ。(59)

それに対してミラボーは、生きている間に政治的人気の紆余曲折を経験する機会を持たなかった。彼は、人気絶頂だった一七九一年の四月に死去してしまった。彼の死は重要な出来事だったが、それは、政治における著名性が両義性を持っていることを示す貴重な見本であり、より現在に近い事例を思い起こさせずにはいないからだ。一七九一年三月にミラボーが病気であるという情報が公になると、好奇心と不安の混ざった感情がパリの人々を席巻した。「とてつもない規模の群衆が、毎日毎刻、彼の玄関の前に集まっていた」。そう語るスタール夫人の語り口にはしかし、ほとんど共感が感じられない。(60) カバニスとその他二人の医者が、患者ミラボーの健康状態の報告書を日に何度も作成して署名し、その報告書は印刷されて配布され、さらに日刊紙に掲載された。「初日から、ミラボーの病気は人々の関心の的になっていた。火曜日の夜にはすでに、人々が四方八方からミラボーの近況を知ろうと駆けつけていた……。水曜日には、ミラボーの死という人々が被りかねない損失について、複数の日刊紙が書き立てていた……。ミラボー宅の玄関は、あらゆる階級、あらゆる党派、あらゆる身分に属する無数の人々の一団に占拠されていた。街の通りはすでに人で埋め尽くされていた。公のいかなる場所でも、そこに集まる人々は、重大事とみなされて然るべきその病気のみを話題にした。ミラボーの病状についての報告書は一日に何度も更新されたが、万人の動揺を鎮めるには至らなかった(61)」。

ミラボー自身も、苛烈な痛みを伴う腹膜炎のひどい発作にとらわれながら、自分の人気に対して無関心ではなかった。彼は、通りから聞こえてくる「人々の立てる噂」を聞くために、窓を開けることを求めた。痙攣がおさまっている間、ミラボーは訪問客を愛想よく迎え入れ、人々の間で話題になるような、気の利いたことを言った。デュモンの記述はこう伝えている。「ミラボーは自分がすべての人の注意を引く存在であることを見てとっていた。そして、彼は絶えず語り、つねに国立劇場の高貴な役者のように振る舞った(62)」。この、つねにつきまとう演劇的でスペクタクル的な要素をはっきりと意識していたのがタレーラン［フランスの政治家、外交家（一七五四―一八三八）］である。彼は当時ミラボーと近い関係にあり、繊細な観察眼を持っていた。「ミラボーは自分の死を作劇した」。このように表現したタレーランは正鵠を射ている。病や死といった個人的な出来事さえ、ミラボーほどの有名人になれば見世物のネタになってしまう。彼に関するすべてのことが公になり、何から何まで演劇化される。もちろん、死にゆく者の最期は程度の差こそあれ、往々にして演劇的なものである。死に際してポーズをとってみせたのはミラボーが最初ではない。新しい点はどこにあったのか。それは、彼の死を見守ったのが、末期の言葉に信心深く耳を傾けにきた数人の親しい人間ではなく、国民全体だったということである。彼らが日刊紙に見出した最期の日々の記録は特に注目に値するものでもなく（そこには［死者の遺す］歴史的名言やドラマチックな回心の場面は見られない）、メディアの作り出す連載小説といった様相を帯びていた。『フランス愛国者』は毎日ミラボーの死に、そして彼の葬儀に、長大な記事を割いたが、それは「公衆がミラボーに関するすべてに並外れた関心を抱いている(63)」とわかっていたためである。

　四月二日、ミラボーの死が知れ渡ると、人々の感情は最高潮に達した。パリ県内では一週間の喪が宣告され、その間、芝居の上演が禁じられた。憲法制定議会はサント＝ジュヌヴィエーヴ教会を、著名人たちを列聖するパンテオンに作り変えることを決定した。パリの庶民的な地区では、自発的なセレモニーが企画されることもあった。サン＝マルセル界隈では、サン・ヴィクトール大隊の集会が行われて、四月三日以降、一週間の喪に服すことを決定した。また、ゴブラン地区の労働者たちは、ミラボーの喪に服して、一晩夜を明かすことにした。さらに、サン＝

ジュヌヴィエーヴの労働者たちは、教会の地下で儀式を執り行うことにした。彼らの言葉によれば、そうすることで「最も貧しい階級の人間」の「恩人」に賛美を捧げたいという思いを示そうとしたのである。[64]地方でも同様な現象が起こっていた。[65]パリではすぐにボーズが、ミラボーの立ち姿を描いた彼の新しい肖像版画の予約広告を掲載した。それも「フランスが失ったばかりの偉人の像を世界中に普及させる」ことが目的だというのである。

葬儀の光景は、当時の人々の想像力を刺激するものだった。なぜなら、葬列の順序があらかじめ決められていなかったからである。そのことが群衆に躊躇をもたらした。さまざまな隊列が自由に組まれ、やがて行き当たりばったりに合流した。『ジュルナル・ド・パリ』には人々の騒擾が描き出されている。「パリの人々が大挙して、サン＝テュスタッシュまで道の上をびっしりと埋めつくし、地上でも、家々の窓でも、屋根でも、木の上でも、皆で押し合いへし合いしている。死というものがこれほどの見物客を集め、かくも壮大でかくも陰鬱なスペクタクルを演じたことはいまだかつてなかった」。[66]重要なのは、ここでもまた、スペクタクルの語彙が日刊紙記者の文体に自然と入り込んでいることである。ミラボーの人生はいつも過剰と横溢に特徴づけられていて、つねに芝居がかっていた。彼が死んでも、その演劇性に変わりはない。ただ、葬列は政治的な意味、すなわち、革命の記念すべき日々という意味も担っていた。人々はこの悲劇的で暗鬱なスペクタクルを見て、同じ感性と時間性を分かち合った。そして、彼らにとって最も偉大な人間を失うことを通じて、自分たちが政治を担っている公衆だと実感したのである。[67]ミラボーの死は、人間の一生の短さと儚さを喚起するものだった。それは同時に、成果が実を結ぶかどうかわからないフランス革命の先行きに対する不安をかき立て、かけがえのない歴史の一瞬を共に生きようという人々の感情を強くしたのである。

ミラボーの死の知らせに際して、そして彼の葬儀の光景を見て、パリの人々は実際のところどのように感じていたのか。本当のことを言えば、それに関してはいろいろな見方ができるだろうし、よくわからない。ミシュレにならって、「悲痛はかくも大きく、すべての人々に共有されていた」[68]ゆえ、「ナポレオンの葬儀以前には、世界で最も規模が大きく、最も民衆が参加した盛大な葬儀」が行われたのだと言うべきだろうか。私たちの参照できる資料は何かというと、通りに集まる人々の様子を描き出す、日刊紙の記者やその他の同時代人による目撃譚である。当時、政界人の死がメディアによって盛んに伝えられた例は他にもあった。それらを通してわかるのは、事件が人々の間にどんな感情をかき立てているのかを、ニュースが話題になっている最中に描き出している記事は、必ずしも文字通りにとるべきではないということだ。しかし同時に、そのような記事はいかなる性質を持っているのかということを踏まえて理解されなければならない。それらはつまり、事件を自らの作用によって生産し、それが「歴史的な」重要性を持っていることを人々に信じさせ、事件を描きながら事件そのものを作り出してしまうような言説なのである。[69]出来事が民衆の間に生じる反応を、それが明らかになる前から描き出すことによって、出来事を作り出す。メディアがこのような作用を及ぼすことは、今日、スペクタクル社会の一つの特徴であると捉えられている。

さらに印象的なのは、このような兆候がミラボーの死とともに現れているということだ。

もっとも、当時の証言を批判的に読むことばかりを強調するべきではない。すべてが指し示しているのは、ミラボーの死という事件に対して［当時の人々が］関係を結ぶ際にとった、異なる二つの方法が重なり合っているということである。一つは、好奇心と感情で動く人々の往々にして自然発生的な事件への関わり方であり、彼らはまさに今、次々と事件を生み出しながら展開している歴史の、記念すべき新たな一日を生きているという意識を持っている。もう一つは、数多くの新聞記者や広告業者の事件への関わり方であり、彼らは最も人気のある政治家ミラボーの死を利用して自らの利益を追求し、本や日刊紙を売って、自分たちが革命を解釈する特権的な役割を担っていることを人々に認めさせようとする。どちらの人々も、今という時間を感じていることを同様に表明している点で、結局は同じ立場に立っている。この感覚によって、公衆は、自分たちと直接関わっている途方もない出来事に参加しているという意識を抱く。人々はこの出来事の役者であると同時に観衆なのである。ただし、よく見ると、ミラボーの死を物語る数多の記事に主に用いられているのは感動や一体性に関する語彙以上に、むしろ好奇心や見世物にまつわる語彙である。一七九一年春の時点で、ミラボーの政治的功績に対する評価はフランス人たちの間で分かれていた。しかし、少なくとも、ミラボーの運命がきわめて興味深いものであると考えている点では、当時の人々は全員一致していたのである。ミラボーの葬列に加わったパリの住人たちだけが、この著名人の死に関心を寄せていたわけではない。そのことは、田舎で安価に出回り、しばしば集団的に読まれていた日刊紙『ラ・フユ・ヴィラジョワ』の記事を読めばわかる。「田舎の住人たちは、ミラボー氏のことをよく耳にしていた。そのため、田舎の人々がミラボー氏の臨終に関する詳細を知りたいと思うのも当然である。我々は、このきわめて正当な好奇心を満たそうと思う[70]」。出版メディアはこのような好奇心を然るべきものとして煽り、一七八九年の夏の間に無数の定期刊行物が発行されるようになって以来、自らのものとなった役割を演じた。その役割とは、さまざまな事件を継続的に報じ、読者に〝今〟という時と関係しているという感情、つまり、革命という政治的な事件が今まさに起こっているという感情を与えることである。こういった感情は、パリで起こる諸々の出来事に直接加わることができない人にも与えられるものだった[71]。

政治的な象徴の死についての研究が、半世紀前から依拠しているのは、王の二つの身体の理論である。エルンスト・カントロヴィチがこの理論を提示し、さらにラルフ・ギージーがそれを取り上げて発展させた。それによれば、中世の法学者たちが、物質的な身体とは切り離された、君主の永遠の身体という虚構を作り出したとされている[72]。しかし、ミラボーは王ではないし、誰も彼に永遠の身体を与えようと考えたわけではない。さらに言えば、ミラボーの死は政治的な儀礼の対象でもなかった。政治的な儀礼は、王族の葬儀のように、政治体のイデオロギーが何らかの形で反映されるものである。ミラボーの死によって生み出されたのはむしろ、不確定で場当たり的にことが進むような時期だった。その間、議会は民衆の期待と自身の利益との間で揺れ動いていた。二年後のマラーの死と違い、ミラボーの死は恐怖も復讐心も呼び起こさなかった。それによってかき立てられたのはどちらかというと、群衆が自分自身のために作り出した即興的なスペクタクルを前にしての、感動と好奇心が入り混じった感情だった。[73] このことを理解していたミシュレは、ミラボーの葬儀を物語る際、過剰に劇的な演出を施した。「揺れる松明の灯り」の描写が想像力に訴える「不吉な予兆」。これらを印象的に表現しながら、ミシュレは以下のように記述している。「通りも、目抜き通りも、窓辺も、屋根も、木々も、見物人で一杯だった」。ミラボーの人生は人々の眼前で行われる見世物であり、葬儀はその最後の一幕だった。民衆はこのスペクタクルの観客であり、ミラボーの死以降は主演俳優の役割も果たすようになる。

葬送の列は、政治と演劇が相互に浸透していることを裏づけるような、別の見世物によって引き継がれた。四月十一日以降、オランプ・ド・グージュ〔フランスの女性運動家、作家（一七四八-九三）。革命において女性の政治的権利が考慮されていないことを告発した『女権宣言』が反響を呼んだ〕はイタリア人劇団の劇場で、『シャンゼリゼのミラボー』を上演させる。さらに、同劇団は『ミラボーの亡霊』を上演する。フェドー通りの劇場では、『死の床にあるミラボー』を見にきた観客たちが拍手喝采した。[74] 民衆の代弁者ミラボーの死は同時に、無数の出版物を生み出した。そのことによって確かめられるのは、彼がいかに人気があったにせよ、到底万人の支持を集めていたとは言えないということである。ミラボーに敵対する人々は彼に対する攻撃をやめなかった。マラーは、ミラボーが革命を裏切ったと非難して、民衆に「その最も恐ろしい敵」の死を歓喜するようにと促す、激しい敵意を感じさせる記事を『民衆の友』に執筆した。[75]『ミラボーの乱行と遺言』と題されたパンフレットが出版されると、彼の死は性病によるものであり、その大もとには彼の行き過ぎた放蕩があったという噂が広まった。金儲けの機会を嗅ぎ取った出版業者は、記事、論考、ミラボーの名誉をたたえた詩など、彼の死にまつわるあらゆる文章を集めて出版した。三十スーで売られたこの文集の独自な点は、ミラボーに敵対する人々が書いたものも掲載することによって、彼の評判が毀誉褒貶、さまざまであることを明らかにしている点である。[76]

ミラボーの死の直後に出された多数の出版物のうち、特に二つのものが注目に値する。というのも、それらを通して、ミラボーの政治的人気が、著名性の文化に由来する多数の要素で構成されていることが見えてくるからだ。

一つ目は、主治医のカバニスによって出版された彼の病の記録で、ゆえにミラボーの死と直接関係している出版物であるということになる。カバニスはその頃まだ三十四歳で、執政政府・帝政時代の医学界と哲学界で実現することになる輝かしい未来の片鱗を現しつつあった。カバニスはエルヴェシウス夫人のサロンでミラボーと出会っていた。ミラボーが病気の間、彼と友情で結ばれていたカバニスは献身的に看護した。ミラボーの死から数週間後、カバニスが出版した『ミラボーの病と死についての日誌』は、ミラボーが死に至るまでの最後の数週間の正確で詳細な記述だった。当時、カバニスが偉人ミラボーを治療できなかったことを批判する者がいた。さらには毒殺を疑う者までいて、人々の目の前で死体解剖の儀式を仰々しく執り行うことが必要になったくらいである。これに対して、当然、カバニスは何よりもまず自分自身を擁護しようとする。[77] しかし、このような自己弁護の要素は、「彼の著作の中で」決してはっきりと見えない。自己弁護以上に前面に出てくるのは、人々の好奇心に対して答え、彼が急いで執筆した報告書を、一貫して深みのあるものに見えるようにしたいという意図である。その結果、驚くほど正確な記録が仕上がった。カバニスの記述は、ミラボーが病んでいた結腸のどんな詳細も、余すところなく読者に伝えている。そして、ミラボーに施された治療に関する一日ごとの、あるいはほとんど時間ごとの描写がなされている。文章の書かれ方は医学的で、時に専門的な用語が用いられるが、感情の表出がうかがわれる時もある。その例は、カバニスがミラボーに対する「情熱的な崇拝」を告白する際、そして、「大いなる不幸に続く崇高な場面に魂を揺さぶられたまま」、「あまりにも酷な物語」を記述しなければいけない時に彼が襲われた感情を告白する際に見られる。このようにして、政界人ミラボーの最期の時が、つまり、彼の末期の秘められた様子が一人の特権的な証人の視線を通して公衆に伝えられたのである。この証人は、ミラボーの医者であり、友人であり、これ以降は伝記作家でもある。ここで、私たちの前に再び姿を現したのは証言という装置である。有名人の伝記的記述の新たな形態において、それが担っていた重要性については先に見た通りだ。別の状況であれば無遠慮で慎みなく思われることと「末期の様子の証言」も、友情によって捧げられる賛辞となり、ミラボーが公に知られる人物であることによって正当化される。ミラボーの人生は「人から与えられる評価という舞台の上を」[78]走り抜けていったのだ。彼の末期さえ、ほとんど公に共有されたものであって、ゆえにその死は私的な出来事ではありえなかった。

数ヶ月の後、もう一つの著作が出版されたことで巻き起こったのは、まさに醜聞だった。パリ行政区の検事であったピエール・マニュエルは、バスティーユで発見された警察文書の編纂によってすでに著名人となっていた。そのマニュエルが、ミラボーがヴァンセンヌの牢獄に幽閉されていた際にソフィー・ド・モニエに宛てて書いた手紙を出版したのである。[79]これらの情熱的な手紙は、雄弁家ミラボーが政治的活動を始める前の、恋愛事情を垣間見させるものだった。つまり、マニュエルはミラボーの私生活に対する人々の好奇心に望みをかけたのであり、彼は書簡集にことさら仰々しい「序文」を付している。「ミラボーの評判」を守ると称しつつ、マニュエルはすぐに彼の恋愛遍歴や性遍歴の考察に入る。民衆の代弁者ミラボーを彼はわざわざファーストネームで呼ぶことで、読者がこのような書物に期待するミラボーへの近しさをよりよく表現しようとした。「これらの秘密を私は誰に教わったのか。読者よ、もしあなたがガブリエルの手紙を読んで、私のように秘密を見抜けないとしたら嘆かわしいことだ」。この出版物が人々を惹きつける力を持っていたのは、ひとえに、著者が「革命の救世主」と呼ぶ男の最もプライベートな秘密を明かしていた点にある。入念に隠された秘密に触れているという幻想をさらに読者に与えるために、マニュエルはミラボーと愛人が手紙を暗号化するのに使っていた符号の意味について明らかにした書物を出版した。[80]

ミラボーの家族はこういった出版物に抗議して、印刷業者や書籍商が保管する手稿やゲラを夜間に取り押さえさせようとしたが、努力は無駄に終わる。これに対して出版業者は法廷のみならず、出版物の中でも反撃した。「ガブリエルの手紙」は「パンテオンの扉を開く存在を讃える」ものであり、それを所有し、世に公表することは正当なことだというのが書籍商の言い分であった。マニュエルは、司教区の集会所で行った演説の中で、公衆にとっての透明性という理想を掲げ（「共用の建築はガラスで作られている必要があるだろう」）、公共性［公にすること］という革命の原理を躊躇なく用いる。そうすることによって、著名人の秘められた生活に対する公衆の好奇心を資源とする、商業的な企図に役立てようとするのである。「民衆よ、何事も公にし、警戒心を忘れないことだ！　そうすることであなたの自由は守られる」[81]。一七九二年の一月、裁判所の決定を待たずに、マニュエルは書簡集を出版する。この本は非常に売れたが、一部の出版メディアからは批判を受けた。たとえば『アフィッシュ』誌は、マニュエル自身が「往々にして想像の産物でつねに儚いものである著名性」を得るために、ミラボーの有名性を利用したと非難している[82]。

偉大な雄弁家ミラボーの葬儀が華々しく営まれることと、彼の恋愛事情が多少なりとも明からさまに暴露されることとは、一見するとかけ離れた事象であるように見える。そういった印象がどうしても拭いがたいのは、歴史記述がこれまで伝統的に行ってきた分業のせいである。一方に政治史があって、革命の輝かしい日々が語られる。もう一方には文化史があり、その関心は周縁的な著作や、文学的にも政治的にも価値のないパンフレットに向けられる。しかし、たとえ革命のような重大な局面においても、社会を結びつける力は決して一方向的なものではない。ミラボーの人気は、彼が議会で手にした政治的影響力だけではなく、その毀誉褒貶を伴う人物像と波瀾万丈な人生とがかき立てる、熱狂的な好奇心によっても支えられていたのだ。ミラボーは政治的な英雄であるとともに役者でもあった。

急遽決められたミラボーのパンテオンへの列聖が失敗に終わったのは、おそらくこのせいである。この列聖が行われた要因の一つは、ミラボーの類を見ない人気であり、彼の死がもたらした動揺であり、困難の重なっていた時期にフランス革命が自らを記念する必要だった。パンテオンへの列聖を支えている論理は、偉人、つまり十八世紀後半に重要性を持つようになった英雄の新しい形態の理念から導かれる。しかも、ミラボーの後にパンテオンに列聖されたのはヴォルテールである。ただし、喪失感に人心がとらわれていたため、エクスの代表議員ミラボーに栄誉を与える決定がされた際、より公平で冷静な判断を下すことには時間が割かれなかった。当時の人々は、革命下で政治的な状況がどれほど早く変化するのかということに思いが及ばないまま、本来後世の人々が果たすべき役割を自ら演じてしまったのだ。ミラボーの死から一年半後、彼が国王ルイ十六世と秘密裡に交わした書簡が発見されると破滅的な状況になった。まさか、英雄が裏切り者だったとは！　サンキュロットたちによって、ミラボーの胸像がグレーヴの広場で絞首刑にされた。一方、十二月二十四日に、議会ではミラボーの記憶に対する告発が提案されたが、それを呼びかけたのはほかならぬマニュエルその人だった。それから約一年が過ぎて、「美徳なくして偉人なし」という原理のもと、議会はパンテオンからミラボーの遺体を引きずり出させた。代わりにそこに入れられることになったのが、数週間前に死去していたマラーだった。(83)短い間だけしか続かない政治的な著名性・人気は、偉人にこそふさわしい長期の栄光とは別物なのである。

ミラボーの生前から、その影響力は他の議員たちをいらだたせていた。彼らはミラボーがあまりに特権的な地位につくこと、とりわけ大臣になることを防ぐためにあらゆる手段を講じた。ミラボーの死後、その秘密が暴露された結果、革命派の人々は一個人が過剰な人気を持つことに対してさらに警戒するようになった。カエサル的な独裁制への強迫観念や「個人崇拝」の危険と結びつくような、明からさまな野心に対する警戒。これに革命の政治文化は支配されており、その特徴があらためて浮き彫りになったのが、ロベスピエール派の「独裁」が告発されたテルミドールのクーデターの時だった。(84)革命期に英雄として崇拝される傾向にあったのは、バスティーユの制圧者たちやシャトーヴューのスイス人連隊といった複数人からなる英雄だった。また、自由の殉教者（ル・プルティエ、マラー、シャリエ）、つまり死者たちも同様に好まれたし、できることなら無名な存在であると好都合だった。たとえば、革命暦二年に犠牲となって亡くなったバラとヴィアラという子供たちを英雄視する計画を、公安委員会は積極的に進めた。革命の指導者たち自身も、自らが著名になることを用心した。ロベスピエールは、彼自身や、なきに等しい彼の私生活を人目に晒して見世物にする趣味を持たなかった。彼は著名性という原動力に頼らず、また、真実は推し量りがたいもののおそらくは本当の意味での人気も享受せずに、観念の上で影響力を持とうとした。彼はこの態度を誇りにしていたし、また、政治的な問題として、「人気」を追求することは個人的な野心に資する危険な手段であると非難していたのである。ロベスピエールは、自分こそが真の革命家を体現していると考えていた。真の革命家は民衆におもねったり、嘘をついたりすることを拒否するゆえに、人気者であることを放棄するのである。

おそらくマラーだけが、真の人気、そしてミラボーよりもさらに両義的な人気を享受した。その人気は、彼の記者としての活動や、被抑圧者たちの熱心な擁護者という彼のイメージから生じている。また、『民衆の友』のおかげで、彼は革命期の公共圏のいたるところに姿を現していたし、議論を過激化する鋭敏な感覚を持ち、身体的な特徴を帯びてもいた。こういったことから、マラーは一目見れば誰もが本人とわかる有名人になったのである。そのような有名人に対して好悪の感情を持つのはたやすい。彼の死は、著名性の転移という興味深い状況を生み出した。よく知られているように、マラーはダヴィッド〔フランスの新古典主義の画家（一七四八－一八二五）。ジャコバン党員の画家として、マラーやルペルティエを描いた〕の尽力により英雄として祭り上げられたが、最終的にはほとんど失敗に終わってしまう。これに対して、完全に無名の存在だったシャルロット・コルデー〔フランスの女性（一七六八－九三）。マラーの暗殺者。ピエール・コルネイユの子孫〕は一夜のうちに著名な存在となる。彼女の所業は瞬く間に出版メディアで取り上げられ、その肖像画は広く出回った。彼女の記事は早々に、政治欄から娯楽欄に移る。一七九三年九月に行われたコルデーの公判の様子は詳細に報じられ、彼女の落ち着き、佇まい、美貌が人々を惹きつけた。彼女の肖像画がいくつも版を重ね、マラーを描いていたのと同じ版画家たちが、今度は彼を殺した女を描くようになったのだ。数週間前まで完全に無名の存在だったシャルロット・コルデーは、正真正銘の著名性を手に入れようとしていた。それは、アンシャン・レジーム期の著名な犯罪者と革命期の英雄とが一体化を果たした奇特な例である。(85)

## 偉人としての大統領――ジョージ・ワシントン

フランスの革命家たちは政治における著名性の効果を信じておらず、政治的権力が一人の人間によって体現されることには非常な慎重さを見せていた。それとは逆に、大西洋の向こう側では若い共和国であるアメリカが、ジョージ・ワシントンという人物をめぐって真の神格化を実現しようとしていた。今日ではワシントン、ジェファーソン、フランクリンという一連の名前に、アダムズとハミルトンを加えて「建国の父」と呼び慣わし、まとめて称賛の意を表しているが、歴史家たちがこれまでも十分に示してきたように、十八世紀末におけるワシントンの威光は、独立戦争の他の立役者たちのそれとは比べ物にならないくらい大きかった。それは一見したところ、つい明白な事実だと信じたくなる。独立戦争の英雄が、アメリカ合衆国で最も著名な人物になることほど自明のことがあるだろうか。だが現実には、なぜワシントンが独立のための戦いを、さらにはアメリカ合衆国という国家の存続を体現することができたのかは、いまだに謎に包まれている。彼がそのような存在になるよう運命づけられる理由は何もなかった。教育程度も十人並みで、まずまずの知性を備えているが突出しているわけでもなく、軍事的に見てもすぐれた戦略家というわけではなかった。フランス人とネイティヴ・アメリカンの連合軍を敵に回しての七年戦争における功績によっても、ワシントンは夢見ていたイギリス正規軍における職を得ることさえできなかった。独立戦争の際にも、初期の戦闘におけるプリンストンでの作戦の限定的な成功以上に、主要な勝利が彼の功績に数えられることはなかったのである。ところが名士であるとはいえ、カリスマ性も天賦の才も備えていないこの人物が、存命中から目を見張るばかりの英雄化の対象になったのである。[86] ヴァージニアのプランテーション農場主で植民地の義勇兵であったワシントンが、四十歳にしてアメリカを象徴する存在となり、さらには世界的な著名人になるまでの行程をたどるならば、政治における人気のもう一つの形態を明るみに出すことができるだろう。ワシントンにはミラボー風の劇場的な演説家や、政治的扇動家の要素はまったくなかった。彼の並外れた知名度は、軍事上の栄光や、巧みに演出された私利私欲のない政治的態度、そしてとりわけ新しい国家が必要としていた時代を象徴する英雄的な人物像を体現できた能力によるものであった。だがワシントンの政治的威光は、確かに公的生活と私生活との区別を頑なに維持しているなど伝統的な側面を持っていたものの、それは政治的公共性の新しい原動力を完全に免れていたわけではなかった。ワシントンの名声は複合的な形態のものであって、それは栄光と著名性の両方の性質を備えていたが、彼はそれをずっと、この時代の人々にとって中心的な価値である声望《フェイム》の枠内に閉じ込めておこうとしたのであった。この声望とは、名誉や評判や人望に関連する語彙に属するものであり、死後の栄光や偉人に与えられる賛辞などの主題にも関わるものであった。

ワシントンが一七七五年に大陸軍の総司令官に任命されるとすぐに、愛国的運動の推進者たちは一丸となり、蜂起軍の大義名分に誰もが合意できる象徴的な人物像を付与する目的で、彼の名前とイメージをめぐる集中的な広告キャンペーンを展開した。数々の町や州が彼の名前を冠し、彼の肖像画はあらゆる種類の支持体を通しておびただしく流通し、新聞は彼のささいな行動をも、あたかも前代未聞の功績であるかのように熱心に書き立てた。「閣下」を称えるためのさまざまな祭典が催され、毎年のワシントンの誕生日には公的なパレードが行われた。この時代の特徴として、イメージ戦略がこのキャンペーンのために使われた。大陸会議の議長であるジョン・ハンコック〔アメリカの政治家（一七三七–九三）。独立宣言の最初の署名者で大陸会議議長などを歴任〕は、一七七六年にチャールズ・ウィルソン・ピール〔アメリカの画家（一七四一–一八二七）。独立時代の著名人の肖像画を多く描いた〕によって描かれた肖像画の出資者となったが、この絵画はそれに続いて独立戦争の間を通じて飽くことなく複製され続け、ついにはアメリカ独立革命の最も有名なイメージの一つとなった。ハンコックをはじめとする愛国的リーダーたちは、独立への闘いが、政治権力を力強く体現する人物に象徴される国家への政治的忠誠という伝統的枠組みの中に位置づけられるためには、国王の代わりとなる人物像が必要であることを最初の段階から意識していた。ジョージ三世からジョージ・ワシントンへという、君主制から共和制への移行は、人々が総司令官である彼の呼称として使い始めた「建国の父（father of the country）」という、父性的で守護者的な人物像のわかりやすい形態をまとったのであった。

ワシントンが体を張って勇敢さを明らかに示した一七七六年十二月のトレントンとプリンストンの戦いののち、彼の理想化にはもはや歯止めがかからなくなった。たとえ大多数の歴史家たちが本来の意味での彼の軍事的才能に対して懐疑的であったとしても、同時代の人々は彼の中に真の英雄を見出したのである。『ヴァージニア・ガゼット』紙は、まだ彼の軍事的功績がささやかなものであった一七七七年頃から、彼のことを「これまで世界に存在した最も偉大な将軍の一人」と書いている(87)。彼の軍事的功績、さらには最終的な勝利以上に、植民地の人民の間でワシントンの威光を永続的に保障したものは、戦いが悲観視されていた一七七八年の冬にも軍隊を奮起させ続けた彼のやり方だったのである。戦況が絶望的に思われ、もはや大陸軍がろくに訓練も受けておらず、ぼろぼろの服を着て病気で多くの命を落とした敗残兵の哀れな集まりでしかなくなって、退却しながらもどうにかこうにかペンシルヴェニア州南部のヴァレー・フォージまで戦ってきた中で、ワシントンは戦いを放棄することを断固として拒否し、抵抗と組織の精神を揺るがずに体現していた。彼は勝利が完全に不可能であると思われたときでさえも、決して勝利を疑わなかったのである(88)。それから数年後、チェサピークでの勝利がアメリカ独立軍の勝利を確実なものとしたときも、この最初の絶望的な数年間のことを忘れている者は誰もいなかった。ワシントンこそは、ぼろぼろの靴を履き装備もお粗末な素人の兵隊たちを率いて、世界最強の軍隊を敵に回し、最後にはその敵に思いもかけない大敗を舐めさせたあの将軍だったのである。

彼の軍人としてのオーラ以上に同時代の人々を驚かせたのは、平和協定が結ばれてから市民生活に戻った彼の姿であった。古典的教養に培われた十八世紀の人々にとっては、軍の指導者の個人的権力は共和国にとっての脅威となるものであった。カエサルやクロムウェルの運命を拒否して、キンキナトゥス［共和政ローマの伝説的軍人。ローマの危機に際して二度独裁官の地位につくが、戦いが終わると身分を返上して農耕生活に戻ったという］の神話に再び命を吹き込んだワシントンは、世間の目から見れば二重の勝利を収めた人物だった。すなわち、人間の本性と歴史に対する勝利である。こうした決断は、戦争中も常に議会に対して忠実であった彼の態度と首尾一貫したものであった。だが、こうした彼の決断が巧妙に演出されていたこともまた事実である。とくに大々的に報じられた一七八三年十二月の軍最高司令官辞任の儀式の際はそうであった。この権力の放棄は同時代の人々を驚かせたが、これによってワシントンは無私無欲の英雄という新しい地平を獲得することができた。戦争の勝利者が、今や愛国的美徳の体現者となったのである。それは勇気と節度との完璧な錬金術であった[89]。

ワシントンは一七八七年には議会への参加を受諾し、やがてアメリカ合衆国の初代大統領になったが、こうした彼の政界入りは、公益の義務のために私生活を何のためらいもなく犠牲にする人物という彼のイメージをますます高めることになった。それは、彼が軍事的使命を達成するとたちまちマウント・ヴァーノンの農園に戻ったときと同様であった。ワシントンがこれほどまでに共和制の英雄という人物像を体現することができたのは、彼が十八世紀末アメリカ文化の二つの最も重要な価値の間で、完璧なバランスを保っていたからである。その二つの価値とは、一つには古代ローマ共和政の見本に倣って公益への献身を極度に重視することであり、もう一つは権力に対する不信感であって、貴族的エートスとしてのピューリタンの文化は、土地を耕す農民の穏やかな生活をこうした権力に対置させたのであった。政治活動は決して野心を連想させず、つねに自己犠牲と結びつけられるという条件において、すぐれた価値とみなされるのである。平穏さへの希求を巧みに演出する「控えめな英雄」という政治的美徳の考え方に、ワシントンは一心同体化したのであった。

ヨーロッパ、とりわけフランスから見れば、アメリカの将軍ワシントンは、啓蒙思想の作家たちによって培われた偉人の理想に完璧に応える存在であるように見えた。フランスではワシントンの名声はフランクリンのそれの陰に隠れていたものの、独立戦争の頃から彼は称賛を巻き起こしていた。一七七八年には、おそらくはヴォルテールの要望によって、パリで彼の名誉を称えるメダルが刻印された[90]。しかし、当時のヨーロッパにはワシントンのいかなる肖像画も出回っていなかったために、メダルに刻印されたのはまったくの空想による肖像だったのである。著名性の大西洋を越えての流通はこのような状態であった。すなわち、彼の名前と戦争における功績が、肖像よりも早く伝わったのである。独立戦争のあと、ワシントンの名声は知識階級の範囲を越えて拡大した。一七八一年十二月、ヨークタウンの戦いの二ヶ月後には、パレ＝ロワイヤルの砂糖菓子屋であるデュヴァル氏が「ワシントン飴」なるものを売り出した[91]。それに続いて、独立戦争のフランス人目撃者たちによる物語の出版がワシントンという人物の人気を高めるのに役立った[92]。たとえばロシャンボーの軍隊付き司祭であったロバン神父は、一七八二年に『ロシャンボー伯爵隊の遠征』を出版したが、そこには軍事的にも人格的にもあらゆる長所を備えているとされるワシントンについての熱烈なる描写が含まれていた。ロバンのやや素朴な称賛は神父が将軍と直接会見したときの印象に基づいていた。「私は史上最大の革命の魂であり支柱でもあるワシントンに会った。私は偉人を目にした人が誰しもそうなるように、彼をじっと凝視したのであった[93]」。だがロバンが証言しているのは、ワシントンの偉大さと自分が彼に会った経験ばかりではなかった。彼はまた、新世界の英雄が引き起こす、民衆のほとんど偶像的な崇拝をも描写している。「これら全ての土地において、彼の姿は慈悲深い神のそれであった。老人たち、女たち、子どもたちの誰もが彼の行く先々に同じような熱心さで駆けつけ、彼に会ったことを心から喜ぶのであった。街々では皆が松明をかざして彼に付き従い、彼の到着は町を挙げての照明とともに祝われた。混乱の最中にあってさえも、秩序立った理性の衝動にしか決して従わなかった冷静な国民であるアメリカ人が、彼に対しては活気にあふれた様子で熱狂的に騒いだ。アメリカ人が感情のおもむくままに最初に作った歌は、ワシントンを祝うために作られた歌であった[94]」。こうした絶賛に満ちた証言は絶えず増大し続けていった。この頃から、新世界の偉人を訪問することは、アメリカ旅行を企てるヨーロッパ人にとっては重大な出来事となった。ブリソもまたその欲求に従い三日間をマウント・ヴァーノンのワシントンの農園で過ごし、「有名な将軍」が謙虚で無私無欲の「良き農夫」に転向したことを称賛しながら描写している[95]。フランス革命の間、彼は市民兵というテーマに実体を与えるために、しばしばこの政治的・愛国的神話を引き合いに出していた。一七九七年にはフォンターヌが、フランス共和政の指導者たちはワシントンを手本にすべきだとする論説を発表している。

ワシントンがアメリカだけではなくヨーロッパでもこうしたオーラに恵まれていたのは、公的義務のために私生活を犠牲にすることを嫌々ながら受け入れた謙虚な英雄というイメージを、自らに付与することに成功したからであった。また、ワシントンが自らの公的イメージにほとんどマニアックなまでに重きを置くあまり、何らかの決定を下す前にそれが自分の評判に及ぼす結果をいちいち気にするほどだったと知って、彼の書簡集の編者たちは少なくとも狼狽せずにはいられなかったという。それほどの自尊心の強さは、近代のキンキナトゥスの神話とは相容れないものだったのである。この偉人の銅像を台座から引きずり降ろし、世間の認知と栄光に飢えた野心的な人間というワシントンのイメージを今後広めていくことを望んでいる伝記作家たちにとっては、これ以上のことを望む必要はなかった。権力という目的により一層近づくために無私無欲という喜劇を演じ続けた狡猾な政治家の姿をワシントンに見出そうとしたジョン・ファーリング［アメリカの歴史家（一九四〇–）。『ジョージ・ワシントンの立身出世』（二〇〇九）などの伝記を著した］の表現によれば、初代大統領は「栄光に狂った（mad for glory）」人間だったという。[96]

このような解釈は、あまりにも一様に称賛を受ける人物に対して影の部分を取り戻すという利点はあるが、それは野心についてのアナクロニズム的な見方に拠っている。そうした解釈は、政治的人気は道具にすぎないという考え方をワシントンに投影するものだが、ワシントン自身はそのような考えを持っていなかった。彼にとってとりわけ重要だったのは自らの評判であり、同輩たちからどのように見られ、考えられていたかということだったのである。そういう意味で、彼はイギリス貴族の生活様式と価値観を取り入れた、富裕層の入植者であるヴァージニア植民地のエリートの立派な代表者であった。ワシントンはかなり早い段階から紳士を紳士たらしめる礼節の作法を体得しており、それらの作法を、一生の間ずっと完璧な頑固さで尊重し続けた。時には尊大で、つねに変わらず冷淡な語り口や、控え目さと礼儀正しさとの混合は、同時代の人たちをひどく当惑させたが、それも何よりも前に自己制御の賜物であり、ワシントンは社会的地位を獲得するために闘わねばならなかったゆえに、なお一層それが強力なものとなったのであった。[97] ワシントンは早い頃から、ヴァージニア植民地のエリートたちのただ中にあって、同じ階級の人々の社会的評価を確実なものとする必要性を理解していたと同時に、軍人としての評判が不安定なものであることも心得ていた。彼がその評判を危うくしたのは七年戦争の最中のことであり、この時フランス人将校ジュモンヴィユ［フランス領カナダ出身の将校（一七一八–五四）。フレンチ・インディアン戦争（七年戦争）でワシントンの軍に敗れて殺された］を死に至らしめたとして非難を浴びたのである。これ以降ずっと、彼は自分の評判を保つことに執念深いほどに気を配ったのであった。

独立戦争が起こると、絶大なる名声のためもあって、ワシントンの評判に対する執着はかつてないほど大きくなり、ややもすれば怖ろしいほどのものになった。著名人となったワシントンは、さまざまな噂から地元での彼の地位を守らねばならないばかりでなく、今や名前でしか彼を知らないすべての人が彼に対して抱く考えも注意深く制御しなければならなくなったのである。この頃起こり始めていた彼に対する過度の称賛も、彼が自ら求めたものでもなければ、本当にそれを喜んでいたのでもない様子である。それとは逆に、ワシントンは自分の公的イメージや、歴史に残そうとしている足跡を保護することに、非常に気を配るようになった。これこそがまさに「声望（fame）」という語の意味するところである。それは、偉人に約束された死後の栄光を予想させるほどに広範で人々の合意に基づくものでありながら、誤った決断、悪口、噂、誹謗中傷や、戦争での敗北や不適切な言葉に左右されるがゆえに、きわめて不安定な公的評価なのだ。おそらくはそこからワシントンの公的な性格の最も特徴的な性質が出てくる。すなわち慎重さ、自制心、冷静さ、自己コントロールである。歴史的人物たちの中には激しい演説や、雄弁さや、彼らを突き動かす情熱からカリスマ性を引き出している人々もいるが、ワシントンは自ら進んで「寡黙」な人物に見せようとしており、沈黙を守るのが不可能なときには曖昧な返事で逃げようとした。[98] 最後に、こうしたことから重要な決断を下す際に彼が見せるためらいが生まれてくることになる。これは私の評判にいかなる影響を及ぼすだろうか、と彼は心配そうに友人たちに尋ねるのだ。新世界の英雄となったのちも、ワシントンはエリートの伝統的ハビトゥスによって形作られ続けた。そこでは個人の社会的価値は、その時代の人々が彼に対して与える評価によって測られるのである。

別の言い方をしよう。ワシントンは名誉を重んじる人物であった。彼の目には、人から名誉ある人物と見られることが最も重要なのであり、それは自分が属している社会集団の価値観に、自ら適応することを意味した。その点では彼は決して革命家などではなかったし、彼の世論との関係はミラボーやウィクルスのそれとはまさに正反対だったのである。彼はスキャンダルを嫌悪した。名誉が顕著な役割を果たす社会で育ったすべての人間がそうであるように、ワシントンは社会的評価というものが自然に与えられる現象ではないことや、適切に行動し、可能な限り他人が自分に対して抱くイメージを制御することが紳士の義務であると完全に心得ていた。ワシントンにとっては、それは自らの軍人としての評判を守り、総司令官としての歴史的役割の評価を高めることを意味したのである。独立戦争終結の六ヶ月前には、闘いの行方が未だ定まらず、アメリカ軍司令部が財政難に苦しんでいたにもかかわらず、彼は議会を通して自らの軍事関連書簡をすべて書き写させるための秘書団を任命させた。こうして二十八巻の書簡集が編纂され、マウント・ヴァーノンに送られたのであった。[99] 彼が軍を離れて民間人の生活に戻って数ヶ月後には、元副官であったデヴィッド・ハンフリーズがワシントンに回想録を書くように勧めたが、彼は自分にはその才能もないし謙虚さを欠くという非難にさらされたくないからと言って、これを断った。[100] その翌年にハンフリーズは再び同じ要求を繰り返し、何なら自分がその回想録を書こうとまで言い出した。その間にもパリに長期滞在し、ワシントンの栄光を称える詩を書いて、数多くのワシントンの崇拝者に会っては、これらの人々から偉人の伝記を書くように懇願されている。「あなたの声望《フェイム》の弁護者はヨーロッパには非常にたくさんいますのでご安心ください」と、彼はワシントンを説得するために書き送っている。[101] すでに当時から彼の名前は知られていたものの、七年戦争中における彼の役割に関する疑惑の記憶がなお重くのしかかっていたヨーロッパで、ようやく評判が高まったことに大喜びして、ワシントンはその申し出を受け入れた。

伝記が書かれることを受け入れつつも、ハンフリーズにこの仕事の手綱を握らせないように気を遣ったワシントンは、彼にマウント・ヴァーノンに来て滞在するよう提案した。そうすれば彼の手許にある記録を自由に使わせるし、記憶にある事柄も望みのままに語ろうというのである。[102] こうした協約はワシントンとハンフリーズの両者の利益になるものだった。というのも、ハンフリーズにすれば豊富な資料を自由に使うことができ、「家族の一員」として待遇してもらえるし、ワシントンにとっては仕事の進捗状況を把握できるからである。実際ワシントンは原稿の執筆が進むのに合わせて、丹念にそれらに注釈をつけた。だがこの伝記の計画はついに日の目を見ることはなかったのである。[103] おそらくハンフリーズはこの役目にふさわしい人物ではなく、エネルギーも才能もなかったということなのだろう。また考えられるのは、ヨーロッパの読者が期待する、ワシントン将軍の性格や私生活に関する逸話を盛り込んだような新しい形の伝記の書き方と、ワシントンが公にしたいと望んでいた物語、すなわち家庭や感情生活というような曖昧な領域には立ち入らず、独立戦争、とりわけ七年戦争の間の彼の軍事的行動だけを描く物語との間に、あまりにも大きな隔たりがあることが判明したということである。ワシントンにすれば、彼の声望《フェイム》は、ヨーロッパにおいて発達し始めていたような著名性、広告やさらにはスキャンダルによって増大するような著名性とは、ほとんど関係のないものだった。成功を収めた俳優や流行作家と同じ地平に置かれるほど、彼が嫌悪したことはなかっただろう。それにワシントンが考える声望は、近代的な意味における政治的野望によって担われるものでもなかった。この時期のワシントンにとって、自らの人気を確実にすることなどは、まったく眼中にはなかったのである。こうした声望に本質的に関わるのは、彼の軍人としての評判と紳士としての名誉であった。それは有徳の士たちの見識ある世論に、さらには彼が冷静沈着な判断を期待した後世の人々に、向けられたものだったのである。

またハンフリーズの仕事が中断されたのは、ワシントンの大統領への昇進によるとも考えられる。ワシントンはのちになって、とりわけ大統領の二期目において、彼の著名性が、若き共和政において発達しつつあった新しい形の党派政治から自分を守ってくれるものではなかったことを発見するだろう。一七九三年に国民全体の支持を得て再選されたときも、ワシントンはきわめて人気が高かったが、その頃には政治的文脈が変わってしまっていた。連邦政府権力と工業化の強化に好意的な連邦主義派と、フランスに好意的で農村的アメリカという理想に愛着を示している共和民主主義派との亀裂が深まり、衝突へと向かいつつあったのである。ジョン・ジェイ［アメリカの政治家（一七四五－一八二九）。連邦最高裁判所初代長官］が交渉役に立ったイギリスとの平和条約が火薬に火をつけた。連邦派にとってこの条約は、アメリカがヨーロッパの革命戦争に巻き込まれないようにするための有益な妥協策であった。だが民主派にとって、旧植民地盟主国への服従を優先してフランスとの同盟関係を放棄することは、裏切り行為に見えたのである。この条約批准のためのキャンペーンにおいては、新しい形態の政治的動員が見られた。そこでは集団動員や、党派ごとの新聞、署名運動などに見られるように、政治的駆け引きの新しい武器として、世論が鳴り物入りで登場することになった。条約への署名を承諾したワシントンは、ベンジャミン・フランクリンの孫であるフランクリン・バーチェ［アメリカのジャーナリスト（一七六九－九八）］が主宰する民主派の新聞『オーロラ』紙から激しく攻撃されたのである。[104]

世論の台頭と党派政治の斬新な手口という点から見れば、ワシントンの立場は予想以上に複雑なものであったことがわかる。時には過激になった数多くの攻撃は明らかに彼を傷つけ、人々が一致して抱いていた彼のイメージにダメージを与えた。一七九七年に彼が大統領職を退いたときには、ワシントンは政治的論争の新たな傾向にショックを受け、すっかり意気消沈していたのである。とはいえ、条約反対派の最も過激な一団からの喧しい攻撃にもかかわらず、ワシントンの人気は衰えなかった。それどころか、彼が条約に好意的な政治的発言を行ったことが情勢を逆転させた。その頃は世論においても議会においても反対派が圧倒的多数であったが、彼の発言が条約に独立戦争時代からワシントンが獲得してきた権威の重みを与えることになったのであった。少なくとも、一七九六年五月における議会での瀬戸際での条約批准に深く傷ついたトマス・ジェファーソンは、そう確信していたのである。[105]

こうしてワシントンは党派政治の濁流に揉まれることになったが、彼の公的イメージも決してそこから無傷で脱出できたわけではなかった。彼の人気はミラボーやマラーのように弁舌の効果や急進的な主張によってではなく、正当性の力によって、恐るべき武器になった。だが、それは同時に弱点をも露呈していたのである。ワシントンが連邦主義派と結びついた時点から、彼は批判を免れられなくなり、彼の名に付与されたオーラを次第に薄れさせるという危険を冒すことになった。ワシントンが大統領職を二期のみで退く決心をしたのは、人気の翳りを意識したことと無関係ではないだろう。そしてこの決心は、彼の無私無欲の評判を回復させることになった。マウント・ヴァーノンに再び退いたワシントンは、またもや近代のキンキナトゥスになることができたのである。その二年後の彼の死は国葬によって迎えられ、数々の公的な儀式や教会での説教が行われた。それは宗教性の刻印を帯びた、真の「至上の栄光」であった。[106]

ワシントンが国民的人気を取り戻したことは、彼の政治的盟友たちも含むこの時代の幾人かの主要な政治家たちをいら立たせずにはおかなかった。ワシントン時代の副大統領であり、彼の後継者でもあったジョン・アダムズもまた、ある種の苦々しさをもってこれを見ていた。アダムズは、早くからワシントンに対する過剰な集団的称賛や、彼をめぐる「迷信的崇拝」に対して不信の念を抱いていた。すでに一七七七年には、彼は議会でこれらの政治的弊害を告発していた。このあとワシントン将軍の法律順守の姿勢や議会に対する固い忠誠を見て安心はしたが、それでもワシントンの大衆的人気を嫉妬心と明晰さの入り混じった目で観察し続けたのである。ずっとのちに自らが大統領になり、前任者であるワシントンが亡くなってからも、アダムズはこの偉人に捧げられた崇拝にいら立ちを隠さなかった。彼の目にはそれは場違いな偶像崇拝であり、「聖なる《ディウス》ワシントン」崇拝にほかならなかった。[107] 彼がこの時期に友人のベンジャミン・ラッシュと交わしたおびただしい数の書簡は、ワシントンの功績についてたえず議論してきたこの二人の人物たちが元大統領に向ける判断の曖昧さを明らかにしている。

初代大統領の真の才能を列挙するという段になると、アダムズは何よりも先に「美しい顔」を挙げるが、その美しさは……デュ・バリー夫人の第一の才能だと皮肉を込めて付け加えた。近代のキンキナトゥスの美徳が、こうして国王の卑しい愛妾のそれに結びつけられたのである。それに続く文章も同じ調子で皮肉を帯びている。アダムズが独立の英雄であるワシントンに認める才能は、堂々たる風貌、財産、それに沈黙の才、さらにはヴァージニア出身であることだという。そこには偉人の英雄的な肖像など見る影もない。だがそれでは、もしワシントンの美徳がそれほど凡庸で、功績もわずかならば、彼の声望はどう説明すればいいのか。アダムズの言うところを信じるならば、その大部分は本質的には世論がもたらした現象であって、その世論を煽った者たち自身が内々では軽蔑を隠しもしなかったのだという[108]。

アダムズとラッシュの間に交わされた書簡で、ワシントンの真の功績や彼の公的イメージについての議論がいかに頻繁に繰り返されるかを見れば、彼らがいかにこの集団的現象に絶えず驚かされ、何とかそれを理解しようと望んでいたかがよくわかる。ワシントンの側に立って独立戦争と新しい共和国政府に直に参加し、したがってワシントンに親しく接したこの二人でさえもが、ワシントンという人物の周りに非現実の後光を創り出す著名性の効果に驚嘆していたということである。彼の本当の性質は、この後光の後ろに隠れてすっかり見えなくなってしまうのであった。二人は欺瞞としか見えない事象を前にしてのいら立ちと、まだ存続も将来も危ぶまれるこの新しい国の安定と統一を強化するために、行き過ぎではあるもののおそらく必要なこの卓越した象徴的存在を前にしての覚めた諦念との間で揺れていた。ワシントンの極度の著名性や威光の独占に対して不公平感を覚えていたものの、彼らにすれば、共通の事業を成し遂げるための最良の保証人であるこの象徴的人物を弱体化する危険を冒さないに越したことはなかったのである。

アダムズは、歴史がワシントンの名声によってフランクリンのそれと同じく眩惑されて、他の人々の働きを公正に判断することはないだろうと正しくも予想し、ときにはいら立ったり不機嫌だったりする瞬間もあった[109]。しかし、たいていは諦めと一抹の称賛の気持ちをもって腹をくくるのであった。だがこの現象の本質を理解するにあたって、彼はその頃ヨーロッパで形成され始めていた著名性という論点を持ち出すのではなく、声望《フェイム》について論じようとするのである。この言葉は飽くことなく繰り返される。ある意味深長な一節で、彼はウィリアム・コベット［イギリスの著述家、政治家（一七六三―一八三五）］の次の言葉を伝えている。「声望への渇望という一点ほど、ワシントンとアダムズという二人の人物の違いをはっきり示すものはありません。ワシントンは、これについては巨大で飽くことない渇望を抱いていました。だがアダムズはそれとは正反対に、そのことにまったく関心がなかったのです」[110]。ここで誤ってはなるまい。この論評は決してワシントンを批判する言葉ではないのである。アダムズにとって、この言葉は彼を持ち上げたものでないことにはいかなる疑いもなかったし、彼自身もこの無欲さが自分の最大の欠点の一つであることは理解していたのである。この論評には、もちろん一抹の洒落っ気やうぬぼれは入っているが、ここからはいかに声望への渇望が、行動の正当な理由づけとして、あるいは栄光と徳のある事績によって自らを際立たせ、同胞たちの尊敬と称賛を勝ち取ろうとする意志の表れとして、捉えられていたかがよくわかるのである[111]。

　新キケロ主義的道徳と名誉に基づく文化との強い影響下に形成された声望《フェイム》という論題は、アダムズやワシントンの世代の社会的・政治的想像世界の構造を形作っており、したがって社会的評判と公的イメージと後世の栄光との間の、ほとんど完璧な連続性を想定していた。大英帝国の片田舎であるアメリカで育ったこれらの人物たちにとっては、共和政の文化はイギリス紳士階級の名誉のコードに接ぎ木されたものであって、そこに著名性の新しい可能性について理解を示す余地はなかった。ワシントンにとってそのことは、彼が人々からどう見られるかにこだわった公的な行動と、いかなる好奇心の芽からも切り離そうとした私生活とを、完全に区別しようとしたことを暗に示している。数年のちにナサニエル・ホーソーン［アメリカの小説家（一八〇四―六四）］が「裸のワシントンを目にした者などいるだろうか。そんなことは考えられない。彼には裸の姿などというものはなかったのだ。私が想像するに、彼は最初からいつもの衣装を身に着けて、髪には髪粉を振って生まれてきたのだ。そしてこの世界に登場したときから、例のうやうやしいお辞儀をしたに違いない」[112]と書いたとき、彼はアメリカ独立の英雄から畏れ多くよそよそしい歴史的偉人への変身を証言しただけでなく、同時代の人間がすでに強く意識していた、ワシントンの公的人物像の本質的な側面を捉えていたのである。彼の知名度は大西洋世界では広大なものだったが、それは軍事的・政治的功績によって皆から称賛されるだけの、古典的英雄としてのあり方によるものであって、好奇心と共感をかき立てる著名人としての知名度ではなかったのである。

ワシントンはつねに相手と距離を保ち、自己制御の利いた公的人物に自分を仕立てることに注意深く気を配った。それは彼の肖像画についても同じことで、それらはつねに厳かですました姿に描かれていた。ワシントンが画家ギルバート・スチュアート［アメリカの肖像画家（一七五五―一八二八）。ワシントンの肖像画で知られる］の前でポーズを取ったとき、画家は高名なモデルの、より形式ばらない側面を描こうとして、自分がジョージ・ワシントンであり肖像画のためにポーズを取っているのだということを一瞬でも忘れてほしいと頼んだが、怒ったような反応しか得られなかったという。最終的にできあがった作品は、威厳には欠けていないが、初代大統領に対して親しみを感じさせるものではなかった（図15）。この厳かで四角四面な肖像画は、フランクリンがパリ滞在のときに描かせ、にこやかなクエーカー教徒を易々と演じて見せた、いかにも温厚そうな似顔とはかなりかけ離れたものである。それは言うなれば、アメリカ版のジャン・ユベールが、ワシントンが起きがけにズボンをはいている姿や、飾らない様子で朝食を食べている姿を描いているところを想像できないのと同じことであろう。だが実際には、アメリカ大衆からの要望もあるにはあったのである。そのことはワシントンがアメリカ合衆国の隅々から受け取った手紙からもうかがえるし、マウント・ヴァーノンには、時には面識もない訪問者がひっきりなしに訪れて、ワシントンももう何週間も妻と二人きりで夕食を食べたことがないと不平をもらすこともあったほどだった。しかしルソーのように、友情が裏切られるのを恐れるあまり人々の訪問を避ける孤独者の喜劇を演じるのとは違い、ワシントンはどの訪問者に対しても、つねに変わることなく歓待の態度を示した。しかもその歓待は、ヴァージニアのエリートの礼儀作法に

**図 15** ギルバート・スチュアート『ジョージ・ワシントン』(1796 年)。初代大統領を描いた公式の大肖像画。この中でワシントンは人を寄せつけない威厳をたたえている。

適った完璧にこなれた儀礼によるものであり、たとえワシントンの内面について何の手がかりを得ることがなくても、訪問者たちは家庭生活という額縁に入った独立戦争の英雄を見た印象を抱いたのである。

その反面、ワシントンは私生活に関するいかなるインタビューの依頼も頑なに拒否し続けた[113]。彼からすれば、私生活などというものは、彼自身と彼の家族以外には関わりのないことだったのである。総司令官として、そしてのちには大統領としての公人の部分と私人の部分を厳密に区別しようとするワシントンのこうした意志には、ほとんど揺るぎがなかった。しかしワシントンの支持者の中には、彼らが崇拝する人物をより人間的なものにしようとする努力を惜しまない人々もいたのである。ワシントンが亡くなるとすぐに、何人かの伝記作家たちが彼の個人的なエピソードを行き渡らせた。そうした伝記作家の中でも最も重要なのは、イギリス正教会の牧師で、初代大統領の最初の伝記を執筆したメイソン・ウィームズである。メリーランド州出身のウィームズは一七九〇年代からすでに多作な作家となっていたが、それと並行して、フィラデルフィアに出店したアイルランドの書店主マシュー・キャリーのために行商人としての生活も送っていた。一七九七年にはすでに、「大衆の好奇心をつかむ」よう考えられ、大きな利益を生み出すようなアメリカ独立革命で活躍した偉大な将軍たちの伝記のコレクションを出版するよう、書店主に持ちかけていた。元大統領が亡くなると、ウィームズはキャリーにすでに六ヶ月前から手がけていたという『ワシントンの生涯』の出版を持ちかけた。彼はワシントンの伝記という分野を初めて手がけることで、この本を二十五セントか三十セントで売りたいと考えていた。[114] キャリーは最後まで説得に応じなかったため、この書物は他の印刷所から出版され、同じ一八〇〇年のうちに四回も再版された。また一八〇六年にこの書物の商業的な可能性をようやく理解したキャリーの出版社から改訂版が出され、最後に大幅に増補された版が一八〇八年に出版された。本は厚みを増し、初版では八十ページにすぎなかったのが、ついには二百ページを数えるまでになって、一八〇〇年からウィームズが亡くなった一八二五年までに二十九版を数え、十九世紀の終わりまでに約百回も再版された。[115] それはアメリカ政治史の最大のベストセラーの一つとなったのである。

ウィームズは歴史家の仕事をしようとはまったく考えなかった。彼は大衆の好奇心をあおって、出版で一山当てたかったのである。確かに内容の大部分は、型通りの独立戦争の叙事詩的で英雄的な物語に充てられているが、この本の魅力をなしているのは偉人の少年時代と性格を描いた数章である。そこにはいくつもの逸話が見られるが、そのうちのいくつかはアメリカ大衆文化の古典となった。少年時代のワシントンが、父親に叱られるのを覚悟で桜の木を折ったことを認めたというエピソードもその一つである。「僕は嘘はつけないからね、パパ」。それでもこの本は形式の上では非常に古典的なものにとどまっていた。ヨーロッパで成功を収めたような著名性の文化から生まれた新しい様式に与するには程遠く、それは偉人伝という確固たるモデルに基づいていたのである。少年時代のエピソードも、主人公の美点や勇気、誠実さ、率直さなどを示す模範的な物語として構想されていた。誰でも簡単に読むことができるこれらのエピソードが狙いとしていたのは、私生活のワシントンを明るみに出すことではなく、彼の人間としての価値を称揚することだったのである。ウィームズは、未来の初代大統領が五歳のときに母親が見たという寓話的で予言的な夢の話まで挿入している。その夢の中では、家の屋根から出火した火事を少年ワシントンが持ち前の冷静さと行動力で消し止めただけではなく、もっと快適な新しい家を建てようとまで言い出したというのだ！　こうした教訓的な側面は、十九世紀初頭の政治的・宗教的背景にはぴったりと合致するものだった。それはプロテスタント主義の革新に基づいた、共和政的でキリスト教的な国民主義を作り出すために、一般大衆に向けて大量の出版物が大波のように送り出された時代であった。国民的英雄としてのワシントンの人物像は、こうした愛国主義的言説の最も中心となる部分を成していた。したがって、ウィームズはあからさまに敬虔なワシントンというイメージを創出し、分別ある理神論者を福音主義的キリスト教徒の権化に作り変えようとしたのである。[116]

この書物の序文は、こうした道徳文化の変貌を示している。ウィームズはそこで公人としてのワシントンと彼の私生活とを対比させている。確かにワシントンの栄光はすでに数々の偉業によって知られ、雄弁な語り手も得て人気を獲得して世界中に知られるようになったが、私人としての彼はまだ知られないままだというのである。だが人間の偉大さは、同じ時代の人々の前に気取った姿で現れたときの公的な偉大さによってではなく、真に本来の自分に忠実であるとき、すなわち私生活において判断しなければならないと彼は主張する。「私生活こそがつねに本当の人生なのである」とウィームズは書いている。しかし、こうした私生活への譲歩もまた驚くほどに古典的であった。というのもワシントンの私生活は、いかなる秘密も隠れた弱みも明らかにすることはなく、どんな感情移入も起こさせることはなかったからである。それは彼の美点を道徳的かつ教訓的に肯定するものにすぎなかった。ワシントンの偉大さは完全無欠で、彼は真のアメリカ的英雄であった。というのも、彼の私生活における美点もまた公的生活における美点に合致しているからである。彼は感情的愛着を覚えさせるのではなく、むしろ競争意識を起こさせる。明らかに子供向けに書かれたウィームズの『ワシントンの生涯』が、偉人としてのワシントンを批判しているのは見かけだけのことである。ワシントンを人間的に見せようとするのは、政治家としての彼を一層際立たせ、アメリカという国家の教訓的な英雄に仕立てるためなのだ。[117]

『ワシントンの生涯』の冒頭の数行も、同様に解釈することができる。そこではエジプトに上陸しようとしているボナパルト将軍が、アメリカ人の若者たちにワシントンの健康状態について尋ね、ワシントンの名前が彼の名前以上に後世まで残るだろうと語ったという話が書かれている。ボナパルトの好奇心は、最初は「大帝国の建国者」

に対する政治的な関心であった。アメリカのポトマック川沿いから地中海沿岸まで、ワシントンの名声が広く伝わったのは、新しい情報技術によって人や名前を流通させることが可能になったことによるが、この名声は偉人の栄光という古典的パラダイムに分類されるものであった。ウィームズによって人気が高まったワシントンの人物像は、アメリカ合衆国の高潔で穏健な価値観を体現する国民的英雄としてのそれだったのである。ワシントンの象徴的な役割は、新生国家の統一を体現することであった。彼の威厳はあからさまに神のような超越的存在を思わせるやり方で描かれており、それゆえに宗教的な語彙がついて回り、それがまたアダムズをいら立たせることになったのである。牧師であり、説教の作者でもあったウィームズは、とりわけアメリカ合衆国の建国の父について、教訓的なイメージを大衆に広めるのにはふさわしい人物だったのである。

ボナパルトを想起する場面が最初からウィームズの筆先に浮かんだのは、何も驚くべきことではない。これら二人の人物は同時代の人々によってしばしば比較されていた。ボナパルト自身が統領時代には堂々とワシントンを引き合いに出し、のちには距離を置こうとするが、『セント＝ヘレナ覚書』では再び言及するようになる[118]。シャトーブリアン〔フランスの小説家、政治家（一七六八―一八四八）。著書に『キリスト教精髄』など〕もまた一七九一年にワシントンを訪問したときの話に続く次の章で、ワシントンのことに触れている。ワシントンは訪問者であるシャトーブリアンを驚かせることはなかった。彼は「人間の身丈を超えるような人種ではなかった。彼という人物には、何ら人を驚かせるようなものはなかった[119]」。ワシントンは物静かな人で、身振りもゆったりしていた。なぜなら彼は自分自身のためではなく、祖国と自由のために行動しているからである。彼の慎重さはそこから出てくるのだが、それと同時に彼の事業の永続性もそこに由来する。逆にボナパルトは並外れた人物であり、想像力に直接的に訴えるものはあるが、彼が関心があるのは自らの栄光だけである。「ボナパルトはこの重厚なアメリカ人といかなる共通点も持たない。彼は古くからあるヨーロッパの地で喧しく闘っているが、それは自らの名声を成したいだけのことである。彼は自分の運命にしか係わろうとしない」。自分の歴史的役割が短いものであることを意識するがゆえに、彼はいつも行動し、賭けに出ようとし、成功の陶酔に酔いしれようとするのだ。「彼はじきに過ぎ去ってしまう青春のように、急いで栄光を楽しみ濫用しようとする」。このように二人を徹底的に対立させるという形での比較は、とことんまで突きつめられる。かたや自由の精神に忠実な重々しい人物であり、新しい人民を創造し、大統領として尊敬を集めて亡くなった人物。もう一方は激情的な英雄で、最後には自由を裏切り、自ら成した事業も破壊されて亡命先で亡くなった人物。結論はほぼ全面的にボナパルトに不利なものであった。シャトーブリアンにとって、ボナパルトはすでに過去の人であり、自らを古代ギリシアの英雄に引き比べようとしたが、まったく身勝手な野心のために身を滅ぼしてしまった。彼の偉大さは時代にそぐわないものであった。それとは逆にワシントンの偉大さは根本から近代的なものであって、民衆とともに行動する民間人の指導者を必要とする民主主義社会の、新しい価値観に合致するものだと彼は主張するのである。

こうした対比には心を惹かれるものがあるが、シャトーブリアンはボナパルトの名声が政治文化にもたらした新しい要素については沈黙を保っている。それは情緒的で感情的な側面であり、まさにワシントンには欠けていた要素であった。シャトーブリアンは「ボナパルトがついに死にかけようとしている」ときに執筆されたこの章において、彼の死は無関心とともに受け止められていると言い切っている。だがこれに続く数年の間に、ボナパルトに対する愛着や懐かしさの感情が、比類のない強さで展開することになるだろう。そして、シャトーブリアン自身もそれにはまったく無関心ではいられなくなるのだ。

## 落日の島——晩年のナポレオン

ナポレオン死後の数年間に起こったこうしたイメージの逆転現象は、ヨーロッパを荒らした鬼神という黒い伝説が次第に消えて、セント＝ヘレナの殉教者という栄光に満ちた伝説に入れ替わりつつあった時期にあって、ナポレオン神話の形成への道を開くことになり、やがてそれは七月王政期に頂点を迎えた。この逆転現象に関しては、エマニュエル・ラス・カーズによって一八二二年に出版された『セント＝ヘレナ覚書』がその媒介手段となり、比類するもののない証言となった。それほどにこの書物の影響は大きかったのである。[120] われわれはナポレオン伝説というオルガンによる盛大な音楽の背後に、著名性というささやかな旋律を聴き取ることができる。というのも当時におけるボナパルティズムは、偉大さへのノスタルジーや政治的プログラムなどとはまた別物だったからである。

そのロングセラーとしての成功（十九世紀の間に八十万部が売れた）は、しばしばプロパガンダの手段、あるいは新生ボナパルト主義のイデオロギー表明にすぎないなどとして、単純化された形でしか紹介されてこなかった。[121] こうした本質において政治的な解釈によれば、エマニュエル・ラス・カーズの人物像は、まるで皇帝の代筆者でしかなかったかのように、ほとんどかき消されてしまう。これが、『覚書』を読んだことのない者がこの本について抱く考えである。すなわち、遠く離れたセント＝ヘレナ島から、直近にはイギリス人の、そして後世の人々の判断を修正するために、ある忠実な無名の人物によって聞き書きされたナポレオンの政治的遺言、というようなものだ。だが本書の内容にあらためて立ち入っていくと、そこに見つかるのはまったく別のものである。すなわちそれはナポレオンの自信に満ちた声ではなく、一人称の過度の使用や、没落した皇帝の日常生活を観察し、彼の打ち明け話を引き出したり、過去の思い出を弁護したりといったように、随所に見出されるラス・カーズの姿である。証人としてのラス・カーズの存在、登場人物であるとともに作者である彼の存在は、『覚書』の独創性を形成している物語装置の根幹にあり、おそらくはこの書物の読者を魅了するのに貢献してきた要素なのである。

『覚書』に直面する現代の読者は、この複合的テクストの多声的な構造に驚くかもしれない。ラス・カーズと皇帝との親しげな会話の合間に、ときにナポレオン自らが語る偉大な勝利の物語が挿入される。[122]『覚書』の喚起力は、このテクストが二つの領域を結合させているところに由来する。すなわち軍事的勝利の栄光という古典的で叙事詩的な領域、そして没落した皇帝がイギリス人の支配者による嫌がらせや侮辱に対して見せる、過激でほとんど滑稽なまでの抵抗という日常生活の英雄性という新しい要素である。したがって一方では、ナポレオン軍の報告書が華々しく展開してみせた、指揮官の栄光に満ちたイメージがあり、他方では、ナポレオンに対していかなる正統性も拒否しようとするハドソン・ロー総督の意志に対抗しての、いじましくも悲壮でありながらある種の偉大さも備えた、名誉回復の闘いについての、ラス・カーズの辛抱強い物語が見られるのである。[123] 前者は称賛の演説であるし、後者は日常の私的な記録ということになる。

ラス・カーズがナポレオンの取り巻きの中でも新参者であったことは、取るに足りない事実ではない。彼はナポレオン軍の活躍にほとんど参加していない、いわば遅れて来た賛同者であった。ラス・カーズは、最初は旧制度下の貴族であったが、のちに帝政時代に文学者となり、政権の中枢に入り込んだのはナポレオン体制のほとんど最後の時期のことであった。皇帝の廃位の際に、彼はナポレオンの亡命先まで付き従うことが自分の人生の好機になると完璧に理解していた。この機会によって、彼がいなければ知られることはなかったであろう偉人ナポレオンの私生活に近づくことができ、つねに偉人のかたわらで暮らしたいという、作家および宮廷人としての夢を実現するのである。そしてナポレオンが、私生活を知りたいという人々の欲求をくすぐる新しい時代の英雄であったからこそ、ラス・カーズは皇帝自身が驚くほどに彼に忠実に従おうとしたのである。もはや権力を行使することのない君主と親しい関係を結ぶというこうした経験を、『覚書』を通して伝えることを、ラス・カーズは自らの使命としたのであった。

その目的のために、ラス・カーズはナポレオンとの個人的な関係を見せびらかす必要があった。確かに彼の経歴には政治的な意味があった。というのも彼は当初、フランス革命を憎むあまり亡命貴族軍の側に立って戦ったほどであったが、アミアンの和約［ナポレオン戦争中の一八〇二年にイギリスとの間に結ばれた講和条約］のあと、統領時代になってようやく新体制側についた。彼はしたがって、ナポレオンが自ら保証人になろうとした和解政策を体現しており、彼が皇帝に付き従う理由を説明するのに引き合いに出すのも、国民的栄光の仲介手段としての皇帝の軍事的栄光なのである。「ついにはウルムの戦いの威光が、アウステルリッツ会戦の輝きが、私を困惑から引き出してくれた。私はナポレオンを称賛し、認め、愛した。この時から私は熱狂的なまでにフランス人となったのである」[124]。だが、ここには巧妙な問題のすり替えが見られる。つまり、栄光の典型的領域である称賛から、政治的正統性と個人の選択に属する承認行為、そしてついには愛情（「私はナポレオンを愛した」）への転換である。愛情は感受性と情熱の間に位置する感傷的な関係であって、伝統的な英雄のテーマには結びつきにくいものである。

そして実際に、セント＝ヘレナでの生活の日常的な物語は、皇帝の英雄的事績には程遠いものである。それはナポレオンという私人を、親密な見世物の対象へと転換する。その見世物はナポレオンと私生活をともにし、彼を称賛するだけに満足せず、彼に愛情を向ける亡命の同伴者の眼差しのもとで展開されるのである。『覚書』の一八二二年の初版に付された前書きは、あらためてこの称賛から愛情への、栄光から私生活への転換を強調している。

称賛の気持ちが、彼を知る前から私を彼のあとに従わせた。私が彼を知ることがあれば、すぐにも愛情が永遠に私を彼の近くにつなぎとめることであろう。世間には彼の栄光や、功績や、偉業についての話が満ちていたが、誰も彼の性格の本当のニュアンスや、私生活における美点や、魂の自然なありようを知らない。私が本書でやろうとしているのは、この大きな空洞を埋めることであり、私はそのために歴史上かつてないほど有利な位置にいる。私はナポレオンのそばにいた十八ヶ月の間、私が見たナポレオンのすべてを、私が聞いた彼のあらゆる言葉を拾い集め、書き留めたのである[125]。

英雄の偉業を歌い上げる叙事詩人や、偉人の称賛の言葉を並べ立てる演説者などのように、偉大な事績の物語の前に自らを消し去る者たちとは異なり、ラス・カーズは自らの存在を、自らの眼差しと語る内容の主観性とを前面に出す。著名性は公的であると同時に私的なスペクタクルであって、したがって見物人がいることを前提とする。

ラス・カーズはこうしてナポレオンに魅了される聴衆の代表となり、ナポレオンの私生活の最も近くにいる代理人として、好奇心とセンチメンタリズムの合間で、ほとんど覗き趣味になる危険も冒しつつ、最も日常的でささいな出来事を書き留めるのである。ラス・カーズが体現するのは、君主のそばにいることに社会的・司祭的特権を見出そうとする宮廷人の伝統的人物像でもなければ、十八世紀後半に詩人トマが意気軒昂に示したような称賛詩人の人物像でもない[126]。彼はむしろ、著名人に自らを捧げるファンという現代的な人物像を予告しているのである。こうした人物は称賛と愛情に導かれ、目指す人物の私生活の個人的で日常的な面を目にしたいと望み、その人物のいかなる言葉にも、仕草にも、無関心ではいられないのである。この点では、ラス・カーズはすでに見たとおり、『サミュエル・ジョンソン伝』を執筆して、伝記の実践方法を根底から変えてしまったボズウェルの系列に属していると言えるだろう。パオリ将軍の親友［ボズウェルのこと］の作品は、おそらくラス・カーズも目にしていたかもしれない[127]。

セント＝ヘレナ島における日常生活の記録において、ラス・カーズは二つの立場の間を往き来する。その第一は、たとえばナポレオンが熱過ぎる風呂に入ってやけどしたというような、最も些細なエピソードまで記録し、彼の健康状態について、それがゆっくりと悪化していくことまで事細かに書き留め、会話も書き写すような、好奇心旺盛な見物者としての立場である。また第二の立場とは、つねに相手のことを気に留め、同情を示すような愛情に満ちた献身的な友人としてのそれである。一八一六年には、ナポレオンは彼に「家庭的な」悩みを打ち明ける。「これらの言葉や、彼の身振りや、口ぶりが私の魂を貫いた。もしできることなら私は彼の足元に倒れ込み、その膝を抱きしめていただろう」[128]。ロマン主義世代の間での『覚書』の成功に少なからず貢献したであろう、こうした感情の発露のおかげで、本書は覗き趣味に堕することはなかった。というのも、そこに明かされるナポレオンの私生活は、読者が同情を寄せることができる、随所に見られる感傷性というプリズムを通して見られるからである。読者はこうした日常生活に、あたかも特権的な証人であるかのように参画できるのである。ここでは感情移入が十全な効果を果たすことになるが、それはナポレオンに対する感情移入ではなく――偏執狂的な妄想で一八三〇年代にパリの療養施設にあふれ返った精神異常者たちを別にすれば、誰がナポレオンに同一化しようなどと考えたであろうか[129]――、没落した偉人と生活をともにし、彼の打ち明け話を収集し、彼に対して称賛と同情をもって接することのできたラス・カーズ自身に対しての感情移入であった。

この時から、ラス・カーズとナポレオンの間に結ばれた個人的な関係が、繰り返し現れるテーマになる。帝政時代の礼儀作法の名残り（会話の口火を切るのはいつでもナポレオンである）が、次第に亡命という共通の経験の上に築かれた、個人的な信頼へと変化していく。しかし、皇帝に対する親密で個人的な関係のこうした演出は、あたかもラス・カーズの感情がこの書物の真の主題になったかのように誇張された形を取る。セント＝ヘレナ島に到着した最初の日（一八一五年十月十七日）の二人きりでの散歩のあと、ラス・カーズは次のような感想を漏らしている。「私は砂漠の中を二人きりで、世界を支配した人物とほとんど親しい関係であるかのように、一緒に歩いていたのだ。すなわちあのナポレオンと!! いかに多くの思いが私の心に浮かんだことか！ 私がいかに多くの感情を覚えたことか！……[130]」。

ラス・カーズがナポレオンにおける親しみと偉大さの結合について覚えた感動について、このように強調して語っていることは、語り手を著名人と読者の間の理想的な媒介者に仕立て上げる。栄光とは違い、著名性は親密な好奇心をかき立て、感情的で主観的な愛情まで起こさせるものなのである。ナポレオンの場合にとりわけ明白なパラドックスは、一人一人の読者が、自分は決してナポレオンに会うことがなく、彼の著名人としての人物像を形作っているイメージと物語を、他の何千人という人々と共有しているだけにもかかわらず、ナポレオンと特別な仲の良い親密な関係を結んでいるかのように想像しているということなのだ。

ラス・カーズはこのように著名人と私生活を共有するという、通常は幻想にすぎない欲望の実現を完全に体現する存在となる。彼とナポレオンの間の隔たりは、一方で維持されながらも同時に取り払われ、ナポレオンに対して愛着を感じることが可能になる。観察者と打ち明け話の聞き手という、隔たりと近さの緊張が、ラス・カーズがこうした文章を書くことを正当化する。というのもこの緊張こそが、ナポレオンを大衆の普遍的な好奇心の対象としている距離を保ちつつも、私人としてのナポレオンに彼が近づくことを可能にするからである。「この地上の誰が私以上に皇帝のうちに一人の私人を見出すことができるだろうか。誰が月光の下での長い散歩を、あるいは彼とともに過ごす何時間もの長い時を楽しむことができただろうか。誰がブリアールの砂漠の中で皇帝と過ごす二ヶ月の孤独を経験することができただろうか。誰が私と同じように皇帝との会話の瞬間を、場所を、話題を持つことができただろうか。誰が魅惑に満ちた少年時代の思い出を、若き頃の喜びの物語を、そして現在の苦悩の苦々しい話を耳にすることができただろうか。それに私は、彼の性格を根本から知っていると信じることができ、当時は何人かの人がいるところでは聞き出すのが難しいように思われた数多くの状況を、今では説明できるように思う」[131]。そして作者ラス・カーズが強調するナポレオンの性格の中でも最も重要なものは、彼が一種の忠誠心によって他人に結びついてしまうという適性であって、そのために彼は昔の親友から離れることができなくなるのである。

このあとの部分で、ラス・カーズは自らの企てについてさらにはっきりと述べている。「この日記で私が自ら課した目的は、裸の人間を見せること、本性をその現場において捉えることである」[132]。著名人の本性をありのままに見せること、この企てにはルソー的な印象が明白に表れている。それは『告白』における企てであったが、ルソーはその限界も見出していた。確かに一人称の文体は自身を知るための道具になりうるが、自己正当化の手段としては良いとは言えない。作者はいつも不誠実の疑いをかけられ、その手法も最終的には同情を集めるには適さないものとなる。それほど読者というのは、あまりにも明白な自己弁護の企てと感じられるものに対しては、しばしば感情移入の欲求を削がれるものなのである。すでに見たように、ルソーはそのために『ルソー、ジャン＝ジャックを裁く』という別の語りの装置を思いつかなければならなかった。それは自然人であるジャン＝ジャックの私生活が、ルソーによって語られるものであったが、これは完全に見せかけの二重化であった。というのも、この想像上の証人は作者の虚構上の分身にすぎなかったからである。だがルソーが、一人称を用いた内面的な自己正当化の限界と、第三者を登場させる語りの装置の効用を、完全に理解していたことは確かである。その第三者とはすなわち、感情的であるとともに共感的であり、作者の自己正当化を受け継いで、自らの本来の善良さを証明することができる証人なのであった。

『セント＝ヘレナ覚書』を、ルソーの道徳的美学と比較することは、決して恣意的ではない。ボナパルトも若い頃にはルソーを読んで強く影響されていた。のちのナポレオンは、ルソーの政治思想や革命下におけるルソー思想の利用のされ方に対して非常に批判的になったかもしれないが、それにもかかわらず、第一統領になったのちも、ルソーが晩年を過ごしたエルムノンヴィルを訪ねている。そして何よりも、『覚書』において、ルソーは会話の中で何度か話題に上がっているのである。ナポレオンは何度も『新エロイーズ』を読み返し、「ジャン＝ジャック」について、彼の作品と生涯について長々と語った(133)。ラス・カーズ自身も、この小説にとりわけ感動したと告白している。「この読書は私に深い印象を与えた。それは甘美さと苦悩の混ざった、強い憂鬱であった。この作品はいつも私を強く惹きつけ、幸福な思い出を呼び起こし、哀惜の念を感じさせた(134)」。あるときの会話では、ナポレオンは自分にはとても「ジャン＝ジャックのような告白録を書く」ことなどはできないと断言した。というのも、そんなことをすればたちまち逐一非難を受けるだろうからだという。この観点から見ると、ラス・カーズとナポレオンはルソーの教訓を十分に汲み取ったことになる。仮に著名な人物と親しくなりたいという欲望を公衆の間に惹き起こすとすれば、その欲望を満たすのに必要とされるのは自己矛盾のもととなる自伝ではなく、証言である。つまりそうした欲望は、好奇心旺盛で感動しやすい見物者の立場に身を置いた第三者の眼差しを必要とするということなのだ。

ナポレオンの「名声」は、ただ単に『覚書』のテクスト上の仕掛けの原動力となるばかりではない。それは同時に、何度も繰り返されるテーマであって、ラス・カーズはそこから巧妙に政治的な要素を除いた、少なくとも皇帝の政治信条からは切り離された解釈を提示している。著名性はそこでは、世界的な知名度の目もくらむような効果として描かれているのである。ナポレオンは全世界で知られている。それはすなわち、世間の人々の政治的信条がどうあれ、それらの人々は彼がどのような行いをし、どのような運命をたどり、今の状態はどうなのかを知りたがるということなのだ。一八一六年三月のあるページには、亡命中のナポレオンが、周りの人々とまさに彼の「世界的名声」について話している驚くべき記述が見られる。[135]その会話は、ナポレオン自身による次のような挑発的な発言から始まる。「そうは言っても、パリは非常に広くて、あらゆる種類の多くの人々が暮らしており、なかにはひどく変わった連中もいるだろうから、私を見たこともない人もいれば、私の名前が一度も耳に届いたことがないという人もいるだろうね」。すると彼の話し相手たちは慌ててそれを打ち消し、「ヨーロッパにも、あるいはおそらく世界中でも、陛下の名前が口に出されたことのない町などは存在しません」[136]と請け合っている。さらに彼らはどんどんより遠く離れた場所の、意外な状況を引き合いに出し、そこでもナポレオンの名前が実際に話題になったエピソードを語る。会話に加わっていた一人は、統領時代にイギリスのウェールズ地方の「まったく人里離れた驚くほどの高みにある」山の頂上近くに避難しており、そこでは何軒かのあばら家が、「まるで別世界に属しているかのように」「革命の喧騒から」逃れて建っていたが、そこの一人の住人がすぐさま彼に向かって、「第一統領のボナパルト様はどうなさっておられる」かと尋ねたと言う。また、中国人将校たちとの議論について話したもう一人の語り手によれば、「陛下の名前は中国でも有名で、征服や革命などの偉大な概念に結びつけられている」とのことであった。『覚書』が版を重ねるとともに、ラス・カーズはナポレオンの世界的名声について、書物の最初の読者たちによって知らされた他の証言も加え、この会話をどんどん膨らませていった。ある一人は帝政の没落ののち、兵役に就くためにペルシアに行き、皇帝の謁見に浴することを許された際に、「シャー〔イランにおける王の称号〕の王座の頭上に、ナポレオンの肖像が掲げられている」のを見て感銘を受けたと報告しているし、また別の一人は、「ナポレオンの強さはアジア全土で非常に広く知られている」ので、ナポレオン没落ののちも、フランス人仲買人たちは「道々での良い待遇」を受けるために、彼の名前を出し続けていると断言している。
皇帝の名前を知らないパリジャンがいるかもしれないという、皆から的外れとされたナポレオンの仮説に対する反応は、このようにボナパルトの知名度をウェールズの人里離れた高山からペルシアや中国まで、世界の隅々にまで広げるという一種の誇張であった。ナポレオンの名声は、ここではもちろん力と征服という考えに同一化されているが、それは潜在的で象徴的な力でもある。というのもそれは、中国やペルシアではいかなる実際的な権威も行使することはないからである。ナポレオンの著名性は政治的支配というテーマに基づいており、それは、没落した皇帝の肖像画が「シャーの王座の頭上に」、まるで権力の護符のように掲げられていたという驚くべき事実が示しているが、肖像画は純粋な記号、あるいは権力の象徴となっており、そこにはもはや権威的な関係や正当化の努力などは認められない。こうした君主としての権力から著名性への進化は、とりわけここに引用されている最後の例において明白である。

最後に、三人目が私に書いてよこしたのは次のような内容である。「ボルドレ号」に乗船していたR船長は、アメリカ北西岸へと向かう航海の途中でサンドウィッチ諸島に寄港することになり、島の王と会見した。王はこの謁見の間にイギリスのジョージ三世やロシアのアレクサンドル皇帝について知りたがった。王座の足元には王の寵姫である女が一人座っていた。この女は、王がヨーロッパの王の名前を一人ずつ口にするたびに軽蔑したような笑みを浮かべ、明らかにじれったい様子で王の方に顔を向けたが、もはや我慢できなくなって、王の言葉をさえぎって叫んだ。「それで、ナポレオンはどうしているの?」

劇的な結末となるように書き換えられたこのエピソードは[137]、二つの機能を果たしている。一方では、それはナポレオンの名声の輝きが及ぶ範囲をなおも広げているように見える。文明世界の境界さえも今や乗り越えられ、ほんの四十年前にキャプテン・クックによって発見された、しかもまさにイギリスの影響下にある太平洋の島々［引用にある「サンドウィッチ諸島」は現在のハワイ諸島を指す」にまで及んでいるのである。他方、この当時最も大きな力を持っていた二人の君主について知ろうとする酋長と、ナポレオンの近況を聞きたがる寵姫との間の隔たりは重要である。ナポレオンの著名性は、もはや直接的かつ一義的に政治的ではなく、君主政治の空間にも政治的行為の地平にも属していない。それは並外れた特別な人物に対する好奇心、そしておそらくは魅惑に由来するものであり、時の君主たちでさえも、この人物に取って代わることはできないのである。ここに登場する寵姫の存在は、ナポレオンの著名性がほとんどエロティックな側面を持つことを意味し、ボナパルトがかき立てる興味は一種の欲望であることを示している（このことはラス・カーズの創作である「明らかにじれったい様子」や、「もはや我慢できなくなって」などの表現にも見られる）。最初はそうは思われないかもしれないが、この寵姫には『覚書』の読者層、すなわち世界中で「ナポレオンがどうしているか」を知りたがっている公衆の暗黙の表象、明らかに誇張された表象が見出されるのである。それに、ラス・カーズ自身は、このR船長とは逆の航路をたどったのではなかったか。すなわち彼は、好奇心旺盛な読者に没落した皇帝の消息を知らせようと、孤島から出発して大洋を渡ったのである。この無名の寵姫のように、『覚書』が想定する読者は、ナポレオンに関するあらゆる情報に対してじりじりするような、ほとんど抑えの効かない好奇心に突き動かされているのである。それにこの場面には、のちの版ではイラストがついており、異国情緒の効果によって果てしなく広がる名声という神話をなお補強していたために、読者に一層深い印象を与えた。それは偉人の栄光や将軍のカリスマ性というよりは、前代未聞の著名性に由来する。すなわち、ある同時代人の名前が地球規模で流通し、それが燃えるような好奇心をかき立てることを意味するのである。

『セント＝ヘレナ覚書』の最後には、人が住む世界の果てまで広がったこの「世界的名声」のほとんど喜劇的とも言える反響が見出される。それはラス・カーズがイギリス人によってセント＝ヘレナ島から追放され、一時的に南アフリカの喜望峰に避難し、続いて「ほとんど流浪の民の住む地域の果て(138)」であるタイガーバーグ砂漠に逃れたときのことである。これらの「文明世界の果て」とわざわざ紹介されている、サンドウィッチ諸島と同じくらい異国的な荒涼たる土地でも、ナポレオンの名前は誰もが知っていて、動物にまでその名前をつけているという。「この地方で最も有名で、闘いで最も多くの勝利を収めた雄鶏はナポレオンと呼ばれるのだ！　そして最も高名な走者もナポレオン！　最も御し難い雄牛もナポレオン！　どれもこれもナポレオンだ!!」。ラス・カーズは笑いと感嘆の間で戸惑っている。皇帝の名前のとめどない濫用は、もしそれがまず第一にナポレオンの名声のしるしでなければ、笑い出したくもなるだろう。これはカリスマ性でもなければ、本来の意味での栄光でもない。というのも、雄鶏や雄牛に彼の名前を冠することは名誉なこととは言えず、それはむしろ純粋な知名度による現象としての名前の拡散にほかならないからである。たとえナポレオンの名前が換喩的な意味で勝利や手柄の概念に結びつけられているとしても、それは部分的には指示対象からは切り離され、直接に政治的な関係からも解き放たれて、同時代人の中で最も著名な名前になったということなのである。

問題の輪はこうして完結することになる。『覚書』の最初から、ナポレオンの著名性や同時代の人々の世論にナポレオンが及ぼす魅惑は、政治的正統性という問題からは比較的自立したものとして提示されていた。彼がセント＝ヘレナ島に配流されることを知ったときから、ナポレオンは打ちのめされていたにもかかわらず、「いつもと同じように、同じ表情と態度で、彼を何とか一目見ようと集まった群衆をじっと眺めるために」(139)、ベレロフォン戦艦の甲板の上に姿を見せた。ラス・カーズによって描写されたこの場面は、もはや君主の別れの場面ではなく、たとえば数ヶ月前に鷹の飛翔のようなナポレオンの出陣に必ず見られた軍隊集結の場面とは何の共通点もない。ベレロフォンの甲板で、ナポレオンは彼を見つめる群衆を見ている。ナポレオンはまるで見世物のように彼をじっくり見たくてうずうずしている大衆の前に姿を見せる。だが「彼を何とか一目見ようと」している群衆の政治的感情については、ナポレオンの顔を見たいという欲望を別にすれば、何も語られることはないのである。

ここまでナポレオンに対する集団的愛着の中で、著名性のメカニズムに由来する部分を強調してきたが、だからといって政治的で、より伝統的な意味で軍事的で、英雄的な側面を否定するわけではまったくない。皇帝ナポレオンの威光が、生前においても死後においても、彼による戦いの勝利や、秩序の回復、プロパガンダ、統治の効果、そして革命を完全に裏切ることなく終結させた彼の能力に大いに負うところがあったことは言うまでもない。だがナポレオンの名声が、それとは異なる種類の知名度や集団的愛着の上に拠って立っていることも確かなのである。それはもはや栄光や力などといったものではなく、近代的な著名性の一つの形態なのである。フランス国内にとどまるどころか、それはナポレオン帝政と闘っていた国々も含め、ヨーロッパ大陸全体に押し寄せた。これらの国々でさえも、彼の人格が敵にまで及ぼす魅惑の力には抗えなかったのである。

ナポレオンの著名性に眼差しを向けることによって、もう一つの物語を語ることが可能になる。革命の正統性と軍事的栄光、あるいは民主主義の原則と英雄としての威光を融合することの難しさという、あまりにも古典的な物語ではなく、むしろ著名性のメカニズムが十八世紀の間に文化の領域で展開したあと、それが政治的な駆け引きの領域に浸透し始めた時代に、政治における正統性がどのように変容するかという物語である。著名性の政治への浸透は革命前から始まっており、君主たちの公的地位に変化をもたらし、特にイギリスの文脈において、新しい政治の立役者に活躍の可能性を与えることになった。そうした効果を制御できなかったマリー・アントワネットは犠牲となったのである。革命とともに人気が政治活動の重要な原動力となった。アメリカ合衆国におけるワシントンの人気は、一旦は新しい形態の党派政治によって脅威にさらされたものの、新しい国家に建国の英雄をもたらすことを可能にした国民的崇拝を通してすぐに立て直された。フランスにおいて人気は依然として非難されるべき原則であって、誰もそれを信用しようとしない。ミラボーでさえ、その上に揺るぎない権威を打ち建てることに成功することはなかったのである。

ボナパルトはミラボーであると同時にワシントンでもあった。彼は前者のエネルギーと危険を冒すことへの趣向を、また後者の国家に対する感覚を持ち合わせていた。彼とともに、栄光は君主の家系的あるいは神権的な正統性を免れるようになったばかりでなく、代議制や議会の承認に足をすくわれることもなくなったのである。またコルシカ出身の「ちびの伍長」がヨーロッパのリーダーになることができたのも、世論の力によってであった。確かに著名性が真価を発揮するには、ブリュメールのクーデタや戦場における勝利によってそれが権力なり行動なりに転換されなければならない。その意味ではボナパルトに関しては、まだ世論による民主主義（それがスローガンとは別物と想定してのことだが）には程遠いであろう。だがそれとは逆に世論という現象を、たとえばジョルジョ・アガンベン［イタリアの哲学者（一九四二-）。著書に『ホモ・サケル』（一九九五）など］のように、あらゆる権力の固有の特徴である典礼的喝采という常套句に帰するならば、それは権力の近代的な固有性を見落とす危険を冒すことになるだろう。[140] 権力は今や、神学的原理に基づいて君主の称揚に結びつけられているばかりではなく、被統治者による統治者の選択という内在的原理に関連づけられているのである。だがこの原理は、全体的意志という民主主義的原理と政治的闘争の現実との間に一つの理論的空隙、あるいは少なくとも埋めることのできない緊張を生み出すことになる。この緊張が、アメリカ、フランス、イギリスで十八世紀末以降に理論化され適用された民主主義の近代的形態である代議政体の、根源的な曖昧さを決定づけている。[141] 民主主義的であると同時にエリート主義的な原則に立つ選挙制度は、大衆による選択を意味すると同時に、しばしば知名度によって選ばれた代表者と代表される民衆との間に、埋めがたい隔たりを生み出すことになる。そしてまさにこの緊張の只中にこそ、大多数の民衆による特定の個人への支持という人気のメカニズムが定着し、権力の使用を根底から変容させてしまうのである。

このことを理解するには、世論の集団的メカニズムが、人民主権の政治的原則や啓蒙思想家によって提唱された理性の法廷に還元できないことを確認すれば十分だろう。それらのメカニズムには、同じ新聞や同じ本を読むことによって形成される公衆が、著名人たちの生活に対して、単に好奇心旺盛のこともあれば熱狂的な関心を抱くこともあるという、それほど知られていない現象も含まれるのである。著名性のメカニズムは必ずしも政治的ではないが、政治の分野がそれを免れるわけではないのも事実である。それらは今日、たいていは非難の意味を込めて政治の大衆化と呼ばれるものが出現するずっと前から、次第に権力の使用とその現実化の形態を変化させてきたのであった。政治の大衆化は、スペクタクルの社会の有害な影響のもとに政治の高潔性を汚してしまう嘆かわしい逸脱であるどころか、むしろ民主的な公共空間とメディア的な公共空間が分かち難く結ばれていることを明らかにするものなのだ。

ここで、本章の冒頭に挙げたボナパルトの名声についてのスタール夫人の引用に立ち戻ることにしよう。夫人が危惧を表明していたのは専制政治に対してではなく、著名性の独占に対してであった。すなわち、権力を行使するだけに満足せず、あらゆる形の名望へと支配を広げようとするナポレオンという人物に大衆の好奇心が占領されてしまうことを、彼女は恐れていたのである。スタール夫人自身も名声の誘惑に対して鈍感ではなかった。夫人を嫌い、恐れていたナポレオンは、セント゠ヘレナにあってもなお彼女による「名声の濫用」[142]を揶揄することになるだろう。それまで作家たち、芸術家たち、役者たちによって踏みならされてきたこの分野に介入することによって、政治権力はその様相だけでなく、文化への関わり方も変化させた。たとえば、ラシーヌがルイ十四世の名声に嫉妬している姿は想像し難いだろう。だがそれとは逆にスタール夫人やシャトーブリアンは、文学における知名度を政治的野心に奉仕させるのに躊躇しなかったし、あたかも皇帝の栄光と作家の名声との間には、もはや本質的な差がなくなったとでも言わんばかりに、ナポレオンの著名性をモデルにした。そしておそらく彼らは正しかったのだろう。というのも著名性の固有の特徴とは、まさに異なる分野を出自とする著名人を等価に置くことだからである。今日の新聞が発表する人気の人物ランキングで、政治家や歌手や芸術家が肩を並べ、しかも同じテレビ番組に出演し週刊誌の同じページに掲載されたりしているのも、これと同じことではないだろうか。

メディアの光の中心にいる著名人を、称賛者であれ、敵対者であれ、物見高い観客であれ、等しく無名である他のすべての人々と対比させ、「全人類を無名の存在にしてしまう」影響力の大きさを前にしての苦悩は、この新しい状況に直面した作家たちの反応であった。そのことを最もよく表現しているのはシャトーブリアンである。激しい口調のパンフレットで皇帝を攻撃したあげく、彼はナポレオンの変幻自在の名声の虜になってしまう。彼が最も偉人らしい態度を見せるのは、皇帝の肖像画を前にしてポーズを取ったときなのである。ナポレオンが行使する影響力は、彼の目にはもはやブルボン家の王位を剝奪したことからくる政治的専制ではなく、彼の死後までもすべての同時代人を凡庸で無名な存在におとしめてしまう支配力の強さなのである。したがって、『墓の彼方からの回想』の第二十五巻は次のような文章から始まる。「ナポレオンとともにすべてが終わってしまったのではないだろうか。私は何か他のことについて話せばよかったのか。彼の他にいかなる人物が興味をかき立てることができるだろうか。(中略)今や私もその一部である無数の取るに足りない人々のことを、大きな太陽が沈んでしまった舞台上に取り残された、怪しげな夜にうごめく存在であるわれわれのことを小声で話さねばならないかと思うと、私は顔を赤らめるしかない(143)」。

# 第7章　ロマン主義と著名性

一八〇八年、ナポレオンはエルフルトで新たに同盟を組むこととなったロシア皇帝アレクサンドル一世と、ヨーロッパの錚々たる君主たちの居並ぶ前で会見を行った。皇帝ナポレオンの要請により、タルマも他のコメディー＝フランセーズの俳優たちとともにこの旅に同伴し、フランス演劇の豪華絢爛さの一端を披露した。だがナポレオンはそれにとどまらず、ゲーテに会いたいという希望を表明したのである。彼がドイツの大作家に対して捧げたこうしたオマージュは意義深い行為とみなされた。ナポレオンはゲーテを二十五歳にして有名にした『ウェルテル』について熱を込めて語り、この作品を何度も読み返したと言った。タルマとゲーテはここで知り合いとなり、のちにゲーテが居住しているヴァイマールでも再び会った。タルマはゲーテの作品がパリのどの家庭のテーブルにでも見出されることを請け合い、ゲーテにぜひパリに来て暮らすようにと促した。

タルマ、ナポレオン、ゲーテ。ヨーロッパの中心地における、俳優、政治家、詩人の三人の出会いは、十九世紀の幕開けにおいて著名性の新たな影響力を示す強烈なシンボルである。この文脈において一頭地を抜いているのが皇帝ナポレオンであることに疑いの余地はない。だがここで思想、政治、文化の三つの世界を代表する偉大な人物たちを結びつけている関係は、伝統的なメセナの関係ではないだろう。「あなたは人物です」、皇帝はゲーテを迎えるにあたってこう語りかけたと言われる。このやや謎めいた言い回しについて、ゲーテはそれから何年も経ったのちになお解釈を重ねようとしているが、ともあれこの言葉は著名人が後光のようにまとっているオーラをよく言い表している。ゲーテを出迎えるナポレオンは詩人に敬意を表明している君主には違いないが、それと同時に、著名な作家に会いたい欲求を満たそうとする一人の読者でもあった。

ナポレオン、ゲーテ、タルマは一八二一年から三二年までの十年の間に相次いでこの世を去るだろう。彼らの共通点とは、そのとてつもない著名性は別にして、創造神的英雄、独創的天才、超絶技巧的俳優というロマン主義的神話への移行を体現している点である。「ロマン主義」という言葉は文学史の中で精彩を失い、繰り返し使用される中で貶められてしまった。だが、この言葉は十九世紀前半の文化的背景の概要を言い表すのになお有用であり続けている。この時代はまず最初に、印刷物の発達の加速と文化産業の誕生により特徴づけられる。伝統的な時代区分によってこれまで理解されてきたのとは反対に、この時代には真の意味での断絶は見られない。それよりはむしろ前の世紀に始まった変動がより深まっていった時期なのである。一時間あたり何千ページを印刷することができる蒸気式印刷機の発達により、新聞の印刷部数は著しい伸びを示し、書籍は新しい中流階級が担い手となることで、より日常的な消費対象となった。舞台芸術の経済は変貌を続け、大陸ヨーロッパにおいてもイギリスの状況に接近するようになっていく。すなわち、劇場の宮廷からの独立、大衆的なコンサートや商業的興行の増加、広告の飛躍的増大は大都会の都市文化を変容させてしまった。文学的・芸術的・音楽的運動としてのロマン主義は、文化的生活のこうしたメディア化の拡張に大きく依存しているのである(1)。

ロマン主義の第二の特徴は、感情の表現や、個人のアイデンティティ構築における主観性の肯定、純粋な個人間の関係といったものが重視されることである。そこに認められるのは愛や崇高性や強烈な感情の理想化だけではなく、ロマン主義が正当にも結びつけられる内省性が文化として一般化することである。この新しい感性は、とりわけ作品にあまねく登場する芸術家あるいは詩人の地位の向上となって顕れる。抒情詩は一、二世代前には考えられもしなかった内面的情動の表現にまさに適合した文学形式である。問題は当然それらの感情が本心からくる真実なものであるかどうかではなく、それらが「自己」の概念と、文学的・音楽的コミュニケーションの正当とされる形式を同時に変容させてしまうことなのである。自らの正体を暴いてみせる代わりに、作家は繊細で世間から理解されない天才として、力強い創造者として、あるいはメランコリックな主人公として自ら作品の中に登場する。[2] こうして芸術家が新しい形で姿を現すことによって、読者あるいは観客の主観性も同時に肯定することになるのである。この新しい美学は、もはや古典主義的な規則や旧体制の社会的ヒエラルキーによって規定されたものではなく、大衆の快楽に左右されるものなのだ。スタンダールがかなり早い時期から要約してみせたように、「ロマン主義とは、諸国の民衆の習慣なり心情なりの現在のあり方に従って、彼らにあたう限り最大の快楽を与える可能性がある文学作品を提供する技術のことにほかならない[3]」のである。

文化的生活のメディア化、そして創造者と公衆との直接的対話の理想というロマン主義のモーメントを特徴づけるこれら二つの点は、その見かけ上の矛盾にもかかわらず相互補完的である。新しい広告のテクニックに熟達した抜け目のない書店主や興行主たちは、苦悩し、あるいは勝ち誇る自我を演出しようとする芸術家と、彼らに熱狂し同一化したいと望んでいる読者との出会いを促進する。実にしばしば、ロマン主義芸術家というのは自己宣伝の達人であるとともに偉大な感傷家なのである。彼を慕う公衆もまた完全に騙されているわけではない。しかし、ロマン主義の開花と勝利とを下支えしてきた文化産業は同時にロマン主義から軽蔑される対象ともなる。それは産業としての文学や低俗な音楽、あるいはブールヴァールの大衆劇場に対して繰り返される告発を見てもわかることである。つまり、著名性はこうした矛盾に囚えられているのだ。著名性は次第に文学的・芸術的・音楽的生活を特徴づけるものとして定着していったが、それは同時に芸術家と公衆とを向き合わせる情熱的な出会いというロマン主義の理想と、台頭するマス・カルチャーという夢のない現実との二重性に苦慮することになる。この現象の政治的な存在形態に至るまですべて、この変動に影響を受けないものはない。専制君主であろうが、革命の指導者であろうが、今後は誰もが公共性という制約と折り合いをつけなくてはならないのである。

## バイロマニア

エルフルトでのナポレオンとアレクサンドル一世の会見から数年も経たないうちに、バイロン卿が公共の舞台に鳴り物入りで登場したことは、著名性の文化にとっての重要な一段階であったことは否めない。バイロンのヨーロッパ全土にわたる並外れた名声は過剰に描写され、コメントされ、非難の的になった。バイロンという契機はなお一層強烈な衝撃とともにルソー的逸話を再現することになる。

ジョージ・ゴードンはイギリス貴族階級の古い家系とスコットランド貴族との後継者であった〔イギリスの詩人バイロン（一七八八―一八二四）の正式名は第六代バイロン男爵ジョージ・ゴードン。父はイギリス貴族のバイロン家、母はスコットランド貴族のゴードン家の出身〕。出版したいくつかの風刺詩がいずれも注目されずに終わったあと、スペインとギリシアを旅して、英国上院の政治家になるか、あるいはより不確かな詩人としてのキャリアを取るかで迷った末、一八一二年に『チャイルド・ハロルドの巡礼』を出版した。この地中海沿岸におけるメランコリックな貴公子の体験をつづった擬古文調の長篇詩は、驚異的な成功を収めることになった。「この書物はすべての家庭のテーブルに置かれ、作者はあらゆる会話の話題に上っていました」とデヴォンシャー公爵夫人〔イギリスの小説家エリザベス・キャヴェンディッシュ（一七五九―一八二四）のこと。スタール夫人とも文通〕も証言している。バイロンは流行の詩人となり、すべての人々の話題に上る人物になり、彼に会った人は誰でもそれを自慢したがった。アンナ・イザベラ・ミルバンクはこの頃バイロンに出会い、三年後には彼と結婚するのだが、若い詩人を取り巻く熱狂ぶりに驚いている。彼女はバイロンに対するほとんど集団ヒステリーとも言えるこの熱狂を言い表すのに、「バイロマニア」[4]という語を編み出した。それからの数ヶ月はバイロンの成功が衰えることはなかった。夢想にふける物憂げな主人公というテーマを再び取り上げたバイロンの新しい詩もまた再び大成功を収めた。『海賊』は一八一四年二月の出版当日から一万部を売り上げたが、それは当時としては驚異的な部数であった。

しかしバイロンの成功は、この頃からすでに単なる文学的現象ではなくなっていた。すべての興味が集中し、称賛なり非難の対象となったのは彼という人物に対してなのである。波乱に満ちた人生や非難の的となった振る舞いはスキャンダルの種となった。恋愛関係はあらゆる推測の対象となった。彼の結婚は破綻し、妻は一年間の共同生活ののちに別離を勝ち取った。バイロンは地獄のような噂の渦中の人となり、一八一六年にはイギリスを離れて二度と戻ることはなかったのである。その続きは、どちらかというと歴史というよりはロマン主義的伝説のようである。憂鬱に沈んだバイロン卿はなおもジュネーヴの湖畔で、さらにはヴェネツィアからピサに至るまでずっと華々しい恋愛と詩作品の執筆を続け、ついにはギリシア人の側に立ってギリシア独立戦争に参加し、三十七歳の若さでメソロンギで亡くなった。彼の思いがけぬ死はヨーロッパ全体にショックの波を引き起こした。バイロンのことをあれほど誹謗したイギリスの新聞でさえも称賛の記事を載せた。彼のことを知らなかった若者たちも絶望の叫びをあげた。大陸側ではボエームと呼ばれた洒落者たちが目立つ喪服を身に着けた。実際には詩人は高熱で亡くなったのであり、本当に戦いに参加したのではなかったが、ヨーロッパの若者たちにとって彼は英雄的な人物になった。ギリシア国民を解放する英雄であり、詩の才能と武勇を兼ね備えた人物として、ロマン主義的な英雄崇拝におけるナポレオンにしばしば喩えられたのである。バイロニズムは単なる著名性の範疇を超えて、神話の領域に入ることになった[5]。

バイロンの存命中からすでに、彼の著名性は本来の文学における詩的才能の認知という範囲をはみ出ていた。その名声が開花した一八二〇年代から三〇年代は、イギリスだけでなく、ドイツやフランスにおいても、バイロンがその世代のあらゆる人々にとってロマン主義詩人の最も完成した人物像として立ち現れた時代だったのである。だが彼が未だイギリスにとどまっていた数年間における最初の成功は、どちらかといえば文学的成功とスキャンダラスな名声との前代未聞の融合からくるものである。人々の噂や裁判沙汰により増長させられた名声は、イギリス上流社会が輩出する悪魔がかった人物が大衆の目にさらされる際の特徴的な現象であった。[6]『チャイルド・ハロルド』の成功は、新聞で報道される噂に支えられた尋常ならぬ好奇心に引き継がれることになった。バイロンには何人もの愛人がいるとされたり、同性愛まで告発されたり、異腹の姉との近親相姦的関係も取り沙汰された。また、結婚生活の失敗は世間を騒がせた裁判へとつながった。すでに一八二一年には、バイロンへの関心が「詩的」であるよりも「個人的」なものであると『ロンドン・マガジン』が書いていたのである。[7]

著名性におけるこうした文学とスキャンダルのメカニズムの交錯は、バイロン自身が非常に意識的に彼の人生と作品とをたえず混同し続けたという事実により効果的なものとなった。彼の作品に登場する人物たち（ハロルド、海賊、異教徒、マンフレッド、ドン・ジュアンなど）は、まるで家族のようにお互いに似通っている。みな冒険的な人物であり、性的魅力も大いに備えており、心底からメランコリックでかつ無気力、ときには絶望を覚えている人物であり、しかも異国的な環境の中で行動する。だが、バイロン的主人公は彼らに劣らずバイロン自身によって体現されている。彼は極度の美形と身体的障害（彼は内反足で、そのためいつも足を引き摺っていた）を兼ね備え、遠い地平に憧れ、心を蝕む憂愁を抱え、社会的因習には公然と反抗し、これ見よがしに反道徳的な態度を振りかざしていた。バイロンは世間一般の道徳的因習に屈することを拒み、その時々で嘲笑的であり、人を魅了し、また不幸な姿を見せる理想主義的で幻滅した反抗者という人物像を創造し体現していたのである。この人物は十九世紀ヨーロッパのロマン主義的文化に大きな衝撃を及ぼしたばかりでなく、大衆文化にも深い影響を与えたと言ってもまだ言い足りない。二十世紀の多くのスターたちも彼の特徴を模倣することになるだろう。

バイロンは自らの詩に描かれた自伝的な要素を巧みに維持していた。すでに『チャイルド・ハロルド』の最初の版にしても、作者自身の地中海への旅を移し替えた物語であることは明白であった。しかも、中世を舞台とする虚構はほんの表層的なものにすぎない。一八一六年に追加された二つの歌においても、自身の恋愛経験についてほのめかしている箇所がところどころに巧みに織り込まれている。『マンフレッド』においては、確かに慎重に包み隠されてはいるが、大胆にも異腹の姉との関係が暗示されている。多くの読者は、作者の秘密や謎、彼の弱点や偉大さをより深く理解し、これほどまでに有名で魅力的な人物に対する好奇心を満たそうとしてバイロンの詩を読むのである。

バイロンの著名性は、詩作品や文学史における詩人の位置づけに無関係な周辺的な伝記的事実ではなく、その本質的な要素なのだ。バイロンが残したものはロマン主義的で、反抗的で、メランコリックな人物像や、ある世代から称賛される詩の集大成であるばかりでなく、ほとんど覗き趣味に近い好奇心に満ちた読者と、露出狂になりかねないばかりに不品行な詩人との交流のモデルでもあった。詩的虚構は巧みに曖昧な部分を残しておくことによって、著名性のメカニズムに非常に有効に働いた。チャイルド・ハロルドや海賊、マンフレッド、ドン・ジュアンがバイロンの分身であることに疑いはないが、では自伝的な要素と虚構の割合は正確にはどうなのか。バイロンは自在にこの曖昧さを操ってみせることによって、読者の好奇心を新聞がその役目を担っている伝記的事実の暴露からそらし、そこから感情や心のありようについての告白へと導いていく。すなわち作者や登場人物たちへの感情移入や、彼らとのより感情的な関係構築へと導くのである。こうした曖昧さは、謎や秘密の部分を残しておくことによって、読者のもっと深く理解したいという欲求を刺激することになる。それが「親密性の解釈学」、すなわち作品の解釈を通して作者の内面の理解に到達しようとする読み方を促すことになるのだ。(8) これこそがバイロマニアの強力な推進力となる。というのは詩作品の評判と、作家に対する大衆の好奇心と、繊細で悩みを抱える作者の内面に近づこうとする数多くの読者、とくに女性読者の欲求とがそこで混ざり合うからである。

複合的な文化現象である著名性は、「ある朝、目を覚ますと有名になっていた」(9) というしばしば引用されるバイロンの有名な言い回しが一見したところ示しているように、作者と一般大衆との突然で情熱的な直接の出会いに依存するものではない。実際には、トマス・ムーアだけが一八三〇年に伝えているこの一文はおそらく当てにならないか、とにかくのちに回想されたものでしかない。それは同時代の人々だけでなく、歴史家たちまでもが自ら進んで拠り所としてきた青天の霹靂という神話を維持するだけのことである。たとえバイロンの名声が急速に広がったのだとしても、その広がりはそれほど瞬時でもなければ自然発生的なものでもなかった。

バイロンの出版者であるジョン・マレー［イギリスの出版者ジョン・マレー二世（一七七八―一八四三）は『チャイルド・ハロルドの巡礼』などの作品を出版、詩人と親交を結んだ］は、マーケティングの巧妙な手口を仕掛けることによって、彼の成功に大きな役割を果たしている。『チャイルド・ハロルド』の初版の出版時から、マレーは新聞に数多くの広告を掲載したが、売り出すにあたっては相当に限られたエリート向けの比較的高価な豪華版しか出さなかった。(10) また『チャイルド・ハロルド』の最初の成功がメディアに報じられたのは、バイロンと同種の人々によってであった。彼らは上流社会の一員であり、バイロンの評判には通じていなくても名前くらいは知っており、懐古的な詩や、ヨーロッパのグランド・ツアーや地中海の風景への趣向をバイロンと共有し、ロンドンの社交界でバイロンに会う可能性があるような人々であった。ロンドンの上流社会において、バイロンは彼に対して制御不可能で華々しい情熱を表明した奔放なキャロライン・ラムのような、彼に絶対的な称賛を捧げる女性読者を見出したのだが、その上流社会がバイロマニアの最初の温床になったことは、明らかにどうでもいい事実ではない。最初のバイロンへの熱狂を特徴付ける文学的成功とスキャンダラスな著名性との混淆は、まさにそこに根ざしているのである。それに続いてバイロンの名声は都市のブルジョワ階級へと広がっていく。これ以降、彼の作品はおびただしい模倣とパロディーを引き起こすことになる一方で、バイロン的主人公の人物像は、新しい知識階級全体が模範とする存在となっていくのである。

バイロンは数多くの肖像画の流通とともに人々に馴染み深い存在となり、広く知れ渡ることになったため、ジョン・マレーは彼に向かって「あなたの肖像画は版画に刷られ、絵に描かれて王国全土のどの町でも売られている」(11)と断言できるほどになった。(12) 食事によるダイエットを忠実に守り、体重には綿密に気配りするほどひどく外見に非常に気を遣ったバイロンは、定評のある画家に注文して肖像画を版画に彫らせることによって、自らのイメージを思い通りにしようとした。これらの肖像画は、彼という人物の深刻でメランコリックな印象を称揚するようなものであった。だが、彼はすぐさま明白な事実を突きつけられる。イメージが当人を離れ、多かれ少なかれ彼に似た数多の肖像画が一般大衆の需要に応えるべく増殖していったことを認めざるをえなかったのである。こうして誰もが認識することのできる一つの図像的モチーフが誕生した。それは、初期の肖像画と同じようにたいていは横顔か斜め四十五度から描かれ、乱れた黒髪と白くて長い襟を見せた若い男の絵姿であった。

　バイロンの著名性は、彼の生前から急速にヨーロッパ全体に拡散していった。作家たちはここで中継者としての重要な役割を担った。ゲーテはバイロンを称賛し、エッカーマンとの対話でたえず彼の名を挙げた。一八一六年にミラノでバイロンに会ったスタンダールは、彼の前でまるで青年のような態度を見せた。「私は臆病さと愛慕の念に満たされた。もし勇気があれば、涙にむせびつつバイロン卿の手に口づけしていたことだろう」[13]。一八一八年以来、幻滅し絶望にくれる詩人の人物像に対する熱狂は、バイロンの詩が翻訳される前からより広い読者層の心をつかんだ。というのも、フランスの新聞はバイロンの放蕩者としての側面をなお一層強調しつつ、イギリスの新聞で紹介される逸話をそのまま取り上げていたからである。バイロンは、イギリスの新聞においては天才詩人であるとともに邪悪な、だが欲望の対象となりうる人物像として紹介されていた。レミュザ夫人［一七八〇―一八二四。ナポレオンの妃ジョゼフィーヌに侍女として仕え、回想録や書簡集を出版］は『マンフレッド』を読んで、息子に手紙で次のように書いている。「バイロン卿の本を読んで、すっかり魅了されています。結婚する前の若くて美しい娘に戻りたい。そうすれば私はきっとこの男に会いに行って、幸福と美徳へと連れ戻そうとすることでしょう。でも本当のところ、そのために私の幸福と美徳を犠牲にすることになりそうです。彼の心の中には大きな苦悩があるに違いありません。でも私がいつでも苦悩に惹きつけられることは知っているでしょう」[14]。バイロンが読者にいかに大きな影響力を及ぼしたかを表現するために、阿片、アルコール、狂気などのメタファーが用いられた。これほどまでに大きな熱狂ぶりは、もはや言葉では説明できないものに思われたということである。

バイロンが、成功と名声とによってもたらされた威光を喜んで歓迎していたことには疑いがない。だが彼は、それらに起因する束縛をも感じていた。一八一六年にイギリスを離れる決心をしたのは、少しでも平穏を取り戻し、彼を取り囲む貪婪な宣伝活動から逃れたいという欲求からであった。しかし、著名性は彼自身を追い越した。レマン湖畔に滞在中、バイロンはスタール夫人から「身内だけの晩餐」へと招かれたが、そこには彼の到着を首を長くして待ちこがれる部屋いっぱいの招待客たちがおり、あたかも「縁日の見世物となる珍獣」を目にしたように、臆面もなく彼の顔をじろじろと眺めたのである。一人の女性などは畏怖の念と感動に浸るあまり気を失った[15]。この話は、バイロンが亡くなった際にトマス・メドウィンにより出版された対話集に見られるもので、イギリスを逃れてきた詩人が惹き起こす人々の好奇心だけではなく、有名であることにより強いられる隷属状態を例証する語りのモチーフが普及していたことをも証言するものとなっている。これはルソーやサラ・シドンズの場合にも見られたものだ。すなわち、招待を受けた有名人が罠にはめられ、あまりに多くの興味津々な人々に囲まれること、縁日の珍獣の比喩、それに人々の視線の中心となることへの当惑などである。これらのモチーフは何度も繰り返され、取り沙汰されるうちに、しだいに紋切り型へと堕していくのだ。

## 「信徒を教え導く聖職」――シャトーブリアン

ルソーが以前にそうであったように、バイロンは著名作家の原型的な人物となった。その名声は文学的な評判の境界をはるかに超えて、バイロンを良い意味でも悪い意味でも集団的想像が思うがままに焦点を結ぶ半ば現実的でありながら半ば虚構的な人物にしてしまった。彼は、著名性に固有のメカニズムに直面する公的人物となったのである。こうしたバイロンの命運は十九世紀前半のあらゆる作家たちにとって強迫観念のようなものとなった。彼らはあるいはそれを模倣し、あるいは距離を置こうとした。シャトーブリアンは、自身も己の公的イメージに固執していながらも、この有名な同時代人に張り合おうとするあまり、バイロンに倣ってヴェネツィアを歩いては彼の趣味をあげつらい、『アタラ』が出版された際に若きバイロン卿が彼に送った手紙を好んで引き合いに出していた。というのも、シャトーブリアンにも彼なりの『チャイルド・ハロルド』があったのである。すなわち成功が無名の作家を捉え、何の勧告もなしに彼を流行の炎の中に投げ込んでしまう、あの始まりの瞬間というものが。

シャトーブリアンはその頃まだ知られておらず、一七九七年にささやかながら出版された『革命論』も、彼を無名の淵から救い出すことはできなかった。だが一八〇一年の『アタラ』の出版は、親友フォンターヌの新聞への巧みな働きかけもあり大成功を収めたのである。モルレ神父のように最も高い地位にある文学者による激情的な批判も、なお一層この本の魅力を高めることになった。シャトーブリアンはいわば世に出たのであった。[16] 彼はイデオロギー的であると同時に美学的な断絶を体現していた。それは、風景の美しさの抒情的表現、朗々と響く言語、そして読者に霊的呪縛をかけようとする欲求であり、この最後のものは宗教の重要性について、あるいは啓蒙思想と大革命の遺産について激しい論争を巻き起こした。しかし彼は同時に、亡命の年月に続いて、有名になりたいという彼の欲求を急に満たすことになった名声を、巧妙に演出する能力も持っていた。このことについて、「彼ほど名声をうまく利用している者は誰もいない」とマテュー・モレ〔帝政期から七月王政期にかけて活動した政治家（一七八一—一八五五）。シャトーブリアンとも親交を結んだ〕は述べている。[17] その数年後、百日天下の頃に、ジョクールはタレーランにいらだった様子で「シャトーブリアン氏は名声の悪魔に取り憑かれていらっしゃいます」[18]と書いて寄こしている。こうした著名性への嗜好、あるいは自身の公的イメージへの過度のこだわりは、彼の人格についての伝説的ともいえる特徴となるだろう。そのほぼ四十年後に『回想録』〔『墓の彼方からの回想』〕を書くにあたり——当時は著名性のメカニズムがこの上なくはっきりと目立つようになっていた——シャトーブリアンはこの始まりの瞬間に立ち戻って、明晰で滑稽でメランコリックな一章をそれに割いている。[19]

人々に心の準備をさせ、本の出版前に著者を売り出すのに必要な道具としての新聞の重要性について述べたあとで、シャトーブリアンは新しさと驚きの効果、論争を巻き起こし人々の心を熱くさせる「著作の奇抜さ」について強調している。著名性は全員の称賛を得たことの結果ではなく、むしろ討論や論争、弁明や皮肉を生み出し、書物や著者をめぐる熱狂を絶えず繰り返し惹起し続ける、ややスキャンダラスな成功によるものなのだ。これを呼ぶのにふさわしい語彙は「風評」、「喧噪」、そして「流行」である。文学的威光の頂点へと向かう規則的な上昇の動きには程遠く、著名性は突然であるとともに激しい「顕現」として、ほとんど「不法侵入」のようなものとして立ち現れるのだ。

こうしたあまりにも急激な著名性は、バイロンの場合におけるように、すでに一種の紋切り型の味わいを持っている。それは啓示あるいは塗油の儀式のような価値を持つものであり、職業的文学者の堅実で勤勉な経歴からはかけ離れたものだ。この点において、彼らの著名性は激しい気性の主人公や軍人との比較というロマン主義的神話に見事に当てはまる。つまり、どちらも急速な勝利を必要とするということだ。しかしこのメダルの裏側として、それは藁についた火のように急であるとともに、はかないものに終わる可能性もある。それを、束の間だけで数年経つともはや理解不能になってしまうような他の華々しい成功と分け隔てるものは何もないのである。一八一九年のテクストにおいて、シャトーブリアンはすでにそうした疑いを表明していた。

作者がすべての望みを賭けた名声を手に入れるやいなや、それは人生の幸福にとって空虚なものに見える。そして名声とは実際に空虚なものなのだ。それは果たして、作者から奪われてしまった安息の慰めとなるだろうか。また彼は、この名声が党派心や時々の状況に由来するものか、確固とした資格に基づく真の栄光なのかをいずれは知ることができるのだろうか。いかに多くの書物が驚異的な人気を博したことか。しばしば数多の凡人や悪人と共有することになるこの名声なるものに、いかなる価値を付することができるものか。[20]

自らの著作の大衆的成功に直面することになったロマン主義作家たちにとって、著名性と栄光の区別は繰り返し見られるテーマである。バイロンの死にあたり、ジョン・クレア［イギリスのロマン派詩人（一七八〇−一八五五）。自然への愛を表現した詩を書いた］は作家の「人気」についての感極まった省察を発表した。その内容は、人気が真の栄光とは異なるものであり、「大衆による称賛の喧しい騒ぎ」は必ずしも永遠に残る名声を予告するものではないという確信に基づくものであった。(21) ここにはキケロやペトラルカから続く古典的なテーマが認められるものの、それが新しい形を取っている。というのも一八二四年においては、大衆の好みなり判断なりを完全に無視することはもはや不可能だからである。クレアがこの文章を書きながら目の当たりにしていたのは、彼自身敬服し生前からシェイクスピアに匹敵する詩人とされたバイロンの驚異的な著名性だったのである。果たして彼は一般規則に対する例外なのだろうか。嵐のように急で激しいバイロンの名声が長続きし、ついには永遠のものとなる栄光が持つ落ち着きと静謐さを獲得するかどうかは未来だけが知ることである。というのも、人偽的で一時的な評判と後世まで続く栄光との対立は、単純で自然な詩を好む一般大衆《コモン・ピープル》という新参者によって、かき乱されることになったからである。したがって同時代の作家たちの人気は、真の意味で両義的なものだ。それは流行の作用や、批評の戯れや、民衆の過剰な熱狂に起因するものだが、それは後世の全面的称賛ほどには望ましくはないものの、ロマン主義詩人として決して無視できない「大衆的名声《コモン・フェイム》」にも拠っているからである。

著名性を経験する者にとって、それは陶然とさせるものであると同時に不安をかき立てるものだ。それは世間から認められるとともに制約を受けることでもあり、栄光に向けての第一歩であるが、あまりにも虚栄心の強い作家に対しては再び閉ざされる恐れのある罠でもある。ゲーテは一八一四年頃に回想録の第三巻を執筆しながら、『若きウェルテルの悩み』の「驚くべき作用」について回想している。この作品は二十五歳にしてゲーテをヨーロッパ中の著名人にしてしまったのであった。彼はその時に「文学の彗星として称えられる」ことに強い喜びを感じつつも、煩わしい大衆の好奇心も経験し、嬉しさと不快さの両者を区別することができなかったという。

最大の幸福であると同時に最大の不幸でもあったのは、予期せぬ形で大胆にも登場したこの奇妙な若者がどんなやつなのかを、誰もが知りたがったということだった。皆が彼に会い、彼と話すことを願い、たとえ遠くにいる場合でも彼について何かしらの情報を得ようとした。その当人はかくして、過度に目立った人々の執心を経験することになったのである。これは時には心地よく、時には厄介なもので、いずれにせよつねに集中を妨げるものだった[22]。

これ以降、ゲーテは自身の著名性の純度を高め、その利点だけを残すことにあらゆる努力を振り向けた。イタリアを旅行した際には身分を隠し通し、半ばスキャンダルがかった文学的評判をこつこつとより古典的な名声へと作り変えていった。それは宮廷作家、ヴァイマールの宮廷顧問としての名声であって、彼の生前からすでに認められていたが、それを大衆の興味ではなく、国民的称賛に基づかせようとするものだったのである。当然のことながら、彼がそれに完全に成功することはなかった。そして晩年の文章でも、エッカーマンとの対話におけるのと同様に、「ほとんど不信と同じくらい有害な[23]」著名性の苦悶についての甘くも苦い見解を匂わせている。著名性は、あらゆる自己満足が得られるものの、公的人物としての役割を演じ、他人についての意見を言うのを控え、とりわけ詩作品を社会生活のために犠牲にしなくてはならない作家にとっては、恐るべき脅威なのである。「もし公的生活や公務から距離を置き、より多く孤独の中で暮らすことができていたら、私はより幸福であったろうし、また詩人としてもずっとより多くのことができていたろう。(中略) 何か一つ世間を喜ばせることをすれば、世間は二度と同じことを繰り返すことができないようにするものなのだ[24]」。

シャトーブリアンもまた、著名性の陶酔とその欺瞞について語るときには、ほとんど同じことを言っている。『アタラ』が出版されるやいなや、彼はもはや自分だけの存在ではなくなった。「私は自分として生きることを止めた。こうして私の公的な人生が始まったのである」。だがこうした人生には代償がないわけではない。もしも成功が有名人に悦びをもたらすにしても、さまざまな制約もまた同時に押しつけられるものである。「頭が回りそうだった。それまで自己満足の悦びを知らなかった私はうっとりとなった。私は女を愛するように、まるで初恋のように栄光を愛した。しかし私は臆病者であったから、私の恐怖心は情熱と同じくらい大きかった。新参兵であった私は、びくびくしながら戦地に赴いたのであった。私の生まれつきの人見知りや、自分の才能についてずっと抱いていた疑いのせいで、私は大成功の只中にあって小さくなっていた。自ら放つ光から身を隠そうとし、栄光からも離れて歩き、頭に冠した後光を消そうとしたのである」。シャトーブリアンが自らの臆病さについて語っているこの回想の物語を、額面通りに受け取る必要はないだろう。しかしながら、この文章の全体を通して、彼が二つの側面を切り離さないように砕心しているのが印象的である。その二つの側面とは、すなわち一つには、有名人が自ら惹き起こした民衆の騒ぎに対して、この上ない楽しみを見出すという「虚栄心の愚かな熱狂」、そしてもう一つは、この突然の人気が生み出す当惑と、自分が自分でないという印象、自分を取り戻すために他人の視線を避けようとする欲求である。シャトーブリアンは、時には女主人が彼が何者であるかまでは知らないカフェで、好奇心に満ちた視線にさらされずに食事をしたいという欲求をもらしている。そのカフェで彼は常連客としては知られているが、有名な文学者であることは誰も知らなかったのである。だからといって、そこでも彼は自分の本の成功を気にかけることを忘れず、新聞を広げて本の批評を探していたが、ぶら下げられた鳥籠のナイチンゲールのおかげで落ち着きを取り戻し、その鳴き声は彼の心を静めたのである。作者が著名性の支配を逃れる方法を探そうとする場面で、このナイチンゲールが描かれることは、ジャン゠ジャックがナイチンゲールの鳴き声を聞きながら星空の下で眠りに就くという、『告白』の一場面を間違いなく思い起こさせる。この連想が十分に伝わらないときのことも考えて、シャトーブリアンは念入りにもカフェの女主人にわかりやすい名前をつけている。彼女の名は……ルソー夫人というのだ！

その数行先では、『告白』の作者への言及はなお明瞭なものとなる。シャトーブリアンは茶目っ気たっぷりに、ルソーの人気のもととなった女性に対する成功を想起させているのだ。「小説を読んで涙する若い女性たち」や、「女性キリスト教信者たちの一群」が、こぞって彼を誘惑しようとしたという。

ジャン＝ジャック・ルソーは、『新エロイーズ』が出版された際に彼が受けた愛の告白の数々や、手にした恋愛上の成功について語っている。私には、女性たちが同じように私に帝国を譲ってくれたであろうかはわからない。だが、私が香水を振りかけた手紙の山に埋もれそうになったのは確かなことだ。もしそれらの手紙が今日ではお祖母さんになっている女性たちの書いたものでなければ、彼女たちがいかに私の手から一つの言葉を奪い取るのに躍起になったか、私が署名した封筒をかき集めていたか、顔を赤くして長い髪から垂れ下がったヴェールのうちにうつむき加減になってそれを隠したかを、程よい謙虚さをもって物語るのにも躊躇したことだろう。

これ以降、著名性は恋愛がらみになっていく。シャトーブリアンは著名作家と女性ファンの間に成立する相互的誘惑について、遠い年月によって隔てられていることによる哀愁味を帯びたユーモアをもって語っているが、そこには一抹の虚栄心もうかがわれる。彼は見せかけの羞恥心とともに「十三、四歳のあどけない少女たち」に見られる危険について強調している。この少女たちは「最も危うい存在であって、自分が何をしたいのか、作家であるあなたに何を望んでいるのかも知らず、誘惑の虜となって、あなたの姿をおとぎ話の世界、リボンと花の世界と混同してしまう」のだという。その危険は現実なのか、あるいは想像上のものでしかないのか。このおとぎ話の世界がことの本質を表現している。作家にとっては、若いファンの女性たちにとってそうであるのと同じように、著名性は幻想にすぎないのだ。それは社会関係の合理性に裂け目をもたらすものなのである。

著名性とそれがもたらす喜び、そしてそれが引き起こす騒ぎの問題は、十八世紀の半ば頃にはまだ理解不可能な新しい現象であったが、もはやそうではなくなった。それは、文化的生活に今やしっかりと根を下ろした現実となったのである。ルソーはそれを最初に正確に描写した象徴的存在であった[25]。ともあれ、問題の変遷は明らかである。ルソーが大衆の好奇心を、疎外や純粋に自分自身でいることの不可能性の経験として捉えていたのに対し、シャトーブリアンは同じテーマをより距離を取って、客観的に取り上げている。彼が書いているところによれば、誤りは著名になろうとしたことではなく、同じ人間であり続けようとしたことなのだ。作者のうぬぼれは、成功が彼を変貌させず、公的人物へと変身することなく単純に生き続けさせてほしいという明らかに非現実的な希望を抱いたことにあった。「私は内心、今日のように口ひげを蓄え、奇抜な服を身につけることなく、普通の人々と同じような身なりのままで、卓越した才能だけで認められることによって、至上の天才であることの満足が味わえるものと思い込んでいた。何と空しい希望であったことか！　私の驕りは罰せられねばならなかった。私が考えを改めたのは、私が付き合わざるをえなかった政治家たちを目にしてからである。名声とは信徒を教え導く聖職なのである」。

「信徒を教え導く聖職」とは真の意味で両義的な、何ともすばらしい表現ではないか。そこにはシャトーブリアンの皮肉を読み取ることができる。というのも、それに続いて彼が言及している著名性が伴う責務とは、リュシアン・ボナパルトの田舎の別荘における逃れられない晩餐のような、社会的・社交界的な制約のことだからである。信徒を教え導く聖職とは、とりわけ『キリスト教精髄』の作者にとって、ロマン主義的作家の精神的指導者の地位の皮肉な裏返しではないだろうか。この表現はまた、有名人と公衆の間に織りなされる関係をも言い表している。このテクストに重なるルソーの影も、こうした解釈を準備するものだ。より目立たない形で、この表現のすぐ後に書かれているのは、二年後の、当時病気であったポーリーヌ・ド・ボーモンとの出会いであり、彼女はのちにシャトーブリアンの大恋愛の相手となり、それは彼女の死まで続く。「私がこの病気に冒された女を知ったのは、彼女がこの世を去る直前であった。彼女はすでに死病にかかっており、私は彼女の苦痛に身を捧げたのである」。夢見る少女たちは、病気に苦しむ別のもう一人の崇拝者に取って代わられたのだ。

著名性は、その対象になる人間にとっては、単なる属性または自分の公的イメージの世間への投影ではなく、その人物を根底から作り変えてしまう。なぜならそれは他人の視線を変形させ、そのことによって、彼が自身に対して持っている認識や、同時代人との関係の性質を、修復不可能なまでに変質させてしまうからである。この一節に見られるシャトーブリアンの強みは、彼が公共の舞台への顕現を果たした瞬間の魅惑的な回想に、名声にあまりにも執着しすぎるという非難を受けてきた老人のより批判的な視線が重ねられているところである。皮肉にも、彼が『回想録』をいよいよ完成しようという頃に、彼は著名性の新たな束縛を見出すことになった。というのも、彼が出版権を譲り渡した出版者が、それをさらにエミール・ド・ジラルダンに譲渡することになり、そのジラルダンがこの回想録を『ラ・プレス』紙に連載しようとしていることを知ったからである。憤慨したシャトーブリアンは「私の遺灰は私のものだ」と抗議したが、その努力は無駄になった。実際には彼の人生の物語はもはや彼の所有物ではなかった。彼は財政難に迫られて、すでに出版権を高額で売り渡しており、彼の畢生の大作は以後、広告主たちの手に渡ることになったからである。

## 誘惑された女と公共の女

シャトーブリアンが恋にのぼせた女性読者の来訪について書くとき、著名性に結びついた誘惑の力という紋切り型を助長させている。著名人のこうしたエロス化については、バイロンが明らかにこれを体現した最大のロマン派詩人であろう。恋愛感情を行動に移したいという妄想が透かし見える女性読者からの手紙を、バイロンの専門家たちは多少の茶目っ気をもって引き合いに出す。たとえばイザベラ・ハーヴェイの手紙は、心ときめくような欲望に貫かれており、バイロンが女性の想像力に与えた影響力の大きさをよく表している。「私があなたに対して抱いている思いに関して、あなたは私が想像に騙されているのだと言われます。それがたとえ幻想であっても大した問題ではありません。だってそれは現実よりもずっと心地いいんですもの。私は永久に現実を放棄します[26]」。バイロンによって保存されていたこれらの手紙は出版され、注釈も付されている。その中には送り主の判明しているものもあれば、匿名のものもある。

著名な詩人やヴィルトゥオーソの音楽家に魅了され、当人に直接会ったり、身を捧げたりすることを夢見ている女性崇拝者の人物像がどのようなものか、自問してみることもできるだろう。それは早くから紋切り型となってしまった男たちの思い込みによる、手っ取り早いお決まりの型ではないのか。バイロンの成功が頂点に達した一八二〇年代には、イギリスの批評家たちは、ヒステリックになった女性読者というテーマを好き好きに展開した。彼女たちはまさに病気であり、文学的ともエロス的とも区別がつかなくなった熱狂の伝染病に冒されているというのである。こうした集団的病理は、彼らの目には深刻な社会的・道徳的混乱の兆候であり、それに対する告発は、十九世紀後半のヴィクトリア朝時代の作家たちによっても、バイロンの正当な作品と彼の著名性からくる理解不可能で不気味な表層的作用とを区別しようとする大学の研究者たちによっても、繰り返し行われてきた[27]。現実にはバイロンはシャトーブリアンと同じく、また彼ら以前のルソーと同じく、多くの読者からの手紙を受け取っていたのである。だが残された資料には偏りがある。というのも、バイロンは彼の自己満足をより強くくすぐってくれる女性崇拝者たちからの手紙を大切に保存していたからである。「女性を喜ばせるために書かない作家がいるだろうか」と彼は告白している[28]。女性読者に関していえば、彼女たちの手紙はしばしば情熱的というよりは火遊びを楽しんでいることがわかる。彼女たちは作者との仲の良さを主張する。作品の登場人物たちには進んで同一化するが、自分が手紙を書く段になると、程よい距離をおいて楽しんでいることを見せびらかすのである。なかにはバイロンが作品の中でやっているように[29]、匿名であることを隠れ蓑にして、私生活のいくつかの事実を明かしつつ、続いてその真実性が不確かであることをほのめかすという対等のゲームを仕掛けてみせる女たちさえいる。だからこの女性読者たちがバイロンのメランコリーを治してあげたいと書いているとき、おそらくはそこにゲームの要素が含まれている。すなわちルソーの女性読者たちがそうであったように、虚構のコードを自家薬籠中のものとして、その両義性を楽しもうという意志が見られるのである。

著名作家に魅了され、この作家と文通するまでになる女性読者は、ついに小説の主人公にもなった。シャトーブリアンが回想録の改訂を行っていた一八四四年に、バルザックは『ジュルナル・デ・デバ』紙に『モデスト・ミニョン』という小説を発表した。そこでは地方に住む若い少女が、パリの著名な詩人であるカナリスと文通をすることになっている。文学の威光と著名性の作用についての皮肉な考察であるという点で、この小説はまさに時代と深く関わっている。その前年にはベッティーナ・フォン・アルニム〔ドイツの女性文学者（一七八五―一八五九）。ゲーテとの往復書簡が有名〕の手紙がフランス語に翻訳され、その書評を書いたバルザックが主人公に『ヴィルヘルム・マイスター』から取った姓を、その姉にはベッティーナという名前を与えているのは、この上なくはっきりとした引喩であろう〔ゲーテの小説『ヴィルヘルム・マイスターの修行時代』（一七九六）にはミニョンという名の少女が登場。またベッティーナはバルザックの小説の主人公モデストの姉の名前〕。ベッティーナの書簡の出版は、著名作家に宛てられた手紙というルソー以来尽きることのない実践[30]に、一般読者の注意を引きつけたのである。バルザックはそのことをよく理解していた。というのは、彼自身が読者から男女を問わず数多くの手紙を受け取っていただけでなく、この小説が献呈されたハンスカ夫人との交際が、そもそも手紙のやりとりから始まっているからである。

小説においては、主人公モデスト・ミニョンの詩人カナリスへの関心は、二つの段階を踏みながら高まっていく。最初は同時代の文学、とりわけルソーからバイロンやゲーテまでの大作家に対する激しい情熱が、少女を「天才への絶対的崇拝」へと導いていく。地方の味気ない生活の中で、文学は彼女がヒロインになれ、小説の主人公のような人物たちで満たすことのできる想像の世界という隠れ家を提供してくれるものだった。ここではバイロン的な要素が強調される。モデストがイギリス人たちが船から降りるのを見るためにル・アーヴル港を散策する際にも、彼女はそこに「迷子のチャイルド・ハロルド」が見つからないことを残念がるのである。それに対して、このロマネスクな欲望を燃え上がらせた火花は、一つの「不毛でばかげた偶然[31]」、すなわち詩人の肖像画を発見したことであった。

モデストは本屋の店先で彼女が気に入っている作家の一人、カナリスのリトグラフの肖像画を見た。こうしたスケッチ画がいかに欺瞞に満ちたものかはご存じだろう。それは意地汚い投機が生み出した作品であり、そこでは著名人の顔が万人の所有物であるかのように、彼らの人格が攻撃にさらされるのである。さてこの肖像画のカナリスはバイロンのような姿で描かれ、皆から崇拝されるように髪の毛は風になびき、首を露わにして、すべての吟遊詩人がそうでなくてはならないように額は異様に大きかった。ナポレオンの栄光が草人形の元帥を数多く殺させたのと同じくらい、ユゴーの額は多くの人の頭を剃らせたのであった[32]。

バルザックは皮肉であることをややあからさまに強調しつつ、こうした凡庸な肖像の流布を助長するような卑しい商業的動機を小説の中心に導入している。それらの肖像画の曖昧さは、それらが広告媒体であるという意味で低俗であるのと同時に、それらが誰が見てもわかるような真の天才たちの特徴を再現しているという点で堂々としたものだということだ。バイロンやユゴーが引用されているのは偶然ではないし、もちろんナポレオンもそうである。これが著名性の力である。偉人たちの知名度を利用する商業的で破廉恥で何の価値もない肖像画が、正真正銘の熱狂を引き起こすのである。モデストはこの「金儲けの必要性から崇高に描かれた姿」に魅了されて、カナリスに手紙を書こうとする。しかし、詩人の名前で彼女への返事を書き、たちまち恋愛感情に満ちた手紙のやりとりを始めるのは、カナリスの秘書なのである。こうした物語のカンバスは著名性について考えるいい機会を提供してくれる。とりわけ本物のカナリスが、モデストが急に手にした財産に興味を抱いてル・アーヴルまでやって来るものの、数日で著名性のオーラを失ってしまうところなどはそうである。彼がそこで発見するのは、たとえ「人々の好奇心が「名声」によって激しくかき立てられる」としても、その興味は一時的で長続きはせず、本人に実際に会ってみるとたちまち消え失せるものだということだ。「栄光というものは太陽と同じで、離れていれば熱くてまぶしいが、近寄ってみるとアルプスの頂のように冷たいのと同じである」[33]。天才は本人自身には何の魅力もなく、著名性に媒介されることによって初めて、幻覚でしかない威光で飾り立てられるのである。

小説の最後の方では、思いがけない父親の凱旋によって金持ちになったモデストに、三人の花婿の候補者が与えられる。伝統的エリートを代表する貴族、有名詩人のカナリス、それにおとなしい秘書のエルネスト・ド・ラ・ブリエールである。エルネストは裕福さにおいても、才能においても抜きんでることはできないが、愛情の誠実さによって最後には勝利を収める。これをブルジョワ的エピローグと呼ぶべきだろうか。あるいはそうかもしれない。だがバルザックの巧妙なところは、モデストがカナリスに熱中したといっても、それはいくつかの詩や肖像画によってかき立てられる熱狂的な恋愛感情とは程遠いものだったことを示唆していることにある。モデストは見かけほどにはナイーヴではなく、慎重に詩人の結婚生活の状況について情報を集めているのだ。彼女はメディアによる著名性を、夢見るための手段として、周囲の物足りなく無味乾燥な世界から逃れるための手段として利用するが、受動的な読書に満足せずに積極的にゲームに参加し、自ら物事の展開の手綱を握ろうとする。彼女の最後の決断は向こう見ずでも衝動的でも何でもない。本屋に肖像画が飾られているような詩人との牧歌を最初は夢見て、自分の世界とは異なるメディアによって作られた世界に身を置きはするが、夫を選ぶ段になるとじっくり時間をかけて決断し、候補者の競争を楽しみつつ最も良識的な相手を選択するのである。

だがそれでも著名人によって魅了される女性、あるいはややアナクロニズム的な言い方をすればグルーピーのモチーフは、著名性への関わり方の根本的な非対称性を表している。シャトーブリアンにおいても、バイロンの場合と同様に、著名人は女性読者を魅了しつつ、あまりに過度な熱狂から身を守らなくてはならなかった。著名な女性は、それとは逆に非難される、不当な人物である。彼女が一般大衆を誘惑する潜在的可能性をもつことは、必然的に不道徳なものであり、彼女を淫らな女、あるいは高級娼婦の地位に貶めてしまうのだ。「公共の女《ファム・ピュブリック》」という表現が長い間、売春婦のことを指すものであったのは、決して些細な事実ではない。女性文学者にとっては、公共の場に出ることは女性としての貞淑と慎ましさの価値のすべてを脅威にさらすことなのだ。一八五二年にハリエット・ビーチャー＝ストウは『アンクル・トムの小屋』で大成功を収めた。それは奴隷廃止を謳ったベストセラーとなり、初年度からアメリカで三十万部を、イギリスでは一五〇万部を売り切った。出版社が企画した宣伝ツアーの際には、しばしば彼女は女性用にしつらえられた席に人目を避けて座り、父や兄が壇上に立って代わりに話をしていた。[34] だが同じ頃に変化の兆しも見え始めていた。一八四八年に『ジェーン・エア』が成功を収め、作者の正体や性別に関する疑惑が取り沙汰されたあとで、シャーロット・ブロンテの人気はこの上なく高まったのである。一八五五年にシャーロットが死亡したときには、エリザベス・ギャスケル［イギリスの小説家（一八一〇―六五）。『シャーロット・ブロンテの生涯』（一八五七）を発表］がやや小説風に潤色された彼女の伝記を発表し、これによって末長く女性作家の正当なイメージが確立されることになった。

フランスにおいては、ジョルジュ・サンドの事例が象徴的である。小説においてはもちろんのこと、公的生活や政治への関与においても、波乱に満ちた男女関係においても有名であった彼女は、絶えず攻撃の波にさらされていた。だがサンドは慎重を期して一八三二年の最初の小説からペンネームで出版し、ジョルジュという男性の名前を選んだ。のちにこれに倣ったのがもう一人の女性作家、ジョージ・エリオットである。[35] 他の多くの女性作家と同じように、サンドは匿名で作品を出版したいとさえ望んでいた。そこで出版者は商業上の理由から、彼女にペンネームを用いるよう促したのである。実際には『アンディアナ』の成功にもかかわらず、最初の頃にはある程度の匿名性を維持することができていた。しかもその後も長い間、少なくとも彼女の名前しか知らない読者に対しては、作者の性別についてある程度の疑問を保持し続けることに成功したのである。まさに名声の絶頂期にあったその二十年後に出版した『我が生涯の記』においても、彼女はなお匿名でいたいという欲求を表明している。ただここに謙遜の義務と率直さを見出すのは容易ではないのだが。「好みから言えば私は文学という職業を選ぶつもりはなかったし、まして名声などは望んでいなかった。（中略）私は無名のままで生きていたかったのである。『アンディアナ』の出版から『ヴァランティーヌ』に至るまで、私はうまく無名性を保っていたおかげで新聞もずっと〈ムッシュー〉の称号をつけていたほどだったから、この小さな成功も、座って仕事をする習慣や、私と同様に無名の人々の間で交わされる親密さも、何ら変わることがないだろうと期待していたものである」。だがこうした望みもたちまち打ち砕かれてしまった、とサンドは続けて書いている。彼女は物見高い人々やしつこく付きまとう人々の来訪を受けるようになり、その中には善意の人もいれば、悪意を持った人もいたのである。「ああ、いずれ私はどこにいても安息を追い求めるようになり、ジャン＝ジャック・ルソーのように孤独を求めて虚しく奔走することになるのだろう(36)」。

伝記集『今日の著名人』において、ルイ・ジュルダンとタクシル・ドゥロールはこの書物に唯一登場する女性であるジョルジュ・サンドの肖像に先立って、女性の著名人に関する序文を載せている。私生活が誹謗中傷にまみれた有名な女性について、どう書けばよいのだろうか。著名人の公共性をもって、その人物に向けられる関心を正当化するための言い訳にするというよくある議論は、ここではそれに劣らず古典的な女性の慎みという、女性の私生活についてのいかなる取材も不謹慎なものとするテーマと衝突することになる。

いかなる権限をもって伝記作者は女性の私生活に立ち入り、彼女の恋愛や、嫌悪や、反抗や、弱点について読者に語ることができるというのか。だがこの女性は並外れた才能を持っているのだと人は言うだろう。彼女は芸術家または詩人であり、歌い、文章をものし、絵も描き、彫刻もする。したがって彼女がどういう人物か、どのような生活を送っているか、どのように愛し、思い悩んでいるかを知りたいという読者の欲求はまことに正当なものだというわけだ。しかし、だからと言ってその欲求を満足させる権利があるのか、あるいはその目的のために女性の私生活を詮索し、彼女の行動や発言についてとやかく言ったり、彼女の感情をいじり回してそれを嘲ったり歪曲して伝えたりする権利があるのかというと、そうではないだろう(37)。

女性作家により重い制約がのしかかるこうしたジェンダー化された著名性の構造は、こののちも長く続くことになる。世紀末においても、さらにはベル・エポックの時代においても、一方では成功と著名性の欲求、他方では女性に課される慎みと家庭への奉仕という価値観の間で、女性作家たちは依然として思い悩んでいた。公的人物でありつつも、社会的規範にあまりにも真正面から対立する側に立たないようにするためには、どうすればいいのだろうか。女性の著者によるあまりにも表立った慎みの表明は、今や批評家たちによって著名性への密かな欲求とみなされるだけに、こうした実践はなお一層難しいものとなる。そして少なからぬ女性作家がこの恐るべき矛盾の罠にはまり込むことになったのである(38)。

## ヴィルトゥオーソたち

十八世紀と同じく十九世紀においても、舞台は女性著名人にとって特権的な、ほとんど唯一正当化されるメディアであり続けた。それはスペイン人の女性歌手マリブラン［マリア・マリブラン（一八〇八－三六）。ロンドンでロッシーニの『セビリアの理髪師』に出演してデビューし、絶大な人気を博するが早世］のヨーロッパの全オペラ劇場を回るツアーに始まり、コメディー＝フランセーズの舞台におけるマルス嬢［フランスの女優（一七七九－一八四七）。一八三〇年にユゴーの有名な『エルナニ』公演にも出演］やラシェル［フランスの女優（一八二一－五二）。コルネイユやラシーヌの悲劇で人気を博した］の成功に至るまでそうである。ラシーヌの『フェードル』での成功のあと、ラシェルはコメディー＝フランセーズにおいてきわめて有利な金銭的条件を交渉で勝ち取り、他の座員たちは収入を大きく減らすことになったが、それでもこの悲劇女優の名声の前に屈服せざるをえなかったのである。[39] 一八五八年の彼女の死は、おびただしい量の称賛や、逸話の数々、伝記類の出版、彼女の自筆サインの収集、あるいは私的な事実の公表を引き起こした。『フィガロ』の編集長は何週間も前から記事を準備しており、彼女の死に乗じて、その翌日には「著名な悲劇女優についての逸話、自筆サイン、この上なく刺激的で多岐にわたる五十通の手紙からなる」特集号を出した。[40]

劇場は、欧米の主要各都市の文化的生活の中で十八世紀以来それが果たしてきた中心的役割を占め、聴衆に人気俳優を供給し続けていた。パリにおいてラシェルが悲劇のヒロイン役を演じて大成功を収めていたのと同じ頃、フレデリック・ルメートルはブールヴァールの劇場において、大衆向けの喜劇やドラマでマリー・ドルヴァルを相手に掛け合いを演じ、悪漢ロベール・マケールを喜劇的な人物に作り変えて見せていた〔ルメートル（一八〇〇―七六）とドルヴァル（一七九八―一八四九）は、一八二七年にメロドラマ『三十年間、またはある賭け事師の一生』で共演して人気を得た。またならず者ロベール・マケールの演技はルメートルの当たり役となった〕。英語から輸入された「スター」の語は、これらの花形俳優たちを指し示すのに使われ始めていた。ロンドンでは、ドルリー・レーン劇場の押しも押されぬスターであるエドマンド・キーン〔イギリスの俳優（一七八七―一八三三）。シェイクスピア作品で成功を収めた〕が、劇における演技だけではなく、自ら培った神秘めいた人物像で人々の注意を引いていた。親譲りの俳優である点でキーンの社会的出自はバイロンとまったく異なっていたが、バイロンと同じくその名声は、すぐに認められた才能と民衆がすべてを知る波乱に富んだ私生活との結合によっていた。派手に騒がれたバイロンの離婚の数年後、彼は数ヶ月間イギリスの新聞の話題を独占した裁判ののち、姦通により有罪とされた。だが二人の類似点はそこまでである。キーンはロマン主義的でメランコリックな主人公を体現していたわけではなく、大道芸人的で移り気な人物であった。いつでも自分の生活を進んで見せ物にし、奇矯な行動で奇想天外な噂を立てられるのを見ては、ほくそ笑んでいた。新聞は彼のセックスやアルコール絡みの無分別な行動を書き立て、ペットのライオンに生きた動物を餌として与えているとか、ボクシングの試合にグローブをつけずに臨んだなどと書いていた。[41] シェイクスピア劇の俳優として、また常軌を逸したスターとして、絶えずスキャンダルの匂いが彼につきまとったイギリスでも、二度にわたって訪ねたアメリカでも、彼の死の三年後にアレクサンドル・デュマが彼を主人公とする劇作品［『キーンあるいは自堕落と天才』（一八三六）］を書いたフランスにおいても、キーンは同時代の人々に深い印象を与えたのである。

結局のところ、そこに新しいことは何もない。著名性の分野において、ロマン主義時代に革命が起きたのは、演劇よりもむしろ音楽についてなのである。十八世紀においても、音楽にはヘンデル、グレトリー［ベルギー出身の作曲家（一七四一–一八一三）。ヴォルテールによってパリに呼ばれ、オペラ＝コミックで活躍。代表作は『リチャード獅子心王』（一七八四）］、グルックなどの作曲家や、カストラートのファリネッリやテンドゥッチのような歌手はいる。だがその頃の音楽はまだその起源である宗教の影響や、またそれが教会や貴族たちの間で最もしばしば演奏されたという時代背景の影響を残していたので、限られた文化的エリートの特権にとどまっていたのである。実際のところ、彼らの成功にもかかわらず、グルックも、またハイドンでさえも、愛好家や庇護者たちの狭い集団を超えて本当の著名性を獲得することはなかった。確かに幼い頃のモーツァルトは、六歳で最初のヨーロッパ巡業を行ったときに、ロンドンやパリの聴衆を驚嘆させた。だがその著名性は神童という人物像によるものであり、創造者としての天賦の才が生来のものだとする当時の新説を体現すると考えられたのである。[42] モーツァルトが成長するにつれて、こうした意外性と驚きは次第に失われていった。たとえ彼の音楽に対する評判が、ザルツブルクでの挫折にもかかわらず、ウィーンでの後年の成功に至るまで愛好家たちの間で高かったとしても、もはや幼い頃と同じような熱狂を引き起こすことはないことに甘んじねばならなかったのである。モーツァルトは一七七八年におけるパリでの聴衆の反応に苦い失望を味わい、多忙な社交界の人々を相手に、どちらかといえば無関心な雰囲気の中で演奏しなければならず、お座なりの興味以上の反応を得られなかったとこぼしている。[43] それに反して、十九世紀の前半には偉大な音楽界のスターたちの大成功が見られた。多かれ少なかれ貴族の庇護から解放された公開コンサートの増加や、単独の音楽家によるリサイタルの発明が、演奏の社会的条件を変貌させたのである。[44] とりわけ音楽の地位が変化した。音楽は感性の理想的媒体として、純粋芸術のモデルとなったのだ。こうした音楽への新しい関わり方はグルックの時代に始まるが、それが頂点に達するのはリストが大成功を収めた時期である一八三〇年代から五〇年代までである。ウィーンからベルリンまで、ペスト［ハンガリーの都市。一八七三年にブダと合併して首都ブダペストとなった］からパリまで、ナポリからロンドンまで、数々のコンサートが新しい音楽や作曲家、演奏家に熱狂する多くの聴衆を集めた。「パリでは音楽の奔流に人々が溺れつつある。この音の大洪水を前にしては、ノアの方舟のようにそこから逃れられる家は一軒もない。高貴な音楽芸術が、いわばわれわれの生活をすっかり浸してしまった」と、ハインリッヒ・ハイネは新聞のパリ時評に愉快そうに書いている。[45]

誰もが知るように、それはベートーヴェンがロマン主義的天才の権化となった時代であった。だが彼自身は、その名は広く知られていたものの、生前にはバイロンと比することができるような著名性を獲得していなかった。したがってベートーヴェンの生涯に、十九世紀半ばに彼の名が獲得した絶大な威光を付与するような後付けの再構成を行うことには、慎重であらねばなるまい。確かに、ベートーヴェンには呪われた芸術家としての要素はまったくなかった。彼のウィーンでの経歴は華々しい成功に彩られているし、かなり早い時期から、唯一最高とまでは言わずともその時代の最も偉大な作曲家の一人と見なされ、彼に深い称賛を示し経済的な安定を保証した帝国宮廷の重要人物たちの支持を集めた。だが評判はしだいに大きくなったものの、それは音楽を愛する庇護者たちの集団に限られていたのである。ベートーヴェンの才能は、作品が難しすぎ、厳格すぎ、より広い聴衆に喜ばれそうな形式からはあまりにもかけ離れていると考えたウィーンの一部の聴衆からは非難された。だがベートーヴェン自身は、ほとんど妥協しなかった。オペラ『フィデリオ』の失敗のあとで激怒し落胆した彼は、「私は群衆のために作曲しているのではない」と声を荒げた。こうした非妥協的な態度を貫くことができたのは、庇護者たちの揺るがない支持があったからである。伝説に反し、ベートーヴェンの生涯の大部分は帝国宮廷とウィーンのサロンという伝統的背

景の中で展開されたのであった。(46)

そのベートーヴェンが、ナポレオンの敗北を祝うために書いた作品によって、国際的な名声とオーストリア国内における真の人気を獲得したのは、ようやく一八一四年のことであった。ウィーン会議に際して行われた一八一四年十一月のコンサートで、偉大な愛国的作曲家としての彼の評判が確実なものとなったのである。だがこうした名声も、想像されるほどには長続きしなかった。数日後に開かれた再演のコンサートは、興行的には失敗に終わった。それに続く数年間でベートーヴェンは宮廷における支持を部分的に失い、耳が聞こえなくなったことから、また創造の手法が変化を遂げたことから、しだいに孤立を深めていったのである。ベートーヴェンには変わらず熱狂的な称賛者たちがおり、イギリスやドイツ、そしてアメリカからも作曲の注文があったが、それらは音楽家と愛好家の協会からのものであった。一八二七年の彼の死が大事件となったのは、ウィーンといくつかのドイツの都市に限られていた。この時代のパリでは、まだ彼の作品はほとんど演奏されていなかったのだ。

ベートーヴェンの例は、著名性のメカニズムが単なる際立った評判の効果とは異なるものであることを知らせてくれる。ベートーヴェンが一七九〇年代の半ばというかなり早い時期から、そして一八〇〇年代にはさらに明確に、彼に対して深い称賛の意を示していたウィーンのエリートの一部やヨーロッパ中の音楽愛好家から、手放しの支持を集めていたことには疑いの余地がない。一八一四年の成功のあと、彼の評判はより確実なものになったが、それは英雄的で愛国主義的な作風によっていたのであり、そのあと彼はそこから距離を置くようになった。ベートーヴェンの作品に対する真の愛着が育ってきたのは、主として彼の死後のことである。(47)

ベートーヴェンはこのように一生の間、著名性については周縁にとどまり、たとえばロッシーニほどには人気がなかった。第九交響曲が初演されたのとちょうど同じ年に、スタンダールは「ナポレオンの死以来、モスクワでもナポリでも、ロンドンでもウィーンでも、パリでもカルカッタでも、毎日話題に上っている人物がもう一人いる」と書いているが、その人物とはまさしくロッシーニのことであった。その頃ロッシーニは三十二歳になったばかりで、ナポリとウィーンにおける成功、さらにはパリとロンドンにおける巡業の大当たりが大衆の耳目を集め、新聞からも注目されており、スタンダールはすでに彼の伝記をものしていた[48]。それでもベートーヴェン亡きあと、ロマン主義の音楽家たちによるベートーヴェンの天才に対する熱狂は日増しに募りつつあり、それは音楽や音楽家たちへの新しい関わり方を確立するのを促すことになる。フランツ・リストの並外れた人気はこうした土台の上に拠って立っているのである。

リストはその死に際して、ヨーロッパで最もよく知られた顔と評されたほどであったが[49]、彼もまたベートーヴェン崇拝に力強く貢献した。一八二三年から二四年にかけてのパリでの最初のコンサート以来、神童として早くから名声を得ていたリストは、ピアノの超絶技巧だけではなく、マリー・ダグーとの愛人関係の逸話によって、あるいはサン゠シモン主義の影響のもとに音楽家の社会的地位の向上を主張したり、心霊主義的音楽を提唱したりする挑発的な著述によって、十年後にはパリの人々の間で流行の寵児となっていた。上流社交界でもてはやされ、サン゠ジェルマン界隈の最高のサロンにも迎えられたこのピアニストは、そこで音楽家が甘んじている「従属的な」役割を告発することも恐れず（「芸術家はサロンでの気晴らしのための玩具でしかないのではないか」と彼は問いかけている）、愛好家の音楽についての無教養を嘲笑しつつも、大衆的で親しみのある、昂揚した万人のための音楽に訴えることも辞さない。「来れ、おお来れ、詩人と音楽家がもはや「公衆」ではなく「民衆と神」を語らう時よ！」[50]。リストは器用にも、サロンピアニストとしての伝統的な人物像と、新しい時代の予言者であるロマン主義的芸術家という新しい人物像の中間で、パリの文化的生活において独特の極度に目立つ地位を占めることに成功したのである[51]。

リストの名声が頂点に達したのは、一八三八年から開始され、このピアニストがウィーンからベルリンへ、続いてロンドンからパリへと移動して、ときには過剰なまでの聴衆の反応を引き起こした大ヨーロッパツアーのときだろう[52]。このように大衆の前に姿をさらすことは批判や揶揄をも招いた。ベルリンでは、一八四二年に彼の登場に際して起こった熱狂が前代未聞の激しさに達し、批評家や記者たちは目を奪われた。リストの演奏は二の次であった。というのも、そこで新聞が描写し解明しようとしたのは、コンサートが巻き起こす集団的熱狂の光景だったからである。狂気という言葉が頻繁に使われ、誰もがこの新しい病理を理解しようとした。[53] 風刺画はこぞってリストの聴衆たちがリサイタルの出口から直接に精神病院へと担がれていくところを描いた。また自由主義者たちは、あたかもベルリンの大衆の情熱が一つの対象に集中せねばならないとでもいわんばかりに、音楽家リストの人気の中に政治的自由の欠如の結果を見出そうとした。一方で保守主義者たちは、過剰で不適切と見えるこうした過熱ぶりを嘆いてみせる。彼らはヴィルトゥオーソに対する熱狂ぶりが、あたかも性的興奮に起因するものであるかのように、女性観客の反応に警告を発している。全体として見られるのは、驚きと不安と愉快さとの混合である。リストの成功をめぐる反響はこうして倍増されていった。観客たち自身が見世物として見られる存在になるだけではなく、それらの前代未聞の反応が引き起こす世間の論評が、大衆の興味をリストの著名性にさらに集中させることになるのだ。たとえコンサートの値段が高くてベルリンのブルジョワや上流社会の人々しか近寄れなくても、彼の都市での滞在や新聞の報道、カフェの会話、おびただしい風刺画によって喚起された好奇心は、それよりもはるかに多くの人々に影響する。「貴族の宮殿から貧しい家々に至るまで、どこでもリストが話題になっています」と、グスタフ・ニコライ［プロイセンの作曲家、著述家（一七九五―一八六三）。シューマンとも親交があり、新聞などにも音楽記事を寄稿］は地方新聞に書き記している。[54]

こうした著名性をどのように解釈すればよいのだろうか。リストの軌跡はまず音楽生活の新しい状況によって説明される。リストは音楽家としての生活の最初の二十年ばかりは貴族の庇護に頼っていたが、やがて公開コンサートの急増とピアノのテクニックの革命の恩恵を被ることになる。自らの作曲したものを演奏する場合であれ、それが他人の曲であれ、リストは一八三五年以降、音楽家がただ一人で舞台で観客の前に立つという個人リサイタルのモデルを自身に課すことになる。初期のリストにコンサートで深い感銘を与えたヴィルトゥオーソであるパガニーニでさえも、オーケストラと共演していた。リストはソリストによるリサイタルを発明したのである。それと並行して、ピアノがブルジョワジーの特権的な楽器となり、良家の子女教育には必須のものになるとともに、ピアノという楽器に対するさらなる関心が生まれ、リストだけではなくジギスモント・タールベルク［オーストリアのピアニスト・作曲家（一八一二―七一）。十九世紀にリストと並び称された演奏家］やアンリ・エルツ(55)［オーストリア出身のフランスのピアニスト・作曲家（一八〇三―八八）。優雅な演奏とサロン向きの作曲で知られ、欧米で演奏活動を行った］のようなヴィルトゥオーソたちに向けられる好奇心も大きくなっていった。

楽器の演奏における超絶技巧は、この頃から美学的体験という枠組みを超え、スポーツにおける快挙のように称えられるべきパフォーマンスと化した。こうした側面は極まるところ、リストとタールベルクが、お互いへの幾度にもわたる挑発や挑戦的言動に煽られた二人の競争心が頂点に達したときに行ったように、音楽家同士の対決へと至る。ボクサー同士の対決や挑発と比べるのは乱暴でアナクロニズム的と思われるかもしれないが、こうした比較はとりわけ十八世紀以来ボクシングの試合が人気のある見世物となり、スポーツ界における自身の著名性の真の仕掛け人であったダニエル・メンドーザ(56)［イギリスのプロボクサー（一七六四―一八三六）。一七九二年から九五年までチャンピオン。科学的なボクシングの創始者］のようなボクサーの名声を保証するものとなったイギリスにおいては、同時代の人々に自然に連想される事柄だった。こうした競争を免れているときでさえ、超絶技巧は芸術家と観客とを向き合わせるにあたってパフォーマンスであり続けねばならず、それが与える感興と同じほどにそれがもたらす驚きによって評価された。人々は一見不可能に見える身体的・技術的快挙を成し遂げることができる人間を見にやって来るのである。ボナパルトとの比較も非常に頻繁に行われた。リストはといえば大胆で自信たっぷりで、進んで戦闘的な姿勢を取り、意表をつく手柄に対する好みを隠さない人物に見えていた(57)。また彼は、ベルリオーズの『幻想交響曲』の終楽章をピアノで弾いてしまうというような挑戦に身を投じ、ピアノという楽器の思いもよらぬ演奏法によって、観客の「言葉に言い表せぬ熱狂ぶり(58)」を引き出していた。一八三七年には、ある日曜日にパリのオペラ座でピアノ・リサイタルを開催すると発表して驚きを巻き起こした。新聞の驚きは収まることがなかった。「オペラ座でピアノを弾くとは！　いまだに『ユグノー教徒』［ジャコモ・マイアベーアによるオペラ（一八三六）］の反響がこだまし、あらゆる種類の劇的な感動に慣れている巨大な劇場の内部に、たった一台の楽器の痩せた弱々しい音色を持ち込む……それも日曜日に、未熟で雑多な観客を前にして！　なんと勇ましい試みであろうか！」(59)。

ここでの「未熟で雑多な観客」という表現は決定的な意味を持つ。この新しい観客層を魅了するために、リストは独創的で難解な作曲に訴えるのではなく、よく知られたオペラのアリアをもとにした即興曲や幻想曲を引いてみせる。人気のあるアリアへの親しみが、演奏の魅力に加わるのである。こうした新しい試みは広告、あるいは十九世紀当時の言い方によれば謳い文句《レクラーム》の利用によって広く知られることになった。リストはパガニーニに次いでマネージャーの助けを利用した音楽家の一人であった。ガエターノ・ベローニ［リストの秘書兼マネージャー（一八一〇―八七）］はリストの巡業を計画し、新聞に広告文や彼を称賛する批評を載せ、またリストの肖像版画の出版を管理するなどの役目を担っていた(60)。またリスト自身も自己宣伝の鋭い感覚を持ち合わせていた。彼はドイツ語とフランス語で短い伝記を書かせて大衆の興味を一層かき立て、新聞を通して論争に関わることも辞さず、コンサートへの聴衆の反応を書き留めた友人への手紙を新聞に載せたりした。洪水被害を受けたペストの町での救済事業のように、人道的な目的のためのコンサートを計画するなど、慈悲深い人柄を見せつけるのをリストはとくに好み、自分が無私無欲であることを広く知らしめることに気を遣った。

こうした熱心な音楽的・広告的企ての結果として生じてくるのは、一風変わった公的人物の存在である。つまり心霊主義的音楽の夢を抱き続ける感傷的な音楽家であると同時に、群衆を引きつけることのできる舞台の人であり、貴族的で高貴な気取りに愛着を抱き続ける庶民階級の人ということだ。というのも、リストは同時代のどの音楽家にもまして、自身のイメージの曖昧さを完璧なまでに保つことができていたからである。エリートに対して嫌悪を示しつつも、気品の高さという彼らの理想には魅了される存在であり、観客には感情的な身近さを見せつつも、ややもすれば傲慢とも取れる距離を保つような、「既成概念を覆すヴィルトゥオーソ」であった。だがリストにとってお馴染みのモデルであるルソーとバイロン以来、そうしたところにこそ著名性の力強い源泉があるのではなかったか。

感傷的でヴィルトゥオーソであり、広告のあらゆる操り糸を利用する音楽家でもあるリストという人物には、ハインリッヒ・ハイネという鋭い観察者がいた。このドイツ人作家はパリに定住しており、音楽を熱烈に愛好し、明晰であるとともに辛辣であろうとしていた。一八四四年のリストのパリへの凱旋に際してハイネが書いた冗談混じりの残酷な時評記事では、終始一貫して「大いなる喧伝者」である「われらがフランツ・リスト」を皮肉っていた。リストは「哲学と十六分音符の博士」であり、『イリアス』を歌った詩人でさえ七つの地方都市でしか自国の詩人とされなかったのに、ドイツ、ハンガリー、フランスが祖国の子と主張する現代のホメロス」、あるいはまた「ありとあらゆるエラール社〔フランスのピアノメーカー。セバスティアン・エラール（一七四九—一八二六）が創始〕のピアノにとっては神の災いであるところの新しきアッティラ王〔フン族の王（？—四五三）。今日のハンガリーを根拠地とし、四五一年ガリア地方に攻め入ったが敗北〕」だというわけである。これら一連のリストを茶化した比喩のあとで、彼はパリ社会を興奮の坩堝に投げ入れた「信じ難い熱狂」や、女性聴衆たちの「ヒステリーを起こした一団」、そして「狂乱に満ちた歓呼の声」を挙げ、ドイツの観客よりも無感動だと思っていたパリの観客が、一人のピアニストにこれほどの熱狂ぶりを示していることに驚く素振りを見せている。「奇妙なことだ！、と僕は思った。あの偉大なナポレオンを見たパリの人々、ナポレオンが自分に関心を持たせ、支持を勝ち取るまで何度も闘いを仕掛けなければならなかったその同じパリの人々が、われらがフランツ・リストを歓呼の声で取り囲んでいる！　しかも何という歓呼であることか！　それは狂気を列挙した医学年報にも例がないほどの、真の狂乱であった」。ハイネはさらに医学の喩えを続ける。まるでこうした集団的熱狂の説明は、「美学よりもむしろ病理学に」属するのだと言わんばかりである。リストの真の続いてすでに皆が納得したはずのこの批評を離れ、ハイネはさらに興ざめな説明へと方向転換する。リストの真の天才は「自らの成功を仕組むこと、というよりもむしろそれを演出してみせること」だと言うのである。

ハイネはそれに続き、著名性を高めるための広告のメカニズムについて、徹底した批判を自由に展開してみせる。それは、リストが進んで自ら付与しようとしている人道主義者という評判も含めて、容赦のない批判であった。しかもハイネの言うところを信じるなら、ピアニストの成功そのものも、新しい商業戦略によって自己操作されている作り物にすぎないという。それは「リストの名声の総司令官」であるマネージャーのベローニの役目にほかならず、その彼が自らの手で栄誉の桂冠や、花束や、「称賛の詩やもろもろの喝采にかかる費用」を買収していたというのである。著名性はこうして「不信の時代」〔作家ナタリー・サロート（一九〇〇—九九）の評論集（一九五六）のタイトルから取られた表現〕に入ったということが理解できよう。もはや観客の過剰な熱狂を批判することだけが問題なのではなく、これら大成功の光景の現実性自体が疑問に付されているのである。もしすべてが単なる見せかけであり、目くらましでしかないとすればどうなるのか[61]。ここでのハイネは現代の芸能界とスター・システムの批判者に比べてもまったく遜色はないほどだが、さらにこの話を敷衍して、ヴィルトゥオーソたちが獲得するに至った著名性に対する全面的な批判を繰り出す。こうした著名性は告発するよりもむしろ、それを本来あるべき姿に戻すことが重要なのである。「有名なヴィルトゥオーソたちがかき集める栄誉について詳しく述べるのはやめにしよう。というのも、つまるところ彼らの空虚な名声は極度に短命なものでしかないからである」。あるいはさらにイメージ豊かで意表を突く表現で次のようにも言う。「ヴィルトゥオーソたちの束の間の名声は、跡形も反響も残すことなく、砂漠を横切るラクダのいななきのように哀れにも霧散してしまうことだろう[62]」。

リスト自身も、彼がパガニーニの死に際して発表した記事で、真の芸術と対比させて厳しく批判した「不毛な名声」や「利己的な悦楽」の限界に気づいていないわけではなかった[63]。おそらく彼は、再び無名に転落し、消えてしまった名声の思い出をくどくどと繰り返すだけのかつてのヴィルトゥオーソという、ハイネが予言した哀れな末路を避けたかったのだろう。またリストがずっと以前から、成功の陶酔と純粋な作品を世に出したいという欲望の間で板挟みになっていたのも、より確かなことである。その知名度が頂点にあった一八四七年に、リストは超絶技巧のコンサート・ピアニストとしてのキャリアを捨て、ヴァイマールで職を得て作曲に専念するようになる。この選択はカトリック信仰への昂揚を伴った回帰へとつながるが、それは名声など軽蔑していると主張するリストのこうした宣言が、おそらくそう信じられていた以上に真摯なものであったことをうかがわせるものだ。それよりほとんど十年も前、イタリアへの大成功を収めた巡業の際にリストはこう書いていた。

今だから打ち明けるが、私はしばしば虚栄心を満足させて覚えるちっぽけな勝利に哀れみを覚えていた。だから何の誠実さもないやっつけ仕事の作品が熱狂的に歓迎されるのを見ると、苦々しく抗議したものだ。群衆が芸術家のもとに駆けつけるのは一時的な娯楽を求めてであって、高貴な霊感の教えを得るためではないとはっきり理解したとき、他の人が成功と呼ぶものに対して私は涙した。そのとき、かくも浮薄な審判者たちを認めることを自ら禁じた私は、賛辞と批判のどちらによっても傷つけられたと感じたのである。(64)

こうした主張に花形スターの気取りしか見ないような不信に満ちた解釈をする前に、そうした主張を少しでも信じて、リストがバイロンやサラ・シドンズらと同じく、自身の著名性と複雑で両義的な関係を結んだと認めることはできないだろうか。著名性は、他人から認められることの完全に正当な形態だとは言えない。というのも観客のその場限りの熱狂は、同業者から認められることとのバランスを崩してしまうからである。著名性は不純なものである。というのもそれは商業的モデルや、広告の一時的な効果や、のちに文化マーケティングと呼ばれる戦略に、あまりに多くを負っているからである。ヴィルトゥオーソはそのすべてを体現する存在なのだ。十八世紀に登場したこの人物像は、芸術の世界と同時に舞台芸術の世界にも属し、創造よりもむしろパフォーマンスによって観客を魅了する。ゆっくりとした熟成を前提とする芸術的な構想を放棄し、壮挙に驚くことと自らの趣味に対する自信を深めることを同時に期待する観客を即座に満足させようとする。彼は自身の公的人格の仕掛け人となり、自らを演出し、自らが見世物の対象になろうとするのを見て喜ぶのである。[65] ヴィルトゥオーソは自尊心が満足させられるのを見て喜ぶが、成功の虚栄を前にしても明晰であり続けることができる。というのも、彼は著名性が広告の筋書きにすぎないという謳い文句の仕組みを、他の誰よりもよく知っているからである。この上なく皮肉な調子で、リストは「緑や、黄色や、赤や、青など色とりどりのポスターを配って、パリの二百の街角にその名声を飽くことなく知らしめようとするものの、相変わらず無名であり続けることを強いられる、ありきたりで平板な音楽家たち[66]」によって行われる凡庸なコンサートを馬鹿にしている。彼はこうして、経歴のかなり早いうちから、さまざまな形態の公的成功に対する不信感——もっとも後年その恩恵を被ることになるものの——を表明していた。リストの音楽への関わり方はこのように、彼が成功への関心を持ち続けるもととなった観客から直ちに認められたいという欲求と、真に認められることが観客の要請から距離を置くことを意味するような、芸術世界の自律性に対する直観との間で引き裂かれた感性に左右されるものだったのである。

## アメリカにおける著名性——ジェニー・リンドのアメリカ巡業

リストのヨーロッパにおける経歴は、著名性に関する地勢が変貌したことを明らかにする。その成功はパリやウィーンにとどまるどころか、リストはザグレブ、ペスト、ベルリン、ロンドンにまで赴いている。とはいえ、彼はヨーロッパを離れたことはなかった。それとは反対に、フランス人ピアニストのアンリ・エルツや、一八四二年から四八年のアメリカ公演が大成功を収めたダンサーのファニー・エルスラー［オーストリア出身で、ロマン主義時代のバレエを代表する踊り手（一八一〇–八四）］など、他の何人かのヴィルトゥオーソたちは大西洋を渡っている。さらにはノルウェー人ヴァイオリニストのオーレ・ブル［一八一〇–八〇。イプセンの戯曲『ペール・ギュント』の主人公のモデルとされる］

もそうである。ブルのことをハイネは「誇大広告におけるラ・ファイエット」と呼んだ。彼は「広告に関してはヨーロッパとアメリカの両世界の雄[67]」だからだそうである。

実際にアメリカで著名性の文化の最初の顕れが見られるのは、一八三〇年代から四〇年代の変わり目のあたりである。そして周知のように、二十世紀のアメリカ大衆文化において、それは支配的な位置を占めることになる。ヨーロッパの場合と同じように、急速な都市の拡大や、印刷物の増加、新しい商業技術の影響が感じられ始めたのは文学の分野においてであった。作家のナサニエル、パーカー・ウィリス〔アメリカの作家、編集者（一八〇六－六七）〕は、こうした発展を体現する存在である。今日ではやや忘れ去られているものの、ウィリスは十九世紀半ばにおいては文化的生活で大きな位置を占める人物だった。彼はかなり若い頃から、ヨーロッパ旅行記や、ニューヨークの社交界を視野に書いた有名人の生活についての生き生きとした滑稽な小話で知られるようになる。作家と同時に新聞記者でもある彼は、この時代において最も著名で最も原稿料の高い物書きとなり、自らいくつかの新聞を発行した。とくに一八四六年に『ホーム・ジャーナル』を始めると、彼はアメリカ東海岸の文化的生活の時流を決める存在になった。著名作家であると同時に編集者――彼はエドガー・アラン・ポーの作家人生をたゆまずに支え続けた――であり、またエレガンスの審判者でもあった彼は、一八三〇年から六〇年までの三十年間に二十四万人から一二〇万人にまで人口が増加した都市ニューヨークの発展に伴う社会的・文化的変遷を映し出す人物だった。ウィリスは非常に有名な公的人物となったが、激しい論争の的となり、また軟弱で気取った性格のために、しばしば嘲罵の対象となった。ある新聞記者が書くところによれば、「ウィリスほど二十年前からたえず大衆の目にさらされてきた人物もいなければ、友人からの拍手喝采と敵からの批判とを、彼ほど多く受けてきた作家はいない[68]」。

ウィリスはまた同時に、大衆向けのスペクタクルが大きく変貌したことを語る証人でもあった。アメリカではその商業的発展がヨーロッパよりもはるかに急速だった。旧大陸とは違い、アメリカには宮廷演劇や貴族の庇護という伝統がなかったために、近代的なスペクタクルの経済は、圧倒的な影響力を持つフィニアス・テイラー・バーナム〔アメリカの興行師（一八一〇―九一）。サーカスなどさまざまな演芸を上演し、センセーションを巻き起こした〕のような大胆な興行師のもと、ほとんど歯止めがきかないほどの発展を見せた。バーナムは「地上最大のショー」とささやかに名付けられた壮大な巡業サーカスや、奇人変人の見世物や、「バーナム・アメリカ博物館」に集めた展示品の数々によって有名になった。「アメリカ博物館」はバーナムをアメリカ大衆文化の主要人物にのし上げ、野心的で奇想天外で魅力的な見世物の興行師を体現する存在とした。彼は仕事を始めたときにはあまりぱっとしない出し物をやっていた。なかでも有名なのはジョイス・ヒースという、ジョージ・ワシントンの乳母で一六〇歳になるという触れ込みの黒人老女を見世物にしたことである。続いてはトム・プースの番だ。バーナムはこの小人の少年を、一八四〇年代初めの真のスターに祭り上げたのであった。

奇人変人の見世物、とくに人種差別的なこうした見世物は、それほど目新しいものではなかった。一七九六年にはすでにフィラデルフィアの住人は「世にも珍しいもの」として、ほとんど完全に肌が白くなった黒人を目にしていた。半シリングの見物料で、毎日酒場で見世物にされていたのである。このヘンリー・モスという人物は、一定の期間にわたって物見高い群衆だけでなく学者や哲学者の関心も惹き起こすという、位置づけが非常に曖昧な著名人だった。[69] だがバーナムはこれらの見世物を、新しい形のメディアやスペクタクルに適合した前代未聞の規模を持つものにし、「フリーク・ショー」の時代を切り開いたのである。[70] しかし、彼自身は一介の尊敬される人物になることを熱望していた。興行師となったバーナムは、ヨーロッパの著名人のアメリカ巡業を企画するにあたって、誇大広告の技術にほとんど産業的な規模を付け加えた。それは大衆の好奇心を煽るために、芸術家を褒めちぎる記事を新聞に掲載するというものであった。[71]

バーナムの派手な思いつきとは、その頃イギリスや北ヨーロッパ全体で絶大な人気があったスウェーデン人歌手のジェニー・リンドを、アメリカに呼ぶというものだった。二十九歳でリンドはオペラを退いて二年間にわたるアメリカでのリサイタル巡業に出発し、大成功を収めることになる。一八五〇年九月のニューヨーク、ついでボストンへの彼女の到着は、新聞によって熱烈に歓迎された。一八五〇年九月二日の『ニューヨーク・トリビューン』紙は、歌手を乗せた船を一目見ようと三万人から四万人のニューヨークの人々が波止場に押し寄せ、何人かが怪我をしたほどだったと書いている。(72) 群衆がリンドのコンサートに押しかけ、新聞はこの女性歌手と民衆の熱狂についての記事を次々と載せた。ボストンの『インディペンデント』紙は、リンドがこの都市に滞在したとき、この熱狂ぶりを「リンドマニア」と名付けた。

**図 16**　アメリカにおけるジェニー・リンド公演のチケット競売の光景（1850 年の版画）

この「スウェーデンのナイチンゲール」の巡業の大成功が、アメリカが著名性の文化に突入したことを示す出来事であろう。バーナムはその偉大な組織者というべきである。彼はこの機会にコンサートの座席の競り売りなど、宣伝攻勢のさまざまな方法を試してみせた。こうした競り売りは値段の上昇と高騰を促し、興行自体にとっても前宣伝となった(図16)。リンドはもはやただの歌手ではなく、一つの商品となったのである。バーナムは巡業につぎ込んだ膨大な金を利益に換えなければならなかった。彼は何のためらいもなく、ジェニー・リンドの公的な人物像を、貞節で立派で貧しく、ピューリタンであり博愛主義的で、厳しい努力によって成功を収めた、いわばアメリカ的価値を体現する若い女性の理想としたのである。リンドの伝記も彼女がアメリカに到着した年に何種類か出版され、その中の一つはウィリスその人によって書かれたものであった。すべての新聞がそれらの伝記の中から彼女の最も顕著な特徴を取り上げたが、それらの特徴には完全な創作も混ざっていた。リンドという人物への好奇心があまりにも大きかったので、ときには彼女の声の才能が二の次にされることさえあったのである。[73] バーナムはずっと後年になって、リンドの成功は彼女の声によるものではまったくなく、すべては彼が組織した宣伝によるものだとさえ主張したほどである。これらの言葉は彼らが決裂したあとに書かれたもので、おそらくは言い過ぎだろうが、それは著名性の自律的なメカニズムに対する鋭い意識を証明している。

リンドのアメリカにおける成功について、今や歴史家たちが明らかにした最も衝撃的な側面は、自然さ、純粋さ、私利私欲のなさを体現する公的人物の創出ということである。しかしながら、リンドはただバーナムによってイメージを操作されただけの、無垢な若い女性ではなかった。彼女もまた、利益につながると判断すれば興行師との協定にも異を唱えるほどに、抜け目のない芸術家だったのである。純朴で謙虚な「スウェーデンのナイチンゲール」という公的人物像の構築は、バーナムや熱心に女性歌手の栄光に捧げる讃歌を口ずさんだ新聞とともに、彼女が積極的に参画した共同作業の賜物なのである。確かに新聞記者の中には、巨大な販売促進の仕掛けやリンドが移動するたびに大騒ぎとなる新聞記事や、彼女の名で売られるおびただしい商品の数々と、彼女は観客を気にせずに純粋な本能と快楽とで歌っているのだとファンたちに思わせる純粋さ・自然さへの絶えざる称賛との、明らかな対比に警戒心を覚える者もいた。「これほど技巧を感じさせないようにするためには、よほどの技巧が必要だろう」とある批評家が皮肉を込めて述べたものの、懐疑家たちの声は控えめなものにとどまり、集団の熱狂にかき消されてしまったのである。

最終的に、リンドは二年間で約百回ものコンサートを行ったことになる。アメリカ合衆国の北から南まで、ボストンからニューオーリンズまで巡回し、キューバでもリサイタルを行った。さらにニューヨークに戻り、そこでも新たな成功を収めたのである。この巡業の成功は、まず商業的な規準で測ることができる。リンドとバーナムはそれぞれ二十万ドル近くの収入を得た。[74] しかしそれ以上に重要なのは、文化的な変動の徴候である。通りや広場や劇場など、あらゆるところが彼女の名前を冠する。特にサンフランシスコでは、一八五〇年にジェニー・リンド劇場が酒場の上の階に開かれた。[75] この長い巡業を追うように書かれた数多くの新聞記事は、リンドの滞在がもたらした反響の大きさだけでなく、ヨーロッパの群衆が見せた大きな熱狂について流布している物語に匹敵しようとする、アメリカ人観客の欲求をも証言している。他の多くの報告者にとってと同じく、ウィリスにとっても、リンドの成功はアメリカ合衆国が達成した文化レベルの高さの証明であり、またヨーロッパ文化を正当に評価できる中産階級の出現を示しているのである。ここでも再び、著名性の急速で華々しい影響は、この現象の性質と意味合いについて考証しようとする論説の氾濫を生じさせるのだ。

リンドの観客とはどのような人たちだったのだろうか。バーナムをはじめとする同時代の人々は、これらの観客が、平民とエリートが肩を並べるような多様で対等な人々の集まりだと主張する。現実にはチケットの値段は都市労働者や農民には手の届かないものだったし、ニューヨークやフィラデルフィアの上流階級の高級エリートたちは、十分な品格があると彼らにはとても思えないこうした現象からは距離を置いていたようである。その反面、当時最も急成長しつつあった都市の中産階級は熱狂した。オペラ音楽はエリートだけに限定された娯楽になりつつあったが、リンドはベッリーニからロッシーニまでのオペラのレパートリーから有名なアリアを選んで歌い、しかも歌のコンサートの終わりには「ホーム・スイート・ホーム」のようなアメリカの大衆的な歌謡曲まで何曲か歌っていた。新聞の紹介文にあった通り、彼女は見事なまでに謙虚さ、自然さ、博愛主義といったブルジョワ階級にとっての理想の女性を体現していたのである。ニューヨークの労働者の町であるバワリー街では、リンドの名前をつけて安価な品物が売られていたし、高級な界隈の店ではこの女性歌手にまつわる贅沢品が並べられていた。つまり、リンドの名声はアメリカ社会の社会的隔壁を超越していたのである。バーナムが主張したほどに普遍的ではなかったが、彼女の存在はエリートの品位の基準とも伝統的な大衆文化とも区別される、商業文化の出現に呼応していた。その新しい文化は中流層を主な対象とするものだったが、一方でその支持体となっているスターのメディア的反響のおかげで、より広大な影響を与える可能性があるものでもあった。

「リンドマニア」の成功のおかげで、バーナムは文化人としてより尊敬を集めるようになった。彼は怪しげな娯楽の領域を脱して、文化的生活の重要人物になろうとしていた。『パトナムズ・マガジン』〔一八五三年より発行されたアメリカの文芸・科学雑誌〕などは彼をニューヨーク・オペラの総監督にすべきだと主張するほどであった。(76) バーナムはその五年後の一八五四年に自伝を発表し、彼の成功と知名度が拡大するにつれて、一八八九年までその自伝を改訂し続けたのである。(77)

## 民主主義的人気と通俗的王権

アメリカにおいても、ヨーロッパにおいても、十九世紀半ばの約三十年は公共性に対する新しい関係が開花した時代として特徴づけられる。謳い文句と誇大宣伝による新しい広告戦略は、この当時まだマーケティングという名前は冠せられていなかったが、教育を受けた都会の新しい階級の人々が好む誠実さと純粋さという理想を巧みに演出してみせた。こうした新しい大衆層と、作家や音楽家たちによって育まれたロマン主義的幻想との出会いは、悩める詩人や人気女優や超絶技巧音楽家など、結局のところお互いに似通った人々によって特徴づけられるような著名性のメカニズムの強化へとつながった。この文脈において、前に見たように、十八世紀末の革命の際に輪郭を取り始めた政治的変動は、なお一層加速することになる。民主主義的な選挙運動であれ、より伝統的な主権の行使であれ、今や大衆的人気の影響を考慮に入れざるをえなくなったのである。ガリバルディの例に象徴的に示されるように、革命的闘争でさえもそこから逃れることはできなくなった。

十九世紀に起こったいくつかの革命は、著名性の政治における一形態である大衆的人気について、力強い問題提起を行うことになった。フランスでは、一八四八年の二月革命の際に共和派は、同年の大統領選挙において二重の痛切な経験を味わった。一方では、ラマルティーヌの選挙における惨敗が、文学界における名声が自動的に票数に結びつくものではないことを証明した。ロマン主義の最も有名な詩人であり、二月革命の英雄であったラマルティーヌも、その名声を人望に変え、彼が指導者としての資質を持っていることを国民に説得するには至らなかった。それとは逆に、ルイ・ナポレオン・ボナパルトの勝利は、ある名前が持つ著名性が、たとえそれが継承されたものであっても、大衆的人望の力強い媒体になりうることを共和派の人々に示したのであった。もちろん、国民が春には抱いていた希望が六月の弾圧〔国立作業場の閉鎖後に労働者が蜂起したが、カヴェニャック将軍によって鎮圧〕によって潰えたという本来の政治的状況も、農村部の投票の特殊性〔ルイ・ナポレオンは農村部で絶大な人気があったため、第一回の国民投票で過半数を占め当選〕と相まって、重要な役割を果たしている。だがそれでも、皇帝ナポレオン一世の甥の選挙における勝利は、秋の憲法論争の際にジュール・グレヴィが僚友たちに警告したように、「よく知られた名前」の力によるところが大きかった。[78] アム要塞の元囚人〔ルイ・ナポレオンは蜂起を計画した罪により一八四〇年からアム要塞に収監。一八四六年に脱獄〕は、まったく漠然としたものにすぎなかった政治綱領によるよりも、たとえ両義的なものであっても彼個人にまつわる知名度と、ナポレオンという名前に付与された威光によって人々を動かした。彼の著名性は、肖像画や民衆歌謡の流通によって、ナポレオン伝説が大衆に伝播されたのと同じ伝達手段を通して増大していった。[79] 大衆的人気というこの選挙の本質的原動力は、有権者と政治家との間の興味深い錬金術に依拠しているものであり、したがって、統治能力を持つ指導者と認められることが人気という形で顕れる本来の政治的欲求に基づく点で、作家やヴィルトゥオーソの著名性とは異なる。とはいえ、公的人物に向けられる好奇心と感情移入という主な原動力をそこから借りてきていることには違いない。このように首尾一貫した政策よりもむしろ特定の個人に対して集団の支持が集まったことは、政治闘争の個人化を招いたが、共和派の人々はこうした事態に対応できなかったのである。

　ルイ・ナポレオンの成功は、しばしばフランス政治の特異な形態としてのボナパルティズムという、フランスに限定された視点から解釈される。しかし、著名で人気があり権威的な人物をめぐる、こうした政局の個人化は、他の場所、とりわけ大西洋の向こうでも反響を見出すことになった。その二十年前のアメリカにおけるアンドリュー・ジャクソン［第七代アメリカ大統領（一七六七―一八四五、在任一八二九―三七）。民主主義を推進したが、先住民の迫害、奴隷制の維持などにより批判された］の当選も、政治のありようを同じ方向に変化させるものであった。一八一二年のイギリスとの戦争と対インディアン戦争の際に元将軍であったジャクソンは、部下の兵隊からもてはやされて、「オールド・ヒッカリー」［hickery (hickory) はクルミ科の堅くて丈夫な樹木で、アメリカ的精神の象徴とされる］と親しみをこめて呼ばれた。このあだ名は、そのときから元軍人の枠を超えて広がっていく。一八一五年のニューオーリンズにおける勝利は、彼をアメリカの新たな軍事的英雄にのし上げた。一八二八年の大統領選の勝利は、ジャクソン個人に大いに関係していた。ジャクソンの支持者たちは熱烈に彼を擁護したし、敵対者たちは権威的な彼の性格や短気なところや教育の浅さから、二十五年も昔の古い決闘事件や妻の過去までを、容赦なく攻め立てたのである。こうした私生活への侵害には抗議しながらも、ジャクソンは建国の父たちの世代が大切にしていた慎み深さの伝統から離れて、自身の家庭生活を演出して見せることをためらわなかった。

　ジャクソン大統領の人気は過去の軍事的成功によるものだったが、それだけではなく、政治を一般民衆により開放したり、人民主権をより力強く推し進めたりするといった、民主主義的な彼の主張に拠るところも大きかったのである。ジャクソンはアメリカの新しい軍事的英雄であったが、それと同時にジョン・アダムズ［第二代アメリカ大統領（一七三五―一八二六、在任一七九七―一八〇一）］の息子である前大統領のクインシー・アダムズ［第六代アメリカ大統領（一七六七―一八四八、在任一八二五―二九）］に代表されるニューイングランドの政治的エリートに対抗して、南部や西部の立場を代弁する存在だった。歴史家たちは今日、彼の大統領時代が「ジャクソニアン・デモクラシー」の出発点だったという考え方に疑問を呈しており、権威主義的な権力を行使し、奴隷制をずっと支持し続け、インディアンに対する略奪政策が行われたと主張する。(80) だがこれほど異議を唱えられながらも、ジャクソンは同時代の人々にとって、彼が民衆と呼んで擁護した人々との直接的で強固でほとんど感情的なつながりを失わない力強い人物のモデルを体現していた。ジャクソンが一般投票の最多数を獲得しながら選挙人票を得られず、議会の投票によってアダムズが選ばれて彼が退けられた一八二四年の大統領選の敗北のあと、一八二八年の大統領選は非常に紛糾し、時には過激な様相を呈した。このとき歴史上初めて、すべての州で普通選挙が行われたのである。アメリカ全土で資金集めを伴う民衆集会が行われた。そこでは新聞が重要な役割を果たし、『ユナイテッド・ステイツ・テレグラフ』紙のような発行部数の多い新聞のいくつかは、ジャクソンへの支持を表明した。ジャクソンの数多くの肖像画が公表されたが、また辛辣な風刺画も描かれた。このとき有名になったジャクソン将軍のある風刺画は、彼がこれまでに殺したとされるすべての人々の死体を寄せ集めたものだった。

これらの攻撃にもかかわらず、ジャクソンの人気が揺らぐことはなかった。一八二九年三月四日の大統領就任演説では、それまで議会の中だけで行われていたこの式典が一般にも公開された。アメリカ合衆国全土から集まった数万人の人々が、ジャクソン将軍が宣誓を行うところを見ようとワシントンに詰めかけた。この就任儀式のあと、熱烈な群衆がホワイトハウスに押しかけて、新大統領を窒息させんばかりになり、それが及ぼした損害は政治的エリートを悲嘆にくれさせた(81)。こうした民衆による権力中枢への文字通りの侵入にまさる象徴的事件は、ほとんど想像できないほどだ。だが、ホワイトハウスの立食パーティーに押しかけたのは民衆ではなかった。式典に参加し、公式行事に居合わせて新しい大統領を一目見たいと望んだのは、むしろ信念に満ちた兵士や物見高い野次馬たちだったのである。

ジャクソンの成功をこうした名声のみに帰せようとするのは馬鹿げたことだろう。彼はもちろん強い政治連合の支援を味方につけていた。だが、ワシントンの大統領任期の二期目にすでに存在していた萌芽が、このジャクソンの大統領選を機に発達することとなった。すなわち、アメリカの政治はさらに分裂し、より党派的で大衆的なものとなったのである。若き共和国を体現することに成功した戦勝将軍であるワシントンの人気振りを、ジョン・アダムズが軽蔑と感嘆と皮肉を込めて観察していたことを思い出そう。だがその二十年後には、すぐれた教養人であり偉大な外交家であったワシントンの息子の該博な知識と広く認められた有能さをもってしても、ニューオーリンズの戦いにおける勝者であるアンドリュー・ジャクソンの人気の前にはなすすべもなかったのである。そのジャクソンが一八三七年にホワイトハウスから立ち去る頃には、大統領権限と、二大政党制と、人気の正当性が連結して強化されることによって、アメリカ政治の様相はすっかり変わっていた。

同じ頃、大西洋の向こう側では、過去の植民地大国が立憲君主制へと進化を遂げ、君主が小さな権力しか行使しないままに、国民の統合を体現する存在になりつつあった。この頃王位に就いたヴィクトリア女王は、こうした象徴的な政治的役割を完全に自家薬籠中の物とし、政治的公共性のあらゆる近代的な形態を動員していた。今日のわれわれがヴィクトリア女王に対して最もしばしば抱くイメージは、一八七六年にインド帝国の女帝となり、経済力の絶頂にあった大英帝国社会とその道徳的保守主義を体現する厳格でいかめしい未亡人としてのそれである。だが一八三七年の時点においては、この若き君主はまだ十八歳であり、その治世の初期は、少しでも民衆の前に出ようとする魅力的で人懐こい女王として君臨していた。歴史家ジョン・プランケットの表現によれば、彼女は最初の「メディア的君主」[82]だったのである。

ヴィクトリア女王の強みは、少しでも人目に立つことによって、立憲君主制への大衆的支持をより拡大したことであった。議会における代表権は、一八三二年の改正選挙法［第一回選挙法改正により、中産階級に選挙権が拡大された］による進歩にもかかわらず、厳密な制限選挙の原則に依然として基づいていたが、女王は自らが国民の政治的代表であることを、それとは別の形で象徴する存在だった。彼女はかなり早い時期から訪問行事や慈善事業、軍隊の閲兵を何度も行っていた。これらの公的行事はメディアで集中的に取り上げられ、彼女に確かな人気をもたらすことになった。バッキンガム宮殿やウィンザー城に閉じこもるどころか、彼女はイングランド中部工業地帯の中心部や、スコットランドや、主要都市の大部分など、どこにでも出かけて行っては君主とイギリス国民との絆を強固なものにしていたのである。一八三八年のアルバート公との結婚のあと、政治的独立と、彼女が引き受けた女性としての役割とが、彼女の公的イメージの本質的特徴になった。女王はそれまでと変わらず人目に立ち、自身の姿を見世物として人前にさらし続け、新聞は彼女の活動について論評した。一八四三年には『タイムズ』紙が、ヴィクトリア女王の各地への訪問を、「国王と民衆との結びつきを相互的信頼によって固める」ものとして歓迎する一方で、『ニュース・オブ・ザ・ワールド』紙のような安価な週刊新聞は、彼女の訪問を一回ごとに長々と描写し、女王の母性的な心優しさを演出して見せていた。[83] 一八五一年の万国博覧会におけるロンドン市民の熱狂的な歓迎ぶりは、時宜を得て新聞に次々と取り上げられたが、それは、この三年前に転覆させられたフランス君主制のあまり輝かしいとはいえない運命とは対照的であった。

ヴィクトリア女王の肖像は、彼女が王位に就いた直後からおびただしく複製された。公式の肖像画も何十種類と存在したが、すぐに需要に追いつかなくなり、一般大衆を満足させるために、それぞれの印刷屋が多かれ少なかれ女王に似通った肖像画を版画で刷らせた。一八四〇年代初めには、いくつかの印刷屋では女王の版画が売り上げの七〇%を占めていたという。[84] 値段もピンからキリまでで、大きさもさまざまであり、そのほとんどが女王の美しさを強調するために、通常の肖像版画とは異なるフォーマットを用いていた。「ビューティー・ブック」と呼ばれる一八三〇年代に流行した一連の出版物は、女王の姿を一斉に取り上げて女性らしさと魅力のシンボルとした。非常に質は良いが高価なこうした版画は、どちらかといえばそれらを贈り物にしようしたエリートを対象としたものである。他方で、これらよりも粗雑で安価な版画の数々は、ときには悪趣味すれすれと言えるまでに、暗黙のうちに女王のエロティックな面を強調して写し取ったものだった。

これらの肖像版画以上に、女王の肖像の流布は、絵入り新聞が出始めたことによって著しく加速されることになった。これらの新聞の始まりは、まさしく女王の治世の初期と一致していたのである。一八四〇年代初めには、一八四一年に創刊された『イラストレイテッド・ロンドン・ニュース』と、一八四二年創刊の『パンチ』をモデルにした絵入り新聞が次々と発行された。前者のように古典的な手法で情報を扱うものもあれば、後者のように風刺的に扱うものもあったが、それらはいずれも版画によるイラストを掲載していた。ヴィクトリア女王はこうしたイラストの中で大きな場所を占めており、ときにはイラストに充てられた欄の全体を、彼女が独占していることもあったのである。女王の公式行事が長々と描写されただけではなく、彼女の私生活や家庭生活までもが記事にされた。彼女の姿はもはや王族の肖像画の枠組みにとどまらず、国の隅々にまで行き渡る、メディア化されたイメージになったのである。たとえ王室が女王の公式肖像画を印刷し続けていたとしても、女王のイメージは政治の支配から解放されていった。女王は旧体制下の王族の肖像画のような君主制の投影ではもはやなく、流行を描いた版画から風刺画まで、新聞から安価な版画に至るまで、図像化された表象の一つの全体像となっていたのである。各メディアはそれぞれの慣習に従ってそうした表象を取り上げ、読者の側もそれを自分のものとすることができる。これらの主体の各々が、容易に入手できるさまざまな種類のイメージをもとに、自分だけの表象を作り上げることができるのである。こうして政治における可視性の性質そのものが変容することになった。宮廷という枠組みの内か、あるいは王室による儀式の際にしか目にすることができず、実質的に制御された似姿がごく限られた範囲にしか出回ることがなかった旧体制下の君主たちと違い、ヴィクトリア女王は、支配者のイメージが数多くのメディアによって被支配者である国民たちに向けて広く流布される、新しい時代の幕を開けたのであった[85]。権力を体現する人物のイメージは、安価な消費の対象になることによって以前よりありふれたものになったと同時に、愛着なり拒否なりの感情により深く作用しうることで、一層強力なものとなった。

公共空間における、とりわけメディア的露出を通しての、若き女王の存在感の大きさは、民衆の側における重大な反応を引き起こした。ヴィクトリア女王への愛着は、もはや君主制や祖国への忠実さのしるしにとどまらないものとなった。それは女性的な魅力を体現する存在となった女王の美しさによって、あるいは単なる流行あるいは模倣の効果によって、引き起こされるものになったのである。こうした愛着は、ときには女王と親密になりたいという欲求、さらには恋愛感情による妄想という形を取ることもあった。ヴィクトリア女王が結婚する前には、新聞が「女王の恋人たち」と呼んだ人物たちが、彼女から結婚の承諾を得ようとした。ネッド・ヘイワードは、バッキンガム宮殿に結婚の申込状を大量に送りつけた上に、告白の手紙を直接女王に手渡すために、女王の馬車を引き留めたりした。トム・フラワーズは大胆にもオペラ座で女王の桟敷席に入り込んだし、またエドワード・ジョンズはバッキンガム宮殿にこっそり忍び込み、数週間をそこで過ごした。こうした女王の恋人たちはその場で逮捕されたが、釈放されるとまた直ちに再犯に及んだ。彼らの無分別な行動は風刺家たちの嘲りのもととなったが、同時にまた、女王に対する大衆の愛情がこうした常軌を逸した展開となることに戸惑いを感じる論評家たちの不安をも呼び起こした。(86) 女王としてだけでなく一人の人間としてのヴィクトリア女王によって行使される、このような集団的魅了の現象は、『パリの秘密』のイギリスにおける翻案である新聞連載小説『ロンドンの秘密』〔ジョージ・レイノルズによって一八四四年から連載。『パリの秘密』は一八四二―四三年に連載されたウジェーヌ・シューによる小説〕によって、フィクションの世界へと移された。この小説では上流階級の贅沢に対する批判と並んで、小説の主人公の一人であるヘンリー・ホルフォードが覗き見た情景として、ヴィクトリア女王とアルバート公との家庭生活が、理想化されメロドラマ的に描写されていたのである。

ヴィクトリア女王の公的な場における極端なまでの可視性は、政治的機能をも果たしていた。それは、議会という古典的でエリート的なモデルに対して、女王という政治的表象に、より民衆的で情動的なニュアンスを付け加えることになったのである。しかし、それには逆の効果もあった。というのも、これによって女王の名声が女優のそれに近づくことになったからである。風刺家たちはヴィクトリア女王の生活を絶え間なく続く演劇として描くことをためらわなかったし、女王自身も、満足しつつだまされている大衆の眼前で演技をする操り人形に喩えられた。ここでもまた、新聞や小説、風刺の言説は、解釈が困難な新しい現象を描写し規定しようとしていることがわかる。だがその一方でこの現象が、あらゆる制度的変遷とはまた別に、国王による君主権の行使の仕方を変化させつつつあることを、誰もが感じていたのである。

民衆がヴィクトリア女王に対して表明した、このような抑制の効かない愛情をめぐる論評の中では、女性詩人エリザベス・バレット゠ブラウニング〔イギリスの詩人（一八〇六―六一）。一八四六年に詩人ロバート・ブラウニングと結婚〕のものが、他のどの論評よりも反省的であるゆえに最も興味深い。彼女は女王の境遇をはっきりと「名声がもたらす不都合」に喩えていた。ときには過剰となる民衆の要求は、彼女の目には「愛情税（love-tax）」、すなわち著名な作家であれ、女王であれ、あらゆる公的人物が支払わねばならない代償として映っていた。作家が自らの作品に対する興味が私生活に及ぶことを嘆いてはならないのと同様に、女王もまた自らの人気を考慮に入れて、公共性からくる要求と崇拝者たちの期待に応えることによって、愛情税を支払わなければならないというのである。[87]こうした女王の著名性のことを、バレットは「通俗的な王権（vulgar sovereignty）」という表現で呼んでいた。これは私的な手紙の中で言葉の綾として言われたものだが、この言い回しには非常に鋭いものがある。というのもこの表現は、君主制の正統性がメディアによる可視性の変動と民主主義的理想の連動によって変化するさまを、完璧に捉えているからである。ここでの"vulgar"という英語は人気があるという意味にも、俗悪という意味にも取れるだろう。そしてこの曖昧さは根源的なものである。ヴィクトリア女王を称え、女王の訪問の話を新聞で読み、その家庭生活に興味津々で、美しい女王として彼女の姿を描いた肖像画を買う民衆は、政治体制にとっては理想的な人物像とは言えないだろう。それは、ときには過剰でときには素朴な反応を示す存在という意味で公衆なのであり、そうした公衆の反応は君主制の伝統的威厳から見れば場違いかもしれないが、政治における著名性の新たな形によって引き起こされる愛着の証拠にほかならないのである。女王であると同時に政治の世界における著名人として、ヴィクトリア女王は公共性の要請に従うしかなかった。というのもそれは、かつての時代における典礼の、近代における等価物にほかならないからである。

この段階に至って、それより半世紀前に、まったく異なる条件下ではあるとはいえ、同じように若くて美しく皆から讃えられた女王でありながら臣民に直接会いに行くこともできず、その知名度を人気に転じることもなく、ナルシシズムの中でそれを無駄に消費するしかなかったマリー・アントワネットのことを連想せずにはいられない。人気のある存在となることを受け入れ、思いやりのある愛情と感情という自由主義に欠けている要素を兼ね備えた女性立憲君主というミラボーとバルナーヴの夢を、ヴィクトリア女王はとくに意識することもなく実現したのである。マリー・アントワネットとダイアナ妃の比較も、こうしてヴィクトリア女王という中間の指標を補うならば、もはやそれほど非常識なものとは感じられなくなるだろう。

ガリバルディをもって、われわれは第三の人物の例を眼の当たりにすることができる。それは、有権者を前にして人気を利用する大統領候補とも、「通俗的な王権」という妥協を受け入れ、君主の国民的人気をより強固なものにしようとする女王ともかけ離れた存在である。この人物はメディアを通じて国際的に有名になった大物であり、イタリアの民族主義者の革命的願望に対してはっきりとした輪郭を持つ一つの顔を与えることができ、現実離れした偉業と断固たる理想主義の威光に包まれた、いわば史上初の世界的に有名な革命のアイコンであった。

一八四八年のローマにおける革命の前夜には、ガリバルディはすでに国際的に知られた著名人となっていた。ウルグアイを援助するための対アルゼンチン戦争における「イタリア部隊」の活躍は、イタリアばかりでなく世界中の数多くのイタリア人亡命者共同体で、さらに、それを超えて国際情勢に関心があるすべての人々の間でも、大きな反響を呼んだ。印刷物と政治的プロパガンダの役割に信用を置いていたジュゼッペ・マッツィーニと仲間たちは、イタリア的美徳を体現し、肉体的な勇敢さと精神的寛容を兼ね備えた、国民的英雄としてのガリバルディのイメージを形成するのに大いに貢献したのである。一八四八年の革命への参加とともに、こうしたイメージは広範囲に流布されることになる。イタリアの新聞や、それについでパリの『イリュストラシオン』紙や『イラストレイテッド・ロンドン・ニュース』紙に掲載された一連の肖像画は、風になびく長髪、黒くふさふさとした顎鬚、ベレー帽、ゆったりと膨らみ腰ベルトで締められた赤シャツという、戦闘家としての彼の人物像を人々の間に広めることになった。[88] こうしたエキゾチックで絵画的なシルエットは、それから少なくとも二十年間はおなじみの政治的アイコンとなった。革命の最盛期には、当時六万部を発行していた『イラストレイテッド・ロンドン・ニュース』紙は、革命の最も印象的なシーンを再現し、とりわけガリバルディの最新の肖像画を描く役目を担った自社のイラスト画家を、ローマに派遣しさえしていたのである。[89] 中央イタリアを縦断する退却の折に妻アニータが戦死すると、彼の人物像に悲劇的ロマン主義のニュアンスが加わることになった。当時の絵画や版画のいくつかは、瀕死の妻を抱きかかえる英雄ガリバルディの姿を描いている。

千人隊の派遣、シチリア島および両シチリア王国の解放とともに、ガリバルディの名声はかつてないほどに高まった。イタリア内外の新聞では、戦況報告をガリバルディという人物に焦点を絞って報道した。彼に関する伝記的な物語がいくつも出されたが、それらは確認された事実と完全な虚構とを無造作に取り混ぜ、彼の人生を連載小説あるいは大衆娯楽へと作り変えたものだった。[90] 早くも一八五〇年には、マッツィーニの側近でガリバルディの戦友であるジョヴァンニ・バッティスタ・クーネオが、のちのモデルとなる伝記を出版していた。ガリバルディ自身も一八五九年にアメリカで自伝を出版しており、それはいくつかの主要ヨーロッパ言語に翻訳された。フランスでこの役目を担ったのはアレクサンドル・デュマで、彼はいくつかの場面を自由に書き換えることによって、革命家としての人気と文学における名声の境界線を曖昧にぼかした。デュマはすでに一八五〇年からガリバルディ称賛の記事を書いていたが、彼自身が一八六〇年にシチリアに赴き、赤シャツ隊のすぐそばで一種の戦争ルポルタージュを遂行し、隊長のガリバルディをモンテ・クリスト伯になぞらえたりした。[91] 当時の最も有名な作家が味方についたことで、ガリバルディの活動に対するフランスでの反響はいやが上にも高まった。また、ガリバルディ自身もどうやらこれを意識していたらしい。ガリバルディの広告に対する感覚の鋭さは疑いようもなく、軍事行動の只中にあっても、彼はつねに新聞記者たちを手厚く迎えたのであった。

こうした生彩に富んだ人物像の成功や、南イタリアを解放に導いた赤シャツ隊の英雄的行為によって巻き起こった熱狂にもかかわらず、ガリバルディについては賛否両論が分かれていた。保守主義者たちは彼に敵意を向けていた。長い間、ヨーロッパの民衆は彼が兵士なのか、悪党なのか、危険な革命家なのか、あるいはイタリアの愛国者なのか決めかねていた。歴史家たちは、ガリバルディが英雄化の対象となり、民族主義的な主張に大衆的な味つけが加わったと主張した。当時フランスやイギリスだけでなく、アメリカ、スイス、ドイツ、オランダで彼に対して捧げられた燃えるような称賛の記事を引用しだすと切りがない。『シエークル』紙は次のような熱狂的な記事を書いている。「ガリバルディ！　何という男だ！　何たる威厳！　彼を見、彼に従い、彼に近づくすべての人の心を動かす力をガリバルディは持っている。彼の名はすべての人の口にのぼり、すべての心に刻まれた。彼はどこにでも存在し、すべての家庭に入り込んだ。金持ちも農民も、版画またはリトグラフで、あるいはサロンに、あるいはあばら家に彼の肖像画を持っていた。いずれの人たちも、生き生きと輝く貫き通すような目で一点を凝視している英雄の姿を身近に見ていることに幸福を感じていた」[92]。彼が凝視する一点とは、勝利であり、解放されたイタリアであり、彼が愛し守った祖国であっただろう。しかし、保守主義者やカトリック信者の人々にとっては、ガリバルディは危険な革命主義者と街道筋の追剝ぎの間のどこかしらに位置する人物にすぎなかった。驚くべきは、ガリバルディの公的人物像がいかに可塑的なものであったかということである。たとえ彼の著名性の組織的展開が政治的に大いに注目されるものになったとしても、いつでも即座に新聞記者を出迎えたというガリバルディ自身の側も含め、それは直ちにプロパガンダからは独立した、必ずしも真の人気を証明するわけではない、独自の論理をまとうことになった。ガリバルディという人物に対する熱狂は、必ずしも彼の戦いへの政治的な支持のしるしではなかった。おそらくはそのことによって、一つにはなぜ彼が名声の絶頂にあった一八六〇年以降に挫折していくことになるのかが説明できる。

カプレーラ島に退いた赤シャツ隊の隊長は、政治的・軍事的闘争からの引退を演出して見せ、ワシントンの名声を高めるのに大いに役立ったイメージにあやかり、新たなローマの将軍キンキナトゥスの役割を担おうとした。しかし時代は移り変わっており、カプレーラ島は私的な引退場所であると同時に、激しく公の視線にさらされる空間となったのである。『イラストレイテッド・ロンドン・ニュース』が送り込んだ挿絵画家であるフランク・ヴィジテッリは、その場で描いた絵によるルポルタージュを読者に提供し、読者は夜釣りをしたり犬に餌をやったりするガリバルディの教訓的なイメージを称賛したのである。個人の引退の政治的利用は、私生活の公開を通して行われたのであった(93)。

　ガリバルディの国際的名声が最も華々しい形で現れたのは、彼が一八六四年にロンドンを訪れたときのことであった。これより一世紀前の一七六八年には、コルシカ独立戦争の英雄であるパスカル・パオリが、ボズウェルによって仕組まれた支持キャンペーンによる広告のおかげで、好意と好奇心をもってロンドンに迎えられた(94)。それに対して、イタリア人革命家の到着は、直接の目撃者たちや新聞記事の証言によれば、前代未聞の熱狂を引き起こしたそうである。彼を迎えるために五十万人の群衆が押しかけ、彼の姿を一目見たいと見物客が通りを塞ぎ、窓際に集まり、手すりや屋根を占拠した。ガリバルディが乗ったサザーランド公爵の馬車は、群衆のあまりの多さに何時間も前に進むことができなかった。それに続く二週間で、千人隊遠征の英雄はとりわけオペラ劇場などで何度か民衆の前に姿を現し、マッツィーニやゲルツェン［アレクサンドル・ゲルツェン（一八一二—七〇）。ヘルツェンとも。ロシアの思想家で、革命運動で逮捕され、流刑になったあと亡命］などの亡命家仲間や、グラッドストンからウェールズ公まで、イギリスの社会・政治的エリートたちへの数多くの訪問を行ったが、その間のロンドンはガリバルディの伝記や歌、彼の姿を似せた肖像画や小像で溢れ返った。自発的に起こった集会の中でイタリアの革命家が五十万人ものロンドンっ子たちから歓呼の声で迎えられ、公権力によるいかなる規制も見られなかったことは驚異的なものに見えた。保守主義者たちは不安を感じ、急進主義者たちは喜んだが、いずれにせよ全員がこれに驚いたのである。

　ガリバルディに歓声を上げた人々の間には数多くの労働者が混ざっていたが、この熱狂にあまりにも性急に政治的意味合いを付け加えようとしてはなるまい。この数年前の万国博覧会の際には、ロンドンっ子たちは同じような興奮をもってヴィクトリア女王を祝福したのであった。しかもガリバルディによって引き起こされた関心は、社会主義の闘士や最も反教皇主義的なプロテスタントの間にとどまらなかった。新聞を読んだ中産階級の人々がカプレーラ島の英雄を見たくて集まっただけではなく、ロンドンの上流階級の人々もまたサザーランド公爵やその他の大貴族たちに導かれたこの人物に熱中した。イングランド上院議長であるグランヴィル卿の表現によれば、これらの貴族たちもやや正気を失って（out of their mind）いたという[95]。ガリバルディがロンドンを去るときには、何人かの上流階級のレディたちが熱烈な手紙を彼に書いた。女性たちのこうした熱中ぶりを新聞はまた面白おかしく伝え、そこに、赤シャツを着て男らしさを表明するイタリアのハンサムなゲリラ闘士が引き起こした熱狂の一つの理由を見出そうとした。『スコッツマン』紙によると、彼がオペラ座を訪ねたときの女性観客の興奮ぶりは、あからさまに扇情的なものだったという[96]。

ガリバルディがその冒険的な生涯を送る間に引き起こした国際的な熱狂は、しばしば「英雄崇拝」さらには「神話」などとして語られる。しかしこれらの語彙は不正確であり、描写的というよりは暗示的であり、おそらくは不適切なものである。今や、激しく非難されるとともに熱心に弁護される一人の人物が、極度に広く知られるようになる、という事実が従来とは別のやり方で説明されなければならないことが明らかになるだろう。確かに、ガリバルディは少数の革命主義者にとっては模倣すべき政治的モデルであったかもしれないが、彼は同時にその手柄や挫折、波乱に満ちた人生によって絶えずヨーロッパの広範な大衆の注目を集め続ける一人の著名人であったということだ。目を奪うように劇場的で華々しい彼の行動の性格や、あまりにも個性的な彼の人物像が及ぼす魅力などが、この有名人の本質的な原動力だったのである。ここでもまた、ジャクソンやヴィクトリア女王というまったく異なる二人の例と同じように、人気というものの本質的に混成的な性格が明らかになる。それは、投票、忠誠、武力闘争といった行動に顕れやすい政治的支持に似たものであると同時に、またメディア的可視性や物語の流布などによって民衆に及ぼされる魅惑の力とむしろ関係の深い、共感あるいは好奇心、さらにはより不純な興味に似たものなのである。

## 時の著名人たち

著名性は個性を際立たせる。ヴィルトゥオーソたちの成功がそのことを証明している。聴衆はもはや交響楽団やオペラではなく、舞台に立つ一人のピアニストやディーヴァのリサイタルを聴きに来るのだ。読者とりわけ女性読者に悩まされる著名作家や、群衆が歓呼する大衆のヒーローにしても同じことである。そこから生じる著名人と大衆との非対称性は明白だが、それはおそらくは幻想にすぎないかもしれない。なぜなら、ここで視点を入れ替えてみることもできるからだ。スターたちは公共空間で決して一人でいることはない。いずれの読者、いずれの聴衆の前にも何人もの著名人がいるわけであり、彼らの眼には、これらの有名人は知名度が高いという共通点を持つ個性の集団を形成していると映っている。こうした集合的次元は、著名人たちを指すあまりにも逆説的な現代的表現であるピープルという語によって余すところなく表現されている。こうしたピープルたちは、庶民ではないが数を成している存在であり、一つの社会的集団あるいはエリートではないにしても、少なくともそれぞれの時代を何人かで複数的に体現する人々である。彼らの存在や登場や消滅がメディアの時間、最新ニュースの時間、無限に更新される現在という時間にリズムを与える。ファンという限られた集団を特定のスターに結びつける、距離を置いた親密性の欲求がある一方で、大衆の好奇心は、著名な人物たちの全体にほとんど区別なく一様に向けられているのである。ある状態ではなく一人の個人を指す「著名人《セレブリテ》」という言葉はもともと複数形で用いられていた。エミール・リトレの辞書はこの用法を今なお新語として扱っており、「われわれの時代の著名人たち」という用例を挙げている。この表現は著名人の複数性と同時に、彼らの集団が絶えず更新を繰り返すことによって時代の変遷を刻むことができるという事実を強調している。特に人目につく公的人物たちの全体に対して同じ好奇心を共有することは、自分の時代に生きているという感覚が取りうる一つの形であり、生きられた同時代性の一つの原動力となりうるものだ。

当時の新聞にはまた、「時の著名人たち」という表現も見受けられる。これは著名な人々の今日性が、ときにははかないものであることをなお一層強調したものであろう。これはルイ・ジュルダンとタクシル・ドゥロールという二人の共和派の新聞記者たちが一八六〇年に出版した肖像画・伝記集につけたタイトルであり、そこにはガリバルディがアブド・アルカーディル［アルジェリアの反フランス運動の指導者（一八〇八–八三）。アルジェリア民族運動の父とされる］と並んで出てくるだけでなく、何人かのヨーロッパ諸国の君主たちや、さらにジョルジュ・サンド、ラマルティーヌ、ドラクロワ、ロッシーニなども登場していた(97)。著名人に関する編集方針は、ここでもまた大衆の好奇心をかき立てたという共通点によって、政治家と芸術家を同じ俎上に載せるというものである。「現代の著名人たち」「時の著名人たち」といった表現は、これらの人物たちがそれぞれ非常に個性的でありながら、全体として輪郭の曖昧な全体として見られていることを饒舌に語っている。著名人についてのメディアのメカニズムは、特定の人物への感情的愛着を生み出すだけではなく、強度はさほどではないものの集合的な好奇心を育むのである。「時の著名人たち」に対して関心を抱くことは、それが散漫なものであれ、より興奮の度合いが強いものであれ、一つの時代を共有することであり、自ら同時代人となり、自分の好奇心を今日性というリズムによって支配されるに任せることなのだ。そのリズムを刻むのはあるいは女優の結婚であり、戦争の勃発であり、スキャンダルの噂のこともあれば、議会での論争のこともあるだろう。

これと同じ原則が、当時流行していた同時代人の伝記集にも見出される。十八世紀の伝記事典にはすでに亡くなった人物しか収録されていなかったが、大革命の勃発とともに、不当にも名声を得ている凡庸な作家たちをからかったリヴァロルの『当代偉人名鑑』や、次々と移り変わる政権に合わせて身を処する政治家たちを揶揄した『風見鶏事典』などの風刺的な出版物が横溢するようになった[98]。十九世紀前半には、読者が「現代人」に関連するすべての記事を読む際の「極端なまでの貪欲さ[99]」に応えるための伝記集が何種類も出版された。これらの伝記集は出版界に熾烈な競争を巻き起こした。『新現代人伝記』は、大革命以来「著作、功績、美徳あるいは犯罪によって名声を得た」著名人のリストを作成しようとする企画であった。そののち、ギュスターヴ・ヴァポローは『現代人百科事典』で成功を収めたが、それは読者の「正当な好奇心」を満たすために出版されたと著者は主張している。これらのしっかり構成された著作に対し、『一八四二年版リヴァロリ事典あるいは現代著名人風刺事典』のように、風刺の流行の波に乗るだけで満足しているような書物もあった[100]。

同じように、著名人たちの肖像画もいわゆる著名人ギャラリーの形でよく一冊の書物にまとめられたが、これも著名性という言葉の社会的用法の多様性に光を当てるものであった。バルザックの『モデスト・ミニョン』という、フィクションの小説だが象徴的な例において、肖像画が空想上の愛情関係を構築するための支持体としてのみ役立っていたのとはまったく異なり、それらは非常にしばしば好奇心を増大させる糧となる。すなわち、肖像画は目の前にすべての著名人たちの顔を並べて見せることを可能にし、本来の意味での「集合的想像」を構築するのである。著名人たちの顔をじっと見つめる人々は、彼らの秘密を見抜こうとしているというよりもむしろ、自分が公的人物たちの想像上の美術館を所有することで一つの民衆に所属していると感じていたいのである。

風刺画に対する嗜好も、こうした著名人に対する集合的関係に含まれるものである。七月王政時代の新聞の読者がこれほど風刺画を好んだのも、顔の知られた政治家や文学者、芸術家のすべてとゲームのような関係を持ち続けることを、それらが可能にしたからであった。風刺画は著名人との距離を置いた関係を巧みに取り込むだけでなく、すでに知られていることが前提となる過去のイメージを、最小限にデフォルメするという原則に則って描かれる。バイロンの例はここでも再び印象的なものとなる。大量の模倣と最初の肖像画の模造品のおかげで、長い白い襟を突き立て豊かな黒髪をなびかせる若い男という、多かれ少なかれ本人に似たモチーフがすっかり大衆には馴染みになった。このイメージは、特に風刺画や当時流行していた隠し絵という形で数多くの副産物を生み出した。この隠し絵とは、バイロンの顔が風景の真ん中に、あるいは木の茂みや雲の中に隠されているようなものである。[101]肖像画はもはや個人の主観を投影する支持体ではなく、他人と共有される視覚文化の確かな象徴であり、そうした文化の中では一つのモチーフが一人の同時代人に直ちに結びつけられるのである。

さらに風刺画集が登場するとともに、大きな一歩が踏み出されることになった。それぞれの人物は、高度に特殊化された容貌で描かれると同時に、つねに更新されるモチーフのレパートリーに組み込まれ、そのレパートリーの中で初めてその存在が意味を持つことになる。第二帝政初期においては、フェリックス・ナダールがこれらの風刺画ギャラリーに当時のあらゆる著名人を集めて描いてみせ、この分野で並ぶもののない巨匠となっていた。『滑稽新聞』に彼が発表した「幻灯機」では、作家、音楽家、芸術家など、この時代によく使われた表現によれば文化界のあらゆる「名士たち」が行進していた。それぞれの図版には何人かずつの人物が登場し、下には伝記的なコメントが付けられていた。すなわちここでは著名人たちの姿が、当時パリの人々を喜ばせていたパノラマやディオラマなどのような大衆的な見世物として描かれていたのである。[102]それらの著名人は、個人化されていると同時に集合的に提示されていた。というのも、この作品の魅力は、読者が注意を向けているのと同じ時間性の中で、これらの著名人を集結させていることだったからである。

これらの成功に自信を得たナダールは、一八五二年に彼自身を有名にする企画を立ち上げる。それが四枚の大きなリトグラフの中に、当時最も有名な八百人の文化人（作家、音楽家、ジャーナリスト、芸術家）、宣伝ちらしの言葉によれば「八百人のわが国のありとあらゆる著名人の全身像[103]」を集結させた〈パンテオン・ナダール〉であった。最終的に実現したのは作家とジャーナリストの図版だけだったが、それは本当の意味でのグラフィックアート的な業績となった。というのも、ナダールは後世に向けて行進する二五〇人の人物たちを集めた行列を一ページの中に描いたからである。パンテオン・ナダールは新聞で広告が打たれ、あらゆる出版人のお墨付きを得、出版物の折り込みや派手な広告による積極的なキャンペーンによって売り出され、『フィガロ』紙の読者には無料提供された。この作品はあまりに豪華で費用もかかったため商業的成功を収めるには至らなかったが、世間で高い評判を得ることになった。サント＝ジュヌヴィエーヴの丘のパンテオンとは違い、パンテオン・ナダールは明白に現代への賛歌であり、過去の偉人たちに匹敵する十九世紀の「名士たち」に捧げられた、同時代の人間が描いた賛歌であった。同時の著名人たちを集めて描くことは、たとえそれがナダールによって特徴をデフォルメされた肖像であっても、結局は集合的ナルシシズムにほかならなかったのである。

それに続く数年間は、写真が発明されたにもかかわらず風刺画が成功を収め続けていた。ナダールは「現代の面々」のシリーズで、一連のパロディー化した伝記にパンテオン・ナダールから抜き出した肖像画を添えて出版し、さらにはフィリポン〔フランスの銅版画家、ジャーナリスト（一八〇六−六二）。『カリカチュール』『シャリヴァリ』などの風刺新聞を創刊〕の「娯楽新聞」に、「ナダールの現代人たち」のシリーズ（一八五八―六二年）を寄稿した。新聞の各号には表紙の全面を使った肖像画が掲載され、それに続く内側のページには、しばしばモデルの人物たちも協力して書かれた伝記が掲載されていた。史上初めて著名人の肖像画が新聞の一面全体を飾ったのであった。

## 著名性の新時代に向けて

新聞の一面を飾ったナダールの「現代の面々」は、ガリバルディのメディアへの登場やアメリカのおけるジェニー・リンドのツアーとともに、一八五〇年代から六〇年代に多かれ少なかれ対応する一つの境目に到達したことを示すものであった。そこには著名性に関わるすべてのテーマが認められるが、それらはさらに強調され、新しい時代の到来を告げていた。大衆の関心を引く公的人物たちの存在は、今や不安や驚きのもととなる新しい現象としてではなく、近代社会を特徴づける要素とみなされるようになったのである。時代の変化はどの分野においても緩慢で、不規則で、不完全なものであるという意味では、もちろんいかなる時代区分にも恣意的な部分が残ることは免れない。ガリバルディは多くの点においてロマン主義的英雄の理想形であり、彼の世界的名声は、ワシントンやナポレオン、さらにはそのギリシア解放のための闘争がロマン主義世代に絶大な影響を与えたバイロンらのそれを受け継ぐものとなるだろう。それにもかかわらず、一八六〇年のイタリアにおける戦争の新聞報道や、写真の登場、ニュースの伝達において電報が果たした役割などは、西ヨーロッパやアメリカをマスコミュニケーションの新時代へと導き、著名性のメカニズムに新たな飛躍を与えるであろう変化の兆しを表している。

とりわけ新聞がこうした変貌を加速させた。すでに一八四〇年代において、挿絵の存在が著名人の姿をより広範囲に流布させることを可能にしていた。だが十九世紀の後半には、民衆への識字教育や、鉄道の普及、イギリスで一八五〇年代に発明され、フランスに一八六七年に導入されたシリンダー式輪転機に代表される新しい技術の導入のおかげで、新聞の発行部数が爆発的に増大した。新聞の革命はまた、出版資本主義の新たな商業的慣行にもよっている。新聞が大衆文化の時代に入ったことを示す例と言えば、モイーズ・ミヨー［フランスのジャーナリスト、新聞企業家（一八一三―七〇）］の『プチ・ジュルナル』紙が適当な目安となるだろう。一八六三年に創刊されたこの新聞は、一号ごとに一スー（五サンチーム）で分売され、費用のかかる十九世紀前半の新聞とも予約制の慣習とも袂を分かった。政治色をなくし娯楽ニュースを中心とした新聞としてたちまち一日二十五万部を記録し、一八九一年には百万部に達した。『プチ・ジュルナル』紙は最新のニュースと社会の雑事、著名人の生活など、最も多くの読者を引きつける記事を中心としていた。こうしたモデルは『プチ・パリジャン』（一八七六年）、『マタン』（一八八三年）、『ジュルナル』（一八九二年）などの新聞によって模倣され、やがて取って代わられることになった。

一九一四年には、パリと地方を合わせたフランスの日刊新聞の発行部数は、一日当たりの合計で五五〇万部に達した。[104] 新聞は日常的な人気さえ集める消費対象となり、より人目を引き感情に訴えるようになった最新情報との関わり方を根底から変えてしまうことになった。政治に割かれるスペースは少なくなり、逆に読者の関心を引くパリの時評が大きく扱われるようになった。社会の雑事と並んで、著名人の生活が『フィガロ』紙の「パリのこだま」欄のような記事の成功のもととなり、すでに当時から「この欄では不謹慎さが芸術の域に達している。読者はスキャンダラスな最新情報を知るためにそれを読む[105]」と言われていた。十九世紀の最後の三分の一に当たる時代に、本当の意味での全国規模の大衆的な新聞が発達したアメリカでは、一八三五年に創刊され当時指数関数的な成長を見せていた『ニューヨーク・ヘラルド』紙のモデルに従って、各紙が著名人たちの生活により多くのスペースを割くようになっていった。一八九〇年代にはジャーナリズムの新しい形が登場する。すなわち、著名人の生活を公表して、読者に彼らの私生活を共有しているような感覚を味わわせるルポルタージュや、インタビューや、暴露記事などがそれであった[106]。

もはや公共性を逃れるものは何もなくなったように思われる。最初にこうした記事を試みて成功を収めたジラルダン夫人は、すでに一八三六年には、こうして人目にさらされることに潜在的に道徳的効果があることに驚く素振りを見せ、次のように述べている。「敬虔な人々が、いつも目の前に彼らの罪を断罪したり許したりする神聖なる審判者を見ているように、公衆は私たちがいつも眼前に見ている地上の審判者なのです。そう、信仰を持たない人々にとっては、公衆の目にさらされることが告解の代わりとなるのです[107]」。啓蒙時代からの遺産である公共性の理想は、ここに至って著名人の生活にまで拡大され、道徳性を保証するものとなったのである。十九世紀後半におけるこの考え方の後継者たちにとっては、秘密の暴露やスキャンダルが繰り返されるのを前にして、これほど抒情的な意見を表明することは難しいだろうが、著名人の生活についての新聞時評は、大衆の好奇心を煽りたい（そして売り上げを伸ばしたい）という欲求と、道徳の検閲官としての主張との間の、多かれ少なかれ表立った緊張関係に影響され続けることになる。さらにジラルダン夫人は、私生活の公表が著名人の地位に本質的に伴う制約と映ることの第二の理由を、次のように付け加えている。「おお何と不思議なことでしょう！　誰もが有名になることを夢見るのに、その全員が公共性を恐れるのです。この矛盾を説明してほしいものです。でも有名になることは公になることの姉妹なのです。あなたの意図にかかわらず、やがて二つは遅かれ早かれ重なることでしょう。そしてまさにその二つが切り離せないものであるからこそ、その結合に慣れ、警戒心を抱くのは馬鹿げたことだと理解する必要があるのです。というのもそれに脅かされるのは、それにほだされた人だけだからです。つまるところ、公衆に対して語られるのは、彼らが興味を抱くことでしかないのですから」。

　ガブリエル・タルドが、公衆を形成するものとして、新聞を読むことの重要性としばしば無意識的になされる模倣の影響について主張して、独自の公衆論を展開したのは、まさにこうした文脈においてであった。「群衆」の時代に対する当時の非常に否定的な言説に反発していたタルドにとって、公衆とは近代社会に特徴的な人間集団の形態であった。近代社会は「習慣模倣」よりもむしろ「流行模倣」によって、すなわち伝統という長い時間の中での過去の権威よりも、むしろ現代性という短い時間の中での同時代人の影響によって支配されている。あるいはタルド自身の言葉を借りるならば、「自らの背後すなわち過去にのみ範を取るかわりに、自らの周り、すなわち現在に範を取ろうとする日々一般化していく習慣[108]」によって近代社会は支配されているのである。公衆は批判的議論の決定機関でもなければ非合理的な群衆でもなく、欲望と信条の流れによって構成され、自らメディアに固有の力によって養われる存在なのである。公衆は、各人が他人に及ぼす影響によってしか存在できないという意味で「純粋に精神的な共同体」であると同時に、各人の欲望が他者の欲望によって養われるような「商業的顧客」でもあるのだ[109]。タルドの全著作を貫くこうした理論は、社会科学史の中に位置づけられるのみならず、同時に、世紀の転換点に次第に明確に見え始めていた新しいメディア的近代に対する、同時代人の反省的思考の表明であった。タルドの理論はまさに二十世紀への転換点において、世界の複雑性について思考する際に社会科学が文学や哲学に取って代わり、社会における人間生活についての認識を再編成しようとしていた時代に位置しているのだ[110]。

　写真の発達は大部数の新聞の飛躍とちょうど同時代の出来事であった。一八三九年に発明されたダゲレオタイプはただ一枚の写真版しか製作できなかったが、それに続くカロタイプやその他のタイプのネガ製版の発明によって、写真は複製と流布の時代に突入した。写真が有名人たちのイメージに及ぼした衝撃は、最初は「名刺」タイプ（八×九センチ）の肖像画の成功に結びつけられていた。これはアンドレ・ディスデリ［フランスの写真家（一八一九–八九）］によって一八五四年にパリで発明され、一八六〇年以降は、その流行が全ヨーロッパのみならずアメリカにまで及んだ。この方式は、同時に八枚の写真が撮れる原版に写真を現像したものを安価に製造し、さらにそれを一枚ずつの小さな厚紙のカードの形にして商業化するというものだった。こうした名刺タイプの写真には誰もが熱狂した。パリでは一八五〇年代の終わり頃から皆がイタリアン大通りにあるディスデリのアトリエや、ピエール・プティ［フランスの写真家（一八三一–一九〇九）］、さらにはナダールのアトリエなど、ブールヴァールにある写真アトリエに飛びついた。ナダールは徐々に風刺画を放棄し、写真へと傾倒しつつあった。ロンドンでも、ウィーンでも、サンクトペテルブルクでも、ニューヨークやフィラデルフィアでも、写真スタジオは流行の場所となった。それはスペクタクルであると同時に社交の場所でもあったのである。

「名刺」写真は、たちまち著名人の姿を大量複製するのに利用されるようになった。写真スタジオではこれらの著名人たちの写真をショーウィンドーに飾り、客寄せのためのアイテムにした。しかしそれだけでなく、著名人の写真は大量に印刷され複製される商品になったのである。君主たちや政治家たちが最初にこれに関心を持った。ディスデリはナポレオン三世の写真版を売り出し、ジョン・メイヨール［イギリスの写真家（一八一三–一九〇一）。ヴィクトリア女王の肖像写真で知られる］は一八六〇年からヴィクトリア女王とアルバート公の写真集である『ロイヤル・アルバム』を出版したが、それがあまりに大きな成功を収めたために需要に追いつかず、たちまち模造写真の氾濫に追い越されてしまった。[111] 初期のパリの写真家の一人であるギュスターヴ・ル・グレイ［フランスの写真家（一八二〇–八四）。ナポレオン三世の公式写真を撮影し、フランスに新しい写真技術を導入］は、ガリバルディの写真を撮るために千人隊の出征の際にデュマとともにパレルモまで旅した。[112] 作家、舞台俳優、芸術家などいったこの時代のスターたちはすべて「名刺」写真に収められ、それらはときに何万枚という単位で売り出された。またそのフォーマットから、これらの写真はシリーズ化にも適していた。いくつかの出版社はこうした写真を集めて、ピエール・プティの写真からなる『時の人ギャラリー』や、週刊で一号ごとに肖像写真と伝記を収めた『現代人ギャラリー』などのシリーズを出した(113)。

一枚単位で売られた写真は収集の対象となり、しばしばページをめくって楽しむアルバムに収められた。ゾラの小説『獲物の分け前』(一八七二年)に登場するマクシムとルネもそのような楽しみを見出している。「マクシムはそれらの女性たちの写真も持ってきていた。彼はどのポケットにも、さらには煙草入れにまで、女優の写真を入れていた。時折彼はそれらの写真をすべて取り出して、その女性たちの写真をサロンの家具の上に置きっぱなしにしてあるアルバムに収めるのだった。そこにはすでにルネの女友達の写真も収められていた。それに男性の写真もあった。ロザン氏、サンプソン氏、ド・シブレイ氏、ド・ミュシー氏の写真以外にも俳優や作家や議員たちの写真もあり、それらがいつの間にかコレクションを膨大なものにしていた。それは奇妙に入り混じった世界であり、ルネとマクシムの生活に関わってきた観念や人物たちが混ぜこぜになった、その混沌ぶりを表すイメージであった」。このアルバムでは、著名な女優や作家の写真が、愛妾たちや政治家だけでなく友人たちの写真とも一緒に並べられている。それによって有名人たちがなじみ深いものとなり、それらは取るに足りないもの、散漫で日常的でささやかな興味の対象ではあるものの、小説の主人公たちにとっては生活の一部となるのだ。彼らがアルバムをめくるのは退屈しているときである。「このアルバムは雨が降っているときや退屈しているときには格好の会話の種になってくれた。若い女はあくびをしながらアルバムを開いたが、それはおそらくもう百回目であっただろう。だがやがて好奇心が目覚め、若い男も彼女のうしろにやってきて肘をつくのだった(114)」。二人はたとえば「ザリガニと呼ばれているやせた赤毛の有名人」など、アルバムの人物たちの細部を細かく点検し始め、パリの大司教から花形の女優まで、写真に撮られた人物の誰々と一夜を過ごしたらどうなるかと想像するのである。このような社交的でブルジョワ的なアルバムの利用法がある一方で、著名人の写真は安価な模造写真の大量流通にも支えられ、さらに庶民的なやり方でも消費されていた。イギリスでは一八六〇年から六二年の間に三、四百万枚ものヴィクトリア女王の写真が出回ったという。

写真は発明された当初から産業としての側面を持っていた。一八六八年には、パリではすでに三六五もの写真スタジオを数えるほどになっていた(115)。「名刺」写真は相反する二つの面を持つ発明だった。というのも、それは著名人の姿を非常に広範に流通させると同時に、写真スタジオに駆けつけるような都市ブルジョワ階級の一部にとって、肖像の制作をより身近なものにしたからである。著名人の姿は複製されるとともに月並みなものとなり、そのことは早くから激しい批判を巻き起こした。すなわち、写真は芸術のライバルとして比べようもない現実の卑俗な表象形式にすぎず、肖像写真への好みは大衆の空虚さと、著名人を一目見たいという欲求の象徴だというのである。一八五九年にはすでにボードレールが「近代的大衆と写真」において肖像写真を非難していたし、その八年後にはバルベー・ドールヴィイが「安っぽいまがい物の世紀における虚栄に満ちた物乞い」に対してなお一層辛辣な批判を展開した。バルベーは「ショーウィンドーの名声」、すなわち自らの姿をさらし、肖像写真を公共空間に飾らせたいという欲求をとげとげしい言い回しで告発した。「写真がもたらす知的で魅力的な栄光。ショーウィンドーの名声を得ること、卑しい手法で卑しく再現した卑しい姿の下に卑しい名前を頻繁に読まれるようにすることは、何たる幸福であろうか！　だが、それは場違いなうぬぼれのもたらす悦楽でしかない(116)」。

こうしたイメージの氾濫は、著名性の視覚文化に新たな展開を加えることになった。今日においても肖像権の始まりと見なされている法解釈の最初の決定は、死の床におけるラシェルの写真の出版を禁じるために、一八五八年に下されたものである(117)。この世代の作家たち全体にとって、写真の発達は、ユゴーやデュマのように、この道具を自家薬籠中の物として肖像を大量に印刷させ、自らが人目につく存在であることの論拠とする作家たちと、逆にそれを拒絶する作家たちとの間に境界線を引くことになった。ユゴーはこの新しい技術を巧みに利用して、亡命中にもかかわらずパリで目につく存在であり続けた。ナダールやそれに続くカルジャ［フランスの写真家（一八二六―一九〇六）］による写真は、豊かなあごひげと白髪に縁取られた疲れた顔という大作家ユゴーの容易に認識できる表象を公共空間に定着させた。これらの写真は、飽くことなくあらゆる形態の支持体を使って再生産されることによって、ユゴーが晩年に亡命先から戻り、共和国の勝利を体現する存在となった際に、絶大なる人気を得る上で重要な役割を果たした。[118] またそれとは反対に、ディケンズは一八六〇年代初めには国王一家に次いで多く写真に撮られたイギリス人だったが、自身の肖像を思い通りにしようとして失敗した。[119]

ギュスターヴ・フローベールは写真に対して心底からの拒否を示しているが、そこにはこの新技術に対するボードレールのものに近い思想的な批判と、自身の肖像を流布するに任せたくない気持ちが同居している。後者については、作者のイメージを消し去ることを小説美学の鍵としていた作家にあっては不思議なことではない。あるジャーナリストは、この態度について次のように説明している。「ジャーナリストたちは彼の顔も知らない。フローベールは書いたものを読者に届ければ十分だと考えており、自分という人間を一般大衆からはるか遠くに置き続けてきた。彼は部数の多い新聞の騒々しい広告や、お節介な謳い文句や、悪名高い犯罪人や、どこかの国の君主や有名な乙女などと一緒に、煙草屋の店先に写真を並べられることを軽蔑しているのだ」。[120] フローベールは長い間写真を撮影されることを断ってきた（「私は肖像写真を撮られることに決して同意しません」と、彼は誇らしげにルイーズ・コレに書いている）が、最後には譲歩した。とはいえ、親しい人々にしか写真を渡すことはなく、それが出版されることを拒み続けた（「私の顔貌は売り買いされていません」）。肖像写真を送ってほしいという読者には、容赦なく断った。「誰もが気まぐれというものを持っています。私のそれは、私という人間のいかなる絵や写真も拒否するということです」と、彼は一八七七年になってもなおファンの一人に向かって書いている。[121]

ギ・ド・モーパッサンはフローベールの手本に忠実に従い、同じように長い間にわたって写真を撮影されることを拒否し続けた。「私は避けることができる限り、決して私の肖像が出版されるのを許可しないことを、絶対的な方針にしています。例外は、不意に写真を撮られたときだけです。私たちの作品は読者のものですが、顔貌はそうではありません」[122]。これは意味深い言い回しだ。一世紀前のメルシエも反対はしなかっただろうし、二十世紀になっても、数少ない何人かの作家たちが、それぞれの時代に適するように言い換えて同じ意見を表明することだろう。モーパッサンはついには写真を受け入れるが、それでも自らの肖像が急速に広まっていくのを見て後悔し、一八八〇年には出版社のシャルパンティエを訴えると脅しをかけたものの、最後には諦めて肖像写真の普及を許さざるをえなくなる。だが写真によるイメージという概念自体が、『ル・オルラ』をはじめとする彼の作品に、繰り返し影を落としていた。そこでは、あらゆる伝記的事実の統一性やあらゆる自意識が散逸してしまうことの不安が喚起されるのである。

写真の発明は、長期的に見て大きな波紋をもたらすことになるだろう。というのも、写真は著名人の顔をそれが非常に本物らしいという印象を与えつつ、大量に複製することを可能にするからである。これに先立つ時代には、版画のデッサンの氾濫は、ときには本物にまったく似ていない図版が数多く出回ることにつながったが、写真はある個人の画像とそのモデルとの類似性を担保しつつ、著名人についてのイメージを一変させることになった。だが写真の発明が及ぼした直近の効果を誇張してはならない。というのも、大量複製の技術は長い間困難だったからである。新聞に写真から直接印刷された図版が最初に掲載されたのは、ようやく一八九一年のことであった。そして第一次世界大戦の頃に至るまで、新聞のイラストにおいては、時事問題のデッサン画が無視できない位置を占め続けたのである[123]。オフセット方式のおかげで写真が新聞紙面にあふれるようになるには、二つの世界大戦の間の時期を待たなくてはならなかった。同様に、一八六〇年代以降にガリバルディの写真が数多く出回り、カプレーラ島の英雄である彼のイメージを定着させるのに貢献したが、このことは、それに先立つ十年間に数多くの肖像画やイラスト入り新聞に掲載された図入りのルポルタージュによって定まった彼の名声の様態を、根本的に変化させてしまったわけではなかった[124]。ナダールの例はこの点で意味深いものである。彼はデッサンから写真にすぐに移行したわけではなく、版画による肖像画を売り出し続けていたし、有名な写真家になったあとも、〈パンテオン・ナダール〉を最新版に描き換える作業を続けたのであった。[125]

著名人は目立つ存在であるゆえに、この頃から広告キャンペーンにも利用されるようになった。有名な「コカワイン」の発明者であるアンジェロ・マリアーニは、一八九一年以降、彼が商業化して成功を収めたコカワインを讃える宣伝文を有名人に書かせ、それを肖像画に添えた「現代の人物」アルバムを出版した。この「マリアーニ・アルバム」は大人気を博し、さらに安価な絵葉書の判型でも売り出された。[126] これらは同時代の著名人の伝記が付された肖像画コレクションをモデルとしたものだったが、その目的ははっきりと商業的なものであった。芸術家や政治家や作家など誰もがマリアーニ・ワインの効能をほめそやした。著名人のイメージは商品を売るのに役立ったが、一方で彼ら自身も知名度がさらに上がり、ワイン一ケースが進呈され、おそらくは金銭による謝礼という形で利益を得ていたのだった。

大量発行の新聞の発展や、写真の成功、新しい広告戦略は、一連の社会的・文化的変化の最も目ざましいいくつかの側面でしかない。これらの変化には、さらにより近代的な宣伝の形態だけでなく、都会におけるスペクタクルの多様化を付け加える必要があるだろう。これらはエリートたちの新しい生活様式に対する集団的魅了と、「近代生活」の魅力についての共有された意識とを、増大させることになった。一八八二年に開館したグレヴァン博物館［パリの蠟人形博物館］は絶大な人気を誇る見世物になると同時に、その時々の社会の話題が蠟人形の寸劇の形で再現された一種の写実主義的な新聞であり、著名人の文化の殿堂にもなっていた。博物館の最大のアトラクションである最初の部屋は、その時に最も人々の目を引いている人物たちに充てられている。当初は「グレヴァンで見るパリの名士たち」と銘打っていたが、すぐに「パリ有名人サロン」と改名された。[127] 訪問者たちは時の最も著名な人々に囲まれて、彼らの家にいるかのように散策することができるのである。グレヴァン博物館が提供しているようなスペクタクルは、著名人たちについての高度にメディア化されたと同時に非常に写実的な表象を提供している点で、新聞や写真に通じるものがある。そこではリアルな効果が追求されており、普通なら遠くて近寄りがたい存在である有名人たちに触ることもできるし、写真と同じように顔の細部を観察することもできるのである。

サラ・ベルナールは、十九世紀後半にスターたちがますます目立つ存在になってきたことの完璧な例である。一八六〇年代末から、彼女は著しい成功を収めるようになった。それはまさに大いなる大衆娯楽であったフランス演劇が、文化的消費財としてヨーロッパのみならずアメリカにまで輸出されるようになった時代であった。[128] 一八七〇年代におけるコメディー＝フランセーズのロンドン巡業の際に、観客はサラ・ベルナールに拍手喝采を送ったが、その一方で、彼女の奇矯なふるまいや自由への欲求は新聞の大見出しを賑わせた。一八八〇年には彼女はコメディー＝フランセーズと手を切り、アメリカ巡業を企画して大成功させた。ジェニー・リンドから三十年ののち、フランスの悲劇女優が引き起こしたこうした熱狂は彼女がフランスに帰国してからも衰えず、彼女を何度もアメリカに呼び戻すことになった。サラ・ベルナールは古典的レパートリーとロマン主義的感傷、パリ特有の魅力に加え、活気とエロチシズムを兼ね備えた、新しい女性モデルを体現していたのである。「ゴールデン・エイジ」と呼ばれた経済発展とレジャーの時代である十九世紀末のアメリカ社会から見れば、サラ・ベルナールは前途洋々たる新しい時代のシンボルだったのである。[129]

国際的な成功を収め、オーストラリアから南アメリカまで何度かの世界的ツアーを行ったサラ・ベルナールはまた愛国者の著名人でもあった。彼女は進んでフランスを体現しようとし、一八七〇年の戦争の最中にデビューを果たした頃から、さらには好みの役（『ロランの娘』［アンリ・ド・ボルニエ原作のドラマ。一八七五年初演］、『小鷲』［一九〇〇年初演のエドモン・ロスタン作のドラマ。「小鷲」はナポレオン二世をさす］）の選択についても、あまり独創的とは言えない断固とした反ドイツ的感情を標榜していた。外国においては、サラ・ベルナールの絶大なる人気は、彼女がフランスの文化と演劇を体現しているという事実に結びついていた。[130] 彼女はラシーヌの『フェードル』や『アンドロマック』などの古典的な役だけではなく、彼女自身のために書かれたヴィクトリアン・サルドゥ［フランスの劇作家

（一八三一—一九〇八）。プッチーニのオペラ『ラ・トスカ』の原作者〕の『フェドラ』など、大衆演劇においても大成功を収めたのである。

サラ・ベルナールの成功は、群衆の拍手喝采を呼んだばかりではなく、批判や風刺画や嘲笑の渦を巻き起こした。すでに見たように著名性の力学に対して拒絶反応を示していたモーパッサンは、一八八一年に彼女がアメリカ巡業を終えてフランスのル・アーヴルに帰還した際に、女優本人と大衆の熱狂に対して激しく噛みついた。『ル・ゴーロワ』紙〔一八六八年創刊の新聞。文学・政治を扱う〕に掲載された時評において、モーパッサンは行き過ぎた自己宣伝、謳い文句、ショー的要素、さらには極端に演劇的で不純な著名人の作られ方を告発し、これを「はったり芝居」という言葉で要約している。

本当に、本当にこうしたやり方は極めつけで、サラ・ベルナールの上陸を馬鹿馬鹿しいまでの細部にわたって新聞が伝えて以来、あまりの可笑しさに小躍りしないでいるためには、よほど滑稽なものに対する感覚と笑う能力とを失ってしまっていなくてはならないだろう。人々がル・アーヴルの波止場でやっているように、「万歳、万歳、万歳！」とでも叫びたくもなる。フランス的悪徳であるはったり芝居が、場違いな熱狂が、群衆に特有の愚かさが、騙されやすいブルジョワたちの素朴な興奮が、世間にこれほどの滑稽さの見本を提供したことはなかった。（中略）まったく唖然とするほかはない。しかも人々は感動している。本当に感動しているのだ。女たちは本物の涙まで流しているのである。[131]

この時評は面白いが、もっぱら困惑させるものだ。ここに含まれる皮肉は分析をより鋭くするわけではなく、単に失われた良識を嘆き、それに対置させて、著名性の文化を構成する「愚かな熱狂」や宣伝、はったり芝居の寄せ集めを批判することで満足している。「はったり芝居が王となっている」とモーパッサンは慨嘆し、大衆の信じやすい感傷性、スターたちの誠実さの欠如、新聞の商業的打算といったものを混ぜこぜにして告発している。軽蔑において、「群衆の愚かさ」と「騙されやすいブルジョワ」を結合させることによって、モーパッサンはフローベールやボードレールから受け継いだ芸術家の地位を復活させようとするが、しかしそれと同時に、批判の矛先は今後、もはや大衆の迷信やブルジョワの金に対する批判にとどまらずに、それらを超えていくことを明らかにしてみせる。批判が向けられるのは、何よりもまず作家がそこから脱出し、それだけに一層軽蔑しようとする大衆文化になるだろう。この大衆文化は知識人のものでもなければ庶民のものでもない。それは、メディアと文化産業によって作り出されたマス・カルチャーに固有の現象なのである。この文化の消費者は大衆を形成するが、この大衆とはボードレールが犬に喩え、「彼をいらだたせるだけの繊細な香水を与えてはならない。慎重に選び抜いた汚物を与えてやるのがよい」[132]と言ったのと同じ大衆なのである。

だがサラ・ベルナールの人気にも、はったり芝居の普及や大衆の悪趣味に対する辛辣な揶揄にも、革新的な新しさという特徴を付与することには疑いの目を向けなくてはなるまい。ヨーロッパのスターのアメリカ巡業も、群衆の熱狂も、イメージの拡散も特に新しい現象ではない。ジェニー・リンドやバイロンやリストたちがすでに十九世紀の前半にそれらを体験していた。そして彼らの前にはギャリックやルソーやタルマたちが――その頃には著名性のメカニズムがまだ初期段階ではあったものの――、物見高く熱心な公衆に歓迎されていた。一見非常に近代的に思えるモーパッサンの皮肉も、広告戦略による有名人の創造も、四十年前にハイネがリストマニアに対して行った分析に何ら新しいものを付け加えるわけではないのである。いくつかの点においては、モーパッサンは後退しているとも言える。というのもルソーは言うまでもなく、サミュエル・ジョンソンやルイ・セバスティアン・メルシエたちのより鋭い分析は、著名人が公衆と結ぶすぐれて両義的な関係を浮き彫りにしてみせていたからである。この分野において断絶は決して明確で根本的なものではなく、時代区分もつねに曖昧である。本質的なことは、時代の変わり目を正確に位置づけることではなく、十八世紀半ば以降およそ一世紀の間に、社会的・文化的メカニズムが著名性の文化――ある種の実践の総体であると同時に、一連の言説、常套句、議論である――を登場させたということなのだ。一八六〇年代以降、この文化はマス・カルチャーの誕生と通常呼ばれているものに刺激されて、新たな規模を獲得することになる。こうした著名性の第二世代への移行は二十世紀初頭まで継続するが、映画はもちろんその象徴となるだろう。

# 終　章

二十世紀は映画とともに誕生した。映画はすばらしい大衆娯楽であることが明らかになったが、それはまた夢を作り出す工場でもあった。スターという、強烈な存在感を持ちながら儚くもある新たな著名人を神聖化する映画産業の特性については、あらゆることが言われてきた。サラ・ベルナールは、ベル゠イル島における彼女の日常生活を撮ったルポルタージュを含め、一九〇〇年から何本かの映画に出演することによって、舞台の著名人からスクリーンの著名人への移行を体現する存在となった。二度の世界大戦の戦間期から、演劇を経験していない新しい世代の男優・女優が登場し、彼らがスター・システムの頂点を極めていく。「世界の小さなフィアンセ」とされたメアリー・ピックフォード、そしてダグラス・フェアバンクス、リリアン・ギッシュ、チャーリー・チャップリン、ルドルフ・ヴァレンティノ、グレタ・ガルボといった名優たちである。一九二六年におけるヴァレンティノの死は、メディア報道の嵐と集団的な熱狂とを引き起こした。当時の新聞によれば、葬儀場の周りに十万人もの人々が集まり、何人かの女性は絶望のあまり自殺にまで至ったという。一見非合理的とも言えるこうした集団的現象を、どのように理解すればいいのだろうか。ガルボの顔によって喚起される魔法を引き合いに出しつつ、ロラン・バルトは「人間の顔を捉えることが群衆を最大の混乱に陥れ、媚薬に冒されたように人間のイメージのうちに文字どおり自分を見失ってしまう映画のこうした瞬間(1)」について語っている。映画の特殊性を主張したい誘惑にもかられる。クローズアップの手法は顔の存在感を高め、遠くにいて近寄りがたいスターに対して親近感を覚えさせる。エドガール・モラン以来の多くの論者たちが、観客に新たに神聖な存在を与え、一つの神話体系をゼロから作り上げたことによって、映画が著名性の新しい形を発明したという想像に与してきた。だがそういうことでは決してない。もし映画がたちまち花形の俳優への熱狂を引き起こすことができたとすれば、それは映画というスペクタクルがそれまでになかった特徴を備えているからではなく、それが一世紀半にわたって育まれてきた著名性の文化を継承しているからなのである。

映画はスターの供給元であったばかりでなく、いくつかの傑作も含む数多くの映画が、著名性そのものをテーマにしてきた。映画は大衆娯楽であるとともに芸術的表現の一つの形でもあり、その意味でとりわけ反省的な側面も持っている。『ライムライト』から『サンセット大通り』まで、『甘い生活』から『セリブリティ』まで、大監督たちはスターたちの冷酷無残な世界や、著名性がもたらす目まいを映画に撮ってきた。自身の逮捕の瞬間に居合わせようと集まってきた記者たちのテレビカメラを、彼女の映画への復帰を収めようとするスタジオのカメラだと勘違いするノーマ・デズモンド［ビリー・ワイルダーの映画『サンセット大通り』の女優役のヒロイン］の視線を思い出さない者があろうか。あるいは、シルヴィア［フェデリコ・フェリーニの映画『甘い生活』の女優役の登場人物］がローマのパパラッチたちから束の間でも逃れるために、毎晩のように徘徊する姿を誰が忘れるだろう。本書のエピローグとして、著名性をテーマにしながら、おそらくここに挙げた作品ほどは知られていない映画を取り上げることにしよう。それはエリア・カザン［トルコ出身のアメリカの映画監督・俳優（一九〇九−二〇〇三）］が、『波止場』が成功を収めた翌年の一九五七年に撮った映画『群衆の中の一つの顔』である。それはあたかもバルトがガルボについて書いたテクストが出版された年であった。

この映画は、無名の新人を探していた地方ラジオ局の女性プロデューサーに見出された、浮浪者ラリー・〝ロンサム〟・ローズの物語である。ローズの出演は見事な成功を収め、それが華々しい社会的上昇の始まりとなる。あるラジオ番組を任されたあとテレビにも進出し、最初はテネシー州メンフィスの地方局で、それに続いて全国ネットワークのテレビ番組に出演するようになり、やがてアメリカで最も人気のある司会者となって、富と名声をほしいままにした。彼の成功は迅速かつ思いがけないもので、陶然とさせるようなものだった。それは彼を数週間のうちに貧困や放浪から脱け出させ、ニューヨークの社交界の頂点にのし上げた。週一回放送されるローズのショーは何百万人もの視聴者が見るところとなり、ローズの大写しの顔は雑誌の表紙を飾り、広告業者は競って彼と契約しようとした。この華々しい社会的上昇のあとには、ハリウッドで作られた他の映画と同じように、それに劣らず急な転落が待っている。傲慢で怒りっぽく妄想癖を見せるようになったローズはやがて孤立し、大言壮語と皮肉に逃げ込むようになり、ついには彼の成功を後押しした若い女性が視聴者に彼の本当の性格を暴露するに及んで破滅のときを迎えた。映画はローズが落ちぶれて、自らの成功のシンボルから身を隠しながら、一人で不幸に過ごしているという悲惨な場面で幕を閉じるのである。

社会的上昇と転落という古典的な物語に加えて、この映画は、ラジオとテレビという重要な新しい音声・映像メディアによって変革させられた、一九五〇年代のアメリカにおける著名性のメカニズムを鋭く描き出している。特に商業的な要素は至るところに見出される。ローズの名声は当初から広告主によって利用され、彼は何本ものコマーシャルに出演する。カザンはこの映画を撮影するに当たってマディソン・アヴェニューの広告業者たちに会って取材を重ね、映画に出てくる虚構のコマーシャル映像を楽しみながら撮影している[2]。この映画は公共性《ピュブリシテ》=広告の二つの面を巧みに混ぜ合わせている。すなわち、商業的な狙いを持つコミュニケーションである広告と、「群衆の中の一つの顔」にすぎない無名の個人が皆に知られる有名人となる過程である。ローズの成功の原動力の一つとなったのは、彼が宣伝することになっている品物を茶化すそのやり方であり、ブランドの知名度と売り上げの上昇を保証する一見偶像破壊的と見える自由な語り口であった。こうして見てくると、ローズの司会者としての名声は広告主の道具として使われているのか、それとも彼の名声自体が広告による露出から利益を被っているのか、どちらとも言えなくなるだろう。

もし放送の視聴者層が消費者によって構成されているとするならば、それは同時に選挙の有権者たちによって成り立っているとも言える。『群衆の中の一つの顔』は、カザンの作品の中でも最も明瞭に政治色を打ち出したものである。映画の後半で、大統領選に出馬したいと望む上院議員の顧問になったローズは、人気を得るためにメディアにもてはやされる人間になるように自らを仕立てなさいと、やや乱暴な率直さで助言する。この上院議員が政治には「尊厳」が必要とされると主張すると、一般庶民がビールを買うのは好きだからであって、それを尊重しているからではないと答えるのである。このように政治を、消費者を即座に満足させることに還元してしまう彼の言い分は、もちろんローズの俗悪さを浮かび上がらせることを狙いとしているが、政治的マーケティングの躍進が確固たるものにした民主主義の広告化をも明らかにするものだろう。それは、スター司会者を虜にする万能の感覚に対応している。スター司会者は視聴者から何でも望むものを手に入れられると信じており、テレビの世界における名声を政治的な人気へと変化させ、自ら選挙に出馬する道を選ぶことさえ夢見るようになるのである。映画は、政治のさまざまな変化を眼の当たりにした暗黙の懸念を表明している。政治はカエサル的独裁者という古典的人物像よりは、マーケティングという新しい形のポピュリズムの脅威を感じているのである。こうした新しいポピュリズムは、一般庶民の単純な好みに合わせるという名目のもとに政治家を商品の地位におとしめ、人気スターには世論を操作することができる前代未聞の力を賦与する。ローズの成功を確かなものにしているのは、彼が庶民のように話し、庶民に語りかける単純な人間という立場を表明しているところである。こうした人物は、映画の中で大写しにされる雑誌の表紙に書かれていた見出しのように、一種の「民衆の知恵」の担い手になるというわけだ。

ローズの成功は、一九五〇年代の終わりにはすでに前兆が感じられ始めていた、民主主義の新しい時代のメタファーなのだろうか。元俳優のロナルド・レーガンが自らの知名度とテレビを自在に利用できる能力を、庶民的単純さで包んだ保守的な政治メッセージを発信するのに役立てて成功することを、カザンは予見していたのだろうか。映画では、世論が大衆的な扇動家によって操作されることの脅威を明白に嘆いている。ローズは「私は力だ」と連呼し、ついにはそれを懸念した取り巻きが、公衆道徳の名のもとに彼を裏切ってしまう。著名性は文化の領域において非正統的なものであるばかりでなく、危険なものとなる。というのも、それは政界において不当な権力を行使する危険性もはらんでいるからである。著名性の影響力やメディアを通じた民主主義の危険についてのこうした政治的批判は、この映画で最も明白なイデオロギー的な側面である。

カザンが一九五七年に感じていた懸念は、新たな音声映像メディアの影響力が増大しつつあることや、広告の支配を通して商業的・文化的・政治的要素が一見混同されていることに呼応するものだった。これらのメディアの制度破壊的な効果や、人工のスターを最初から作り上げ、受動的で疎外された大衆に見世物として提供するメディアの力を告発する批判的言説が形成され始めた。それに続く十年間に、こうした批判はダニエル・ブーアスティン(『幻影の時代』(一九六二年))やギー・ドゥボール(『スペクタクルの社会』(一九六七年))などによって、いくつかの最も強力な表現を獲得することになる。一方アンディ・ウォーホルは、いずれ誰でも十五分の名声は約束されるだろうという有名な予言を一九六八年に表明している。[3] さらにバルトとモラン(『スター』(一九五七年))においても明らかなハリウッドの黄金時代へのノスタルジーや、ハーバーマスによって一九六二年に詳述されたブルジョワ的公共圏へのノスタルジーも、こうした文脈に位置づけられよう。われわれが継承したのはこうした沸き立つような批判であり、それらは、われわれがテレビの中での誇張された現実や、インターネットに登場する新たな著名人たちに対して憤りを覚える際に、繰り返し心の中に生じるものである。政治の「衆愚化」や、広告の影響力、著名人もどきの急速で刹那的な成功などといった、われわれをたびたび脅かす危険のほとんどは、すでに半世紀も前に激しく告発されていたものなのだ。

だがこうした批判は、カザンの映画が明らかにしているように、しばしば曖昧なものであった。誰を非難すべきなのか。あまりにも野心的なスターたちだろうか。メディアだろうか。あるいは大衆自身なのか。ローズはつまるところ、真に危険な人物というよりは悲惨な末路をたどる存在である。ローズは世論を操作していると信じているが、実際には、上院議員の選挙運動のためにブランドでも立ち上げるような具合に彼を引っ張り出した富裕貴族の「将軍」によって、彼自身が操作されていたのである。彼は、伝統的エリートが政治権力をコントロールするための、新しいメディアに適合した道具にすぎなかった。彼が発揮する力は、メディアでの露出がまがいものの儚い力しかもたらさないという意味で、いわばだまし絵にすぎない。彼の著名性は、マネージャーやプロデューサー、企業人、新聞社のオーナー、ジャーナリストなど、他人のために利用されるものでしかないのである。これらの人たちは、彼を当初は歓迎したのと同じく、あっと言う間にすげかえてしまうだろう。[4] たとえカザンがローズを共感し難い人物として描いているとしても、映画ではまるで透かし絵のように、彼が何よりもまず激しい心理的不安の犠牲者であることが示されている。名声は、彼が大衆に及ぼす魅惑を極端にまで際立たせることによって、それが集団的に作り出された成果だということを忘れさせるほどに、肥大化した彼自身のイメージを映し出す。こうして多くの有名人の場合と同じように、ローズは離れた親密さで結ばれるおびただしい数の好奇心旺盛な観客に直面させられると同時に、周りにいる人々との社会的・情緒的関係は希薄になっていくのである。ローズが体現しているのは、彼自身が最後に信じ込んだように公衆に影響を与える扇動者ではなく、そのおもちゃにすぎないのである。公衆は彼に夢中になりはするが、あっという間にそっぽを向いて別の芸能人、別のスターに移り、彼を打ちのめし、絶望に追いやり、所詮は幻でしかなかった威光までも奪い取ってしまうのである。映画が示しているように、ローズは自身のイメージを売る存在だが、その結果として彼自身も落ちぶれてすぐに時代遅れになってしまう消費物にすぎなくなるのだ。

こうした批判に見られるためらいは、メディア社会に関する現在の言説の大部分においてもつねに存在している。それは社会的上昇の欲望や、公衆とその審判の正当性、民主主義的公共圏の形成におけるメディアの役割などの、近代社会の本質的な価値のいくつかに疑問を投げかける著名性のメカニズムに、その原因を求めることができるだろう。だが本書を通じて見てきたように、これらの要素は一九五〇年代に初めて出現したものではない。それらは確かに、おそらくはより革新的な形をまとい、自ら育てたスターたちを大衆に売り込む上での音声映像メディアの影響力に、より焦点が当てられるようになった。だが、たとえ議論の強度や内容が変化することはあっても、その本質的な要素は、十八世紀の後半からすでに見出されていた。新聞が公的人物を時には儚い著名性へと駆り立てる力や、彼らの私生活を公開すること、大衆の表面的であったり過剰であったりする好奇心、文化的価値観の均等化、政治的人気の危険性、通俗的になった王権などといった、著名性を批判するためのあらゆる要素は、一七五〇年から一八五〇年までの間に徐々に整えられてきたものだったのである。

私が本書を書いたのは、十八世紀における著名人の人生をそれ自体として語るためでもなければ、著名性の歴史を書くためでもなかった。本書の目的は、われわれが近年の技術的・文化的革新の結果であるとか、さらにはポストモダン時代の空虚さの有害なシンボルであると見なすことに慣れている現象のいくつかは、実際にはテレビが発明される二世紀前の近代の中心部に根を下ろしており、その時代からすでに多数の論評や討論、反省の対象になってきたという事実を明らかにすることである。現代において使われる公衆などの概念は、のちになって社会科学がそれらを取り入れたとしても、それ自体がこうした討論の遺産なのだ。これは嘆かわしいことではない。というのも歴史家の本来の役割とは、対象に対する作為的な距離を廃し、人工的な学術語を放棄して、歴史の痕跡をとどめている言葉をもとに思考することなのだから。歴史家はハンディキャップを強みに変え、さらに一段階上の反省的思考をも引き出すことができるだろう。私は本書の最初から最後まで、一貫して二つのはっきりと異なる課題を固く保持し続けようと努めた。それは一つには、著名性の概念を、知名度のいくつかの形態を特徴づけることを可能にする分析手段とすること、もう一つには、著名性という語とそれが指し示す現象が、道徳的エッセイや新聞の時評、箴言集、『ルソー、ジャン＝ジャックを裁く』のような分類不可能で衝撃的なテクストなどを通して、同時代人によってどのように思考されてきたかを把握することである。

ルソーやギャリックの時代、あるいはリストやサラ・ベルナールの時代からでさえも、今日に至るまで多くのことが明らかに変化してきた。私が行ってきた系譜学的研究は、これらの変化を否定するものでも、映画やテレビ、マス・カルチャーによって導入された変動を無視するものでもない。それはむしろ、一般にはあまりにも容易に語られる断絶の影響に微妙なニュアンスを付け加えることを可能にするものである。本書の全体を通して、私は現在の状況との比較検討を試みてきたが、それは見かけほどにはアナクロニズムではない。ルソーやサラ・シドンズが著名性の制約を告発したときには、今日のスターたちが、ファンたちの遠慮のなさや私生活を脅かされることに不平を言うのと、非常によく似た議論を展開していたのではなかっただろうか。また当時の新聞が、こうした不平をあまりにも安易なレトリックとして非難し、有名人の生活の公的性格を盾に取って堂々と彼らの私生活を暴露したとき、それは今日のセンセーショナルな新聞を先取りしていなかっただろうか。ジェニー・リンドをニューヨークで、サラ・ベルナールをル・アーヴルで出迎えた群衆は、マドンナやジョージ・クルーニーを大歓声で迎える人々とどれほど違っているだろうか。過剰で場違いな大衆の好奇心の影響に衝撃を受ける今日のモラリストたちは、メルシエやシャンフォールやジョンソンと本当に違うことを言っているだろうか。二十世紀に映画やショービジネスのスターたちについて回ったスター・システム批判については、モーパッサンが世間に行き渡ったはったり芝居を非難し、ハイネがリストの観客を揶揄した頃から、すでにそうした攻撃の武器は用意されていたのではないだろうか。十八世紀半ばからの長い一世紀の間、著名性のメカニズムは、見世物や新聞、イメージ、新しい商業の手段を備えた大都市の文化が発達するにつれ、徐々に浸透してきた。それらは真に一つのトピックを、共通の話題を、数多くの例を喚起し、それがこの現象の新しさについて考えることを可能にしたのであった。

こうして時代を追うことばかりがこの研究の成果ではなかった。本音を言えば、本研究の意義は、現代人が確信を持って明白だと信じているためにかえって覆い隠され、本来ならば見えないままだったであろう現象を、白日のもとにさらすことができたことにのみ存している。とりわけ著名性の価値についての構造的な曖昧さが明らかになった。著名性は欲望とともに恐怖の対象であり、評価されると同時に非難されるものであって、貴族社会において栄光が担っていたような意味では、メディア化された民主主義的な近代社会を特徴づけるほどの偉大さを獲得できてはいない。だが、著名性は強力な決め手を持っている。誰でも有名になれるがゆえに本質的に民主主義的であり、近代の個人主義に完璧に適応しており、一つの社会階級よりも特定の個人に対する感情移入を育むものであり、大多数の人々の選択に完全に依拠している――こうした点において、著名性は社会的権威の近代的形態として認められるあらゆる理由を有しているのではないだろうか。確かに著名性は近代における威光となり、今や人目に立つことが国際的な著名人のエリートたちが独占しようとする新しい資本になったとさえ考える人もいる。だが現実には、今なお著名性の価値は疑わしいものとされ、しばしば攻撃の対象となっている。その糾弾の理由はもう言うまでもないだろう。儚く恣意的で、人々の間に過剰で非合理的な反応を引き起こすものである著名性は、偽りの偶像を生み出し、文化の商業化に加担し、大衆の覗き趣味をあおり、民主的な論議を歪曲するなどとして、一緒くたに非難されるのである。

必ずや異議申し立てを受け、皮肉めいた距離を通してしか賛同を得られないのは、すべての近代的な価値観に固有の特徴かもしれない。しかし、著名性の場合にはそれ以上のものがあるだろう。それぞれの活動分野に特有の評価基準からかけ離れているがゆえに、著名性は誰の目にも邪道なものに映るのだ。毎週のようにテレビに出演する作家や、いつも純白のシャツを身にまとった哲学者や、恋愛生活を一般大衆に見せびらかす政治家などは、多かれ少なかれ文学界や知識人の世界、政治活動を支配する固有の規範を逸脱しているように見える。だがメディア的な可視性というのはこれまで、特殊な才能やしばしば相当の犠牲を連想させる固有の価値として、あるいは尊重すべき偉大さとして思考されたことも、まして弁護されたことも、ほとんど一度もなかったのである。考えてみれば、実際にこれほど志願者は多いのに、選ばれし者はあまりにも少ないのだから。

かくして著名性は、すぐれて近代的な資産として認められるには程遠く、すでに見たように、それが誕生した世紀にしばしば見られたのと同じ不信感、同じ批判を引き起こし続けている。それはとりわけ、純粋性の理想という立場からの激しい抵抗に直面することになった。こうした純粋性の理想は、一方ではキリスト教的理想から生まれたものであり、他方では新しい形のメディア化に対する反動として、近代において発明されたものである。公共空間で作り出された自己イメージに還元できない、自ら忠実であるべき真の私が存在するという、ルソーによってかくも力強く弁護された考え方は、なおもしぶとく生き残り続けることになった。それは時には、新ロマン主義的なさまざまな潮流となり、また時には、自己と世界とのつながりを断つことなど不可能であることを確認しつつも、広告の支配を逃れることにより道徳を守ろうとするという、より巧妙な形を取ることもある。(5) 近代におけるメディアの肥大化に結びついた社会的逸脱とみなされた著名性は、その魅惑が大きければ大きいほど非難を浴びることになるのだ。

威光の源泉であるとともに批判の対象でもある著名性の曖昧さは、公衆の表象をめぐる曖昧さとは切り離せないものである。同じ本を読み、同じ感動と関心を共有しているという事実によって結ばれる個人の総体という近代的な形態において、公衆は判断の正当性を与えられながらも、時にはあらゆる害悪を及ぼすものとして非難される威厳を欠く存在である。文化の領域においては、象徴財を扱う非常に特殊な経済の枠内において、公衆は批評家や文化人たち、より一般的にはエリートたちから相対的に不信の目で見られることになる。(6) 公衆の好みや判断は、メディアや広告の影響を受けすぎているがゆえに凡庸なものとみなされる。大衆的で商業的な成功は求められると同時に見下されるが、しばしばこうした成功を願うのは、まさにそれに対して軽蔑の態度を表明している人々なのである。政治の領域においては、公衆は政治的共同体の近似値にすぎず、世論の複雑な位置づけがそのことを証明している。世論は受動的で操作されやすく、過度に興奮するものの長続きしないゆえにけなされるが、民主主義体制においては考慮に入れないわけにはいかない。マス・カルチャー論やその他の一般的な言説による公衆批判は、時には多数の集まりという性質に、時にはその受動性に、しばしばその両方に向けられる。前者においては模倣の影響や、感情の影響、好みの均一化が非難の対象になる。この批判の裏に隠された理想とは、自律的で自由でロマン主義的な個人であり、そうした個人の判断は、意見交換や議論によって情報を得つつも、最終的には個人の見解なり、個人による理性の行使なり、純粋な主観性なりを肯定して表現されるものであるべきだとされる。また後者においては、公衆は、文化産業やメディアの強力な広告戦略に受動的に従属させられる消費者の、不明瞭な集合体とみなされることになる。

これとは逆に、公衆の集団的性質が意見や判断の社会化を保証するものであり、文化消費の実践はつねに価値判断に結びついており、時には非常に生産的な形となって顕れることがあるとも考えることができる(7)。正統的文化の当事者の眼に、スター・システムのいくつかの特徴がいかに集団的で取るに足りないものに見えようとも、それらはしばしばファンにとって、集団という枠の中で自己意識を形成するのを助けてくれる重要な手段にほかならないのである。ファンは同時にそれらによって、メディアを介しているが特権的な関係を輝かしい著名人と結ぶことができ、聴衆という集団への帰属意識を持つことができる。新聞やインターネットで好きな有名人の生活を熱心に観察し、彼らの映画を見、歌を聴き、試合をフォローする読者たちは、ルソーに熱烈な手紙を書き、小説を読んでもいないのにジャン゠ジャックを一目見ようと彼の行く先に殺到する『新エロイーズ』の読者たちに比べて、よりナイーヴで異常だと決めつけることはできないだろう。公の場で目立つことが威光の要因であると同時に、時には重荷となるスターたちにとっても、あるいはその好奇心が浅薄なものにとどまることもあればより深い文化的意味を獲得することもある公衆にとっても、著名性のメカニズムは根本的に両義的なものなのだ。

法律は、著名性についてのわれわれの理解に含まれる未解決の矛盾を見事に反映している。法解釈は、著名人に関わる肖像権や私生活保護について、非常なためらいを見せる。ラシェルが一八五八年に亡くなったときに、判事たちが死の床にある舞台女優の写真の出版を禁止したことが思い出されるだろう。しばしば私生活保護の始まりとみなされるこの決定は、「ある人物の名声や、その人物の生前の行為に付与される公共性がいかなるものであろうと、何人も家族の正式な合意なしに、死の床にある人物の肖像を複製し公開することは許されない」と明記していた。しかし、こののちになされた数々の決定は曖昧で、この規定を一般化することも困難であった。公的な人物に関わる私生活の保護も、自己の表象に関する商業権という法的な意味での肖像権も、本当の意味で安定したものとはなっていない。その法的根拠の弱さから、これら二つの分野では法解釈が揺れ動いてきたのである。フランス法で、著名性の影響について考える上での唯一の概念である「知名度」もまた、ある法学者の表現によれば、「不都合な両義性」によって根拠の危ういものとなってきた。(8) 判事たちが「集団の好奇心から逃れる権利」を認めることがあるとしても、しばしば別の判事たちによって「公衆の知る権利」という正反対の原則がそれに対置させられるのである。

アメリカ合衆国においては、公的人物であることは、自らの肖像権を失うことを意味する。公的人物の肖像を公表することは、したがって許可を必要としない。フランスでもこれと同じ傾向のいくつかの決定が出されている。すでに一九六五年に、ブリジット・バルドーに関連する事件で判事の一人が述べているように、「こうした人物たちは公共性を受け入れるだけでなく求めてもいる」ことを理由に、肖像権の例外を認めるというものである。こうした立場は最近でも再確認されており、たとえばエリック・カントナ〔元フランス代表のサッカー選手(一九六六―)〕について、「公的人物はその活動を公に行うことによって、公共の場で写真を撮影されることに暗黙のうちに同意している」という判例が出されている。ここでは明らかに、肖像権に対する制約が「公共の場」で撮影された肖像写真に限定されており、厳密には私生活の尊重に反対しているわけではないことに注目しよう。それだけに困難は大きいのである。公共の場所なり、公的な活動なりの範囲を正確に規定するにはどうすればいいのだろうか。どの程度までメディアに出れば、「公的人物」とみなされるのだろうか。「公的に」活動を行うとは、厳密には何を意味するのだろうか。公衆の利益とスターの私生活を両立させるという意図以上にここで重要なのは、こうした判例の根底にある前提事項、すなわち著名人は名前が知られることを望んできたのであり、したがってあらゆる「著名であるがゆえの隷属」を受け入れなければならないという考え方である。メディアで人目に立つことは、それが同意もなく一個人に強制される場合は迷惑であるし、また特権的な地位に結びつく場合でも、とりわけ自分を公衆の好奇の目にさらさなくてはならないなどの制約を見返りとして強要されるのである。

映画『群衆の中の一つの顔』が公開されてから何年も経たない頃、高度成長の「輝かしき三十年」の只中でメディアの支配やメディア批判が激しさを増す中で、ジョルジュ・ブラッサンス［フランスのシャンソン歌手（一九二一–八一）］は「名望のトランペット」で次のような歌詞を口ずさんでいた。

物のわかったお歴々が俺に説いて聞かせるにゃ
街の人には借りを返さにゃなんねえ
落ちぶれてすっかり忘れ去られたくなけりゃ
どんな小さい秘密も白日にさらさにゃなんねえんだ
ああ名望のトランペットよ、お前を吹くのはままならねえ

自分の性にまったく合わない名望への隷属を揶揄し、そうすることで聴衆やジャーナリストたちの物見高さをも皮肉ることによって、ブラッサンスは栄光よりは静謐を愛する謙虚な吟遊詩人という非常に古いテーマを、才気豊かによみがえらせてみせた。だが同時に彼は、とりわけ目に映った新しい現象の数々を非難している。すなわち「大衆新聞」の好奇心や、「有名な女たち」や「スター」の間に蔓延する露出趣味、スターの性生活に対する大衆の貪欲な好奇心、そして「広告のため」と称してなされる過剰な要求などである。もうおわかりのように、これらの要素とそれに伴う批判はすべて二世紀も前に、啓蒙時代のヨーロッパ各地の大都市で出現したものであり、十九世紀を通して開花したものであった。著名性には歴史があり、その歴史は、スペクタクルの社会や現代の覗き趣味についての月並みな言説が想定するよりも、ずっと長く複雑なものなのである。

# 謝　辞

本書は、最初に計画を立ててから、十年近くにわたって練り上げてきたものであり、その間に私は多くの人々からの助けを借りてきた。ここに喜んでそれらを認めることにしたい。多くの同僚や友人が、忍耐強く私の話に耳を傾け、原稿に目を通し、私の仮説について議論し、新たな事例を挙げたり文献を勧めてくれた。こうした絶え間のない対話は、孤独な作業に伴う陥穽から私を救ってくれるとともに、私が研究を行う際にいつも感じている喜びに欠かすことのできない要素の一つとなっている。

私はこの著名性に関する研究の草案のいくつかを、最初はルソーの例をめぐって、ついでその問題提起を次第に押し拡げつつ、さまざまなセミナーやシンポジウムで公表してきた。これまでに、コーネル大学、ジョンズ・ホプキンズ大学、カリフォルニア大学バークレー校、スタンフォード大学、ボルドー第三大学、ケンブリッジ大学、オックスフォード大学フランス研究センター、北京大学、グルノーブル大学、パリ・エスト・クレテイユ大学、ジュネーヴ大学、モントリオール大学、そして社会科学高等研究院（ＥＨＥＳＳ）のいくつかのセミナーに招かれる幸運を得てきた。これらの出会いを可能にしてくれた方々、そしてすべての出席者の方々に感謝したい。また私は、高等師範学校（ＥＮＳ）と社会科学高等研究院で受け持っているセミナーの聴講者たちにも多くを負っている。彼らは、私が本書の主要な章のいくつかをまとめようとしているときに根気よく耳を傾けてくれた。彼らはいわば、まだ壁も乾かない家に立ち入るように、未完成な本書の内容について検討し、時には私の誤りに気づかせてくれたことを認めないわけにはいかない。

私がぜひとも進んで感謝の意を表明したい同僚たちの中には、ロマン・ベルトラン、フロラン・ブラヤール、カロリーヌ・カラール、ジャン＝リュック・シャペイ、クリストフ・シャルル、ロジェ・シャルティエ、イヴ・シトン、ダン・エデルスタイン、ダリン・マクマホン、ロバート・ダーントン、ピエール＝アントワーヌ・ファーブル、カーラ・ヘス、スティーヴ・カプラン、ブリュノ・カルサンティ、シリル・ルミュー、トニー・ラ・ヴォッパ、ルノー・モリュー、ラウル・マルコヴィッツ、ロバート・モリッシー、ウリダ・モストフェ、ニコラ・オフェンシュタット、ミシェル・ポレ、ダニエル・ロッシュ、スティーヴ・ソーヤー、アンヌ・シモナン、セリーヌ・スペクトール、メラニー・トラヴェルスィエなどがいる。エティエンヌ・アネム、デイヴィッド・ベル、バルバラ・カルネヴァーリ、シャルロット・ギシャール、ジャック・ルヴェル、シルヴィア・セバスティアーニ、ヴァレリー・テイス、そしてステファヌ・ヴァン・ダムらは、献身的な友情をもって本書の何章か、あるいは全体に目を通し、多くの誤りを指摘してくれた。彼らに感謝したい。

ソフィー・ド・クロゼは、本書の原稿がファイヤール社からの出版に値するものであると判断してくれただけでなく、同出版社の「歴史の試練」シリーズに本書を加えるべく尽力し、有益な修正点を示唆してくれた。またポーリーヌ・ラベイは非常に注意深く原稿を読んでくれた。彼女たちにも感謝している。

この本を書いている間、パリのサン＝マルタン運河からローマのピンチョの丘まで原稿を携えて往復する道のりを、妻のシャルロットはいつでも私とともに歩んでくれた。本書は彼女に言葉に尽くせないほど多くのものを負っている。娘のジュリエットとゾエは何年か経ってこの本を読み、彼女たちが望んだときにいつも私が一緒にいてあげられなかったことを思い出すかもしれない。あるいは読むことはないかもしれないが。

# 訳者あとがき

本書は Antoine Lilti, *Figures publiques : l'invention de la célébrité 1750–1850*, Fayard, 2014 の全訳である。著者のアントワーヌ・リルティは一九七二年生まれで、現在、フランスの社会科学高等研究院（EHESS）教授を務めている。十八世紀を中心とする時代の社会史・文化史に現代の社会科学的視点を取り入れた斬新な研究で知られる気鋭の歴史学者であり、『サロンの世界――十八世紀パリの社交界とソシアビリテ』（Fayard, 2005）などの著書がある。そのリルティの最新刊であるこの『セレブの誕生――「著名人」の出現と近代社会』は、啓蒙主義時代からロマン主義時代に至る作家、政治家、俳優などの公的人物としての生活を「著名性《セレブリテ》」という新たな観点から捉え直し、この新たな社会現象の成立がジャーナリズムの発達や市民階級の勃興などに象徴される近代性の確立と不可分に結びついていることを証明しようとする野心的な試みである。

リルティは本書の冒頭でソフィア・コッポラの映画を引き合いに出し、十八世紀のマリー・アントワネットの宮廷生活を現代のダイアナ妃のセレブぶりと比較しているが、彼によれば、著名性のメカニズムは二十世紀の映画やテレビの発明に始まるものでもなければ、近代以前からずっと存在していたものでもない。著名性の文化は十八世紀の半ばに端を発し、スターを次々と生み出すシステムの大部分はそれに続く百年ほどの間に形作られたのである。ジャーナリズムの拡大や宣伝戦略の大規模化、そして文学・芸術や政治の商業化を背景とする著名性の成立は、文学者ヴォルテール、ピアノの超絶技巧で知られるリスト、オペラ歌手ジェニー・リンドなどの華々しい登場と熱狂的な人気によって象徴される。政治の世界でも、マリー・アントワネットやナポレオンのような歴史的人物たちが、こうした著名性のメカニズムに否応なく巻き込まれていった。著名人であることは、単に満足と幸福だけではなく、まさしく著名であるがゆえの苦悩をも伴うことがある。一方で著名性は、風紀や倫理の観点からも、激しい告発と批判の対象になっていった。こうした著名性に内在する両面性を身を以て体験しつつ、同時にそれを余すところなく言葉で表現し尽くしたのがジャン゠ジャック・ルソーである。

本書はルソー論から出発したとリルティ自身が述べている通り、この思想家が体現することになった「著名性」の分析にあてられた第5章は、構成の上でも内容の上でも最も重要な位置を占めている。貴族の娘と平民の家庭教師との禁じられた恋を主題とした小説『新エロイーズ』によって、ルソーは瞬く間に著名性を獲得したが、この作品によってルソーが読者との間に築いた親近性を、リルティは現代とは異なる心性の上に成立するものとして捉えるのではなく、二十世紀以降の「スター」と「ファン」との関係になぞらえる。ここでリルティは、「方法的アナクロニズム」とでもいうべき視点を挑発的かつ効果的に用いている。さらにルソーの自伝三部作の一つであり、『エミール』や『社会契約論』の断罪後、さまざまな苦難を経験したこの作家の迫害妄想の産物として解釈されてきた難渋なテクストである『ルソー、ジャン゠ジャックを裁く――対話』に関して、公衆によって自らのイメージが絶えず歪曲されていると主張するルソーの「妄想」を、リルティは作家の特異な心理的病質に還元せず、著名性の経験として理解しようとする。同じ自伝的著作であっても『告白』ばかりが頻繁に読まれ、『対話』が読まれないのはなぜか。一見、ルソー研究に固有のものと見えるこの問いは、おそらくは歴史学においてこれまで著名性のテーマが十分に注目されてこなかったことと関係づけられる。逆に言えば、著名性というテーマが見出されることによって初めて、『対話』という作品が読解可能になるのだ。このように文学・作家研究の死角と歴史学研究の死角とを結びつけ、両者を連動させながら解き明かそうとするリルティの手法は、先鋭な戦略と問題意識とに基づいている。

リルティがルソーの分析に戦略的に用いているこうした「アナクロニズム」は、本書の大きな魅力の一つになっている。これはリルティのアプローチが単に逆説的あるいは挑発的ということではなく、彼の歴史観と直接に関わっている。ソフィア・コッポラの『マリー・アントワネット』が一つの象徴的な例になっているように、高度にメディア化された現代社会の特徴の一つと思われがちな「著名性」あるいは「著名人＝セレブへの公衆の注目」という現象を通して初めて、十八世紀後半から十九世紀前半にかけて起こっていた歴史的な地殻変動が理解しうるという発想である。まさに私たちの生きる現代のアクチュアリティと近代初期という数百年前の時代のアクチュアリティを相互に共鳴させているところに、この本のスリリングな迫力がある。確かに現代と過去とを不用意に接近させるのは、歴史学的な方法として危険を伴う面はあるかもしれないが、著名性というものが現代のメディア社会において圧倒的な存在感を示し、そのほとんど狂気とも言える側面を日々目にしているわれわれだからこそ、その萌芽と向き合い始めていた時代の歴史意識ないし危機感と巡り会うことができるのだ。二十世紀以降のスター、ファン、パパラッチといった文化現象の展開があって初めて、十八世紀から十九世紀にかけての、ヴォルテール、ルソーからバイロン、リストに至る「著名性」の歴史的な意味が理解できるとリルティは言わんとしているのだろう。

もう一つ特筆すべきことは、リルティのまなざしが、いわゆる歴史上の偉人にのみ向けられているわけではないということである。一七七八年にパリのコメディー＝フランセーズで行われたヴォルテールの戴冠という歴史的事件を「著名性」の歴史の出発点に置きながら、このフェルネーの長老と当時人気があった大衆喜劇役者とを、ともに公衆の好奇心を集める有名人であるという理由で同列に扱ったり、あるいはヨーロッパ中の人々の注目を集めた舞台上のスター（俳優、女優、カストラート）や、当時の定期刊行物をにぎわせた犯罪者の著名性の問題にまで視野を広げて検討を進めている。こうした発想には、歴史上の重要人物の言動や大事件にのみ関心を寄せるのではなく、旧来の事件史からはこぼれ落ちてしまうような感性の歴史の解明を目指すアナール学派の手法との連続性が見出されるようにも思われる。実際、リルティが二〇〇六年から二〇一一年まで『アナール』の編集長を務めていたことは忘れてはなるまい。

また、考察の範囲をある特定の国や地域に限定せず、同時代に生きた異なる国の人々が多様な分野における著名人の出現に対してどのように反応したかという問題を俯瞰的にとらえようとしている点も、リルティ自身のしなやかな感性をよく表している。たとえば、十八世紀のフランスのスター俳優とイギリスの大女優、ナポレオンとジョージ・ワシントンが同じ地平のもとに考察される。そして、バイロンが全ヨーロッパ的名声を獲得したプロセスの分析は、ルソーの著名性への関心の延長線上に置かれている。さらに、前例を見ないような超絶技巧でヨーロッパじゅうの聴衆をとりこにしたピアノの魔術師リストと、アメリカで大反響を呼んだスウェーデンの歌姫は、ともに芸術の商業化を背景として誕生した著名人として並置されるといった具合である。かくしてリルティは、ヴォルテールやルソーの時代に、おそらくフランスとその周辺で誕生した「著名性」の概念が、次第にヨーロッパ、さらには海を越えてアメリカにまで浸透していくさまを見事に描き出すことに成功している。リルティのグローバルな関心は、積極的な英米系文献への参照によっても確認されるが、比較的若い世代に属する彼のこうした研究スタイルは、フランスの歴史学的方法論が新たな局面を迎えていることを示唆しているとも言えるだろう。

著名性が内包する光と陰というテーマは、二十世紀以降に発展した音声・映像メディアを用いた作品にも刻印されている。リルティは終章においてエリア・カザン監督の映画『群衆の中の一つの顔』を分析しているが、本書に登場する興行師バーナムを主人公とし、ヴィクトリア女王や歌手ジェニー・リンドまで登場する最新のミュージカル映画『グレイテスト・ショーマン』も、著名性をテーマとする映画の系列に加えることができるだろう。著名性の文化は、二十一世紀の今日でさえ最もアクチュアルな関心の対象であり続けている。著名性は、誰もが羨望する華々しさとは裏腹に、はかなく、表面的で、通俗的なものとして非難され、さらには個人の私生活を容赦なく人目にさらし、過剰な広告によって人々を欺くとして批判の対象になってきたが、こうした著名性のメカニズム自体は十八世紀半ばから百年ほどの間に形作られ、その根幹となる要素が常に拡大を続けながら、今日までさまざまなヴァリエーションを生み出してきたというのが、本書の中心となる主張なのである。

翻訳にあたっては、序章・第7章・終章を松村が、第1〜3章を井上が、第4〜5章を齋藤が担当し、第6章は三人で分担した。訳文を相互にチェックした上で、全体のとりまとめは松村が行なった。本書の企画を提案し、日本の読者にリルティの仕事を紹介するきっかけを作ってくださったのは、名古屋大学出版会の橘宗吾氏である。また、実際の編集プロセスにおいては、同出版会の三原大地氏が丁寧かつ的確なアドバイスをくださり、スムーズに作業を進めてくださった。両氏に深く感謝申し上げる。

訳者一同

二〇一八年十月

**《訳者略歴》**

松《まつ》村《むら》博《ひろ》史《し》

1963 年生まれ。近畿大学文芸学部教授。編著書に『対訳 フランス語で読む「ゴリオ爺さん」』（白水社，2016 年），共著に『バルザックとこだわりフランス』（恒星出版，2003 年），『近代科学と芸術創造』（行路社，2015 年）他。

井《いの》上《うえ》櫻《さくら》子《こ》

1977 年生まれ。慶應義塾大学文学部准教授。共著に『百科全書の時空』（法政大学出版局，2018 年），訳書にル＝ゴフ『中世と貨幣』（藤原書店，2015 年）他。

齋《さい》藤《とう》山《やま》人《と》

1980 年生まれ。日本学術振興会特別研究員。共著に『身体の構築と定義』（Les Éditions du Net，2015 年），訳書にジャック・ベルシュトルド「スイスの田舎の小村は共生のモデルか？」（『ルソーと近代』風行社，2014 年所収）他。

**セレブの誕生**

2019 年 1 月 10 日　初版第 1 刷発行

定価はカバーに
表示しています

訳　者　松村博史他
発行者　金　山　弥　平

発行所　一般財団法人　名古屋大学出版会
〒 464-0814　名古屋市千種区不老町 1 名古屋大学構内
電話(052)781-5027 / FAX(052)781-0697



印刷・製本　亜細亜印刷㈱　ISBN978-4-8158-0933-1

# 索　引

## ア　行



## カ　行

## サ　行

## タ　行

## ナ　行



## ハ　行

## マ　行



## ヤ・ラ・ワ行

# 図版一覧

# 注

## 序　章　著名性と近代性

（1）引用は Martial POIRSON, « Marie-Antoinette, héroïne paradoxale d'une fiction patrimoniale contrariée », *in* Laurence SCHIFFANO et Marcel POIRSON（dir.）, *Filmer le dix-huitième siècle*, Paris, Desjonquère, 2009, p. 229–252 による。以下も参照。Yves CITTON, « Du bon usage de l'anachronisme（Marie-Antoinette, Sofia Coppola et Gang of Four）», *L'Écran des Lumières. Regards cinématographiques sur le XVIII$^{e}$ siècle*, Oxford, Voltaire Foundation, 2009, p. 231–247.

（2）アメリカでは，セレブリティ研究のアンソロジーまで出版されており（Peter David MARSHALL, *The Celebrity Culture Reader*, New York / Londres, Routledge, 2006），とりわけ英語で書かれた伝記類は今やおびただしい数に上る。フランス語による紹介としては，以下を参照。Nathalie HEINICH, « La culture de la célébrité en France et dans les pays anglophones. Une étude comparative », *Revue française de sociologue*, n$^{o}$ 52–2, 2011, p. 353–372.

（3）Leo BRAUDY, *The Frenzy of Renown : Fame and its History*, New York, Oxford University Press, 1986.

（4）こうした主張を展開する多くの文献の中でも際立っているのは，Joshua GAMSON, *Claims To Fame : Celebrity in Contemporary America*, Berkeley, University of California Press, 1994 である。

（5）Daniel J. BOORSTIN, *The Image : A Guide to Pseudo-Events in America*, New York, Vintage Books, 1961（ダニエル・J・ブーアスティン『幻影の時代――マスコミが製造する事実』後藤和彦・星野郁美訳，東京創元社，1964 年）.

（6）Edgar MORIN, *Les Stars*, Paris, Éd. du Seuil, 1957, rééd. Galilée, 1984, p. 85（エドガール・モラン『スター』渡辺淳・山崎正巳訳，法政大学出版局，1976 年）. このパイオニア的な書物において，モランは神話としてのスターの意味論的解釈，スターに捧げられる「崇拝」の人類学的解釈，そして資本主義的スター・システムの経済学的解釈という 3 つのテーマを結合させつつ，近代の神話としてのスターの解釈に最も重点を置いている。

（7）Chris ROJEK, *Celebrity*, Londres, Reaktion Book, 2001, trad. fr., *Cette soif de célébrité !*, Paris, Autrement, 2003.

（8）ある個人の社会的な姿を定義する一連の特徴，すなわち顔だけに限らず，彼に直接的・間接的に関わる人々にとって彼のアイデンティティを表す一連の要素としての「人物像《フィギュール》」の概念については，以下を参照。Barbara CARNEVALI, *Le Apparenze sociali. Una filosofia del prestigio*, Bologne, Il Mulino, 2012.

（9）Alain BOWNESS, *The Conditions of Success : How the Modern Artist Rises to Fame*, Londres, Thames et Hudson, 1989 ; Alessandro PIZZORNO, *Il Velo della diversità. Studi su razionalità e riconoscimento*, Feltrinelli, 2007. 社会的事実としての評判に関するさまざまなアプローチの紹介については，以下を参照。Gloria ORIGGI（dir.）, « La réputation », *Communications*, n$^{o}$ 93–2, 2013.

（10）Jürgen HABERMAS, *L'Espace public. Archéologie de la publicité comme dimension constitutive*

*de la société bourgeoise*, Paris, Payot, ［1962］1992（ユルゲン・ハーバーマス『公共性の構造転換――市民社会の一カテゴリーについての探究』細谷貞雄・山田正行訳，未来社，1973［1994］年）.

（11）18世紀を理想化することによって，ことさら現代社会（ハーバーマスにとっては1960年代初頭の社会）の文化的，とりわけ政治的状況を告発しようとするまさしく批判的野心と言うべきものは，ハーバーマスの書物の最後の部分においてとりわけ顕著である。彼はそこで西洋社会について，民主主義的な理想に照らし合せてきわめて否定的な見方を提示している。ハーバーマスの著作に関する理論的・歴史的背景については，Patrick BOUCHERON et Nicolas OFFENSTADT (dir.), *L'Espace public au Moyen Âge, débats autour de Jürgen Habermas*, Paris, PUF, 2011 に収められた論文 Stéphane HABER, « Pour historiciser *L'Espace public* de Habermas »（p. 25–41）を参照。また同書に収録された Stéphane VAN DAMME, « Farewell Habermas ? »（p. 43–61）は，ここ20年の18世紀研究において公共圏の概念がいかに重要性を帯びるに至ったかについて解説している。

（12）Gabriel TARDE, *L'Opinion et la Foule*, Paris, 1901, réédité avec une introduction de Dominique Reynié, Paris, PUF, 1989, p. 33（ガブリエル・タルド『世論と群集』稲葉三千男訳，未来社，1964［1989］年）.

（13）John B. THOMPSON, *The Media and Modernity : A Short Theory of the Media*, Stanford, Stanford University Press, 1995.

（14）この年代はトム・モール編の共著（Tom MOLE (dir.), *Romanticism and Celebrity Culture, 1750–1850*, Cambridge, Cambridge University Press, 2009）において採用されたものに近い。この書物にはいくつかの有益なケース・スタディが収録されているが，その領域はイギリスに限定されている。また Fred INGLIS, *A Short History of Celebrity*, Princeton, Princeton University Press, 2010 も参照のこと。こちらは著名性が18世紀に誕生したとする仮説を提示しているが，ここでも対象となるのはイギリスだけである。

（15）Nathalie HEINICH, *De la visibilité. Excellence et singularité en régime médiatique*, Paris, Gallimard, 2012.

## 第1章　パリのヴォルテール

（1）Paul BÉNICHOU, *Le Sacre de l'écrivain*, Paris, José Corti, 1973（ポール・ベニシュー『作家の聖別――フランス・ロマン主義1』片岡大右・原大地他訳，水声社，2015年）.

（2）ルネ・ポモー監修の伝記でこの出来事を扱った章は，「勝利」と題されている。古代ローマ皇帝たちの勝利を引き合いにした後，ポモーは次のように述べている。「詩人たち自身によって詩人の王と聖別され，同時代人によって不滅の存在とされ，ヴォルテールは自分自身の神格化の瞬間に立ち会ったのである」（René POMEAU, *Voltaire en son temps*, vol. V, *On a voulu l'enterrer, 1770–1791*, Oxford, Voltaire Foundation, 1997, p. 283–298, citation p. 298）。ジャン＝クロード・ボネ（Jean-Claude BONNET, *Naissance du Panthéon, essai sur le culte des grands hommes*, Paris, Fayard, 1989, p. 236–238）もまた，ヴォルテールの勝利と「生前の神格化」について触れている。1791年のパンテオン埋葬については，以下を参照。Antoine DE BAECQUE, « Voltaire ou le corps du souverain philosophe », *La Gloire et l'Effroi. Sept morts sous la Terreur*, Paris, Grasset, 1997, p. 49–75.

（3）グリム／マイスター編『文芸通信』にはその経緯が長々と語られており，しばしば引き合いに出されている。また，ヴォルテールの秘書を務めたワニエールもこのエピソー

ドについて彼なりの解釈を公にしている。

(4) Darrin McMahon, *Enemies of the Enlightenment : The French Counter-Enlightenment and the Making of Modernity*, New York, Oxford University Press, 2001, p. 5.

(5) Louis Sébastien Mercier, *Tableau de Paris*, Paris, Mercure de France, [1783] 1994, « Triomphe de Voltaire. Jannot », p. 264–269, citation p. 266.

(6)「ブリザール殿が月桂冠を運んできて，ヴィレット侯爵夫人が偉人の頭に乗せました。しかし，彼はすぐさまそれを外してしまいました。観客が劇場の隅々に響きわたるそれまで聞いたことがないほど盛大な拍手と叫び声で，冠を外さないよう促したにもかかわらず」(*Correspondance littéraire, philosophique et critique par Grimm, Diderot, Raynal, Meister, etc.*, éd. M. Tourneux, Paris, Garnier, 1880, t. XII, p. 70)。

(7) このエピソードの記憶は健在だった。ティトン・ドゥ・ティエは1734年，『著名な学者に与えられた名誉と記念碑についての試論』の中でこのエピソードに触れている。メルシエもこれに『私のナイトキャップ』の一章を割いているし，スタール夫人が1807年に発表した小説『コリンヌ』に描かれたヒロインのパンテオンでの勝利は，暗にこのエピソードを思い起こさせるものである。以下を参照。J.-C. Bonnet, *Naissance du Panthéon…*, *op. cit.*, p. 330.

(8) Graham Gargett, « Olivier Goldsmith et ses Mémoires de M. de Voltaire », *in* Christophe Cave et Simon Davies (dir.), *Les Vies de Voltaire : discours et représentations biographiques, VIII^e–XXI^e siècle*, Oxford, Voltaire Foundation, 2008, p. 203–222.

(9) Anne-Sophie Barrovecchio, *Voltairomania*, Saint-Étienne, Presses universitaires de Saint-Étienne, 2004.

(10) Nicholas Cronk, « Le pet de Voltaire », *in* Alexis Tadié (dir.), *La Figure du philosophe dans les lettres anglais et françaises*, Nanterre, Presses universitaires de Paris X, p. 123–136.

(11) Charles Burney, *Voyage musical dans l'Europe des Lumières*, éd. M. Noiray, Paris, Flammarion, 1992, p. 85. 原文では「見世物でまじまじと見つめられるのだけにしか向かないような野獣か怪獣（wild beast or monster that was fit only to be stared at as a show)」となっている（*The Present State of Music in France and Italy*, Londres, 1773, p. 56)。

(12) ヴォルテールからエティエンヌ・ノエル・ダミラヴィルへの手紙。*Correspondance, Œuvres complètes de Voltaire*, Oxford, Voltaire Foundation, 1968–1977, t. CXV, p. 23–24.

(13) 1766年3月3日，フランソワ・ルイ・クロード・マランからヴォルテールへの手紙。*ibid.*, t. CXIV, p. 125–127.

(14) *Correspondance littéraire*, *op. cit.*, février 1778, t. XII, p. 53–54.

(15) 1757年9月21日，ジャン・ロベール・トロンシャンからジャン・ジャコブ・ヴェルネへの手紙。*ibid.*, t. CII, p. 170–174.

(16) Gustave Desnoiresterres, *Iconographie voltairienne*, Paris, 1879 ; Garry Apgar, « "Sage comme une image". Trois siècles d'iconographie voltairienne », *Nouvelle de l'estampe*, juillet 1994, p. 4–44.

(17) Garry Apgar, *L'Art singulier de Jean Huber*, Paris, Adam Biro, 1995.

(18) *Correspondance littéraire*, *op. cit.*, t. X, p. 96.

(19) *Ibid.*, p. 98.

(20) ユベールは面白がって，同じ紙の上に，30パターンのヴォルテールの顔を複製するほどだった。このように表情にさまざまなヴァリエーションが与えられても，ヴォルテー

ルだとはっきりわかった。この絵に着想を得て，ウードンは『ヴォルテール座像』を手がけることになる。

(21) http://gallica.bnf.fr/ark:/12148/btvlb6947967d.r=voltaire+huber+lever.langfr

(22) G. Apgar, *L'Art singulier…*, *op. cit.*, p. 92.

(23) *Mémoires sur M. de Voltaire et sur ses ouvrages par Longchamp et Wagnère, ses secrétaires*, Paris, Aimé André, 1826, t. I, p. 121.

(24) *Correspondance littéraire*, *op. cit.*, février 1778, t. XII, p. 53-54.

(25) *Journal de Paris*, 16 février 1778, p. 187. 地方新聞については，当初はヴォルテールに関して熱狂的な記事を書いていたが，次第にその調子は批判的になっていった。以下を参照。A. Leith, « Les trois apothéoses de Voltaire », *Annales historiques de la Révolution française*, nº 51 (236), 1979, p. 161-209.

(26) « Aux auteurs du *Journal de Paris* », *Journal de Paris*, 20 février 1778, p. 204.

(27) 1778年2月12日，デュ・デファン夫人からホレス・ウォルポールへの手紙。*Horace Walpole's Correspondance*, New Haven, Yale University, 1939, vol. VII, p. 18. 数日後，彼女は次のように付け加えている。「今や彼が人々の心にかき立てるのは尊敬の念ではありません。人々が彼に捧げなければならないと思っているのは崇拝の念なのです」(8 mars 1778, p. 25)。

(28) サン=マール侯爵の証言による（Wiliam Marx, « Le couronnement de Voltaire ou Pétrarque perverti », *Histoire, économie et société*, nº 20-2, 2001)。メルシエは，この象徴的な殺人について，より皮肉なかつ文字通りの解釈をしている。「表敬訪問や称賛に対し自尊心で反撃を加えていたが，ほどなくして彼はへとへとになってしまった。彼の命は親友たちによって縮められ，詩人は神格化されることで殺されてしまったのだ」(L. S. Mercier, *Le Tableau de Paris*, *op. cit.*, p. 266)。

(29) *Choix de discours de réception à l'Académie française*, Paris, Demonville, 1808, p. 209 (J.-C. Bonnet, *Naissance du Panthéon*, *op. cit.*, p. 373 に引用)。

(30) *Correspondance littéraire*, *op. cit.*, t. XII, p. 68-73.

(31) *Mémoires secrets pour servir l'histoire de la République des lettres en France depuis MDCCLXII jusqu'à nos jours*, Londres, John Adamson, 1780, t. XIV, p. 330, 30 décembre 1779.

(32) *Correspondance littéraire*, *op. cit.*, t. XII, p. 254.

(33) L. S. Mercier, *Tableau de Paris*, *op. cit.*, vol. IV, p. 268.

(34) Stéphane Van Damme, *À toutes voiles vers la vérité. Une autre histoire de la philosophie au temps des Lumières*, Paris, Le Seuil, 2014, p. 81-84.

(35) *Annales politiques, civiles et littéraires*, t. IV, 1779, p. 34-35.

(36) *Affiches, annonces et avis divers*, 1779, p. 40 (feuille du 10 mars 1779).

## 第2章　スペクタクルの社会

(1) Jean-Marie Apostolides, *Le Roi-machine. Politique et spectacle*, Paris, Éd. de Minuit, 1981, p. 136 ; Louis Marin, *Le Portrait du roi*, Paris, Éd. de Minuit, 1981 ; Richard Sennett, *The Fall of Public Man*, New York, Alfred A. Knopf, 1974, trad. fr., *Les Tyrannies de l'intimité*, Paris, Éd. du Seuil, 1979 ; J. Habermas, *L'Espace public…*, *op. cit.*

(2) *Jean-Jacques Rousseau, citoyen de Genève à M. D'Alembert, de l'Académie française, de l'Académie des Sciences de Paris, de celle de Prusse, de la Société Royale de Londres, de*

*l'Académie Royale des Belles-Lettres de Suède et de l'Institut de Bologne*, Amsterdam, Marc Michel Rey, 1758. 『ダランベールへの手紙』に関する最近の研究としては，以下を参照。Blaise BACHOFEN et Bruno BERNARDI (dir.), *Rousseau, politique et esthétique : sur la « lettre à d'Alembert »*, Lyon, ENS éditions, 2011.

(3) Guy DEBORD, *La Société du spectacle* [1967], in *Œuvres*, Paris, Gallimard, 2006, p. 785 (ギー・ドゥボール『スペクタクルの社会』木下誠訳，ちくま学芸文庫，2003 年).

(4) Neil MCKENDRICK, John BREWER et John H. PLUMB, *The Birth of a Consumer Society : The Commercialization of Eighteenth-Century England*, Bloomington, Indiana University Press, 1982 ; James VAN HORN MELTON, *The Rise of the Public in Enlightenment Europe*, Cambridge, Cambridge University Press, 2001, p. 160 ; John BREWER, *The Pleasures of the Imagination : English Culture in the Eighteenth-century*, Londres, Harper Collins, 1997.

(5) J. BREWER, *The Pleasures of the Imagination*..., *op. cit.*

(6) Louis Henry LECOMTE, *Histoire des théâtres de Paris — Les variétés amusantes*, Paris, Daragon, 1908 ; Robert ISHERWOOD, *Farce and Fantasy : Popular Entertainment in Eighteenth-Century Paris*, Oxford, Oxford University Press, 1989 ; Michele ROOT-BERSTEIN, *Boulevard Theater and Revolution in Eightennth-Century Paris*, Ann Arbor, UMI Research, 1984 ; Laurent TURCOT, « Directeurs, comédiens et police : relations de travail dans les spectacles populaires à Paris », *Histoire, économie et société*, n° 23-1, 2004, p. 97-119.

(7) Felicity NUSSBAUM, « Actresses and the Economics of Celebrity, 1700-1800 », *Theatre and Celebrity, in* Mary LUCKHURST et Jane MOODY (dir.), *Celebrity and British Theatre, 1660-2000*, New York, Palgrave, 2005, p. 148-168 ; Danielle SPRATT, « Genius thus Munificently Employed !!! : Philanthropy and Celebrity in the Theaters of Garrick and Siddons », *Eighteenth-Century Life*, n° 37-3, 2013, p. 55-84.

(8) Dominique QUÉRO, « Le triomphe des Pointu », *Cahiers de l'Association internationale des études françaises*, n° 43, 1991, p. 153-167. 以下も参照。Henri LAVEDAN, *Volange, comédien de la Foire (1756-1803)*, Paris, J. Tallandier, 1933.

(9) Lauren CLAY, « Provincial Actors, the Comédie-Française, and the Business of Performing in the 18th-Century France », *Eighteenth Century Studies*, n° 38-4, 2005, p. 651-679.

(10) *Mémoires secrets*, t. I, p. 19.

(11) Rahul MARKOVITS, *Civiliser l'Europe. Politiques du théâtre français au XVIII^e siècle*, Paris, Fayard, 2014 ; « L'Europe française, une domination culturelle ? Kaunitz et le théâtre français à Vienne au XVIII^e siècle », *Annales HSS*, n° 67-3, 2012, p. 717-751. 以下も参照。Mélanie TRAVERSIER, « Costruire la fama : la diplomazia al servizio della musica duante il Regno di Carlo di Borbone », à paraître dans *Analecta Musicologica*, 2014.

(12) Judith MILHOUS, « Vestris-mania and the Construction of Celebrity : Auguste Vestris in London, 1780-1781 », *Harvard Library Bulletin*, n° 5-4, 1994, p. 30-64.

(13) 反対に，ヴェストリスがあまりに有名になったせいで，劇場主は翌年，この若いダンサーの滞在で巻き起こった流行を利用すべく，バレエ・ダクションの創始者であるバレエマスター，ノヴェールを雇用した。

(14) ヴェストリスが大儲けした一夜の後，1781 年 2 月 28 日付の『パブリック・アドヴァイザー』には次のように記されている。「一人のダンサーが一晩で，1600 ポンドも稼ぐなんて！　32 年間働いた実直な貿易商でも，これほどの金額があれば，喜んで引退する

だろう。下層社会の人々は揺りかごから墓場まで仕事に励み，それでもおそらく自分の所持金と言えるものとして16シリング所有することさえ決してないのだ。運命の書とはどれほど変化に富んでいることか！」(J. MILHOUS, « Vestris-mania and the Construction of Celebrity... », art. cit., p. 41 に引用)。

(15) 特に，シャーウィン・ローゼンの草分け的論考（Sherwin ROSEN, « The Economy of the Superstars », *The American Economic Review*, nº 71-5, 1981, p. 845-858）と，ピエール＝ミシェル・マンジェの総括的考察（Pierre-Michel MENGER, « Talent et réputation. Les inégalités de réussite et leurs explications dans les sciences sociales », *Le Travail créateur*, Paris, Gallimard-Seuil, 2009, chapitre 6）を参照。

(16) D. SPRATT, « Genius Thus Munificently Employed !!!... », art. cit.

(17)『秘密の回想録』は，幾度となく「かの有名なギマール」の浮気ぶりについて言及している。例えば，1770年12月31日（t. III, p. 247）の回想録には，彼女が複数の男性と関係を持っていることをほのめかす版画が挿入されている。

(18) フェミニズム的観点からこのようなアプローチを最初に行ったのがクリスティーナ・ストローブの論考（Kristina STRAUB, *Sexual Suspects : Eighteenth-Century Players and Sexual Ideology*, Oxford / Princeton, Princeton University Press, 1992）である。こうした観点からイギリスの女優，そしてより広く女優の公的イメージの構築について論じた文献は，今や豊富である。特に以下の文献を参照。Robyn ASLESON (dir.), *Notorious Muse : The Actress in British Art and Culture, 1776-1812*, New Haven / Londres, Yale University Press, 2003 ; Gill PERRY, *Spectacular Flirtations : Viewing the Actress in British Art, 1768-1820*, New Haven, Yale University Press, 2007 ; Felicity NUSSBAUM, *Rival Queens : Actresses, Performance, and the Eighteenth-Century British Theater*, Philadelphia, University of Pennsylvania Press, 2010 ; Laura ENGEL, *Fashioning Celebrity : Eighteenth-Century British Actresses and Strategies for Image Making*, Columbus, Ohio State University, 2011. フランスについては以下を参照。Lenard BERLANSTEIN, *Daughters of Eve : A Cultural History of French Theater Women from the Old Regime to the Fin-de-Siècle*, Cambridge, Harvard University Press, 2001.

(19) Joseph ROACH, « Nell Gwyn and Covent Garden Goddesses », *in* Gill PERRY (dir.), *The First Actresses : Nell Gwyn to Sarah Siddons*, Londres, National Portrait Gallery, 2011, p. 63-75.

(20) Steven PARISSIEN, *George IV : The Grand Entertainment*, Londres, John Murray, 2001 ; Christopher HIBBERT, *George IV, Prince of Wales, 1762-1811*, Londres, Longman, 1972.

(21) Claire BROOK, *The Feminization of Fame, 1750-1830*, Basingstoke, Palgrave McMillan, 2006.

(22) Paula BYRNE, *Perdita : The Life of Mary Robinson*, Londres, Harper Collins, 2004. また特に Tom MOLE, « Mary Robinson's conflicted celebrity », *in* T. MOLE (dir.), *Romanticism and Celebrity Culture*..., *op. cit.*

(23) *Memoirs of the late Mrs Robinson*, Londres, 1801, t. II, p. 127.

(24)「私がお店に入ると大変不便なことが起こります。私が店を出る時を待ち受けて，馬車を囲んだ群衆が散っていくのを，何時間も待ったのです」(*ibid.*, p. 68)。

(25) Olivia VOISIN, « Le portrait de comédien ou la fabrique d'une aura », *La Comédie-Française s'expose, catalogue de l'exposition du Petit Palais*, Paris, Les Musées de la Ville de Paris, 2011, p. 93-148 ; G. PERRY (dir.), *The First Actresses : Nell Gwyn to Sarah Siddons*, *op. cit.*

(26) *Mémoires secrets*, mars 1780, t. XV, p. 82. この一節の調子は，一貫してヴォランジュ，あるいはむしろ「ジャノ」に対して冷淡である。というのも，著者自身，役者を指すのに

登場人物の名前を用いているからである。

(27) Patrick BARBIER, *Histoire des castrats*, Paris, Grasset, 1989. カストラートはナポリ出身であることが多かったものの，ヨーロッパ全域でその腕前を披露していた。たとえば以下を参照。Elisabeth KRIMMER, « "Eviva Il Coltello ?" The Castrato Singer in Eighteenth-Century German Literature and Culture », *PMLA*, n° 120-5, 2005, p. 1543-1549. 音楽面では，カストラートの人気は17世紀のイタリア音楽においてきわめて高い声が重宝されたことで生じたものであるが，そのおかげで同時に初めて女性の職業歌手が名声を得ることともなった。彼女たちはその表現力のために貴重とされたのである。Susan McCLARY, « Soprano as Fetish : Professional Singers in Early Modern Italy », *Desire and Pleasure in Seventeenth-Century Music*, Oakland, University of California Press, 2012.

(28) Thomas McGEARY, « Farinelli and the English : "One God" or the Devil ? », *Revue LISA/LISA e-journal*, vol. II, n° 3, 2004, http://lisa.revues.org/2956 (2012年7月2日閲覧)。

(29) Thomas GILBERT, *The World Unmask*, 1738, T. McGEARY, « Farinelli and the English... », art. cit. に引用。

(30) Nicolas MORALES, *L'artiste de cour dans l'Espagne du XVIII$^e$ siècle. Étude de la communauté des musiciens au service de Philippe V, 1700-1746*, Madrid, Casa de Velazquez, 2007, p. 238-250 ; Thomas McGEARY, « Farinelli in Madrid : Opera, Politics, and the War of Jenkins' Ear », *Musical Quarterly*, n° 82, 1998, p. 383-421.

(31) ファリネッリの書簡集（Carlo BROSCHI FARINELLI, *La Solitudine Amica : Lettere al conte Sicinio Pepoli*, éd. Carlo Vitali et Francesca Boris, Palerme, Sellerio, 2000）を参照。ここには，ロンドンの公衆の反応に対するいささかの不安の念が記されている。

(32) C. BURNEY, *The Present State of Music in France and Italy*, *op. cit.*, p. 221, trad. fr., *Voyage musical dans l'Europe des Lumières*, p. 145.

(33) Helen BERRY, *The Castrato and his Wife*, Oxford, Oxford University Press, 2011.

(34) たとえば，『ヨーロッパ文学新聞』は，テンドゥッチ夫人が「実際には非常に美しい声と結婚しただけ」で，彼女が貞節を守ったのは正しかったと言えるか読者の判断を仰いでいる（mai 1768, vol. XXV, p. 170）。一方，『メルキュール・ド・フランス』は，人々が彼女を憐れむよりも，「その恋物語をひどく馬鹿にしている」のは遺憾だとしている（Paris, Lacombe, vol. 2, juillet 1768, p. 117）。

(35) 少なくとも，この出来事に関して，ロンドンに住んでいるイタリアの仲買人がオランダの取引相手に宛てた手紙という体裁で長い記事を掲載したフレロンの『文芸年鑑』を信用するならば，の話である。この中では，テンドゥッチの結婚，そして子供の誕生に「哄笑」が巻き起こったことが揶揄されている（Paris, Delalain, 1771, t. III, p. 275-288）。

(36) Giacomo CASANOVA, *Histoire de ma vie*, Paris, Robert Laffont, 1993, t. III, p. 304.「彼は「カストラート」の分際で，子供など設けられるはずがないと言う人たちを馬鹿にしていた。残してもらった三つ目の睾丸で生殖能力を確認するのに十分で，私が自分の子供だと言っているのだから，嫡出子でしかありえないと言っていた」。

(37) Luc BOLTANSKI *et al.*, *Scandales, affaires et grandes causes : de Socrate à Pinochet*, Paris, Plon, 2007.

(38) Max GLUCKMAN, « Gossip and Scandal », *Current Anthropologiy*, n° 3-4, 1963, p. 307-316 ; Damien DE BLIC et Cyril LEMIEUX, « Le scandale comme épreuve. Éléments de sociologie pragmatique », *Politix*, vol. 18, n° 71, 2005, p. 9-38.

(39) Éric DE DAMPIERRE, « Thème pour l'étude du scandale », *Annales ESC*, nº 9-3, 1954, p. 328-336, citation p. 331.

(40) オスカー・ワイルドの訴訟という後年の比較対象については，以下を参照。Ari ADUT, *On Scandal : Moral Disturbances in Society, Politics and Art*, Cambridge, Cambridge University Press, 2008, p. 38-72. ジェイムズ・B・トンプソンは遠隔でのメディア相互作用についての概念と，その相互作用から生じる新たな政治的見通しに基づいて，現代のスキャンダルに関する概論を提示している。James B. THOMPSON, *Political Scandal : Power and Visibility in the Media Age*, Cambridge, Polity Press, 2000.

(41) H. BERRY, *The Castrato*..., *op. cit*., p. 203 et 205.

(42) Shearer WEST, « Siddons, Celebrity and Regality : Portraiture and the Body of the Ageing Actress », *in* Mary LUCKHURST et Jane MODDY (dir.), *Theatre and Celebrity*, York, University of York Press, p. 191-213 ; Heater MCPHERSON, « Picturing Tragedy : Mrs. Siddons as the Tragic Muse Revisited », *Eighteenth-Century Studies*, nº 33-3, 2000, p. 401-430 ; *Id*., « Siddons rediviva », *in* T. MOLE (dir.), *Romanticism and Celebrity Culture*..., *op. cit*.

(43) H. MCPHERSON, « Picturing Tragedy... », art. cit., p. 406.

(44) « The homage she has received is greater than that which is paid to Queens. The enthusiasm she excited has something idolatrous about it ; she was regarded less with admiration than with wonder, as if a being of a superior order had dropped from another sphere to awe the world with the majesty of her appearance. She raised tragedy to the skies, or brought it downfrot thence. It was something above nature. We can conceive of nothing grander. She embodied to our imagination the fables of mythologies ; of the heroic and deified mortals of elder time. She was not less than a goddess, or than a prophetess inspired by the gods » (William HAZLITT, « Mrs Siddons », *The Examiner*, 16 juin 1816, in *A View of the English Stage*, Londres, Stedart, 1818, p. 103).

(45) William HAZLITT, « Mrs Siddon's Lady Macbeth, June 8, 1817 », *ibid*., p. 133.

(46) *Ibid*., p. 104.

(47) *Ibid*. こうした発言を踏まえると，ヘイズリットがシドンズの新しいマクベス夫人役のパフォーマンスについて報じた記事の中で，この演し物の質の高さにもかかわらず，観客としての彼を女優から遠ざける二つの隔たり，つまり群衆のせいで劇場の奥に追いやられてしまったために生じた空間的隔たりと，彼女の最初のパフォーマンスの記憶から彼を遠ざける時間的隔たり——こちらの方が大きい——について力説していることがわかる（p. 134-135）。

(48) *Exposé de la conduite et des torts du Sieur Talma envers les comédiens français*, Paris, Prault, 1790 ; *Réponse de François Talma au mémoire de la comédie française*, Garnéry, l'an second de la liberté ; *Réflexions de M. Talma et pièces justificatives*, Paris, Bossange, 1790 ; *Pétition relative aux comédiens français, adressée au conseil de ville, par un très grand nombre de citoyens*, archives de la Comédie-Française, fonds Talma, carton 3 (ci-après : ACF, Talma 3).

(49) 1811 年，タルマからルイ・デュシスへの手紙。Mara FAZIO, *François-Joseph Talma*, Paris, CNRS éditions, 2011, p. 147 に引用。

(50) M. FAZIO, *François-Joseph Talma*, *op. cit*., p. 117.

(51) *Courrier des spectacles*, 23 et 24 septembre 1822, ACF, Talma 2.

(52) Germaine DE STAËL, *De l'Allemagne*, Londres, 1813, chap. XXVII.

(53) STENDHAL, *Souvenirs d'égotisme*, éd. B. Didier, Paris, Gallimard, 1983, p. 128. 以下を参照。

Florence FILIPPI, « L'artiste en vedette : François-Joseph Talma (1763–1826) », thèse de doctorat, Nanterre, 2008.

(54) 1796年10月6日，ミシェル・フランソワ・タルマから息子への手紙。ACF, Talma 7.

(55) 1817年8月21日，タルマから「『年報』の執筆者」への手紙。ACF, Talma 7.

(56) この記事は『ザ・グローブ・アンド・トラヴェラー』(25 septembre) に掲載され，ついでこの記事の執筆者――彼はこの記事をタルマに送っている――によると，「イギリスのすべての新聞に転載」されたとされる (ACF Talma 2)。

(57) Emmanuel FUREIX, *La France des larmes. Deuils politiques à l'âge romantique, 1814–1840*, Paris, Champ Vallon, 2009.

(58) *La Pandore*, n° 1250, 20 octobre 1826.

(59) *Courrier de Paris*, n° 291, 18 octobre 1826.

(60) *Courrier de Paris*, n° 295, 22 octobre 1826.

(61) *Le Constitutionnel*, n° 293, 20 octobre 1826.

(62) このような現象は，今日の著名人について調査を進める以下の社会学者によって明らかにされている。Richard SCHICKLE, *Imitate Strangers : The Culture of Celebrity in America*, New York, Ivan R. Dee, 1985 ; Joshua GAMSON, *Claims To Fame : Celebrity in Contemporay America*, Berkeley, University of California Press, 1994 ; N. HEINICH, *De la visibilité…, op. cit.*

(63) J・B・トンプソンの著作 (J. B. THOMPSON, *The Media and Modernity…, op. cit.*) は，「準社会的関係」について論じた社会心理学者ドナルド・ホールトンとR・リチャード・ウォールの先駆的研究 (Donald HORTON et R. Richard WOHL, « Mass Communication and Para-Social Interactions : Observations on Intimacy at a Distance », *Psychiatry*, n° 19, 1956, p. 215–229) をもとに，この点について多くの紙幅を割いて論じている。

(64) Hans-Robert JAUSS, *Pour une herméneutique littéraire*, Paris, Gallimard, 1982.

(65) Philippe LE GUERN (dir.), *Les Cultes médiatiques. Culture fan et œuvres cultes*, Rennes, Presses universitaires de Rennes, 2002.

(66) Robert DARNTON, « Le courier des lecteurs de Rousseau : la construction de la sensibilité romantique », *Le Grand Massacre des chats. Attitudes et croyances dans l'ancienne France*, Paris, Robert Laffont, 1984, p. 201–239 ; Jean-Marie GOULEMOT et Didier MASSEAU, « Naissance des lettres adressées à l'écrivain », *Textuel*, « Écrire à l'écrivain », n° 27, février 1994, p. 1–12 ; Judith LYON-CAEN, *La lecture et la Vie. Les usages du roman au temps de Balzac*, Paris, Tallandier, 2006.

(67) 1775年6月8日の手紙。Cheryl WANKO, « Patron or Patronized ? "Fans" and the Eighteenth-Century English Stage », *in* T. MOLE (dir.), *Romanticism and Celebrity…*, p. 209–226, citation p. 221.

(68) 1825年9月10日，匿名の手紙。ACF, Talma 2.

(69) 匿名の手紙 (日付なし)。ACF, Talma 1.

(70) 「彼に対して偏見のある人物から称賛されたタルマ」(ACF, Talma 2)。

(71) 1800年6月3日の手紙。ACF, Talma 2.

(72) 匿名の手紙。ACF, Talma 2.

(73) ACF, Talma 1.

(74) 1824年11月14日，ウヴラールの手紙。ACF, Talma 1.

(75) 1817年，バヴォワ＝オーゲ夫人の手紙。ACF, Talma 6.

(76) *The Reminiscences of Sarah Kemble SIddons, 1773–1785*, éd. William Van Lennep, Cambridge,

Wineder Library, 1942, p. 15–16.

(77) « She was a person of very high rank. Her curiosity had been, however, too powerful for her good breeding. "You must think it strange" said she "to see a person entirely unknown to you intrude in this manner upon your privacy ; but you must know I am in a very delicate state of health and my physician won't let me go to the Theatre to see you, so I am come to look at you here". So *she* sat down to look, and *I* to be looked at, for a few painful moments, when she arose and apologized » (*ibid.*, p. 22).

## 第 3 章　最初のメディア革命

( 1 ) ACF Talma 1.

( 2 ) Maria Ines ALIVERTI, *La Naissance de l'acteur moderne. L'acteur et son portrait au XVIII$^{e}$ siècle*, Paris, Gallimard, 1998, p. 98–99. 以下も参照。Leigh WOODS, *Garrick Claims the Stage : Acting as Social Emblem in Eighteenth-Century England*, Londres, Greenwood Press, 1984 ; Heather MCPHERSON, « Garrickomania : Art, Celebrity and the Imaging of Garrick », *Folger Shakespeare Library*, http://www.folger.edu/template.cfm?cid=1465

( 3 ) N. HEINICH, *De la visibilité...*, *op. cit.*

( 4 ) 特に以下の文献を参照。Hannah BARKER et Simon BURROWS (dir.), *Press, Politics and the Public Sphere in Europe and North America, 1760–1820*, Cambridge, Cambridge University Press, 2002 ; Gilles FEYEL, *L'Annonce et la Nouvelle. La presse d'information en France sous l'Ancien Régime (1630–1788)*, Oxford, Voltaire Foundation, 2000 ; Jeremy D. POPKIN, *News and Politics in the Age of Revolution : Jean Luzac's* Gazette de Leyde, Ithaca, Cornell University Press, 1989 ; Brendan DOOLEY (dir.), *The Dissemination of News and the Emergence of Contemporaneity in Early Modern Europe*, Farnham, Ashgate, 2010.

( 5 ) Dror WAHRMAN, *Mr Collier's Letter Racks : A Tale of Arts and Illusion at the Threshold of the Modern Information Age*, New York, Oxford University Press, 2012.

( 6 ) L. MARIN, *Le Portrait du roi*, *op. cit.*

( 7 ) Mireille HUCHON, *Rabelais*, Paris, Gallimard, 2011.

( 8 ) たとえば，セヴィニェ夫人は，友人たちがミニャールの描いた娘の肖像画の複製を作らせようとしたとき「それに反対した」。以下を参照。Emmanuel COQUERY, « Le portrait vu du Grand Siècle », *Visages du Grand Siècle. Le portrait français sous le règne de Louis XIV, 1660–1715*, Paris, Somogy, 1997, p. 25. 驚くべきことに，この展覧会のカタログには，一部画家の肖像画が例外的に認められるのを除いては，ほとんど貴族の肖像画あるいは無名の肖像画しか含まれていない。

( 9 ) 以下を参照。Horst BREDEKAMP, *Stratégies visuelles de Thomas Hobbes*, trad. fr., Paris, Éd. de la MSH, 2003, p. 168.

(10) Patricia FARA, *Newton : The Making of a Genius*, Londres, McMilan, 2002, p. 36–37.

(11) Roger CHARTIER, « Figures de l'auteur », *Culture écrite et société : l'ordre des livres (XIV$^{e}$–XVIII$^{e}$ siècle)*, Paris, Albin Michel, 1996, p. 67.

(12) Louis DE ROUVROY, duc de SAINT-SIMON, *Mémoires*, éd. Y. Coirault, Paris, Gallimard, 1983, t. I, p. 336.

(13) Udolpho VAN DE SANDT, « La fréquentation des salons sous l'Ancien Régime, la Révolution et l'Empire », *Revue de l'art*, nº 73, 1986, p. 43–48.

(14) David Solkin, *Painting for Money : The Visual Arts and the Public Sphere in Eighteenth-Century England*, New Haven / Londres, Yale University Press, 1993.

(15) Charlotte Guichard, *Les Amateurs d'art à Paris*, Seyssel, Champ Vallon, 2008, p. 317–329.

(16) Étienne La Font de Saint-Yenne, *Sentiments sur quelques ouvrages de peinture*, Édouard Pommier, *Théories du portrait. De la Renaissance aux Lumières*, Paris, Gallimard, 1998, p. 316–317 に引用。

(17) « Lettre sur les peintures, sculptures et gravures de messieurs de l'Académie royale, exposées au salon du Louvre, le 25 août 1769 », *Mémoires secrets*, vol. XIII, 1784, p. 43–44. 無名の人の肖像画に対する批判は繰り返し取り上げられているが，1775 年，『秘密の回想録』で再びこの問題が取り上げられた時にも，偉人と著名人は例外とされている。「私は肖像画禁止令の中に，国王，女王，大臣，大作家，有名芸術家の胸像を含めるつもりはない。このような高貴な方々，このように崇高なる君主，重要人物，あらゆるジャンルにおける有名人を直接目にすることのできない人々が，少なくともどのような様子か想像できるようにするには，その似姿をいくらたくさん作っても作りすぎることはない」。

(18) Marcia Pointon, « Portrait ! Portrait !! Portrait !!! », *in* David Solkin (dir.), *Art on the Line : The Royal Academy Exhibitions at Somerset House, 1780–1836*, New Haven, Yale University Press, 2001, p. 93–105.

(19) Mark Hallet, « Reynolds Celebrity and the Exibition Space », *in* Martin Postle (dir.), *Joshua Reynolds and the Creation of Celebrity*, Londres, Tate Publishing, 2005.

(20) Peter M. Briggs, « Laurence Sterne and Literary Celebrity », *The Age of Johnson*, nº 4, 1991, p. 251–273 ; Frank Donoghue, *The Fame Machine : Book Reviewing and Eighteenth-Century Literary Careers*, Stanford University Press, 1996, p. 56–81.

(21) Martin Postle, « "The Modern Appelles" », *in* M. Postle (dir.), *Joshua Reynolds*..., *op. cit.*, p. 17–33 ; *Id.*, « "Painted Women", Reynolds and the Cult of the Courtesan », *in* Robin Asleson (dir.), *Notorious Muse : The Actress in British Art and Culture, 1776–1812*, New Haven / Londres, Yale University Press, 2003, p. 22–55.

(22) ジョージアナ・キャヴェンディッシュの名声については，以下を参照。Amanda Foreman, *Georgiana, duchess of Devonshire*, Londres, Harper Collins, 1998.

(23) M. Postle (dir.), *Joshua Reynolds*..., *op. cit.*, p. 46.

(24) Tim Clayton, « Figures of Fame : Reynolds and the Printed Image », *in* M. Postle (dir.), *Joshua Reynolds*..., *op. cit.*, p. 46.

(25) H. McPherson, « Garrickomania... », art. cit.

(26) Mariane Grivel, *Le Commerce de l'estampe à Paris au XVII^e siècle*, Genève, Droz, 1986 ; Pierre Casselle, « Le Commerce des estampes à Paris dans la seconde moitié du XVIII^e siècle », thèse de l'École de Chartes, 1976.

(27) L. S. Mercier, *Tableau de Paris*, vol. VI, p. 56, « Graveurs ». そもそもメルシエは自分の発言が偶像破壊的な性格を帯びていることを十分に意識しつつ，消費者の熱狂ぶりとこうした肖像版画の氾濫に関わる多くの仲買人に言及している。「わが国の愚かな肖像版画愛好家は私を偶像破壊者にしてしまうかもしれない。あらゆる身分，あらゆるランクの素描家，版画家，銅版画家，写本装飾師，書籍商人，行商人，肖像版画家がこぞって私の異端説に警鐘を鳴らすことだろう」。

(28) P. Casselle, « Le Commerce des estampes à Paris... », thèse citée, p. 64 sq.

(29) Archives de Paris, fonds des faillites, D4 B6, carton 108, dossier 7709 : « État actif et passif des créances des S[ts] Esnault et Rapilly », 20 février 1790.

(30) Katie SCOTT, « Imitation or Crimes of Likeness »（視覚芸術における著作権について論じた近刊の第 3 章）. とりわけエノーとラピイに対して起こされた訴訟に関する論考を拝読させてくださったケイティ・スコット氏に心より感謝申し上げる。

(31) P. CASSELLE, « Le Commerce des estampes à Paris... », thèse citée, p. 122.

(32) *Ibid.*, p. 169.

(33) Louis BOUILLY, *L'Atelier d'un sculpteur, ou Jean-Antoine Houdon modelant le buste de Laplace dans son atelier*, Paris, musée des Arts décoratifs, 1803. 以下も参照のこと。Anne SCOTTEZ-DE WAMBREECHIES et Florence RAYMOND (dir.), *Bouilly (1761–1845)*, Lille, palais des Beaux-Arts de Lille, 2011, p. 178–183.

(34) ソフィ・アルノーのキャリアとオペラ座での成功，社交界での様子，そして彼女の放蕩生活の評判については，ゴンクール兄弟の以下の著作を参照。Edmond et Jules DE GONCOURT, *Sophie Arnould, d'après sa correspondance et ses mémoires inédits*, Paris, 1893. 近年の論考としては，以下のものが挙げられる。Colin JONES, « French Crossing IV — Vagaries of Passion and Power in Enlightenment Paris », *Transactions of the Royal Historical Society*, nº 23, 2013, p. 3–35.

(35) Guilhem SCHERF, « Houdon au-dessus de tous les artistes », *in* Anne L. POULET et Guilhem SCHERF (éd.), *Houdon, sculpteur des Lumières*, catalogue d'exposition, Versailles, château de Versailles, 2004, p. 20–21.

(36) 1778 年 4 月 16 日のメトラの発言。Ulrike MATHIES, « Voltaire », in *Houdon sculpteur des Lumières*, *op. cit.*, p. 154 に引用。

(37) Guilhem SCHERF, *Houdon, 1741–1828 : statues, portraits sculptés*, Paris, Musée du Louvre édition, 2006, p. 75.

(38) Julius VON SCHLOSSER, *Histoire du portrait en cire*, trad. fr., Paris, Macula, 1996.

(39) Jean ADHÉMAR, « Les musées de cire en France. Curtius, le "banquet royal", les "têtes coupées" », *Gazette des beaux-arts*, t. XCII, 1978, p. 203–214. 18 世紀半ばにおいても，ブノワの記憶は人々の心に健在であったことが『百科全書』の項目「ろう」からわかる。「ブノワ氏の名と，長きにわたって宮廷と町の人々に称賛された「ろう」製の人物像シリーズの見事な発明のことは皆知っている。プロの画家であったこの人物は，生きている人――最も美しい人々，最も繊細な人々も含めて――の顔の上で，その健康や美貌を損なわずに型を作る秘訣を考案した。その型の中で「ろう」の仮面を作り，それに色を付けたり，本物を模したエナメルの眼を入れたりして，いわば生命を与えるのである。この像はモデルとなっている人物の身分にふさわしい衣服を着せると，あまりにも本物にそっくりで，命が宿っているのではないかと見まがうほどだった」。

(40) J. VON SCHLOSSER, *Histoire du portrait en cire*, *op. cit.*, p. 118.

(41) L. S. MERCIER, *Tableau de Paris*, *op. cit.*, vol. II. « Spectacle des boulevards », p. 42.

(42) Pamela M. PILBEAM, *Mme Tussaud and the History of Waxworks*, Londres, Hambeldon, 2006.

(43) J. VON SCHLOSSER, *Histoire du portrait en cire*, *op. cit.*, p. 127.

(44) Benedetto CROCE, *I Teatri di Napoli, dal Rinascimento alla fine sel secolo decimottavo*, Milan, Adelphi, [1891] 1992, p. 278.

(45) *Mémoires secrets*, 30 décembre 1779, t. XIV, 1780, p. 331.

(46) カタログもなく，また文献資料もほとんど存在しないので，どのくらいの規模であったか正確に推し量るのは難しい。以下を参照。Samuel TAYLOR, « Artists and Philosophes as Mirrored by Sèvres and Wedgwood », *in* Francis HASKELL *et al.* (dir.), *The Artist and the Writer in France : Essays in Honour of Jean Seznec*, Oxford, Oxford University Press, 1974, p. 21–39.

(47) Neil McKENDRICK, « Josiah Wedgewood and the Commercialization of the Poteries », *in* N. McKENDRICK, J. BREWER et J. H. PLUMB (dir.), *The Birth of a Consumer Society*..., *op. cit.*, p. 100–145.

(48) *Letters of Joshua Wedgewood*, 1908, lettre du 28 juillet 1778, p. 27.

(49) *A catalogue of cameos, intaglios, medals, and bas-reliefs ; with a general account of vases and other ornaments, after the antique, made by Wedgwood and Bentley ; and sold at their rooms in Great Newport-Street, London, London : printed in the year M. DCC.LXXIII. and sold by Cadel, in the Strand*, Robson, New Bond-Street et Parker, Print-Seller, Cornhill, 1773.

(50) *Catalogue of cameos, intaglios, medals, bas-reliefs, busts and small statues ; with a general account of tablets, vases, ecritoires, and other ornamental and useful articles. The whole formed in different kinds of Porcelain and Terra Cotta, chiefly after the antique, and the finest models of modern artists*. By Josiah Wedgwood, F. R. S. and A. S. Potter to her Majesty, and to His Royalhighness the Duke of York and Albany. Sold at his rooms in Greek Street, Soho, London, and at his manufactory, in Staffordshire, Etruria, 1787.

(51) *Catalogue de camées, intaglios, médailles, bas-reliefs, bustes et petites statues* [...] *par Josiah Wedgwood*, Londres, 1788.

(52) Joyce CHAPLIN, *The First Scientific American : Benjamin Franklin and the Pursuit of Genius*, New York, Basic Books, 2006.

(53) 1つ目の肖像画はニューヨークのメトロポリタン美術館蔵，2つ目のものはワシントンのナショナル・ポートレート・ギャラリー蔵となっている。

(54) BNF, cabinet des estampes, 60 B 2655.

(55) « The clay of medaillon of me you say you gave to Mr Hopkinson was the first of the kind made in France. A variety of others have been made since of different sizes ; some to be set in lids of snuff boxes, and some so small as to be worn in rings ; and the numbers sold are incredible. These, with the pictures, busts, and prints (of which copies upon copies are spread everywhere) have made your father's face as well known as that of the moon, so that he durst not do any thing that would oblige him to run away, as his phiz would discover him wherever he sould venture to show it. It is said by learned etymologists that the name *Doll*, for the images children play with, is derived from the word *IDOL* ; from the number of dolls now made of him, he may be truly said, in that sense, to be *i-doll-ized* in this country », lettre du 3 juin 1779, in *The Papers of Benjamin Franklin*, New Haven / Londres, Yale University Press, 1992, vol. XXIX, p. 612–613.

(56) *Mémoires secrets*, 18 janvier 1777, t. X, p. 11.

(57) Vic GATRELL, *City of Laughter : Sex and Satire in Eighteenth-Century*, Londres, Atlantic Book, 2006. 以下も参照のこと。Diana DONALD, *The Age of Caricature : Satirical Prints in the Reign of George III*, New Haven / Londres, Yale University Press, 1996. 演劇については以下を参照。Heather McPHERSON, « Painting, Politics and the Stage in the Age of Caricature », *in* R. ASLESLON (dir.), *Notorious Muse*..., *op. cit.*, p. 171–193.

(58) Kate WILLIAMS, *England's Mistress : The Infamous Life of Lady Hamilton*, Londres, Random

House, 2006.

(59) Friedrich REHBERG, *Drawings Faithfully Copied form Nature at Naples*, Londres, 1794 ; James GILLRAY, *A new edition considerably enlarged, of attitudes faithfully copied from nature : and humbly dedicated to all admirers of the grand and sublime*, Londres, H. Humphreys, 1807.

(60) Jean MOODY, « Stolen Identities : Character, Mimicry and the Invention of Samuel Foote », *in* M. LUCKHURST et J. MOODY (dir.), *Theatre and Celebrity*..., *op. cit.*, p. 65-89.

(61) *Gentleman's Magazine*, n° 43, février 1773, cité *ibid.*, p. 101.

(62) J. MOODY, « Stolen Identities... », art. cit., p. 76.

(63) Marcia POINTON, « The Lives of Kitty Fisher », *British Journal for Eighteenth-Century Studies*, n° 27-1, 2004, p. 77-98. 18世紀イギリスにおける高級娼婦の「性的な著名性《セレブリテ》」についてより広い視野から論じたものとしては，以下を参照。Famarerz DABOHOIWALA, *The Origins of Sex : A History of the First Sexual Revolution*, Princeton, Princeton University Press, 2012.

(64) « She had been abused in the public papers, exposed in Print shops, and to wind up the whole, some Wretches, mean, ignorant and venal, would impose upon the public, by daring to publish her Memoirs », *The Public Advertiser*, 27 mars 1759.

(65) *The Gentleman's Magazine in the Age of Samuel Johnson, 1731-1745*, Londres, Pickering and Chatto, 1998.

(66) *The Town and Country Magazine. Universal repository of knowledge, instruction, and entertainment*, Londres, Hamilton, 1780, vol. XII.

(67) John BREWER, *A Sentimental Murder : Love and Madness in the Eighteenth-Century*, New York, Farrar, Straus and Giroux, 2004, p. 37-41.

(68) Jeremy POPKIN et Bernadette FORT (dir.), *The* Mémoires secrets *and the Culture of Publicity in Eighteenth-Century France*, Oxford, Voltaire Foundation, 1998 ; Christophe CAVE (dir.), *Le Règne de la critique. L'imaginaire culturel des* Mémoires secrets, Paris, Honoré Champion, 2010.『秘密の回想録』の批評校訂版は，C・カーヴの監修のもと進められている。

(69) 以下を参照。Yves CITTON, « La production critique de la mode dans les *Mémoires secrets* », *in* C. CAVE (dir.), *Le Règne de la critique*..., *op. cit.*, p. 55-81. この論考は，批判の対象となると同時に，創造原理ともみなされている流行の両義性について強調している。

(70) *Mémoires secrets*, t. XVI, p. 25, 24 octobre 1780.

(71) Jeremy POPOKIN, « The "Mémoires secrets" and the reading of the Enlightenment », *in* J. POPKIN et B. FORT (dir.), *The* Mémoires secrets, *op. cit.*, p. 9-36, ici p. 28.

(72) たとえば，『秘密の回想録』は，ボーマルシェが二輪馬車に轢かれる事故にあったと報じたとき，次のように付け加えている。「[ボーマルシェには] ほとんど何も問題がなかったのに，それでも彼は人前で事故のことを誇張してしゃべり，より大きなセンセーションを巻き起こし，自分のことが話題になるようにしむけたと考えられている。実際，話題になるのは，彼が最も好んだことなのだ」(*Mémoires secrets*, t. IX, 8 décembre 1777, p. 307)。

(73) この数字は以下のインデックスに基づいている。*Table alphabétique des auteurs et des personnages cités dans les « Mémoires secrets »*, publié à Bruxelles en 1866. 以下も参照。J. POPKIN et B. FORT (dir.), *The* Mémoires secrets..., *op. cit.*, p. 182-183 et 108-109. インデックスは完全に網羅的なものではないため，絶対数よりもやや少なく見積もられている。

(74) Palma CHEEK, « The *Mémoires secrets* and the Actress », *ibid.*, p. 107-127.

(75) Elisabeth BARRY, « From epitaphe to obituary : Death and Celebrity in Eighteenth-Century British Culture », *International Journal of Cultural Studies*, nº 11-3, 2008, p. 259-275. 以下も参照。Niegel STARCK, *Life after Death : The Art of Obituary*, Melbourne, Melbourne University Press, 2006.

(76) *Nécrologie des hommes célèbres de France*, Paris, Desprez, 1768, p. VI.

(77) Armando PETRUCCI, *Le Scriture ultime*, Turin, Einaudi, 1995.

(78) Sabina LORIGA, *Le Petit X. De la biographie à l'histoire*, Paris, Le Seuil, 2010, p. 18.

(79) Guido MAZZONI, *Teoria del romanzo*, Bologne, Il Mulino, 2012, notamment p. 151-193.

(80) Hélène MERLIN, *Public et littérature en France au XVIIe siècle*, Paris, Les Belles Lettres, 1994.

(81) Denis DIDEROT, « Éloge de Richardson », *Œuvres*, Paris, Gallimard, 1951, p. 1059-1074 ; Roger CHARTIER, « Les larmes de Damilaville et la lectrice impatiente », *Inscrire et effacer. Culture écrite et littérature (XIe-XVIIIe siècle)*, Paris, Gallimard / Seuil, 2005, p. 155-175 ; Lynn HUNT, *Inventing Human Rights : A History*, New York, Norton, 2007, p. 35-69（リン・ハント『人権を創造する』松浦義弘訳，岩波書店，2011 年）.

(82) 感傷小説が 18 世紀の歴史叙述のエクリチュールに与えた影響は，いまだ十分には知られていないが，以下の文献を参照されたい。Mark Salber PHILLIPS, « Reconsiderations on History and Antiquarianism : Arnaldo Momingliano and the Historiography of Eighteenth-Century Britain », *Journal of the History of Ideas*, nº 57-2, 1996, p. 297-316 ; *Id.*, « Histories, Micro- and Literary : Problems of Genre and Distance », *New Literary History*, nº 34, 2003, p. 211-229.

(83) Samuel JOHNSON, *The Rambler*, 1750-1752, in *The Yale Edition of Samuel Johnson*, Yale University Press, 1969, 13 octobre 1750.

(84) Giorgio MANGANELLI, *Vie de Samuel Johnson*, Paris, Le Promeneur, [2008] 2010, p. 46.

(85) James BOSWELL, *An Account of Corsica, the journal of a tour to that Island, and Memoirs of Pascal Paoli*, Glasgow, Dilly, 1768 ; *Relation de l'Isle de Corse. Journal d'un voyage dans cette Isle et mémoires de Pascal Paoli*, La Haye, Staatman, 1769. ボズウェルの旅については，以下を参照。Joseph FOLADARE, *Boswell's Paoli*, Amden, Archon Books, 1979, p. 19-76. パオリの抱いた不信感については，彼自身がダルブレイ嬢に直接語り，以下の書に引用されている。George BIRKBECK HILL, *Bosewell's Life of Johnson*, New York, Harper, 1889, t. I, p. 6.

(86) 1762 年，22 歳で最初に滞在して以来，彼はロンドンでの生活に関する日記をつけており，1776 年から 1783 年にかけて，『ロンドン・マガジン』に匿名の記事を数多く書いた。以下を参照。Frederick POTTLE, *James Boswell, the Early Years*, Londres, Heinemann, 1966 ; Frank BRADY, *James Boswell : the Later Years (1769-1795)*, New York, McGraw, Hill Book, 1984 ; Peter MARTIN, *The Life of James Boswell*, Londres, Weidenfeld et Nicolson, 1999.

(87) Cheryl WANKO, *Roles of Authority : Thespian Biography and Celebrity in Eighteenth-Century Britain*, Lubbock, Texas Tech U, 2003.

(88) 以下を参照。Roger CHARTIER, *Figures de la gueuserie*, Paris, Montalba, 1982.

(89) Christian BIET, « Cartouche et le mythe de l'ennemi public nº 1 en France et en Europe », introduction à Marc-Antoine LEGRAND, *Cartouche ou les Voleurs* [1721], textes édités et commentés par C. Biet, Vijon, Lampsaque, 2004.

(90) *Ibid.*

(91) こうした政治的観点からの解釈については，以下を参照。Patrice PÉVERI, « De Car-

touche à Poulailler : l'héroïsation du bandit dans le Paris du XVIII<sup>e</sup> siècle », *Être parisien au XVIII<sup>e</sup> siècle*, p. 135-150. 噂による人々の抵抗の例としては，以下を参照。Arlette FARGE et Jacques REVEL, *Logiques de la foule. Les enlèvements d'enfants à Paris en 1750*, Paris, Hachette, 1988.

(92) *Histoire de la vie et du process de Louis-Dominique Cartouche, et de plusieurs de ses complices*, 1772. この作品については，数多くの版があるが，そのうちの一部は『かの有名なルイ＝ドミニク・カルトゥーシュの生涯と訴訟の物語（*Histoire de la vie et du procès du fameux Louis-Dominique Cartouche*)』というタイトルが付されている。1722 年，ルーアンで刊行された版はその一例である。Hans-Jürgen LUSEBRINK, *Histoires curieuses et véritables de Cartouche et de Mandrin*, Paris, Artaud, 1984.

(93) Madeleine PINAULT-SORENSEN, « Le thème des brigands à travers la peinture, le dessin et la gravure », *in* L. ANDRIES (dir.), *Cartouche, Mandrin, et autres brigands*, *op. cit.*, p. 84-111.

(94) C. BIET (dir.), « Cartouche et le mythe de l'ennemi public... », *op. cit.*

(95) Lise ANDRIES, « Histoires criminelles anglaises », *in* L. ANDRIES (dir.), *Cartouche, Mandrin, et autres brigands*, *op. cit.*, p. 253-255.

(96) *Histoire de Louis Mandrin, depuis sa naissance jusqu'à sa mort : avec un détail de ses cruautés, de ses brigandages, et de son supplice*, Chambéry / Paris, Gorrin / Delormel, 1755 ; *Abrégé de la vie de Louis Mandrin, chef de contrebandier en France*, s. l., 1755 ; LAGRANGE, *La Mort de Mandrin*, Société des Libraires, 1755.

(97) *Histoire de la vie et du procès de Louis-Dominique Cartouche*, Bruxelles, Le Trotteur, 1722, p. 4.

(98) *Vie criminelle de Henri Augustin Trumeau*, Paris 1803, cité in *Dictionnaire des vies privées (1722-1842)*, éd. Olivier Ferret, Anne-Marie Mercier-Faivre et Chantal Thomas, Oxford, Voltaire Foundation, 2011, p. 409.

(99) 政治的な解釈は，ロバート・ダーントンによって幾度となく展開された。以下の近著を参照。Robert DARNTON, *Le Diable dans un bénitier. L'art de la calomnie en France, 1650-1800*, Paris, Gallimard, 2010. ダーントンとは多くの点で意見を異にしているものの，シモン・バローズ（Simon BURROWS, *Blackmail, Scandal, and Revolution : London's French Libellistes, 1758-1792*, Manchester, Manchester University Press, 2006）もやはり同様の立場に立っている。このジャンルについてのより包括的な解説としては，以下を参照。*Dictionnaire des vies privées*, *op. cit.* こういった政治的解釈については，第 6 章でマリー・アントワネットを取り上げる際，もう一度立ち戻ることにしたい。

(100) H. MERLIN, *Public et littérature...*, *op. cit.* ; *De la publication, entre Renaissance et Lumières*, textes réunis par C. Jouhaud et A. Viala, Paris, Fayard, 2002.

(101) J. HABERMAS, *L'Espace public*, *op. cit.* 現在ではこの問題に関する文献は数多く存在する。特に以下を参照。Roger CHARTIER, *Les Origines culturelles de la Révolution française*, Paris, Éd. du Seuil, 1991.

(102) P. G. CONTANT D'ORVILLE, *Précis d'une histoire générale de la vie privée des Français dans tous les temps et dans toutes les provinces de la monarchie*, Paris, Moutard, 1779 ; Pierre-Baptiste LEGRAND D'AUSSY, *Histoire de la vie privée des Français, depuis l'origine de la nation jusqu'à nos jours*, Paris, 1782, 3 vol.

(103) Antoine LILTI, *Le Monde des Salons. Sociabilité et mondanité à Paris au XVIII<sup>e</sup> siècle*, Paris,

Fayard, 2005.

(104) Pierre Kayser, *La Protection de la vie privée*, Aix-en-Provence, Presses universitaire d'Aix-Marseille / Economica, 1984.

(105) Emma Spary, *Le Jardin d'Utopie. L'histoire naturelle en France de l'Ancien Régime à la Révolution*, Paris, muséum d'Histoire naturelle, [2000] 2005, p. 50–51.

(106) Joseph Aude, *Vie privée du comte de Buffon*, Lausanne, 1788, p. 2.

(107) *Ibid.*, p. 5.

(108) *Ibid.*, p. 18 et 50.

(109) Marie Jean Hérault de Séchelles, *Visite à Buffon*, Paris, 1785.

(110) Sara Maza, *Vies privées, affaires publiques. Les causes célèbres de la France prérévolutionnaire*, Paris, Fayard, [1993] 1995.

(111) *Vie de Joseph Balsamo, connu sous le nom de comte Cagliostro*, Paris, 1791, p. III.

## 第 4 章　栄光から著名性へ

( 1 ) Jean-François Marmontel, « Gloire », *Encyclopédie ou dictionnaire raisonné des arts et des métiers*, Paris, Briasson, 1757, t. VII.

( 2 ) この点に関しては以下を参照。Robert Morrissey, *Napoléon et l'héritage de la gloire*, Paris, PUF, 2010.

( 3 ) Paul Bénichou, *Morales du Grand Siècle*, Paris, Gallimard, 1948（ポール・ベニシュー『偉大な世紀のモラル』朝倉剛・羽賀賢二訳，法政大学出版局，1993 年）; Albert Hirschman, *Les Passions et les Intérêts*, trad. fr. P. Andler, Paris, PUF, 1980.

( 4 ) 1735 年 7 月 15 日，［ヴォルテールから］ティエリオへの手紙。Voltaire, *Correspondence and Related Documents*, éd. T. Besterman, Voltaire Foundation, 1969, t. III, p. 175.

( 5 ) John R. Iverson, « La gloire humanisée. Voltaire et son siècle », *Histoire, économie, société*, n°2, 2001, p. 211–218. また，18 世紀を通してプルタルコスの『対比列伝』が定期的に再版され，成功を博していたことも無関係ではない。

( 6 ) Darrin McMahon, *Divine Fury : A History of Genius*, New York, Basic Books, 2013.

( 7 ) P. Bénichou, *Morales du Grand siècle*, *op. cit.*

( 8 ) Jean-Pierre Vernant, « La belle mort et le cadavre outragé » [1982], in *L'Individu, la Mort, l'Amour*, Paris, Gallimard, 1989, p. 41–79 ; Gregory Nagy, *Le Meilleur des Achéens. La fabrique du héros dans la poésie grecque archaïque*, Paris, Éd. du Seuil, [1979] 1994.

( 9 ) このような（英雄同士の）対抗精神は長いこと称賛の対象だったが，これ以降は批判の対象となる。「"栄光" のために生まれてきた者たちは，人々の意見が認める場所に栄光を探してきた。アレクサンドロスは，常にアキレスの神話を追っていた。カール 12 世は，アレクサンドロスの物語を追っていた。そこから禍々しい対抗関係が生じる。この関係において，人徳と才能に溢れる 2 人の王は，血も涙もない 2 人の軍人になってしまう」（マルモンテル，項目「栄光」）。とはいえ，批判の的になっているのは対抗精神ではなく，これらモデルとなっている人々の本性である。

(10) このような比較が紋切り型になっていることは，たとえばモンテスキュー（『わがパンセ』1729 年）に見られる通りである。『エパメイノンダスの歴史』の冒頭に，サン゠ピエール師は「有名人と偉人の違いについて」と題された論文を付して出版している (1739 年)。

(11) *Essai sur les éloges ou histoire de la littérature et de l'éloquence appliquée à ce genre d'ouvrages. Œuvres de M. Thomas*, Paris, Moutard, 1773, vol. 1-2. 礼賛（éloge）というジャンルにもたらされたこのような変化と，偉人という人物像の登場については，以下を参照。J.-C. BONNET, *Naissance du Panthéon*, *op. cit.*

(12) William HAZLITT, « On the Living Poets », *Lectures on the English Poets*, Londres, Taylor and Hessey, 1819 [2e édition], p. 283-331.

(13) キケロによれば，栄光とは「美徳の影」である。この定義はルネサンス期に何度も取り上げられる（« gloria [...] virtutem tamquam umbra sequitur »）[『トゥスクルム荘対談集』*Tusculanes*, I, 109, éd. G. Fohlen, Paris, Les Belles Lettres, t. I, 1931, p. 67]。同じくキケロの『スキピオの夢』では，スキピオ・アエミリアヌスが地上世界の「名声（fama)」を，時間的にも空間的にも制限されたものとして批判している。そして彼が発見するのは，偉人たち——政治家だけでなく，芸術家，哲学者，音楽家も含まれる——に用意されている天上の幸福である。こういった偉人たちは死後において，一種の永遠の生を享受しつつ，天の河から宇宙の美を愛でることを許されている。

(14) PÉTRARQUE, *Lettres familières*, I-III, introduction et notes d'Ugo Dotti, traduction d'André Longpré, Paris, Les Belles Lettres, 2002, p. 36-48, citation p. 38. ペトラルカが友人トンマーゾ・ダ・メッシーナに宛てた手紙は 1350 年，つまり，トンマーゾの死の 10 年後に書かれたものだと考えられる。この当時，ペトラルカは書簡集の構成に取りかかっていた。日付を早めて，書簡集の先頭に置かれたこの手紙は，ペトラルカの信条を代弁する役割を担っている。

(15) Barbara CARNEVALI, « *Glory*. Réputation et pouvoir dans le modèle hobbesien », *Communications*, n°93-2, 2013, p. 49-67.

(16) ペトラルカによる表現。文学的栄光を目指すペトラルカの欲望は，キリスト教的な断罪と背反するものであった。この両義性については『わが秘密』を参照。彼はこの著作の中で，自分自身と聖アウグスティヌスとの対話を描いている。Francesco PETRARCA, *Secretum*, éd. E. Fenzi, Milano, Mursia, 1992 ; *Mon secret*, éd. François Dupuigrenet Desroussilles, Paris, Rivages, 1991.

(17) 1766 年 8 月，ディドロからファルコネへの手紙。*Correspondance*, Paris, Robert Laffont, 1997, p. 664 et 680 ; Denis DIDEROT, *Essai sur les règnes de Claude et de Néron*, *Œuvres*, Paris, Robert Laffont, 1994, t . I, p. 115.

(18) Patricia FARA, *Newton the Making of a Genius*, Londres, MacMillan, 2002 ; Thomas GAEHTGENS et Gregor WEDEKIND (dir.), *Le Culte des grands hommes en France et en Allemagne*, Paris, Éd. de la MSH, 2010 ; Eveline G. BOUWERS, *Public Pantheons in Revolutionary : Comparing Culture of Remembrance, c. 1790-1840*, Basingstoke, Palgrave MacMillan, 2012, p. 35.

(19) Hervé DRÉVILLON et Diego VENTURINO (dir.), *Penser et vivre l'honneur à l'époque moderne*, Rennes, Presses universitaires de Rennes, 2011.

(20) 地域社会における人間関係と，司法関係の慣行とが相互的に果たしていた役割については，中世の研究者たちによる議論がある。以下の研究を参照。Claude GAUVARD, « La "fama", une parole fondatrice », *Médiévales*, n°24, 1993, p. 5-13 ; Julien THÉRY, « Fama : l'opinion publique comme preuve judiciaire. Aperçu sur la révolution médiévale de l'inquisitoire (XIIe-XIVe siècle) », *in* Bruno LESMESLE (dir.), *La Preuve en justice de l'Antiquité à nos jours*,

Rennes, Presses universitaires de Rennes, 2003, p. 119-147 ; Thelma FENSTER et Daniel LORD SMAIL (dir.), *Fama : The Politics of Talk and Reputation in Medieval Europe*, Ithaca / Londres, Cornell University Press, 2003.

(21) Bernard GUENÉE, *Du Guesclin et Froissart. La fabrication de la renommée*, Paris, Thallandir, 2008, p. 75-103.

(22) Charles DUCLOS, *Considérations sur les mœurs de ce siècle*, Paris, 1751, et Paris, Prault, 1764. この書物は出版された年に5つの版が発行され，1764年に増補されて以降，フランス革命に至るまでに8つの版を重ねた。デュクロのテクストとその主題に関する「紹介」については，1764年版を用いたキャロル・ドルニエ（Carole DORNIER）の批評校訂版（Paris, Honoré Champion, 2005）を参照のこと。これ以降，本書で引用するのは1751年版であるが，その後の版と比較対照することもある。綴りに関しては，現代風に改める。

(23) *Ibid.*, p. 2.

(24) *Ibid.*, p. 97.

(25) *Ibid.*, p 18.

(26) *Ibid.*, p. 74 et 102.

(27) *Ibid.*, p. 108, 129, 112, 100.

(28) *Ibid.*, p. 110-111.

(29) デュクロはこの問題を解決しようとして，新しい語彙「人望（considération)」を導入している。この語が含意しているのは，「評判（réputation)」によってはもはや保証されないもの，つまり，他人からの評価と美徳との両立である。「人望とは，ある人に抱かれる個人的な尊敬のことである」。人間が尊敬される仕組みを，このように個人の美質に基礎づけようとする試みは，しかしすぐに座礁する。「一度人望を得た人は，それを濫用する」。

(30) C. DUCLOS, *Considérations...*, éd. de 1764, p. 115-152.

(31) *Ibid.*, 1751, p. 97 ; 1764, p. 116.

(32) *Ibid.*, 1751, p. 104-105 ; 1764, p. 123-124.

(33) J. BREWER, *The Pleasures of the Imagination*, *op. cit.*

(34) S. JOHNSON, *The Rambler*, *op. cit.*, t. III, p. 118, 29 mai 1750 : « If we consider the distribution of literary fame in our own time, we shall find it a possession of very uncertain tenure ; sometimes bestowed by a sudden caprice of the publick, and again transferred to a new favourite, for no other reason than that he is new. »

(35) *Ibid.*, 10 août 1751, t. V, p. 13-17.

(36) *Ibid.*

(37) « When once a man has made celebrity necessary to his happiness, he has put it in the power of the weakest and most timorous malignity, if not to take away his satisfaction, at least to withhold it. »

(38) *Ibid.*, 12 mai 1750, t. IV, p. 86-91.

(39) « I live in the town like a lion in his desert, or an eagle on his rock, too great for friendship or society, and condemned to solitude, by unhappy elevation, and dreaded ascedancy. »

(40) MONTESQUIEU, *Lettres persanes*, lettre 144.

(41) この20年間に「著名性」が使用された頻度は，10000語につき0.13という割合になっている。この値が次に0.10を越えるのが1810年から1820年にかけての時期である。そ

の後，語の登場回数は増えるものの，相対的な使用頻度としては以上の数値に及ばない。

(42) 2012 年 10 月 22 日に，Ngram Viewer を用いて得られた結果。

(43) Charles PALISSOT DE MONTENOY, *Petites lettres sur de grands philosophes* [1757], *Œuvres*, Liège, 1777, t. II, p. 107.

(44) François Antoine CHEVRIER, *Le Colporteur, histoire morale et critique*, Londres, Jean Nourse, 1762, p. 67.

(45) 1773 年 5 月 22 日，ジュリ・ド・レスピナスからの手紙。*Correspondance entre Mlle de Lespinasse et le comte de Guibert*, Paris, Calmann-Lévy, 1905, p. 5.

(46) Denis DIDEROT, *Œuvres*, Paris, Gallimard, 1951, p. 729.

(47) Mme DUFRÉNOY, *La femme auteur ou les inconvénients de la célébrité*, Paris, 1812, 2 vol.

(48) Francis BACON, *Essay*, Oxford, Clarendon Press, 2000 ; *Id.*, *The Advancement of Learning* [1605], Oxford, Clarendon Press, 2000.

(49) Vittorio ALFIERI, *Del principe e delle lettere*, Kehl, 1795 ; *Du prince et des lettres*, Paris, Eymery et Delaunay, 1818, p. 85.

(50) Enrique VILAS-MATAS, *Bartleby et compagnie*, Paris, Christian Bourgeois, [2000] 2002, p. 91-94.

(51) Nicolas de CHAMFORT, *Maximes et pensées. Caractères et anecdotes*, éd. J. Dagen, Paris, Garnier-Flammarion, 1968, p. 66.

(52) *Ibid.*, p. 121.

(53) Pierre BOURDIEU, *Les Règles de l'art. Genèse et structure du champ littéraire*, Paris, Éd. du Seuil, 1992.

(54) Nicolas de CHAMFORT, *Œuvres complètes*, Lyon, Chaumerot, 1825, t. V, p. 274.

(55) 著作家としてのメルシエの足跡については，以下を参照。Jean Claude BONNET (dir.), *Louis Sébastien Mercier. Un hérétique en littérature*, Paris, Mercure de France, 1995. 習俗の研究でもあり，道徳的考察であった"描写（description）"の役割については以下を参照。Joanna STALNAKER, *The Unfinished Enlightenment : Description in the Age of the Encyclopedia*, Ithaca, Cornell University Press, 2010.

(56) Louis Sébastien MERCIER, *De la littérature et des littérateurs*, Yverdon, 1778, p. 40.

(57) Gregory S. BROWN, *A Field of Honor : The Identities of Writers, Court Culture and Public Theater in the French Intellectual Field from Racine to the Revolution*, New York, Columbia University Press, e-Gutemberg, 2005.

(58) L. S. MERCIER, « L'Auteur ! l'Auteur ! », *Tableau de Paris*, 1788, t. XI, p. 136-137.

### 第 5 章　有名人の孤独

(1) Jean-Jacques ROUSSEAU, *Rousseau juge de Jean-Jacques, Œuvres complètes*（以下 OC と略す）, Paris, Gallimard, 1959, t. I, p. 826.

(2) Jeremy CARADONNA, *The Enlightenment in Practice : Academic Prize Contexts an Intellectual Culture in France (1670-1794)*, Ithaca, Cornell University Press, 2012.

(3) グラフィニ夫人からドゥヴォーへの手紙。*Correspondance de Mme de Graffigny*, éd. J.-A. Dainard, Oxford, Voltaire Foundation, 52 t., 1965-1998, t. XII, 2008, p. 151.

(4) Jean-Jacques ROUSSEAU, *Correspondance complète*（以下 CC と略す）, éd. Par R. A. Leigh, Oxford, Voltaire Foundation, 52 t., 1965-1998, t. II, p. 136.

（5）「身分や生まれのもたらす著名性を私は持たないが，もっと自分にふさわしく，手に入れた甲斐があった別の著名性を持っている。私が所有しているのは不幸がもたらす著名性である」（『告白』草稿，OC, t. I, p. 151）。

（6）Sean GOODLETT, « The Origins of Celebrity : The Eighteenth-Century Anglo-French Press Reception of Jean-Jacques Rousseau », Ph D, University of Oregon, 2000.

（7）『社会契約論』の糾弾をめぐって，小評議会と議員との間に苛烈な政治的対立が生じ，そこからほとんど革命的な様相がもたらされた。ルソーはこの中で一役買ったが，彼自身の存在が論争の的にもなっていた。特に以下を参照。Richard WHATMORE, « Rousseau and the Representants : The Politics of the Lettres écrites de la montagne », *Modern Intellectual History*, n°3-3, 2006, p. 385-413.

（8）以下の文献に引用されていた記述。Sean GOODLETT, « The Origins ... », 引用は p. 127.

（9）*The Public Advertiser*, 13 janvier 1766, CC, t. XXIX, p. 295.

（10）1766 年 2 月 16 日，ヒュームからバルバンターヌ侯爵夫人への手紙（CC, t. XXVII, p. 309）：« Every circumstance, the most minute, that concerns him, is put in the newspapers. »

（11）ルソーのイギリス滞在については，以下を参照。Claire BROCK, *The Feminization of Fame, 1750-1830*, Basingstoke, Palgrave McMillan, p. 28 sq.

（12）Raymond BIRN, « The Fashioning of an Icône », *in* J. POPKIN and B. FORT（dir.）, *The* Mémoires secrets..., *op. cit.*, p. 93-105.

（13）*Mémoires secrets*, t. II, p. 253.

（14）*Mémoires secrets*, t. V, p. 162.

（15）Elizabeth A. FOSTER, *Le Dernier Séjour de J.-J. Rousseau à Paris, 1770-1778*, Northampton / Paris, H. Champion, 1921 ; Jacques BERCHTOLD et Michel PORRET（dir.）, *Rousseau visité, Rousseau visiteur : les derniers années*（*1770- 1778*）, *actes du colloque de Genève*（*1996*）, *Annales de la société Jean-Jacques Rousseau*, Genève, Droz, 1999.

（16）*Correspondance littéraire*, juillet 1770, t. IX, p. 229.

（17）1770 年 7 月 15 日，デュ・デファン夫人からホレス・ウォルポールへの手紙。*Horace Walpole's Correspondance*, *op. cit.*, t. IV, p. 434.

（18）『秘密の回想録』の説明にはもう少し棘がある。ただ，ルソーと彼自身の著名性の関係が，どれほど強迫的なテーマとなっていたかということがそこでは示されている。「ジャン＝ジャック・ルソー氏は，何度かカフェ・レジャンスに姿を現し，そこで自分がかつてと同様に人々の関心の的になり，その名声によって自分の足元に群衆が依然として集まるのを感じて，自尊心が満たされた。その後，彼は慎ましやかな態度に身を包んだ。この一時的に華々しく目立ったことに満足して，人目に立たない生活へと帰ったのである。別の状況が生じて，より長きにわたる著名性を獲得できる日まで」（p. 167）。

（19）Jean-François（Baptiste）LA HARPE, *Correspondance littéraire adressée à son altesse impériale Mgr le grand-duc, aujourd'hui empereur de Russie, et à M. le comte Schowalow*, Paris, Migneret, 1804, vol. I, p. 204.

（20）*Journal inédit du duc de Croÿ*, Paris, Flammarion, 1906-1921, t. III, p. 12.

（21）Jacques Louis MÉNÉTRA, *Journal de ma vie*, éd. D. Roche, Pairs, Montalba, 1982, p. 222. メネトラもまたジャン＝ジャック・ルソーに書簡を送っている。この書簡によって，メネトラがルソーの主要著作の少なくとも題名までは知っていて，おそらくは実際に読んでもいたであろうことが理解される。

(22) Vittorio ALFIERI, *Ma vie*, éd. M. Traversier, Paris, Mercure de France, 2012, p. 175.

(23) 以下の文献に引用されていた記述。CC, t. I, p. 30–31.

(24) *Gazette de Berne*, 13 novembre, 1776, *in* CC, t. XL, p. 104 ; *Courrier d'Avignon*, du 20 décembre 1776 :「ジャン＝ジャック・ルソー氏は転倒の影響によって死亡した。（中略）彼の生の記録はおそらく人々の知るところになるだろう。その中には，ルソーを殺した犬の名前まで記載されるはずである」（OC, t. 1, p. 1778）。

(25) Bronislaw BACZKO, *Job, mon ami*, Paris, Gallimard, 1997, p. 177–254 ; Raymond BIRN, *Forging Rousseau : Print, Commerce and Cultural Manipulation in the Late Enlightenment*, Oxford, Voltaire Foundation, 2001 ; Roger BARNY, *Prélude idéologique à la Révolution : le rousseauisme avant 1789*, Paris, Les Belles Lettres, 1985 ; *Id.*, *Rousseau dans la Révolution : le personnage de Jean-Jacques et les débuts du culte révolutionnaire, 1787–1791*, Oxford, Voltaire Foundation, 1986 ; Carla HESSE, « Lire Rousseau pendant la Révolution française », *in* Céline Spector (dir.), « Modernité de Rousseau », *Lumières*, n°15, 2011, p. 17–32.

(26) *Journal helvétique*, juillet 1757, *in* CC, t. III, p. 334–335.

(27) ルイーズ・アレクサンドリーヌ・デュパン・ド・シュノンソーからルソーへの手紙。CC, t. XXIII, p. 108.

(28) 1765年8月6日，アレクサンドル・ドゥレールからルソーへの手紙。CC, t. XXVI, p. 149–153.

(29) ニクラウス・アントン・キルヒベルガーからルソーへの手紙。CC, t. XX, p. 115–117.

(30) *Mémoires secrets*, t. II, p. 288.

(31) Jean-Jacques ROUSSEAU, *Lettre sur la musique française*, Paris, 1753. たとえば，以下のような記述が見られる。「私はフランス音楽には拍子もメロディもないということを示したと思う。というのも，フランス語にそれらがないのだから。フランス語の歌唱は犬の鳴き声の連続のようなもので，予備知識のないままに聞いたらどんな人でも耐えがたい。フランス音楽の和声は粗く，表現力に欠けていて，初心者が埋め草的に仕事をしているように思われる。フランス語の唄はまったく唄とは言えない。フランス語の叙唱は全然叙唱ではない。ここから私は，フランス人は音楽を持っていないし，そもそも持ちえないのだと結論する。もし彼らが音楽を持つことがあれば，ほかならぬ彼らにとってご愁傷様だ」（p. 92）。

(32) *Correspondance littéraire*, 1er janvier 1754, t. I, p. 312.

(33) *Mémoires secrets*, t. I, p. 92.

(34) チャルトリスカ公爵夫人の覚書。この記述は以下の文献に引用されている。François Rosset, « D'une princesse fantasque aux *Considérations* : faits et reflets », *in* J. BERCHTOLD et M. PORRET (dir.), *Rousseau visité, Rousseau visiteur...*, *op. cit.*, p. 22.

(35) Paul Charles THIÉBAULT, *Mémoires*, Paris, Plon, 1893, t. I, p. 136. この記述は以下の文献に引用されている。Raymond TROUSSON, *Lettres à Jean-Jacques Rousseau sur* La Nouvelle Héloïse, Paris, Honoré Champion, 2011, p. 30. 『新エロイーズ』の受容について概観した研究としては以下を参照。Yannick SÉITÉ, *Du livre au lire.* La Nouvelle Héloïse, *roman des Lumières*, Paris, Honoré Champion, 2002.

(36) 1761年2月10日，シャルル・ジョゼフ・パンクックからの手紙。CC, t. VIII, p. 77–79.

(37) ルソーの書簡については複数の研究がなされている。Daniel ROCHE, « Les primitifs du Rousseauisme : une analyse sociologique et quantitative de la correspondance de J.-J. Rousseau »,

*Annales ESC*, n°26-1, 1971, p. 151-172 ; Claude LABROSSE, *Lire au XVIII*ᵉ *siècle. « La Nouvelle Héloïse » et ses lecteurs*, Lyon, Presses universitaires de Lyon, 1985 ; Robert DARNTON, « Le courrier des lecteurs de Rousseau : la construction de la sensibilité romantique », *Le Grand Massacre des chats ...*, *op. cit.*, p. 201-239.

(38) 1761年4月6日，送り主不明。CC, t. VIII, p. 296-297.

(39) 1761年3月27日，ジャン＝ルイ・ル・コワントからの手紙。CC, t. VIII, p. 292-295.

(40) マノン・フィリポンからマリー・ソフィー・カロリーヌ・カネへの手紙。日付はそれぞれ，1777年11月4日，1777年11月17日，1776年3月21日。*Lettres de Mme Roland*, Paris, Imprimerie nationale, 1902, p. 145, 165 et 46-47.

(41) R. DARNTON, « Le courrier des lecteurs de Rousseau », art. cit., p. 219.

(42) *Ibid.*, p. 234.

(43) ディドロは「リチャードソン礼賛」の中で以下のように感嘆している。「リチャードソンの作品を読んで，この人物と知り合い，兄弟や友人になりたいと願わない人がいるだろうか。（中略）リチャードソンはもうこの世にいない。人類にとってなんという損失だろう。まるで彼が自分の兄弟であったかのように，彼の喪失は私の胸を打った。会ったことはないし，作品によって彼のことを知っているだけだが，リチャードソンの存在は私の胸に刻まれていた」（*op. cit.*, p. 1063 et 1069)。

(44) Jean STAROBINSKI, *Accuser et séduire. Essais sur Jean-Jacques Rousseau*, Paris, Gallimard, 2012, p. 20. スタロバンスキーの仕事は，ルソーの作品と人物が引き起こすこのような親密な経験を完全に把握している。しかしその解釈の仕方はかなり古典的で，宗教的ないし政治的回心の形態の1つとみなされている。

(45) 以下の文献からの引用。R. DARNTON, « Le courrier des lecteurs de Rousseau », art. cit., p. 221.

(46) 1761年3月27日，ボルム伯爵からの手紙。CC, t. VIII, p. 280-282.

(47) 1763年5月23日，ジャン・ロミリーからの手紙。CC, t. XVI, p. 222-236.

(48) 1762年9月16日の手紙，1770年7月25日の手紙。Jean-Jacques ROUSSEAU et Mme de LA TOUR, *Correspondance*, éd. G. May, Arles, Actes Sud, 1998, p. 138 et 295.

(49) 1765年8月11日の手紙。*Ibid.*, p. 255.

(50) マリアンヌに何度求められても，ルソーは彼女と会うことに乗り気でなかった。彼らが面会したのは2，3度で，2人きりだったことは1度もなかった。

(51) *Lettre à l'auteur de la Justification de J.-J. Rousseau dans la contestation qui lui est survenue avec M. Hume*, 1762 ; *« Réflexions sur ce qui s'est passé au sujet de la rupture de J.-J. Rousseau et de M. Hume », Jean-Jacques Rousseau va[e]ngé par son amie, ou Morale pratico-philosophico-encyclopédique du coryphée de la secte*, Au temple de la vérité, 1779.

(52) A. Lilti, *Le Monde des salons...*, *op. cit.*, p. 342-355.

(53) 1766年8月12日，デイヴィッド・ヒュームからブフレール公爵夫人への手紙。

(54)『ルソー書簡全集』の編者が作成した資料を参照のこと。CC, t. XXX, p. 401 sq, et t. XXXI, p. 336 sq.

(55) Jean STAROBINSKI, *Jean-Jacques Rousseau, la transparence et l'obstacle*, Paris, Gallimard, 1971, p. 162-163（ジャン・スタロバンスキー『ルソー　透明と障害』山路昭訳，みすず書房，新装版，2015年）.

(56) CC, t. XXX, p. 29.

(57) *Justification de Jean-Jacques Rousseau dans la contestation qui lui est survenue avec M. Hume*, Londres, 1766, p. 2.

(58) *Ibid*., p. 25–26.

(59) Dena GOODMAN, « The Hume-Rousseau Affair : From Private Querelle to Public Procès », *Eighteenth-Century Studies*, n°25–2, 1991–1992, p. 171–201.

(60) 1766年7月21日，ダランベールからデイヴィッド・ヒュームへの手紙。CC, t. XXX, p. 130.

(61) 1766年7月7日，ドルバックの手紙。CC, t. XXX, p. 20–21.

(62) 1766年7月23日，テュルゴーからヒュームへの手紙。CC, t. XXX, p. 149.

(63) *Justification*..., *op. cit*., p. 23.

(64) Jean-Jacques ROUSSEAU, *Confessions*, OC, t. I, p. 5.

(65) Benoît MÉLY, *Jean-Jacques Rousseau, un intellectuel en rupture*, Paris, Minerve, 1985 ; Jérôme MEIZOZ, *Le Gueux philosophe* (Jean-Jacques Rousseau), Lausanne, Antipodes, 2003 ; A. LILTI, *Le Monde des salons*..., *op. cit*., p. 196–204.

(66) Pierre HADOT, *Exercices spirituels et philosophie antique*, Paris, Études augustiniennes, 1981 ; *Id*., *La Philosophie comme manière de vivre*, Paris, Albin Michel, 2002 ; Julius DOMASZI, *La Philosophie, théorie ou manière de vivre ? Les controverses de l'Antiquité à la Renaissance*, Paris, PUF, 1996.

(67) Jean-Jacques ROUSSEAU, *Rêveries*, OC, t. I, p. 1013.

(68) Jean-Jacques ROUSSEAU, « Discours sur cette question : quelle est la vertu la plus nécessaire aux héros ? » [1751], OC, t. II, p. 1274.

(69) Jean-Jacques ROUSSEAU, *Confessions*, OC, t. I, p. 362.

(70) Yves CITTON, « Retour sur la misérable querelle Rousseau-Diderot : position, conséquence, spectacle et sphère publique », *Recherche sur Diderot et sur l'*Encyclopédie, n°36, 2004, p. 57–94.

(71) Antoine LILTI, « Reconnaissance et célébrité : Jean-Jacques Rousseau et la politique du nom propre », *Orages. Littérature et culture*, n°9, mars 2010, p. 77–94. ドルバックについては以下を参照。Alain SANDRIER, *Le Style philosophique du baron d'Holbach*, Paris, Honoré Champion, 2004. ヴォルテールについては以下を参照。Olivier FERRET, « Vadem mecum. Vade Retro. Le recours au pseudonyme dans la démarche pamphlétaire voltairienne », *La Lettre clandestine*, n°8, 1999, p. 65–82.

(72) 以下の文献に引用されたもの。Ourida MOSTEFAI, *Le Citoyen de Genève et la République des lettres. Études de la controverse autour de la* Lettre à d'Alembert *de Jean-Jacques Rousseau*, New York, Peter Lang, 2003, p. 115.

(73) *Ibid*., p. 114.

(74) 以下を参照。Christopher KELLY, *Rousseau as an Author : Consecrating One's Life to the truth*, Chicago, University of Chicago Press, 2003.

(75) Jean-Jacques ROUSSEAU, *Lettre à Monsieur de Beaumont*, OC, *op. cit*., p. 930.

(76) このテクストが持っている政治的・理論的な重要性は，ルソーを批評する人々によって長らく軽視されてきた。それに関しては以下を参照。Bruno BERNARDI, Florent GUÉNARD et Gabriella SILVESTRINI, *Religion, liberté, justice. Sur les* Lettres écrites de la montagne *de J.-J. Rousseau*, Paris, J. Vrin, 2005 ; R. WHATMORE, « Rousseau and the Representants... », art. cit.

(77) Jean-Jacques ROUSSEAU, *Lettres écrite de la montagne*, OC, t. III, p. 792.

(78) *Ibid.*

(79) 1758年4月15日付の手紙。CC, t. V, p. 70–71.

(80) Jean-Jacques Rousseau, *Julie ou La Nouvelle Héloïse*, OC, t. II, p. 753.「ジャン＝ジャック・ルソー」の箇所の原文はイタリック。

(81) その例として，ルソーは1762年に出版業者のレイに以下のように書いている。「気がふれた人間も悪意を持った者も好きなだけ私の本を燃やせばいい。それでも私の書物は生き続けるだろうし，尊敬に値する人々に愛され続けるだろう。もう再版されることがなくなったとしても，これらの書物は後世に伝わるだろうし，社会の真の善と人類の真の幸福のためにしか筆をとることのなかった唯一の作家を常に祝福するだろう」(1762年10月8日，マルク・ミシェル・レイへの手紙。CC, t. XIII, p. 182–184)。

(82) 1761年12月12日，ルソーからダニエル・ロガンへの手紙。CC, t. IX, p. 309–311. 結局，ルソーはダディングの名前で旅することを余儀なくされる。

(83) *L'année littéraire*, 1754, vol. I, p. 242–244 ; *Correspondance littéraire*, 15 juin 1762, vol. V, p. 100.

(84) 1766年7月22日，デュ・デファン夫人からショワズール公爵夫人への手紙。*Correspondance complète de Mme Du Deffand avec la duchesse de Choiseul*, éd. M. de Sainte-Aulaire, Paris, Michel Levy, 1866, t. I, p. 59.

(85) *Lettres et Pensées du prince de Ligne*, éd. Trousson, Paris, Tallandier, 1989, p. 289.

(86) Jean-Jacques Rousseau, *Confessions*, OC, t. I, p. 286.

(87) *Ibid.*, p. 363.

(88) Jean-Jacques Rousseau, « Mon portrait », OC, t. I, p. 1123.

(89) *Ibid.*

(90) ルソーはこの箇所に興味深い注を加えている。「そうなるだろうとは思いつつも，はっきりとした実感があるわけではない」。自分はかくも奇特で興味をそそる人物なのだから，人々が語り飽きることなどない，と考える自信があらためて姿を見せているのか。あるいは，ルソーがその後発展させるような，著名性とは一度それにとらえられたら逃れることのできない陥穽であるという思考が直観的に表現されたものなのだろうか。

(91) Jean-Jacques Rousseau, *Confessions*, OC, t. I, p. 792.

(92) *Ibid.*, p. 611.

(93) ルソーからラ・ロッド・ド・サンタオン公爵夫人テレーズ・ギユメット・ペリエへの手紙。CC, t. XL, p. 63–71.

(94) Henri Bernardin de Saint-Pierre, *La Vie et les Ouvrages de Jean-Jacques Rousseau*, éd. R. Trousson, Paris, Honoré Champion, 2009, p. 319.

(95) Barbara Carnevali, *Romantisme et reconnaissance. Figures de la conscience chez Rousseau*, Genève, Droz, 2012.

(96) *Ibid.*

(97) Jean-Jacques Rousseau, *Confessions*, OC, t. I, p. 377–379. 以下の文献の解説も参照。B. Carnevali, *Romantisme et reconnaissance...*, *op. cit.*, p. 251–253.

(98) *Ibid.*, p. 290.

(99) *Ibid.*, p. 377–379.

(100) Nicolas Paige, « Rousseau's Readers Revisited », *Eighteenth-Century's Studies*, n°42-1, 2008, p. 131–154 ; James Swenson, *On Jean-Jacques Rousseau Considered as One of the First Authors*

*of the Revolution*, Stanford, Stanford University Press, 2000.

(101) Charles TAYLOR, *Les Sources du moi. La formation de l'identité moderne*, Paris, Le Seuil, 2003 ; Alessandro FERRARA, *Modernity and Anthenticity : A Study of the Social and Ethical Thought of Jean-Jacques Rousseau*, Albany, State University of New York Press, 1993.

(102) Jean-Jacques ROUSSEAU, *Confessions*, OC, t. I, p. 116.

(103) *Ibid*.

(104) *Ibid*., p. 547.

(105) *Ibid*., p. 522-523.

(106) *Ibid*., p. 5.

(107) この2つの語の対立はルソーにおいてしばしば見られる。たとえば，以下を参照。Jean-Jacques ROUSSEAU, *Dialogues*, OC, t. I, p. 671.

(108) Jean-Jacques ROUSSEAU, « Préambule des Confessions », OC, t. I, p. 1151.

(109)『孤独な散歩者の夢想』中の，若い乞食のエピソードも想い起こしてみよう。その乞食は日々，「ムッシュー・ルソー」と呼びかけて，自分がルソーのことを知っていると当人に示そうとする。そして彼が逆に露呈してしまうのは，ルソーのことを知らないということなのだ（というのも，もしその乞食が本当にルソーのことを知っていたら，ルソーが「ムッシュー」と呼びかけられるのが嫌いなのも知っているだろうから)。

(110) ジョニー・アリデイ「若者たちのアイドル」(1962年)。

(111) Jean-Marie SCHAEFFER, « Originalité et expression de soi. Éléments pour une généalogie de la figure moderne de l'artiste », *Communications*, n°64, 1997, p. 89-115.

(112) Jean-Jacques ROUSSEAU, *Les Rêveries du promeneur solitaire*, OC, t. I, p. 1057.

(113) Jean-Jacques ROUSSEAU, *Confessions*, OC, t. I, p. 656.

(114) このテクストの批判的な受容に関しては以下を参照。James F. JONES, *Dialogues : An Interpretative Essay*, Genève, Droz, 1991 ; Anne F. GARETTA, « Les Dialogues de Rousseau : paradoxes d'une réception critique », *in* Lorraine CLARK et Gui LAFRANCE (dir.), *Rousseau et la critique*, Ottawa, Association nord-américaine des études Jean-Jacques Rousseau, 1995, p. 5-98 ; Jean-François PERRIN, *Politique du renonçant. Le dernier Rousseau. Des dialogues aux rêveries*, Paris Kimé, p. 280-289.

(115) Jean-Jacques ROUSSEAU, *Rousseau juge de Jean-Jacques*, OC, t. I, p. 941.

(116) *Ibid*., p. 662.

(117) *Ibid*., p. 713.

(118) *Ibid*., p. 984.

(119) *Ibid*., p. 980.

(120) ルソーの偏執病的な記述に見られるパラドックスと，彼の著作が読者に受け入れられないことをほかならぬそのテクスト自体において理論化し，描き出すことから生じるアポリアについては，以下を参照。Antoine LILTI, « The Writing of Paranoïa. Jean-Jacques Rousseau and the Paradoxes of Celebrity », *Representations*, n°103, 2008, p. 53-83.

(121) Michel FOUCAULT, « Introduction », *Rousseau juge de Jean-Jacques. Dialogues*, Paris, Armand Colin, 1962, p. VII-XXIV.

(122) *Ibid*., p. 665.

(123) *Ibid*., p. 781. 以下を参照。Yves CITTON, « Fabrique de l'opinion et folie de la dissidence : le "complot" dans Rousseau juge de Jean-Jacques », *Rousseau juge de Jean-Jacques. Études sur les*

*Dialogues*, Ottawa, Presses de l'université d'Ottawa, 1998, p. 104-114.

(124) *Ibid*., p. 767.

(125)「私たちの生きている世紀を，他の世紀から区別する特異な性質として，二十年来，世論を主導している方法的で首尾一貫した精神が挙げられる。（中略）哲学者たちの派閥は，何人かの首領を戴いて，1つの集団を形成した。それ以来，これらの首領たちは，彼らが心を砕く権謀術数によって世論を審判する者となり，それゆえに名声，さらには諸個人の運命の審判者となり，またそれゆえに国家の支配者となったのである」（*Ibid*., p. 964-965）。ルソーにおける「世論」の概念と，それが一般意志の政治理論と結ぶ関係については，以下を参照。Bruno Bernardi, « Rousseau et la généalogie du concept d'opinion publique », *in* Michel O'Dea (dir.), *Jean-Jacques Rousseau en 2012*, Oxford, Voltaire Foundation, 2012.

(126) Jean-Jacques Rousseau, *Rousseau juge de Jean-Jacques*, OC, t. I, p. 893.

(127) Jean-Jacques Rousseau, *Lettres écrites de la montagne*, OC, t. III, p. 692.「誰もこの審判者を逃れることができないが，私に関しては，この審判者に自ら訴えかけようと思わない」。

(128) Jean-Jacques Rousseau, « Mon portrait », OC, t. I, p. 1123.

(129) *Ibid*., p. 959.

(130) Jean-Jacques Rousseau, *Rousseau juge de Jean-Jacques*, OC, t. I, p. 940.

(131) *Ibid*., p. 959.

(132) *Ibid*., p. 961.

(133) *Ibid*., p. 781.

(134) *Ibid*., p. 985.

(135) 1770年2月26日，ルソーからサン＝ジェルマン伯爵への手紙。CC, t. XXXVII, p. 248-271.

(136) Jean-Jacques Rousseau, *Rousseau juge de Jean-Jacques*, OC, t. I, p. 985.

(137) Paul Audi, *Rousseau, une philosophie de l'âme*, Lagrasse, Verdier, 2008.

(138) Jean-Jacques Rousseau, *Rousseau juge de Jean-Jacques*, OC, t. I, p. 985.

(139) *Ibid*., p. 663.

(140) *Ibid*., p. 157.

(141) Jean-Jacques Rousseau, « Mon portrait », OC, t. I, p. 1129.

(142) 1750年7月25日，ルソーからレーナル師への手紙。CC, t. II, p. 132-136（この箇所は p. 133）.

(143) Jean-Jacques Rousseau, *Rousseau juge de Jean-Jacques*, OC, t. I, p. 958.

(144) ルイーズ・アレクサンドリーヌ・ジュリ・デュパン・ド・シュノンソーからルソーへの手紙。CC, t. XX, p. 112-114.

(145) Jean-Jacques Rousseau, *Rousseau juge de Jean-Jacques*, OC, t. I, p. 913.

(146)「自分の著書の出版に関するルソーの宣言」（1774年1月23日）。CC, t. XXXIX, p. 305.

(147) Geoffrey Bennington, *Dudding. Des noms de Rousseau*, Paris, Galilée, 1991.

(148) Jean-Jacques Rousseau, *Rousseau juge de Jean-Jacques*, OC, t. I, p. 962.

(149) *Ibid*.

(150) Jean-Jacques Rousseau, *Confessions*, OC, t. I, p. 613.

(151) Douglas Fordham, « Allan Ramsay's Enlightenment or Hume and the Patronizing Portrait »,

*The Art Bulletin*, n°88-3, 2006, p. 508-524.

(152) 逆に，ディドロは1753年にカンタン・ド・ラ・トゥールの水彩画を批判している。ディドロから見ると，この水彩画はルソーにあまりにも社交界的なイメージを付与したものであった。「私がこの絵のうちに探したのは，現代のカトンやブルートゥスとでもいうべき，文芸の検閲者の姿である。私がそこに見られると思ったのは，飾らない服を着て，ボサボサの髪で，その厳格な雰囲気で文人，貴族，社交界の人間たちを恐れさせるエピクテトスの姿である。私がこの絵のうちに見出したもの，それは，ちゃんと着飾って，髪型も整え，白粉を顔に塗って，滑稽に藁椅子に腰かけている「村の占者」の作者でしかなかった」(*Essai sur la peinture*, *Œuvres*, *op. cit.*, p. 1134)。

(153) 例として，ベルナルダン・ド・サン＝ピエールが以下の著作において下している評価を参照。Bernardin de Saint-Pierre, in *Essai sur Jean-Jacques Rousseau*, *Œuvres complètes*, Lequien, 1831, t. XI, p. 286.

(154) 1770年10月1日，リコボニ夫人からガリックへの手紙。以下の文献に引用されている。Angelica Gooden, « Ramsay, Rousseau, Hume and portraiture : intus et in cute ? », *SVEC*, n°12, 2006, p. 325-344 (この箇所は p. 329).

(155) ラ・トゥール夫人からの手紙。Mme de La Tour, *Correspondance*, *op. cit.*, p. 779.

(156) Jean-Jacques Rousseau, *Rousseau juge de Jean-Jacques*, OC, t. I, p. 779.

(157) Denis Diderot, « Salon de 1767 », *Salons*, éd. M. Delon, Paris, Gallimard, 2008, p. 252.

(158) Jean-Jacques Rousseau, *Rousseau juge de Jean-Jacques*, OC, t. I, p. 780.

(159) *Ibid.*, p. 778

(160) Michel Foucault, *Le Courage de la vérité. Le gouvernement de soi et des autres II*, Paris, Gallimard / Seuil, 2009.

(161) Louisa Shea, *The Cynic Enlightenment : Diogenes in the Salons*, Baltimore, Johns Hopkins University Press, 2010, p. 94-104 ; David Mazella, *The Making of Modern Cynism*, Charlottesville, University of Virginia Press, p. 110.

(162) Jacques Berchtold, « L'identification nourrie par l'iconographie ? Rousseau et le Diogène à la lanterne », in Frédéric Eigeldinger, *Rousseau et les arts visuels, actes du colloque de Neuchâtel 2001*, *Annales de la Société Jean-Jacques Rousseau*, t. XLV, 2003, p. 567-582.

(163) George Remington Heavens, *Voltaire's marginalia on the pages of Rousseau*, Colombus, The Ohio University Press, 1933, p. 21. また，以下も参照のこと。Henri Gouhier, *Rousseau et Voltaire, portraits dans un miroir*, Paris, J. Vrin, 1983, p. 58.

(164) Jean-Jacques Rousseau, *Rousseau juge de Jean-Jacques*, OC, t. I, p. 830.

(165) Jean-Jacques Rousseau, *Confessions*, OC, t. I, p. 367.

(166) Jean-Jacques Rousseau, *Rêveries*, OC, t. I, p. 996.

## 第6章　著名性の力

(1) Germaine de Staël, *Considérations sur les principaux événements de la Révolution française*, Paris, Delaunay, 1818, t. II, p. 234.

(2)『考察』は，スタール夫人の死後の1818年，ド・ブロイ公爵とスタール男爵によって出版された。スタール夫人はこの作品を1812年頃に執筆したようである。

(3) この表現はイエナの戦いの後，1806年10月13日にニートハンマーに宛ててしたためられた手紙の中に見出される (Georg Hegel, *Correspondance*, Paris, Gallimard, t. I, p. 114-

115)。ヘーゲルがナポレオンをアレクサンドロス大王やカエサルと同じような偉人，「歴史的人物」とみなしている点については，以下を参照。Georg Hegel, *Leçons sur la philosophie de l'histoire*, Paris, J. Vrin, 1970, p. 38-39.

(4) R. Morrissey, *Napoléon…, op. cit.*

(5) George Rudé, *Wilkes and Liberty : A Social Study of 1763 to 1774*, Oxford, Clarendon Press, 1962 ; John Brewer, *Party Ideology and Popular Politics at the Accession of George III*, Cambridge, Cambridge University Press, 1981 ; John Sainsbury, *Wilkes, the Lives of a Libertine*, Aldershot, Ashgate, 2006 ; Anna Clark, *The Sexual Politics of the British Constitution*, Princeton, Princeton University Press, 2004, p. 19-52.

(6) Simon Burrows *et al.* (dir.), *The Chevalier d'Eon and His Worlds : Gender, Espionnage and Politics in the Eighteenth-Century*, Londres, Continuum, 2010. 特に以下を参照。Simon Burrows, « The Chevalier d'Eon, Media Manipulation and the Making of en Eighteenth-Century Celebrity », p. 13-23. 以下も参照のこと。Gary Kates, *Monsieur d'Eon is a Woman. A Tale of Political Intrigue and Sexual Masquerade*, New York, Basic Book, 1995.

(7) 総裁政府のイタリア方面軍司法官がカルノーに宛てた手紙で，以下の著作に引用されている。Luigi Mascilli Migliorini, *Napoléon*, Paris, Perrin, [2002] 2004, p. 500.

(8) David A. Bell, *La Première Guerre totale. L'Europe de Napoléon et la naissance de la guerre moderne*, Paris, Champ Vallon, [2007] 2010, p. 222-231 ; Annie Jourdan, *Napoléon, héros, imperator, mécène*, Paris, Aubier, 1998, p. 70-101 ; Patrice Gueniffey, *Bonaparte*, Paris, Gallimard, 2013, en particulier, p. 247-258 ; Wayne Hanley, *The Genesis of Napoleonic Propaganda, 1796-1799*, New York, Columbia University Press, http: //www. gutenberg-e.org/haw01/frames/authordrame.html

(9) Chantal Thomas, *La Reine scélérate. Marie-Antoinette dans les pamphlets*, Paris, Éd. du Seuil, 1989.

(10) Antoine de Baecque, *Le Corps de l'histoire, Métaphores et politique*, Paris, Calmann-Lévy, 1993 ; Jacques Revel, « Marie-Antoinette dans ses fictions : la mise en scène de la haine » [1995], *Un Parcours critique, Douze essais d'histoire sociale*, Paris, Galaad éditions, 2006, p. 210-268 ; Lynn Hunt, *Le Roman familial de la Révolution française*, Paris, Albin Michel, [1992] 1995 (リン・ハント『フランス革命と家族ロマンス』西川長夫他訳，平凡社，1999 年) ; Dena Goodman (dir.), *Marie-Antoinette : Writings on the Body of a Queen*, New York, Routledge, 2003 ; Robert Darnton, *Le Diable dans un bénitier. L'art de la calomnie en France, 1650-1800*, Paris, Gallimard, 2010, p. 509-540.

(11) 地下文学の中でも特に大変な人気を収めた *Anecdotes sur Madame la comtesse de Barry* (1775) と *Vie privée de Louis XV* (1781) を参照のこと。

(12) Simon Burrows, *Blackmail, Scandal and Revolution : London's French Libellists, 1758-1792*, Manchester, Manchester University Press, 2006. 以下も参照。Viviane R. Greuder, « The Question of Marie-Antoinette : The Queen and Public Opinion Before the Revolution », *French History*, n° 16-3, 2002, p. 269-298.

(13) *Essai historique sur la vie privée de Marie-Antoinette d'Autriche, reine de France*, Londres, 1789, p. 4-5.

(14) Linda Colley, *Britons : Forging the Nation 1707-1837*, New Haven, Yale University Press, [1992] 2003, p. 195-236 (リンダ・コリー『イギリス国民の誕生』川北稔監訳，名古屋大

学出版会，2000年）；Ernest A. SMITH, *George IV*, New Haven, Yale University Press 1999；A. CLARK, *The Sexual Politics of the Britich Constitution*, *op. cit.*

(15) Thomas LAQUEUR, « The Queen Caroline Affair : Politics as Art in the Reign of George IV », *Journal of Modern History*, vol. 54, n° 3, 1982, p. 417-466 ; Anna CLARK, « Queen Caroline and the Sexual Politics of Popular Culture in London, 1820 », *Representations*, n° 31, 1990, p. 47-68.

(16) 1772年7月2日，マリア・テレジアからメルシー・ダルジャントーへの手紙。*Correspondance de Marie-Antoinette*, éd. E. Lever, Paris, Tallandier, 2005, p. 113.

(17) Jeanne Louise Henriette CAMPAN, *Mémoires sur la vie privée de Marie-Antoinette, reine de France et de Navarre*, Paris, Baudouin, 1822, p. 142.

(18) *Ibid.*, p. 228.

(19) Gabriel SÉNAC DE MEILHAN, *Des principes et des causes de la Révolution en France*, Londres, 1790, p. 30-31.

(20) *Mémoires pour l'instruction du Dauphin*. Norbert ELIAS, *La Société de cour*, trad. fr., Paris, Flammarion, 1985, p. 116（ノルベルト・エリアス『宮廷社会』波田節夫他訳，法政大学出版局，1981年）に引用。

(21) N. ELIAS, *La Société de cour*, *op. cit.*

(22) Fanny COSANDEY, *La Reine de France. Symbole et pouvoir, XV^e^-XVIII^e^ siècle*, Paris, Gallimard, 2003.

(23) J. L. H. CAMPAN, *Mémoires...*, *op. cit.*, p. 164.

(24) *Ibid.*, p. 167.

(25) 1775年3月，マリア・テレジアからマリー・アントワネットへの手紙。マリア・テレジアは娘に髪の高さに注意するようにと忠告し，彼女が節度をもって流行に従うのではなく，流行を過激にしているのを懸念している。*Correspondance de Marie-Antoinette, 1770-1793*, éd. E. Lever, Paris, Tallandier, 2005, p. 206.

(26) Clare HARU CROWSTON, *Credit, Fashion, Sex : Exonomies of Regard in Old Regime France*, Durham, Duke University Press, 2013, p. 246-282.

(27) トマについては，以下を参照。Colin JONES, « Pulling Teeth in Eighteenth-Century Paris », *Past and Present*, n° 166, 2000, p. 100-145.

(28) Daniel ROCHE, *La Culture des apparences. Une histoire du vêtement (XVII^e^-XVIII^e^ siècle)*, Paris, Fayard, 1990.

(29) Carolyn WEBER, *Queen of Fashion : What Marie Antoinette Wore to the Revolution*, New York, Henry Holt, 2006.

(30) *Essai historique...*, *op. cit.*, p. 62.

(31) この絵の複製は，ワシントンのナショナル・ギャラリーに保存されている。以下を参照。*Marie-Antoinette*, Paris, Réunion des musées nationaux, 2008, p. 307-309. このエピソードについては，以下を参照。Mary SHERIFF, « The Portrait of the Queen », *in* D. GOODMAN (dir.), *Marie-Antoinette...*, *op. cit.*, p. 45-72.

(32) Élisabeth VIGÉE-LEBRUN, *Souvenirs, 1755-1842*, Paris, Honoré Champion, 2008, p. 168-169. ここには，この肖像画がヴォードヴィル座で舞台にかけられたと語られている。

(33) 1791年7月25日の手紙。*Correspondance de Marie-Antoinette*, *op. cit.*, p. 561.

(34) 1791年9月9日の手紙。*ibid.*, p. 605.

(35) Mona OZOUF, *Varennes. La mort de la royauté, 21 juin 1791*, Paris, Gallimard, 2010, p. 72-81 ;

*Id*., « Barnave pédagogue : l'éducation d'une reine », *L'Homme régénéré. Essai sur la Révolution française*, Paris, Gallimard, 1989, p. 93–114.

(36) 例として以下を参照。François FURET, « Mirabeau », *Dictionnaire critique de la Révolution française*. ただし，この文献を読めばわかるように，フュレはミラボーにイデオロギー的な一貫性を付与しており，つねに自由主義王政の理論を掲げていたとしている。

(37) Georges GUIBAL, *Mirabeau et la Provence*, Paris, E. Thorin, 1887–1891, t. I., p. 231.

(38) 1782 年 11 月 22 日，侯爵からバイイへの手紙。*Ibid*., p. 405.

(39) *Mémoires secrets*, t. XXVII, p. 99.

(40) デュモンは 1788 年の春にミラボーと知り合った。デュモンが書き残しているところによれば，ミラボーの「評判」は「考えられる限り最低」のものであり，頻繁に会わないようにと人々から忠告されたということである。

(41) 1789 年 1 月 3 日，シャンフォールからミラボーへの手紙。*Mémoires bibliographiques, littéraires et politiques de Mirabeau*, Paris, Auffray, 1834–1835, t. VII, p. 210.

(42) 1788 年 8 月 11 日，ミラボーからモーヴィヨンへの手紙。*Lettres du comte de Mirabeau à un de ses amis en Allemagne*, s. l., 1792, p. 372.

(43) 1789 年 1 月 18 日，ミラボー侯爵への手紙。以下の文献から引用。François Quastana, *La Pensée politique de Mirabeau, 1771–1789 : « républicanisme classique » et régénération de la monarchie*, Aix-en-Provence, Presses universitaires d'Aix-Marseille, 2007, p. 537.

(44) Monique CUBBELS, *Les Horizons de la liberté. Naissance de la Révolution en Provence, 1787–1789*, Aix-en-Provence, Édisud, 1987, p. 64–65.

(45) Étienne DUMONT, *Souvenirs sur Mirabeau*, éd. J. Bénétruy, Paris, PUF, 1951, p. 58.

(46) Timothy TACKETT, *Par la volonté du peuple, Comment les députés du peuple sont devenus révolutionnaires*, Paris, Albin Michel, 1997, p. 124, 221 et 234.

(47) É. DUMONT, *Souvenirs sur Mirabeau*, *op. cit*., p. 158.

(48) *Ibid*.

(49) Paul FRIEDLAND, *Political Actors : Representative Bodies and Theatricality in the Age of the French Revolution*, Ithaca, Cornell University Press, 2002, p. 182.

(50) É. DUMONT, *Souvenirs sur Mirabeau*, *op. cit*., p. 146.

(51) *Le Patriote français*, t. XXXI, 1er septembre 1789, p. 3.

(52) É. DUMONT, *Souvenirs sur Mirabeau*, *op. cit*., p. 146.

(53) Gérard FABRE, *Joseph Boze, portraitiste de l'Ancien Régime à la Restauration, 1745–1826*, Paris, Zomogy, 2004, p. 174.

(54) É. DUMONT, *Souvenirs sur Mirabeau*, *op. cit*., p. 148.

(55) Jean-François FERAUD, *Dictionnaire critique de la langue française*, Marseille, Mossy, 1787–1788. 英語では『ジョンソンの辞典』の 1785 年版で登場し，二重の意味を持っている。

(56) « Sur la popularité », *L'Ami des patriotes ou le Défenseur de la Révolution*, n° XI, 1791, p. 295 sq.

(57) Pierre ROSANVALLON, *Le Peuple introuvable. Histoire de la représentation démocratique en France*, Paris, Gallimard, 1998, p. 19.

(58) Jean-Claude MONOD, *Qu'est-ce qu'un chef en démocratie ? Politiques du charisme*, Paris, Le Seuil, 2012. ウェーバーのカリスマ理論を含む，「リーダー」の省察がどのような知的・政治的文脈に基づいているかという点については，以下を参照。Yves COHEN, *Le Siècle*

*des chefs. Une histoire transnationale du commandement et de l'autorité, 1890–1940*, Paris, Amsterdam, 2013.

(59) Lloyd KRAMER, *La Fayette in Two World : Public Cultures and Personal Identities in an Age of Revolution*, Chapel Hill, University of North Carolina Press, 1996 ; François WEIL, « "L'hôte de la nation" : le voyage de La Fayette aux États-Unis, 1824–1825 », *in* P. BOURDIN (dir.), *La Fayette entre deux mondes*, Clermont-Ferrand, Presses universitaires Blaise Pascal, 2009, p. 129–150.

(60) Germaine DE STAËL, *Du caractère de M. Necker et de sa vie privée*, Paris, 1804, p. 76.

(61) Pierre Jean Georges CABANIS, *Journal de la maladie et de la mort de Mirabeau*, Paris, Grabit, 1791, rééd. Carmela Ferrandes, Bari, Adriatica Éditrice, 1996, p. 119.

(62) É. DUMONT, *Souvenirs sur Mirabeau*, *op. cit.*, p. 170. カバニスはこう記している。「病人［ミラボー］は絶えず，彼の病床と居室を取り囲む人々を招き入れ，対話し，彼らの話に耳を傾けた」。

(63) *Le Patriote français*, *op. cit.*, 6 avril 1791.

(64) Haïm BURSTIN, *Une révolution à l'œuvre. Le faubourg Saint-Marcel*, Seyssel, Champ Vallon, 2005, p. 220–221.

(65) コルシカでは，すべての船舶が喪章を掲げた（『モニトゥール（*Moniteur*）』1791 年 5 月 29 日）。他方，ルーアンでは市の当局とジャコバン派が，ミラボーの葬儀を企画していた。Joseph CLARKE, *Commemorating the Dead in Revolutionary France*, Cambridge, Cambridge University Press, 2007, p. 97–106.

(66) *Journal de Paris*, 5 avril 1791.

(67) Antoine DE BAECQUE, « Mirabeau ou le spectacle d'un cadavre public », *La Gloire et l'Effroi...*, *op. cit.* この文献が強調するのは，［ミラボーの］壮麗な葬儀が持っていた悲劇的側面と，それを際立たせていた透明性の理想である（p. 40–43）。

(68) Jules MICHELET, *Histoire de la Révolution française*, Paris, Gallimard, 1976, t. II, p. 558.

(69) 特に以下を参照。Jacques JULLIARD (dir.), *La Mort du roi. Autour de François Mitterrand, essai d'ethnographie comparée*, Paris, Gallimard, 1999.

(70) *La Feuille villageoise*, n°29, 1791.

(71) 以下を参照。Jeremy POPKIN, *La presse de la Révolution. Journaux et journalistes* (*1789–1799*), Paris, Odile Jacob, 2011. この文献は「1789 年のメディア革命」（目まぐるしく増加する刊行物，発行部数の増大，出版の自由）を主題にしている。

(72) Ernst KANTOROWICZ, *The King's Two Bodies : A Study in Medieval Political Theologie*, Princeton, Princeton University Press, 1957, trad. fr, 1988 (E・H・カントーロヴィチ『王の二つの身体』上下，小林公訳，ちくま学芸文庫，2003 年) ; Ralph Giesey, *Le Roi ne meurt jamais. Les obsèques royales dans la France de la Renaissance*, Paris, Flammarion, [1960] 1987.

(73) マラーについては以下を参照。Jean-Claude BONNET (dir.), *La Mort de Marat*, Paris, Flammarion, 1992 ; Alain BOUREAU, *Le Simple corps du roi. L'impossible sacralité des souverains français, XV^e–XVIII^e siècle*, Paris, Les Éditions de Paris, 2000, p. 10–11.

(74) *Mémoires biographiques...*, *op. cit.*, t. VIII, p. 511.

(75) *L'Ami du peuple*, n°419, 11 avril 1791.

(76) *Mirabeau jugé par ses amis et par ses ennemis*, Paris, Couret, 1791.

(77) A. DE BAECQUES, *La Gloire et l'Effroi...*, *op. cit.*, p. 36–37.

(78) P. J. G. Cabanis, *Journal..., op. cit.*, p. 137.

(79) マニュエルは「私生活の記録」に取材する著者であり，自らもその題材となった。彼については以下を参照。R. Darnton, *Le Diable dans le bénitier..., op. cit.*, p. 65–114.

(80) ミラボーと敵対していた人々も，彼の私生活に対する同様な好奇心を利用しようとした。彼らはミラボーのリベルタン小説『我が回心』を再版したが，その際，私的生活の記録という当時よく知られるようになっていた形式をこの小説に与えて，あたかも自伝であるかのように見せかけた。*Vie privée, libertine et scandaleuse de Feu Honoré-Gabriel-Riquetti, ci-devant Comte de Mirabeau, Député du Tiers-État des Sénéchaussées d'Aix et de Marseille, membre du département de Paris, commandant de bataillon de la malice bourgeois au district de Granges-Batellière, président du club Jacobite, etc.*, Paris, 1791.

(81) これらの資料は以下の文献に集められている。*Les Actes de la commune de Paris pendant la Révolution*, éd. S. Lacroix, Paris, Service des travaux historiques de la ville, 1894–1955, 2e série, vol. VIII. 引用は 575 頁と 574 頁。

(82) *Ibid.*, p. 576.

(83) 結局，遺体の移転が行われたのは 1794 年 9 月 21 日，つまりテルミドールのクーデターが終わってからだった。「1794 年というこの悲劇的な年の物悲しい秋の 1 日に，フランスは自らを抹殺してしまった。その時，フランスは生ける者たちを殺害して，死者たちを殺し始めたのである。フランスは自らの心臓から，その最も栄誉ある息子を引きちぎったのだ」(J. Michelet, *Histoire de la Révolution française, op. cit.*, t. II, p. 562)。

(84) Étienne Barry, « Discours sur les dangers de l'idolâtrie individuelle dans une République », *Discours prononcés les jours de décadi dans la section Guillaume Tell*, Paris, Massot (P. Gueniffey, *Bonaparte, op. cit.*, p. 253 より引用)；Michel Vovelle, *La Mentalité révolutionnaire. Sociétés et mentalités sous la Révolution française*, Paris, Éditions sociales, 1985, p. 125–140 ; Bronislaw Baczko, *Comment sortir de la Terreur, Thermidor et la Révolution*, Paris, Gallimard, 1989.

(85) Guillaume Mazeau, *Le Bain et l'histoire. Charlotte Corday et l'attentat contre Marat, 1793–2009*, Seyssel, Champ Vallon, 2009.

(86) Barry Schwartz, *George Washington : The Making of an American Symbol*, Ithaca, Cornelle University Press, 2007, p. 13.

(87) *Ibid.*, p. 162.

(88) Joseph Ellis, *His Excellency : George Washington*, New York, Random House, 2004, p. 110–146.

(89) B. Schwartz, *George Washington..., op. cit.*, p. 136.

(90) *London Chronicle*, 16 avril 1778.

(91) *Mémoires secrets*, t. XIX, p. 244.

(92) Gilbert Chinard, *George Washington as the French Knew him*, Princeton, Princeton Univesity Press, 1940.

(93) *Nouveau voyage dans l'Amérique septentrionale, en l'année 1781, et Campagne de l'armée de M. le Comte de Rochambeau*, Philadelphie / Paris, Moutard, 1782, p. 61.

(94) *Ibid.*, p. 64.

(95) Jacques Pierre Brissot, *Nouveau voyage dans les États-Unis de l'Amérique septentrionale, fait en 1788*, Paris, Buisson, 1791, t. II, p. 265. ブリソのこの著作が出版されたのと同じ時期に，

ワシントンは大統領に選ばれている。

(96) John FERLING, *The Ascent of George Washington : The Hidden Political Genius of an American Icon*, New York, Bloomsbury Press, 2010.

(97) ワシントンはヴァージニアの裕福な入植者の家族の出身だが，父の2度目の妻との間に生まれた子供で，11歳のときにその父が亡くなった際に相続したのはほんのささやかな農園だけであった。彼がそれでも植民地エリート階級に入ることができたのは，腹違いの兄であるローレンスの援助とその死によるものであり，彼はこのときにマウント・ヴァーノンの土地を相続したのであった。

(98) 1806年4月22日，ベンジャミン・ラッシュからジョン・アダムズへの手紙。*The Spur of Fame : Dialogues of John Adams and Benjamin Rush, 1805–1813*, éd. D. Adar et J. Schutz, Indianapolis, Liberty Fund, 2001, p. 67.

(99) J. ELLIS, *His Excellency...*, *op. cit.*, p. 151.

(100) 1785年1月15日，ジョージ・ワシントンの手紙。*The Papers of George Washington Digital Edition, Virginia University Press*, rotunda.upress.virginia.edu

(101) 1785年7月17日，デイヴィッド・ハンフリーズの手紙。*Ibid.*

(102) 1785年7月25日，ジョージ・ワシントンの手紙。*Ibid.*

(103) ハンフリーズが書いた伝記の断簡とそれに付されたワシントンの注釈が出版されたのは，ようやく1991年になってからであった。Rosemarie ZAGARRI, *David Hamphreys' Life of general Washington*, Athens / Londres, University of Georgia Press, 1991.

(104) Todd ESTES, *The Jay Treaty Debate : Public Opinion and the Evolution of Early American Political Culture*, Amherst, University of Massachusetts Press, 2003. また新聞の役割については Jeff PASLEY, *"The Tyranny of Printers" : Newspaper Politics in the Early American Republic*, Charlottesville, University Press of Virginia, 2001 を参照。

(105) このことは歴史家たちによる最新の研究によっても導き出されている。特に T. ESTES, *The Jay Treaty...*, *op. cit.*

(106) François FURSTENBURG, *In the Name of the Father : Washington's Legacy, Slavery, and the Making of a Nation*, New York, Penguin, 2006.

(107) 1808年2月25日付の手紙。*The Spur of Fame...*, *op. cit.*, p. 113.

(108)「ワシントンをあるときはこの上なく甲高い声で吹聴してまわった人々が，他のときには最も激しい軽蔑の言葉で彼のことを語っていた。私は実にこれほどの偽善的なお世辞を集めた人物を他に知らない」(1806年1月25日付の手紙。*Ibid.*, p. 49. アダムズはここでは特にアレクサンダー・ハミルトンのことを語っている)。

(109) ワシントンは1790年に次のように冗談めいて書いている。「われわれの革命の歴史は初めから終わりまで続く1つの大きな嘘なのである。すべてのことの本質は，フランクリン博士の電線が大地を打ち，そこからワシントン将軍が飛び出てきたということなのだ」(B. SCHWARTZ, *George Washington...*, *op. cit.*, p. 65 に引用)。

(110) 1806年7月23日付の手紙。*The Spur of Fame...*, *op. cit.*, p. 65.

(111) Douglass ADAIR, « Fame and the Founding Fathers », *Fame and the Founding Fathers*, New York, W. W. Norton, 1974, p. 3–24.

(112) Nathaniel HAWTHORNE, *Passages from the French and Italian Note Books*, Boston, Osgood and Company, 1876, vol. I, p. 258–259. この引用の文章は1858年に執筆された。

(113) たとえば，ワシントンが医師で友人のジェームス・クレイクに宛てた1784年3月25

日付の手紙を参照。「親愛なる博士，私はあなたに率直に申し上げますが，私の人生についてのいかなる伝記も，それが戦争の全般的な歴史から区別される無関係なものであれば，私が生きている間は私の自尊心をくすぐるよりは感情を傷つけるものとなるでしょう。私はむしろ人生の流れをゆったりと進んでいきたいのです。そして私自身の行いによって虚栄心や自己顕示欲を非難されるよりは，後世の人々が好きなことを考えて言うに任せたいのです」。

(114) 1800 年 1 月 13 日付の手紙。*Ibid.*, p. XV.

(115) 1806 年以降，書物のタイトルは『ワシントンの生涯　彼自身にとっても名誉であり，同郷の若き人々にとっても模範となる逸話とともに（*The Life of George Washington, With curious anecdotes, Equally honourable to Himself and Exemplary To His Young Countrymen*）』となった。この書物の出版史に関しては Marcus CUNLIFFE の序論および Christopher HARRIS, “Mason Locke Weems’s “Life of Washington”. The Making of a Bestseller”, *Southern Literary Journal*, n° 19-2, 1987, p. 92-101 を参照。

(116) F. FURSTENBERG, *In the Name..., op. cit.*

(117) この書物はワシントンをヘラスレス，アキレウス，アレクサンドロスなどの古代の英雄から，ユピテルやマルスなどの神話に登場する神々まで，あらゆる英雄と次々に引き比べている。これはヨーロッパ諸国が伝説や歴史の中に英雄を探し求めている時代において，アメリカもまた自らの英雄を見出さねばならなかったということである。この点については Anne-Marie THIESSE, *Les Créations des identités nationales en Europe, XVIII*e*-XX*e* siècle*, Paris, Éd. du Seuil, 1999 を参照。またこの時代のアメリカにおける叙事詩的伝統については，John P. MCWILLIAMS, *The American Epic : Transforming a Genre, 1770-1860*, Cambridge, Cambridge University Press, 2009. またウィームズの書物と同年に John Blair LINN, *The Death of Washington. A Poem in Imitation of the Manner of Ossian*, Philadelphie, J. Ormrod が出版されている。

(118) ワシントンが亡くなるとボナパルトはタレーランの指揮のもとに大々的な公式セレモニーを挙行し，フォンターヌが大演説を行った。チュイルリー宮殿のギャラリーには他の偉人たちの石像とともにアメリカ初代大統領の石像も建てられた。Bronislaw BACZKO, *Politiques de la Révolution française*, Paris, Gallimard, 2008, p. 594-618 を参照。

(119) François René de CHATEAUBRIAND, *Mémoires d’outre-tombe*, livre VI, chapitre VIII, éd. J.-P. Clément, Paris, Gallimard, 1997, t. I, p. 414-418.

(120) この『覚書』の出版過程は複雑であった。手稿はハドソン・ロー総督によって 1816 年に差し押さえられ，1821 年にエマニュエル・ド・ラス・カーズに返却された。彼はそれに慎重に自己検閲の手を加えた上で 1823 年初めに出版した。そののち何度かの改訂が施されるが，なかでも最も重要なものは 1823-24 年の改訂済み完全版，1828 年版，1830-31 年に検閲の恐れがなくなってからの新完全版，1842 年のより勇ましい調子のボナパルト主義的な版である。ここでは 1968 年にスイユ社より校訂版が出された 1831 年版を使用する。［この『覚書』には日本語の完訳は未だない。抄訳はラス＝カーズ『セント＝ヘレナ覚書』小宮正弘編訳，潮出版社，2006 年。］

(121) Jean TULARD, « Un chef-d’œuvre de propagande », preface à l’édition du *Mémorial*, Paris, Éd. du Seuil, 1963, p. 7-11 ; Didier LE GALL, *Napoléon et le mémorial de Sainte-Hélène. Analyse d’un discours*, Paris, Kimé, 2003.

(122)『覚書』の正式なタイトルは，『セント＝ヘレナ覚書，あるいはナポレオンが 18ヶ月の

間に語り為したことを日々記録した日記』である。

(123) このことは Robert MORRISSEY, *Napoléon et la gloire...*, *op. cit.*, p. 171–209 において明らかにされている。

(124) *Mémorial*, *op. cit.*, p. 195.

(125) *Ibid.*, p. 20.

(126) J.-C. BONNET, *Naissance du Panthéon...*, *op. cit.*

(127) ボズウェルからラス・カーズへの直接的な影響は，『覚書』については明白ではないものの，仮説を立てることは可能である。『サミュエル・ジョンソン伝』は 1791 年にロンドンで出版され大ベストセラーとなった。ラス・カーズは 1793 年から 1802 年にかけてイギリスに暮らしており，この時期に文学者・知識人に転向した。彼は英語に興味を示し，セント＝ヘレナではナポレオンに英語を教えた。したがって，彼が『ジョンソン伝』を知っていたのは十分にありえることである。ナポレオンについて言えば，彼がボズウェルの『コルシカ島記』を知らなかったはずはあるまい。

(128) *Mémorial*, *op. cit.*, p. 194.

(129) Laure MURAT, *L'homme qui se prenait pour Napoléon*, Paris, Gallimard, 2011.

(130) *Mémorial*, *op. cit.*, p. 80.

(131) *Ibid.*, p. 120.

(132) *Ibid.*, p. 206.

(133) 1815 年 12 月にナポレオンとラス・カーズはともに『新エロイーズ』を毎朝，毎晩朗読し，さらにこの小説は昼食の際の話題になった。そして 1816 年 6 月にも同様のことが繰り返された。また「ジャン＝ジャック」は 1816 年 8 月にも皇帝の会話の話題になった (*Mémorial*, *op. cit.*, p. 112, 301 et 429)。「皇帝はジャン＝ジャックについて，彼の才能や，影響や，奇癖や，私生活における恥知らずな行為について，非常に興味深いやり方で長々と語った」(p. 429)。

(134) *Ibid.*, p. 112.

(135) *Mémorial*, *op. cit.*, p. 194.

(136) *Ibid.*

(137) このエピソードは『覚書』の初版 (Paris, Ponthieu, 1823) と同じ年に出版されたカミーユ・ロックフイユの『世界旅行日誌』に，より小説的でない形で報告されている。ロックフイユとタメアメア酋長との会見は 1819 年 1 月 10 日に行われた。挨拶が交わされたあと，「酋長はヨーロッパの最新の事情と各国の君主たちの健康状態について知りたがった。彼の妻たちのうち 2 人がそこにいて，文明世界の情勢に通じているようで，ヨーロッパの最も著名な人物たちについても知らないではない様子だった。彼女たちの 1 人はナポレオンについていくつかの質問をした」(p. 345)。

(138) *Mémorial*, *op. cit.*, p. 635.

(139) *Ibid.*, p. 36.

(140) Georgio AGAMBEN, *Le Règne et la Gloire, Homo sacer II*, Paris, Le Seuil, 2008 (ジョルジョ・アガンベン『王国と栄光――オイコノミアと統治の神学的系譜楽のために』高桑和巳訳，青土社，2010 年).

(141) Bernard MANIN, *Principes du gouvernement représentatif*, Paris, Calmann-Lévy, 1995. 特に p. 171–205 を参照。

(142) *Mémorial*, *op. cit.*, p. 419. スタール夫人はナポレオンのセント＝ヘレナ島における会話

で繰り返し話題になった。彼は夫人の小説を読んでいて，それらを論評し，ほとんど繰り言と思われるまでに彼女についてのエピソードを楽しげに語った。「その日のおしゃべりでは皇帝はまたスタール夫人の話をしたが，特に目新しい話はなかった」（*Mémorial*, *op. cit.*, p. 575）。

(143) F. R. de Chateaubriand, *Mémoires d'outre-tombe*, *op. cit.*, t. II, p. 3.

## 第 7 章　ロマン主義と著名性

（1）Alain Vaillant, « Pour une histoire globale du romantisme », *Dictionnaire du romantisme*, Paris, CNRS éditions, 2012.

（2）José-Luis Diaz, *L'Écrivain imaginaire. Scénographies auctoriales à l'époque romantique*, Paris, Honoré Champion, 2007.

（3）Stendhal, *Racine et Shakespeare*, Paris, Honoré Champion, [1825] 2006, p. XXV. A. Vaillant, « Pour une histoire globale », art. cit.より引用。

（4）Frances Wilson (dir.), *Byromania : Portraits of the Artist in Nineteenth- and Twentieth-Century Culture*, Basingstoke / Londres, Palgave Macmillan, 1999, p. 3.

（5）Hervé Mazurel, *Vierges de la guerre. Byron, les philhellènes et le mirage grec*, Paris, Les Belles Lettres, 2013, p. 460–469.

（6）Anna Clark, *Scandal : The Sexual Constitution of the British Politics*, Princeton, Princeton University Press, 2004.

（7）Frances Wilson (dir.), *Byromania...*, *op. cit.*, p. 10.

（8）Tom Mole, *Byron's Romantic Celebrity : Industrial Culture and the Hermeneutics of Intimacy*, Basingstoke, Palgrave MacMilan, 2007.

（9）Thomas Moore, « Notice of the Life of Lord Byron », in *Letters and Journal of Lord Byron*, Londres, J. Murray, 1833, p. 258 : « I awoke one morning, and found myself famous. »

(10) Nicolas Mason, « Building Brand Byron : Early Nineteenth-Century and the Marketings of Childe Harold's Pilgrimage », *Modern Language Quarterly*, n° 63, 2002, p. 411–441.

(11) Tom Mole, *Byron's Romantic Celebrity*, *op. cit.*, p. 81 ; Annette Peach, « The Portraits of Byron », *Walpole Society*, n° 62, 2000.

(12) Tom Mole, *Byron...*, *op. cit.*, p. 74–75.

(13) Edmond Estève, *Byron et le romantisme français. Essai sur la fortune et l'influence de l'œuvre de Byron en France de 1812 à 1850*, Paris, Boivin, 1929, p. 57 による引用。

(14) 1819 年 11 月 11 日，レミュザ夫人から息子への手紙。E. Estève, *Byron...*, *op. cit.*, p. 66 に引用。

(15) *Conversations of Lord Byron : noted during a residence with his Lordship at Pisa, in the years 1821 and 1822, by Thomas Medwin*, Londres, New Burlington Street, 1824, p. 11.

(16)『アタラ』の準備段階，および成功の物語については，Jean-Claude Berchet, *Chateaubriand*, Paris, Gallimard, 2012 を参照。同書の第 4 章はまさしく「スター誕生」(p. 309–349) と題されている。『アタラ』成功の翌年には，『キリスト教精髄』の大衆的成功によって彼の知名度はなお高まった。

(17) Mathieu Molé, *Souvenirs de jeunesse*, Paris, Mercure de France, 2005, p. 156. モレによれば，シャトーブリアンは恋愛沙汰さえも自分を話題の人物にするのに利用していたという。「彼が恋愛に求めたのは，成功がもたらす話題性と名声のみであった。彼はあらゆる慣例

を無視してでも自分が大恋愛の対象であることを人に知られようとしたのである。成功は，彼がそのためにすべてを捧げた偶像であった」(p. 164)。

(18) J.-C. BERCHET, *Chateaubriand*, *op. cit.*, p. 566.

(19) F. R. de CHATEAUBRIAND, *Mémoires d'outre-tombe*, livre XIII, chapitre VI（シャトーブリアン『墓の彼方からの回想』第 13 巻，第 6 章）. この章は 1837 年に書かれ，1846 年に改訂された。以下，すべての引用はこの版からのものである。

(20) F. R. de CHATEAUBRIAND, « Sur les Annales littéraires ou De la littérature avant et après la Restaurantion » [1819], in *Mélanges politiques et littéraires*, Paris, Firmin-Didot, 1846, p. 493-501, citation p. 499.

(21) John CLARE, « Popularity and authorship », *The European Magazine*, n° 1-3, novembre 1825, p. 300-303, édité par John Birtwhistle, http://www.johnclare.info/birtwhistle.htm

(22) Johann Wolfgang VON GOETHE, *Poésie et Vérité*, Paris, Aubier, 1941, p. 377 et 380（ゲーテ『詩と真実』山崎章甫訳，全 4 巻，岩波文庫，1997 年）.

(23) ストロガノフ伯が書き留めたゲーテの言葉。Anne-Marie LESCOURET, *Goethe, La fatalité poétique*, Paris, Flammarion, 1998, p. 374 に引用。

(24) *Conversations de Goethe avec Eckermann*, Paris, Gallimard, 1988, p. 92（エッカーマン『ゲーテとの対話』山下肇訳，全 3 巻，岩波文庫，1969 年）.

(25) 1842 年に人気小説家ウジェーヌ・シューを崇拝する女性がこの有名作家を「訪問」したときの話を書くにあたり，彼女が「ジュネーヴの哲学者」の彫像のことに触れているのは象徴的である。J. LYON-CAEN, *La Lecture et la Vie...*, *op. cit.*, p. 91 を参照。この本ではルソーへの言及について他にもいくつかの例が挙げられている。

(26) 1823 年 4 月 3 日，バイロン宛の手紙より。George PASTON et Peter QUENELL (dir.), « *To Lord Byron* ». *Feminine Profiles Based upon Unpublished Letters, 1807-1824*, Londres, J. Murray, 1939, p. 263-264.

(27) Ghislaine MCDAYTER, *Byromania and the Birth of Celebrity Culture*, Albany, State University of New York Press, 2009.

(28) *Conversations of Lord Byron...*, *op. cit.*, p. 206.

(29) Corin THROSBY, « Flirting with Fame : Byron's Anonymous Female Fans », *Byron Journal*, n° 32, 2004, p. 115-123.

(30) J. LYON-CAEN, *La Lecture et la Vie...*, *op. cit.*

(31) Honoré de Balzac, *Modeste Mignon*, Paris, Gallimard, [1844] 1982, p. 83（バルザック『モデスト・ミニョン』寺田透訳，『バルザック全集』第 24 巻，東京創元社，1974 年）.

(32) *Ibid.*, p. 86-87.

(33) *Ibid.*, p. 255.

(34) Brenda R. WEBER, *Women and Literary Celebrity in the Nineteenth-Century : The Transatlantic Production of Fame and Gender*, Farnham, Ashgate, 2012, p. 3.

(35) Martine REID, *Signer Sand. L'œuvre et le nom*, Paris, Belin, 2003（マルティーヌ・リード『なぜ〈ジョルジュ・サンド〉と名乗ったのか』持田明子訳，藤原書店，2014 年）. 19 世紀における匿名性やペンネームの重要性については，Christine PLANTÉ, *La Petite Sœur de Balzac. Essai sur la femme auteur*, Paris, Éd. du Seuil, 1989, p. 30-35 を参照。

(36) George SAND, *Histoire de ma vie*, Paris, Gallimard, 1971, t. II, p. 182-183（ジョルジュ・サンド『我が生涯の記』加藤節子訳，水声社，2005 年）.

(37) Louis JOURDAIN et Taxile DELORD, *Les Célébrités du jour, 1860–1861*, Paris, Aux bureaux du journal *Le Siècle*, 1860, p. 307.

(38) Rachael MESCHEL, « A Belle Epoque Media Storm : Gender, Celebrity and the Marcelle Tinayre Affair », *French Historical Studies*, n° 35–1, 2012, p. 93–121.

(39) *Rachel, une vie pour le théâtre, 1821–1858*, Paris, musée d'Art et d'Histoire du judaïsme, 2004 ; Anne MARTIN-FUGIER, *Comédienne. De Mlle Mars à Sarah Bernhardt*, Paris, Seuil, 2001.

(40) Marie-Hélène GIRARD, « Tombeau de Rachel », *in* Olivia BARA et Marie-Ève THÉRENTY (dir.), « Presse et scène au XIX<sup>e</sup> siècle », *Médias 19*, http://www.medias19.org/index.php?id=2988

(41) Jeffrey KAHAN, *The Cult of Kean*, Aldershot, Ashgate, 2006.

(42) D. MCMAHON, *Divine Fury...*, *op. cit.*, p. 92.

(43) 1778年5月1日，モーツァルトから父親への手紙。Wolfgang Amadeus MOZART, *Correspondance*, Paris, Flammairon, 1936–1999, t. II, p. 301. A. LILTI, *Le Monde des salons...*, *op. cit.*, p. 257–258 を参照。

(44) William WEBER, *Music and the Middle Class : The Social Structure of Concert Life in London, Paris and Vienna*, Londres, Croom Helm, 1975.

(45) Heinrich HEINE, « Lettres sur la scène française », 20 avril 1841, rééditées dans *Mais qu'est-ce que la musique ? Chroniques*, éd. Rémy Stricker, Arles, Actes Sud, 1997, p. 68–69.

(46) Tia DENORA, *Beethoven et la construction du génie : Musique et société à Vienne, 1792–1803*, Paris, Fayard, 1998. P.-M. MENGER, « Comment analyser la grandeur artistique : Beethoven et son génie », *Le Travail créateur...*, *op. cit.*, p. 367–427 の見解も参照。

(47) Esteban BUCH, *La Neuvième de Beethoven. Une histoire politique*, Paris, Gallimard, 1999, p. 131–180.

(48) STENDHAL, *Vie de Rossini*, Paris, 1824, p. V（スタンダール『ロッシーニ伝』山辺雅彦訳，みすず書房，1998年）. 1824年のロッシーニのパリにおける著名性については，Benjamin WALTON, *Rossini in Restorarion Paris : The Sound of Modern Life*, Cambridge, Cambridge University Press, 2007 を参照。

(49) 音楽批評家エドゥアルト・ハンスリックの言葉。Dana GOOLEY, « From the Top. Liszt's Aristocratic Airs », *in* Edward BERENSON et Eva GILOI (dir.), *Constructing Charisma : Celebrity, Fame and Power in Nineteenth-Century Europe*, New York, Berghanh Books, 2010, p. 69–85 に引用。

(50) Franz LISZT, « De la situation des artistes et de leur condition dans la société » [1835], *L'Artiste et la Société*, Paris, Flammarion, 1993, p. 54 et 48.

(51) Bruno MOYSAN, *Liszt. Virtuose subversif*, Lyon, Symétrie, 2009.

(52) Alain WALKER, *Franz Liszt*, trad. fr., Paris, Fayard, 1989（アラン・ウォーカー『リスト』内野允子訳，全音楽譜出版社，1975年）.

(53) Dana GOOLEY, *The Vertuoso Liszt*, Cambridge, Cambridge University Press, 2004, p. 156–200.

(54) *Ibid.*, p. 221.

(55) Laure SCHNAPPER, *Henri Herz, magnat du piano. La vie musicale en France au XIX<sup>e</sup> siècle (1815–1870)*, Paris, Éd. de l'EHESS, 2011.

(56) 1780年代末にボクシングの試合で有名になったメンドーザは敵を挑発したり，試合の前宣伝を行ったりして，ボクシングを裏稼業から広告の世界へと引っ張り出した。またボクシングの興行を劇場で行ったり，紳士向けのボクシング・アカデミーを創設したり，

彼の栄光のもととなった『ボクシングの技術』という概説書を出版することによって，自身の名声を資本化しようとしたのである。Peter BRIGGS, « Daniel Mendoza and Sporting Celebrity », *in* T. MOLE, *Romanticism and Celebrity Culture...*, *op. cit.*, p. 103-119.

(57) D. GOOLEY, *The Virtuoso Liszt*, *op. cit.*, p. 78-116.

(58) テオフィル・ゴーティエによる表現。B. MOYSAN, *Liszt...*, *op. cit.*, p. 245 に引用。

(59) LEGOUVÉ, « Concert de Liszt à l'Opéra », *ibid.*, p. 246 に引用。

(60) William WEBER, « From the Self Managing Musicien to the Independent Concert Agent », *in* W. WEBER (dir.), *The Musician as Entrepreneur, 1700-1914 : Managers, Charlatans and Idealists*, Bloomington, Indiana University Press, 2004, p. 105- 129 ; James DEAVILLE, « Publishing Paraphrases and Creating Collectors », *in* Christopher GIBBS et Dana GOOLEY (dir.), *Franz Liszt and his World*, Princeton, Princeton University Press, 2006, p. 255-290.

(61) ハイネはすでに以前の手紙において，より一般的な形でこのテーマを論じていたが，それもリストを念頭に置いてのことだった。その手紙で彼はヴィルトゥオーソたちが新聞に援けられて「われわれの信じやすさにつけ込む」，こうした「疲れを知らない産業」を非難している。ハイネはそこで廃墟となった古いゴシック建築の教会や，1人の未亡人や，「ただ1匹飼っていた牛を死なせてしまった60代の教師」を支援するためのコンサートを行いながら，自分の父親を貧困の中に置き去りにしている1人のヴィルトゥオーソの例を挙げていた（H. HEINE, *Mais qu'est-ce que la musique ?...*, *op. cit.*, 20 mars 1844, p. 104)。

(62) 1844年4月25日の手紙。*Ibid.*, p. 127-133.

(63) F. LISZT, « Sur la mort de Paganini », *L'Artiste et la Société...*, *op. cit.*, p. 258.

(64) Franz LISZT, « Lettre d'un bachelier ès arts », *Gazette musicale*, 1838, repris dans *L'Artiste et la Société...*, *op. cit.*, p. 127.

(65) Paul METZNER, *Crescendo of the Virtuoso : Spectacle, Skill and Self-Promotion in Paris during the Age of Revolution*, Los Angeles, University of California Press, 1998.

(66) F. LISZT, *De la situation des artistes*, 5e article, *L'Artiste et la Société...*, *op. cit.*, p. 42.

(67) 1844年4月25日のハイネの手紙。H. HEINE, *Mais qu'est-ce que la musique ?...*, *op. cit.*, p. 135. ヨーロッパ全土にわたる一連のコンサートののち，オーレ・ブルは何度かアメリカに赴き，そこで大成功を博した。1852年にアメリカにノルウェー植民地を作ろうと企んだほどに成功したファニー・エルスラーについては，Lawrence LEVINE, *Culture d'en haut, culture d'en bas. L'émergence des hiérarchies culturelles aux États-Unis*, Paris, La Découverte, [1988] 2010, p. 118-119 を参照。

(68) Thomas N. BAKER, *Sentiment and Celebrity : Nathaniel Parker Willis and the Trials of Literary Fame*, New York, Oxford University Press, 1999 に引用。

(69) Karian Akemi YOKOTA, *Unbecoming British : How Revolutionary America Became a Postcolonial Nation*, Oxford, Oxford University Press, 2011.

(70) Robert BOGDAN, *Freak Show : Presenting Human Oddities for Amusement and Profit*, Chicago, University of chicago Press, 1995.

(71) Adams BLUFORD, *E Pluribus Barnum : The Great Showman and the Making of U.S. Popular Culture*, Minneapolis, University of Minnesota Press, 1997.

(72) Sherry Lee LINKON, « Reading Lind Mania : Print Culture and the Construction of Nineteenth Century Audience », *Book History*, n° 1, 1998, p. 94-106 に引用。

(73) Charles ROSENBERG, *The Life of Jenny Lind*, 1850 ; Nathaniel P. WILLIS, *Memoranda of the Life of Jenny Lind*, 1850.
(74) *P. T. Barnum presents Jenny Lind : The American Tour of the Swedish Nightingale*, Baton Rouge, Louisiana State University, 1980.
(75) L. LEVINE, *Culture d'en haut, culture d'en bas...*, *op. cit.*, p. 31.
(76) *Ibid.*, p. 111.
(77) James W. COOK, « Mass Marketing and Cultural History : The Case of P. T. Barnum », *American Quarterly*, n°51-1, 1999, p. 175-186.
(78) Quentin DELUERMOZ, *Le Crépuscule des révolutions, 1848-1871*, Paris, Le Seuil, 2012, p. 62.
(79) S. HAZAREESINGH, *La Légende de Napoléon...*, *op. cit.* ; Bernard MÉNAGER, *Les Napoléons du peuple*, Paris, Aubier, 1988.
(80) Daniel Walker HOWE, *What Hath God Wrought : The Transformations of America, 1815-1848*, New York, Oxford University Press, 2007, p. 328-345.
(81) Lynn Hudson PARSONS, *The Birth of Modern Politics : Andrew Jackson, John Quincy Adams, and the Election of 1828*, New York, Oxford University Press, 2009. 特に大統領就任式については p. XI-XV を，新聞の役割については p. 135-136 を参照。
(82) John PLUNKETT, *Queen Victoria : First Media Monarch*, Oxford, Oxford Univesity Press, 2003.
(83) *Ibid.*, p. 36-37.
(84) *Ibid.*, p. 72.
(85) J. B. THOMPSON, *The Media and Modernity...*, *op. cit.*
(86) J. PLUNKETT, *Queen Victoria*, *op. cit.*, p. 133-134.
(87) Elisabeth BARRETT-BROWNING, *Letters to Mary Russel Mitford, Waco, The Browning Institute and Wellesley College*, 1983, *ibid.*, p. 124 に引用。
(88) Lucy RIALL, *Garibaldi : Invention of a Hero*, New Haven, Yale University Press, 2007, p. 95-96.
(89) *Garibaldi, arte et storia*, Roma, Museo centrale di Risorgimento, 1982.
(90) L. RIALL, *Garibaldi...*, *op. cit.*, p. 198-206.
(91) デュマの記事は彼自ら発行した新聞『モンテ・クリスト』紙に掲載され，さらに以下の書物に再録された。Alexandre DUMAS, *Les Garibaldiens*, Paris, Michel Lévy frères, 1861 ; *Viva Garibaldi ! Une odyssée en 1860*, éd. C. Schopp, Paris, Fayard, 2002. また，イタリア語版の以下の序文を参照のこと。Gilles PÉCOUT, « Una crociera nel Mediterrano con Garibaldi », in *Viva Garibaldi !*, Turin, Einaudi, 2004, p. VII-XXXI.
(92) *Le Siècle*, 2 juin 1859, n° 8819, p. 1, http://gallica.bnf.fr
(93) L. RIALL, *Garibaldi...*, *op. cit.*, p. 198-206.
(94) J. FOLADARE, *Boswell's Paoli...*, *op. cit.*, p. 77.
(95) 1864 年 4 月 21 日，ヴィクトリア女王への手紙。Derek BEALES, « Garibaldi in England. The Politics of Italian Enthusiasm », *in* John A. DAVIS et Paul GINSBORG (dir.), *Society and Politics in the Age of the Risorgimento*, Cambridge, Cambridge University Press, 1991, p. 184-216 を参照。引用は p. 187.
(96)『スコッツマン』紙には次のように書かれている。「多かれ少なかれ正装で来ていたそれらの女性たちは彼に飛びかかり，彼の手をつかみ，彼の顎髭や，ポンチョや，ズボンなど，手の届くところはどこでも触ろうとした」(D. BEALES, « Garibaldi... », art. cit.,

p. 187 より引用)。

(97) L. Jourdain et T. Delord, *Les Célébrités du jour...*, *op. cit.*

(98) Jean-Luc Chappey, *Ordres et désordres biographiques. Dictionnaires, listes de noms, réputation, des Lumières à Wikipédia*, Seyssel, Champ Vallon, 2013.

(99) *Biographie des hommes vivants*, Paris, Michaud, 1816, « avertissement », p. 1.

(100) A. V. Arnaud, A. Jay, E. Jouy, J. Norvins, *Biographie nouvelle des contemporains ou dictionnaire raisonné de tous les hommes qui, depuis la Révolution française, ont acquis de la célébrité par leurs actions, leurs écrits, leurs ereurs ou leurs crimes*, Paris, Librairie historique, 1820-1825 ; Gustave Vaporeau, *Dcitonnaire universel des contemporains*, Paris, Au bureau du « feuilleton mensuel », 1842. これらのテクストについては Loïc Chotard, « Les biographies contemporaines, au XIX$^{e}$ siècle », *Approches du XIX$^{e}$ siècle*, Paris, Presses universitaires de Paris-Sorbonne, 2000 ; *Id.*, « Les grands hommes du jour », *Romantisme*, n° 28-100, 1998, p. 105-114 を参照。また「現代人の行進」をめぐっての出版界の競争の背景については, J.-L. Chappey, *Ordres et désordres biographiques...*, *op. cit.*, p. 268 を参照。

(101) T. Mole, *Byron...*, *op. cit.*, p. 89-97.

(102) Walter Benjamin, *Paris, capitale du XIX$^{e}$ siècle. Le livre des passages*, Paris, Éd. du Cerf, 1989 (W・ベンヤミン『ベンヤミン・コレクション〈1〉近代の意味』浅井健二郎・久保哲司訳, ちくま学芸文庫, 1995 年 ; 同『パサージュ論』全 5 巻, 岩波現代文庫, 2003 年) ; Jonathan Crary, *Techniques of the Observer : On Vision and Modernity in the Nineteenth Century*, Cambridge, MIT Press, 1992 (J・クレーリー『観察者の系譜――視覚空間の変容とモダニティ』遠藤知巳訳, 以文社, 2005 年) ; Vanessa Schwartz, *Spectacular Realities : Early Mass Culture in Fin-de-Siecle Paris*, Barkeley, University of California Press, 1998.

(103) Adeline Wrona, « Des panthéons à vendre : le portrait d'hommes de lettres, entre réclame et biographie », *Romantisme*, n° 1, 2012, p. 37-50. ここでの引用は p. 38.

(104) *Histoire générale de la presse française*, t. II, *1815-1871*, Paris, PUF, 1972 ; Dominique Kalifa, *La Culture de masse en France*, vol. I, *1860-1930*, Paris, La Découverte, 2001, p. 9-11 ; Judith Lyon-Caen, « Lecteurs et lectures : les usages de presse au XIX$^{e}$ siècle », *in* Dominique Kalifa *et al.* (dir.), *La Civilisation du journal. Histoire culturelle et littéraire de la presse française au XIX$^{e}$ siècle*, Paris, Nouveau Monde éditions, 2011, p. 23-60.

(105) *Ibid.*, p. 286.

(106) Charles L. Ponce de Leon, *Self-Exposure : Human-Interest Journalism and the Emergence of Celebrity in America, 1890-1940*, Chapel Hill, University of North Carolina Press, 2002. また Michael Schudson, *Discovering the News : A Social History of American Newspapers*, New York, Basic Books, 1978 も参照のこと。同じ世紀末のフランスにおけるインタビューの発達については Marie-Ève Thérenty, *La Littérature au quotidien. Poétiques journalistiques au XIX$^{e}$ siècle*, Paris, Le Seuil, 2007, p. 330-352 を参照。

(107)『パリ通信』1837 年 4 月 12 日付。Mme de Girardin, *Lettres parisiennes du vicomte de Launay*, éd. A.-M. Fugier, Paris, Mercure de France, 1986, p. 133-134.

(108) Gabriel Tarde, *Les Lois de l'imitation*, préface de Bruno Karsenti, Paris, Kimé, [1890] 1993 (ガブリエル・タルド『模倣の法則』池田祥英・村澤真保呂訳, 河出書房新社, 2007 年).

(109) G. Tarde, *L'Opinion et la Foule...*, *op. cit.*, p. 31 et 42. この中の最も重要なテクスト「公衆と群衆」が最初に出版されたのは 1898 年であった。

(110) Bruno KARSENTI, *D'une philosophie à l'autre. Les sciences sociales et la politique des modernes*, Paris, Gallimard, 2013.

(111) J. PLUNKETT, *Victoria..., op. cit.*

(112) L. RIALL, *Garibaldi..., op. cit.*, p. 253.

(113) « Portraits en tout genre, l'Atelier de photographie », *in* Michel FRIZOT (dir.), *Nouvelle histoire de la photographie*, Bordas, 1995, p. 103-130. 『現代人ギャラリー』については，前述の A. WROMA, « Des Panthéons à vendre... » を参照。

(114) Émile ZOLA, *La Curée*, in *Les Rougon-Macquart*, t. I, Paris, Gallimard, 1960, p. 427-428（ゾラ『獲物の分け前』中井敦子訳，ちくま学芸文庫，2004 年）.

(115) Elisabeth Anne MCCAULEY, *Industrial Madness : Commercial Photography in Paris, 1848-1871*, New Haven, Yale University Press, 1994.

(116) Jules BARBEY D'AUREVILLY, « Le portrait photographique », *Le Nain jaune*, 3 janvier 1867.

(117) この決定は 1858 年 6 月 16 日にセーヌ県裁判所によって下された（P. KAYSER, *La Renommée en droit privé, op. cit.*, p. 68)。

(118) Pierre GEORGEL (dir.), *La gloire de Victor Hugo*, Paris, Éd. de la RMN, 1985.

(119) Joss MARSH, « The Rise of Celebrity Culture », *in* Sally LEDGER et Holly FURNEAUX (dir.), *Charles Dickens in Context*, Cambridge, Cambridge University Press, 2011, p. 98-108.

(120) « Gustave Flaubert », *La République des Lettres*, 23 octobre 1876. Yvan LECLERC, « Portraits de Flaubert et de Maupassant en Photophobes », *Romantisme*, n° 105, 1999, p. 97-106 より引用。

(121) Y. LECLERC, « Portraits de Flaubert et de Maupassant... », art. cit., p. 103.

(122) モーパッサンの署名が入った手書きの注。ルーアン市立図書館蔵。*Ibid.*, p. 105 より引用。

(123) Anne-Claude AMBROISE-RENDU, « Du dessin de presse à la photographie (1878-1914) : histoire d'une mutation technique et culturelle », *Revue d'histoire moderne et contemporaine*, n° 39-1, 1992, p. 6-28.

(124) Wladimiro SETINELLI, *Garibaldi : l'album fotografico*, Florence, Alinari, 1982.

(125) Loïc CHOTARD, *Nadar. Caricatures et photographies*, Paris, Paris-musée, p. 105-109.

(126) A. WRONA, « Panthéons à vendre... », art. cit., p. 50.

(127) V. SCHWARTZ, *Spectacular Realities..., op. cit.*, p. 92-99.

(128) Christophe CHARLE, *Théâtres en capitales. Naissance de la société du spectacle à Paris, Berlin, Londres et Vienne, 1860-1914*, Paris, Albin Michel, 2008.

(129) Jackson LEARS, *Rebirth of a Nation : The Making of Modern America*, New York, Harper Collins, 2009, p. 251.

(130) Kenneth E. SILVER, « Celebrity, Patriotism and Sarah Bernhardt », *in* E. BERENSON et E. GILOI (dir.), *Constructing Charisma..., op. cit.*, p. 145-154.

(131) Guy de MAUPASSANT, « Enthousiasme et cabotinage », *Le Gaulois*, 19 mai 1881, *Chroniques*, Paris, Le Livre de Poche, 2008, p. 392-397 に収録。

(132) Charles BAUDELAIRE, « Le chien et le flacon », *Petits poèmes en prose, Œuvres complètes*, Paris, Robert Laffont, 1980, p. 166（ボードレール『小散文詩　パリの憂鬱』阿部良雄訳，『ボードレール全詩集 II』所収，ちくま文庫，1998 年）.

## 終　章

（1）Roland BARTHES, « Le visage de Garbo », *Mythologies* [1957], in *Œuvres complètes*, éd. E. Marty, Paris, Éd. du Seuil, 1994, t. I, p. 604（ロラン・バルト『現代社会の神話　ロラン・バルト著作集 3』下澤和義訳，みすず書房，2005 年）.

（2）*Kazan par Kazan, entretiens avec Michel Ciment*, Paris, Ramsay, 1985.

（3）「未来においては，誰でも 15 分間は世界的に有名になれるだろう」という言葉は 1968 年の展覧会のカタログに見出されるものだが，おそらく最初にこの言葉が述べられたのは 1966 年のことである。アンディ・ウォーホルはそれ以来，同じことを何度か異なる言い回しで述べている。Annette MICHELSON (dir.), *Andy Warhol*, Cambridge, MIT Press, 2002.

（4）映画の最後の方の場面では，ローズのエージェントが新しいスターを世に出すところが見られる。

（5）最近の研究例としては，Pierre ZAOUI, *La Dicrétion ou l'art de disparaître*, Paris, Autrement, 2013 などを参照。

（6）Pierre BOURDIEU, « L'économie des biens symboliques », *Raisons pratiques*, Paris, Éd. du Seuil, 1994（ピエール・ブルデュー『実践理性——行動の理論について』加藤晴久訳，藤原書店，2007 年）.

（7）Michel DE CERTEAU, *L'Invention du quotidien. Les arts de faire I*, Paris, Union générale d'éditions, 1980.

（8）David LEFRANC, *La Renommée en droit privé*, Paris, LGDJ, 2003, p. 98.